Wissenschaftliche Untersuchungen
zum Neuen Testament · 2. Reihe

Begründet von Joachim Jeremias und Otto Michel
Herausgegeben von
Martin Hengel und Otfried Hofius

58

Die Passionsgeschichte des Markusevangeliums

Überlegungen zur Bedeutung der Geschichte für den Glauben

von

Urs Sommer

J. C. B. Mohr (Paul Siebeck) Tübingen

Die Deutsche Bibliothek – CIP-Einheitsaufnahme

Sommer, Urs:
Die Passionsgeschichte des Markusevangeliums: Überlegungen zur Bedeu-
tung der Geschichte für den Glauben / von Urs Sommer.
– Tübingen: Mohr, 1993
  (Wissenschaftliche Untersuchungen zum Neuen Testament: Reihe 2; 58)
  ISBN 3-16-145754-4

NE: Wissenschaftliche Untersuchungen zum Neuen Testament / 02

© 1993 J. C. B. Mohr (Paul Siebeck) Tübingen.

Das Buch wurde von Gulde-Druck auf säurefreies Werkdruckpapier der Papierfabrik
Niefern gedruckt und von der Großbuchbinderei Heinr. Koch in Tübingen gebunden.

ISSN 0340-9570

Für Esther

Vorwort

Die vorliegende Arbeit ist die für den Druck überarbeitete Fassung meiner Dissertation, die im April 1989 von der Theologischen Fakultät der Universität Zürich angenommen wurde. Schon während meines Studiums hatte mich die Frage nach dem Zusammenhang von Geschichte und Glauben interessiert. Das Thema schien mir wesentlich zu sein für das Selbstverständnis unseres Glaubens. So bin ich mit meinen ersten Ideen an Herrn Professor Dr. Hans Weder gelangt, mit der Frage, ob er eine Doktorarbeit zu diesem Thema begleiten würde. Er hat mir den sehr hilfreichen Vorschlag gemacht, anhand der Passionsgeschichte des Markus-Evangeliums über den Geschichtsbezug des Glaubens nachzudenken. Für seine kontinuierliche und kritische Begleitung meines Arbeitens bin ich ihm zu grossem Dank verpflichtet. Ohne seine Ermunterung und Ermahnung wäre meine Arbeit nicht so weit gediehen.

Meine Dissertation ist neben der Arbeit an einer teilzeitlichen Pfarrstelle entstanden. Es ist nicht immer einfach gewesen, die beiden Aufgaben miteinander zu verbinden. Ich danke der Kirchgemeinde Bäretswil für alle Geduld, die sie mit ihrem "halben" Pfarrer hatte. Man merkt der Arbeit an, dass sie in einem relativ langen Zeitraum geschrieben worden ist. Die praktische Gemeindearbeit gab mir die Idee, im exegetischen Hauptteil die Interpretation jeweils so zu gestalten, dass sie auch von interessierten Nicht-Theologen gelesen werden könnte. Ob das gelungen ist, bleibe dahingestellt. Jedenfalls erklären sich dadurch gewisse Wiederholungen.

Herrn Professor Dr. Eduard Schweizer danke ich für die Erstellung des Korreferats. Seine vielen Notizen haben mir bei der Überarbeitung wichtige Hinweise gegeben.

Ferner danke ich den Herren Professor Dr. Martin Hengel und Professor Dr. Otfried Hofius für die Aufnahme meiner Arbeit in die WUNT. Von Herrn Professor Dr. Martin Hengel habe ich ebenfalls viele wertvolle Anregungen erhalten, wofür ich sehr dankbar bin.

Nicht zuletzt danke ich auch meiner lieben Frau, die mich in all den Jahren immer wieder ermutigt und so meine wissenschaftlichen Interessen gefördert hat, obwohl sie dadurch auch auf manches verzichten musste. Die
Arbeit soll ihr zum Zeichen meines Dankes gewidmet sein.

Aetingen (Kanton Solothurn), im Juli 1993   Urs Sommer

Inhaltsverzeichnis

1 Einleitung

Über das Mk-Evangelium werden ganz unterschiedliche Aussagen gemacht. Auf der einen Seite wird es von Pesch verstanden als Komposition "mit der Absicht der Kirche zu Beginn der siebziger Jahre die Grundlage des Evangeliums (und damit ihres Glaubens) in einer Gesamtdarstellung der Geschichte Jesu als der Geschichte seines das Evangelium begründenden Wirkens und Geschicks zu präsentieren".[1]

Als Gegensatz dazu seien die klassisch gewordenen Sätze von Marxsen über das Mk-Evangelium zitiert: "Das aber heisst von Anfang an: das Werk ist als Verkündigung zu lesen, ist als solches Anrede, nicht aber 'Bericht von Jesus'. Dass hier *auch* Berichtetes auftaucht, ist unter diesem Aspekt fast zufällig. Es ist jedenfalls nur Material. Paulus kann auf dieses Material weitgehend verzichten."[2]

Solch grosse Unterschiede in der Beschreibung des selben Evangeliums weisen darauf hin, dass heute die Diskussion um die Frage nach dem Geschichtsbezug des Glaubens keineswegs abgeschlossen ist. In den beiden Zitaten wird die Bedeutung des erzählten Geschehens ganz unterschiedlich verstanden. Im ersten wird davon ausgegangen, dass das berichtete Geschehen eine Bedeutung hat, die nicht anders zur Sprache kommen kann als so, dass das Geschehen erzählt wird. Die Erzählung wird damit zur notwendigen Sprachform der Verkündigung. Nach dem zweiten Zitat dagegen ist es "fast zufällig", dass erzählt wird. Die Berichte sind als blosses Material verstanden, auf das auch verzichtet werden könnte. Solche divergierenden Thesen bestätigen die bleibende Gültigkeit der Feststellung Stuhlmachers, dass uns heute eine allgemein anerkannte Konzeption von Wirklichkeit und Geschichte fehle.[3]

Das Interesse an dieser Problematik entspringt in dieser Arbeit dem Wunsch zu verstehen, wie der Glaube mit der einmaligen Geschichte Jesu von Nazareth verbunden ist. Meine Frage ist zunächst, wie der Glaube auf

---

1 *Pesch* I 49.
2 *Marxsen*, Evangelist 87. Auf ähnliche Weise versteht heute *Schmithals* die von ihm postulierte Grundschrift des Mk-Evangeliums (I 45).
3 *Stuhlmacher*, Neues Testament und Hermeneutik 32f.

die erzählte Geschichte des Leidens Jesu bezogen ist. Von Interesse wird es
ferner sein, zu überlegen, ob ein direkter Zusammenhang, der nicht durch
die Texte vermittelt ist, hergestellt werden kann zwischen den damaligen
Ereignissen und der sich darauf berufenden Gotteserkenntnis.

Die erhofften Ergebnisse werden zu beurteilen sein. Der Umgang der
Passionsgeschichte mit dem erzählten Geschehen und möglicherweise mit
den zugrundeliegenden Ereignissen soll bewertet werden. Kann man diesen
Umgang mit der Geschichte (noch) als "vernünftig" bezeichnen? Geht die
Passionsgeschichte über das hinaus, was aufgrund menschlicher Einsicht
zur Geschichte Jesu gesagt werden kann?[4] Verletzt der theologische Geschichtsbezug die Regeln der historischen Vernunft[5] oder ist er sogar aus
sachlichen Gründen gezwungen, diese Geschichte nach anderen Kriterien zu
betrachten? Es wird dem Glauben wohl anstehen, seinen Umgang mit der
Geschichte zu reflektieren und zu begründen.

Der theologische Bezug auf Geschichtliches sieht sich verschiedenen
Schwierigkeiten gegenüber:

a) Er hat einerseits darauf zu achten, dass er Gott als Gott zur Sprache
bringt. Es ist zu vermeiden, dass Gott als ein Faktor dieser Welt neben anderen dargestellt wird. Die sogenannte "religiöse" Rede, die die Wirklichkeit
dieser Welt mit Gott ergänzt, soll nicht verwendet werden.[6] Die richtige
Rede von Gott hat sich insbesondere beim Erzählen von Geschichte zu fragen, wie Gott als der Herr der Geschichte und nicht bloss als einer ihrer
Faktoren zur Sprache kommen kann. Deshalb kann nicht nur dort von Gott
gesprochen werden, wo sich keine weltliche Erklärung für einen Vorgang
findet. Das wäre ein deus ex machina, den man bei fortschreitendem Verständnis plötzlich nicht mehr benötigt. Demgegenüber ist zu fragen, wie
auch dort von Gott gesprochen werden kann, wo ein Vorgang rein menschlich gesehen durchaus verständlich zu sein scheint. In der Passionsgeschichte z.B. ist das m.E. bei der Ablehnung Jesu durch die Hohenpriester
und Schriftgelehrten der Fall. In der Exegese ist darauf zu achten, wie in
diesem Zusammenhang und in vergleichbaren Situationen von Gott gesprochen wird. Die Rede von ihm soll weder belanglos oder plötzlich überflüssig werden, was Gott und Welt in unzulässiger Weise trennen würde, noch
soll er bloss zu einem weltlichen Element neben anderen werden.

b) Ein weiteres Problem der theologischen Rede von Gott besteht darin,
dass dabei der Mensch als Mensch "auf Erden" von Gott, der "im Himmel"
(Koh 5,1) ist, spricht. Das wirft zunächst die Frage auf, wie es möglich wird,

---

4 Vgl. *Bubner*, Geschichtsprozesse 90.
5 Zur Frage der historischen Vernunft siehe z.B. *Droysen*, Historik oder *Rüsen*, Historische Vernunft.
6 Vgl. *Ebeling*, Nicht-religiöse Interpretation 145-148; *Weder*, Hermeneutik
   27-30; *Weder*, Kreuz 31f.

dass in dieser Rede wirklich Gott zur Sprache kommen kann und nicht bloss die Gedanken des Theologen über Gott. Die theologische Rede soll etwas anderes sein als einfach menschliche Überlegungen über Gott. Es ist zu vermuten, dass der Mensch sich nicht selbst Wissen über Gott erarbeiten kann. Daraus ergibt sich die Frage, wie es ihm möglich gemacht wird, Gott zur Sprache zu bringen.

Der Unterschied zwischen Gott und Mensch wirft ferner die Frage auf, inwiefern die theologische Rede eine menschliche Rede von Gott bleiben muss und kann. Es ist anzunehmen, dass alles theologische Reden teilhat an menschlicher Beschränktheit und vergebungsbedürftig bleibt. Die geschichtliche Rede wird daher kaum alle Fragen über Gott beantworten können, sondern eine Lückenhaftigkeit in Kauf nehmen und begründen müssen. Es ist zu überlegen, woran dieser vorläufige Charakter der theologischen Rede deutlich wird.[7]

c) Eine weitere Schwierigkeit liegt dort vor, wo die theologische Rede auf die Geschichte Jesu bezogen ist. Denn die theologische Rede schreibt der Geschichte (des Leidens) Jesu einen eindeutigen Sinn zu und erweckt dadurch den Eindruck, der Glaube widerspreche der scheinbaren Mehrdeutigkeit eines Faktums.

Dass geschichtliche Ereignisse ganz verschieden gedeutet werden, ist klar. Das gilt auch für die Passion Jesu. Bereits in der Passionsgeschichte wird der Tod Jesu unterschiedlich verstanden. Er erscheint den Jüngern anders als dem Hauptmann unter dem Kreuz und für die Gegner Jesu hat er nochmals eine andere Bedeutung. Für den Glauben hat das Leiden Jesu aber einen ganz bestimmten Sinn. So steht die eindeutige Glaubensaussage der scheinbaren Mehrdeutigkeit eines Faktums gegenüber. Daraus ergibt sich die Frage, ob die theologische Rede von der Geschichte Jesu einfach eine von mehreren möglichen Deutungen dieser Geschichte ist. Oder kann das theologische Verständnis den Anspruch geltend machen, die wahre Bedeutung dieser Geschichte zur Sprache zu bringen?

Es wird von Interesse sein, zu beobachten, wie sich der theologische Geschichtsbezug von anderen Geschichtsbezügen, insbesondere dem sogenannten "historischen", der den Gottesgedanken ausklammert, unterscheidet. Können neben dem theologischen Reden von der Geschichte auch andere Redeweisen von Bedeutung sein, oder sind sie alle nicht (mehr) relevant?

Diese Fragen sind zu verstehen als ein Teilgebiet aus dem grossen Fragenkomplex von Glauben und historischem Erkennen.

Die vorliegende Arbeit untersucht, welche Bedeutung die Passionsgeschichte des Mk-Evangeliums der erzählten Geschichte des Leidens Jesu für

---

7 Vgl. *Iwand*, Glauben und Wissen 184, 198.

den christlichen Glauben zuschreibt. Es wird nach dem Zusammenhang von Bericht und Bedeutung gefragt, wobei besonders interessiert, woher das berichtete Geschehen seine Bedeutung erhält. Mit Hilfe dieser Fragestellung soll möglichst genau zu verstehen gesucht werden, wie Glaube und Geschichte hier aufeinander bezogen sind.

Es wird dabei erwartet, dass sich aus den zu entdeckenden Sachverhalten Thesen zum Thema ergeben. Sie sind als exegetischer Beitrag zum hermeneutischen Gespräch gedacht. Aufgrund der Anlage dieser Arbeit muss ein solcher Beitrag in mancher Hinsicht stark ergänzungsbedürftig bleiben: Er kann nicht einmal den Anspruch erheben, seine Thesen auf das ganze Mk-Evangelium abstützen zu können, da nur ein kleiner Teil davon intensiv bearbeitet wird (die behandelten Kapitel werden vollständig ausgelegt). Die Arbeit kann also nicht den Anspruch geltend machen, die oben genannte Alternative zu entscheiden, weil sie sich nicht aufs ganze Mk-Evangelium bezieht. Noch stärker ergänzungsbedürftig wird dieser Beitrag in systematischer Hinsicht bleiben müssen. Er kann nicht den Anspruch erheben, seine aus der Exegese gewonnenen Thesen in jeder Hinsicht systematisch zu überprüfen.

In einem ersten Arbeitsgang ist zunächst die Relevanz der exegetischen Fragestellung für die aktuelle Gesprächslage über den Geschichtsbezug des Glaubens darzustellen. Dabei wird die Fragestellung expliziert. Zuerst sollen die grundsätzlichen historischen Fragen erörtert werden, die sich bei der Lektüre der Passionsgeschichte stellen. Anschliessend wird der Sachverhalt bedacht, dass die Texte theologische Aussagen machen und zum Abschluss dieser einleitenden Überlegungen wird nach Möglichkeiten eines Zusammenhangs zwischen historischen und theologischen Aussagen der Passionsgeschichte gefragt. Diese drei Abschnitte haben den Zweck, den Ort aufzuweisen, wo die Ergebnisse der exegetischen Arbeit von Bedeutung sein könnten. Es ist dazu so weit auf die systematischen Aspekte des Themas einzugehen, dass dies deutlich werden kann. Gleichzeitig soll hier klar werden, inwiefern die gewählten exegetischen Fragestellungen dem systematischen Gespräch entsprechen. Anders gesagt: Es geht in diesem ersten Arbeitsgang darum, zu zeigen, wo sich exegetische und systematische Arbeit am Thema begegnen können. Es dürfte damit deutlich sein, dass hier weder der Versuch unternommen ist, einen Forschungsüberblick zu bieten,[8]

---

8 *Marshall*, Historical Jesus 110 spricht von Forschungsüberblicken, "which are in number like sand of the seashore". Vgl. als neuere Forschungsüberblicke: *Roloff*, Kerygma 9-47 (1970); *Marshall*, Historical Jesus 109-142 (1977); *Kümmel*, Jesusforschung, 422-438 (1981); *Weiss*, Kerygma und Geschichte 48-52 (1983); *Kümmel*, Jesusforschung seit 1981, 229-249 (1988). Eine systematische Darstellung des Problems hat *Slenczka*, Geschichtlichkeit und Personsein Jesu Christi, Göttingen 1967 versucht, vgl. *Weder*, Kreuz 11-48.

noch eine kurze systematische Darstellung eines oder mehrerer Geschichts-
verständnisse zu geben.

1.1 Historische Probleme des Bezugs auf die Leidensgeschichte Jesu

Die Geschichte des Leidens Jesu ist uns in erster Linie zugänglich durch die
Passionsberichte in den Evangelien, von denen derjenige von Mk eine herausragende Stellung innehat, weil er als Vorlage für die von Mt und Lk gedient
hat und möglicherweise auf der gleichen Vorlage beruht, wie derjenige des
Joh-Evangeliums.[9] Es ist nun genauer zu bedenken, was der Leser im Blick
auf das historische Geschehen von der Passionsgeschichte erwarten darf.
Was bedeutet es, sich auf ein Geschehen zu beziehen, das nur in der Form
einer Erzählung vorhanden ist? Unsere Beschäftigung gilt zuerst einmal
diesen Texten, die die einzige Möglichkeit sind, einen Bezug zum historischen Geschehen zu finden. Es ist sorgfältig zu überlegen, was dieses Angewiesensein auf eine solche Erzählung in historischer Hinsicht bedeutet.
Dies ist nicht eine aussergewöhnliche Situation. Der Bezug zu den Tatsachen ist immer nur indirekt.[10] Dem Leser ist dadurch grundsätzlich die
Möglichkeit gegeben, die Texte in Frage zu stellen. Er kann ihnen gegenüber beispielsweise behaupten, alles sei Fiktion. Damit würde er jeglichen
Tatsachenbezug verneinen. Solche kritische Anfragen ergeben sich aus dem
Angewiesensein auf die Texte. Es wäre falsch, auf solche Zweifel nicht einzugehen. Sie ergeben sich im übrigen nicht nur bei den biblischen Texten,
sondern sind grundsätzlicher Natur. Es wird vielmehr zu überlegen sein,
was von den Texten her diesen Anfragen entgegengestellt werden kann.

Wer jedoch von vornherein überzeugt ist, dass die Passionsgeschichte
nur Fiktionen enthält, wird die folgenden Gedankengänge für überflüssig
halten. Denn sie wollen nicht im voraus ausschliessen, dass in der Erzählung ein Tatsachenbezug gefunden wird, der bedeutungsvoll sein könnte.
Sie versuchen, die Möglichkeiten und Probleme eines solchen Bezugs auf ein
vergangenes Geschehen zu erhellen.

In einer Erzählung liegen die geschichtlichen Fakten in einer bearbeiteten
Form vor. Sie können gar nicht anders vorliegen.[11] Das wirft eine Reihe von
Fragen auf, insbesondere diejenige nach Art und Ausmass der Bearbeitung.
Kann man die Erzählung der Passionsgeschichte beispielsweise noch als ei-

---

9 So die These von *Mohr,* Markus- und Johannespassion 404.
10 "Der erste Schritt zur richtigen historischen Erkenntnis ist die Einsicht,
   dass sie es zu tun hat mit einer *Gegenwart* von Materialien" (*Droysen,*
   Historik 9).
11 *Vierhaus,* Gegenwärtigkeit 17: "Geschichte ist nicht einfach das vergangene
   Geschehen, sondern dessen Zusammenhang im Horizont gegenwärtigen
   Wissens und Verstehens"; *Schaff,* Streit 37.

ne objektive Wiedergabe dessen, was geschehen ist, bezeichnen? In diesem ersten Abschnitt soll dargelegt werden, welche *historischen* Fragen damit verbunden sind, dass meine Arbeit nach dem Bezug des Glaubens auf die erzählte Geschichte des Leidens Jesu fragt.

1.1.1 Zur Notwendigkeit, über das Faktische hinauszugehen

Die Sprachform der Erzählung wird vielfach als die einzig mögliche Form verstanden, in der sich das historische Denken ausdrücken kann.[12] Historisches Erzählen ist Ausdruck des Geschichtsbewusstseins, indem es auf Erinnerungen rekurriert. Es stellt erinnerte Veränderungen der Vergangenheit als kontinuierliche Verläufe dar und es trägt bei zur Orientierung in der Zeit. Das historische Denken ist in der Lebenspraxis verwurzelt.[13] Erzählungen sind dadurch ein Mittel der menschlichen Identitätsbildung. Geschichten haben es demnach nicht bloss mit Tatsachen zu tun. Sie gehen darüber hinaus. Der Tatsachenbezug ist deshalb nur eines der Wahrheitskriterien einer historischen Erzählung.[14]

In der Erzählung der Passionsgeschichte sind die einzelnen Fakten des Leidens Jesu miteinander verkettet und in einen Zusammenhang eingefügt. Es soll im Folgenden bedacht werden, was dies für die Fakten bedeutet.

Man kann davon ausgehen, dass ein reines Faktum mehrdeutig ist. Das ist überall beobachtbar. In der Passionsgeschichte wäre es z.b. schwer, die Bedeutung des Judaskusses zu erkennen, wenn man nichts über die vorausgegangenen Abmachungen wüsste. Man kann sich den Sachverhalt am besten klarmachen am Beispiel einer Person, die ein Geschehen beobachtet, z.B. wie Jesus von Judas geküsst wird. Was unser Beobachter berichten kann, ist sicher ein Faktum. Die Vorgeschichte aber ist seiner Beobachtung entzogen, weil sie sich früher abgespielt hat und nun vergangen und nicht mehr verfügbar ist. Auch die Zukunft des Geschehens ("wie es weitergeht") ist in dem Zeitpunkt, in dem sich das "Faktum" ereignet, nicht beobachtbar. Was der Betrachter an Fakten berichten kann, ist also sehr wenig. Bei einem komplexen Vorgang (z.B. einem grossen militärischen Manöver) ist ferner zu bedenken, dass einem Beobachter immer nur ein Teil und nie das Ganze zugänglich ist.

Damit ist es dem aussenstehenden Beobachter gar nicht möglich, die Bedeutung eines Geschehens zu erfassen. Was er berichten kann, ist ein reines

---

12 *Baumgartner*, Struktur 57-62; *Faber*, Objektivität 25ff; *Rüsen*, Vernunft 52-58.

13 *Rüsen*, Vernunft 46, 71. Allerdings nicht so, dass man aus der Geschichte lernen kann. Nach *Droysen* stellt die erzählte Geschichte einen Gedanken dar und verweist nicht mehr auf die Praxis. Die didaktisch dargestellte Geschichte dient demgegenüber der Erbauung (*Bubner*, Geschichtsprozesse 67); vgl. *Rüsen*, Vernunft 103.

14 *Rüsen*, Vernunft 79.

Faktum, in keinen grösseren Zusammenhang eingeordnet. Ein eindeutiger Sinn kann daran nicht abgelesen werden. Ein Faktum ist für mehrere Bedeutungen offen, es ist mehrdeutig. Man könnte auch anders formuliert sagen: Seine Bedeutung ist (noch) nicht erkennbar.[15]

Ein verstehender Umgang mit Vergangenem steht daher vor der Frage, ob und wie er über das Faktische hinausgehen kann.[16] Darauf wird auch die Passionsgeschichte zu befragen sein, inwiefern sie sich von einer Auflistung von Fakten unterscheidet. Das bedarf aber vorweg einer gewissen Präzisierung.

Es ist zunächst darauf hinzuweisen, dass ein Hinausgehen über das Faktische noch nicht bedeuten muss, dass das Faktische übergangen wird. Damit ginge der Tatsachenbezug verloren und das Vergangene wäre der Phantasie und Willkür des Interpreten ausgeliefert. Das Hinausgehen über das Faktische braucht nicht den Verlust des Realitätsbezugs zur Folge zu haben. Es ist vielmehr davon auszugehen, dass die Grenze des rein Faktischen gerade dazu überschritten werden muss, dass ein Faktum in seiner Bedeutung gewürdigt werden kann. Jeder Historiker, der zwei Vorgänge miteinander in Beziehung setzt, geht damit über das rein Faktische hinaus.[17] Mit der Erinnerung an vergangenes Geschehen ist immer Auswahl und Deutung verbunden. Erinnerung ist immer zugleich Verarbeitung. Das sogenannte "brutum factum" ist daher eine Abstraktion, die vom Vorgang der Erinnerung absieht und auch keinen Bezug darauf nimmt, dass ein Geschehen in Wirklichkeit in unzähligen Zusammenhängen steht. Unsere Frage scheint daher nicht so sehr die zu sein, ob überhaupt in der Passionsgeschichte über das Faktische hinausgegangen wird, sondern wie das geschieht.

Über das Faktische wird z.B. auch hinausgegangen, wenn der Kontext, in dem ein Faktum sich ereignet, beachtet wird. Wird das Faktum in einen Kontext eingeordnet, ist seine Mehrdeutigkeit und damit die Phantasie des Interpreten bereits stark eingeschränkt.[18] Im Blick auf die Passionsgeschichte ist etwa zu fragen, inwieweit die Erwähnung des Passafests der Juden dazu beiträgt, den Sinn des Leidens Jesu zu bestimmen. Es wird ferner darauf zu achten sein, welche Rolle das Ostergeschehen in der Darstellung der Passionsgeschichte spielt.

---

15 Vgl. dazu *Bultmann,* Geschichte und Eschatologie 15, 130f, 135; *Hengel,* Geschichtsschreibung 51; *Marshall,* Historical Jesus 39-41, 43-45; *Slenczka,* Geschichtlichkeit 345; *Weder,* Hermeneutik 364-368.
16 Falls man sich nicht mit den blossen Fakten zufrieden geben will. Vgl *Rüsen,* Vernunft 97: "In ihrer reinen Faktizität sind die historischen Tatsachen gar nicht historisch; als Informationen darüber, was in der Vergangenheit der Fall war, stellen sie das noch gar nicht dar, was durch die historische Forschung ja gerade ermittelt werden soll."
17 *Weder,* Hermeneutik 363-366.
18 *Marshall,* Historical Jesus 39f; *Weder,* Hermeneutik 365f; *Weder,* Kreuz 54f, 70; vgl. *Stuhlmacher,* Auferweckung 153.

Die Leidensgeschichte geht ferner über das Faktische hinaus, wenn sie
Bezug nimmt auf das AT. Immer wieder verweist sie auf AT-Stellen, die als
Ankündigungen des Leidens Jesu verstanden werden. Deshalb wird nach ihrer Funktion in der Darstellung der Passionsgeschichte zu fragen sein.[19] In
der Exegese wird sich die obige These zu bestätigen haben, dass durch solches Hinausgehen über das Faktische dieses gerade in seiner Bedeutung gewürdigt wird.

Über das Faktische wird im weiteren hinausgegangen, wenn die Wirkung
eines Ereignisses beachtet wird. Erst wenn man berücksichtigt, was ein Geschehen alles ausgelöst hat, kann man seine Bedeutung erfassen. Der Theologe hat die Aufgabe, auch die Wirkungsgeschichte zu beachten. Damit ist
der zeitliche Abstand von einem Geschehen zur Voraussetzung für das Erkennen seiner Bedeutung gemacht.[20]

Unter diesem Blickpunkt wird manchmal auch von der Auferstehung Jesu
gesprochen. Es wird davon ausgegangen, dass sie ein neues Licht auf das
ganze Leben Jesu wirft. Uneins ist man in der Forschung allerdings, ob das
Ostergeschehen in dem Sinn zur Geschichte Jesu zu rechnen ist, dass es neben die anderen Ereignisse seines Lebens gestellt werden kann,[21] oder ob
mit ihm eine andere Geschichte, nämlich diejenige "des Glaubens" beginnt.[22]
Über das Faktische geht auf jeden Fall auch die Ankündigung der Parusie
Mk 14,62 hinaus. Die Erwähnung dieses (immer) noch ausstehenden Geschehens wird nicht ohne Einfluss auf das Verständnis der Leidensgeschichte
sein.

Das führt allerdings zur Frage, wie denn verbindliche Aussagen möglich
sein sollen, solange die Geschichte nicht abgeschlossen ist. Denn solange
das Ende der Geschichte noch aussteht, ist auch die Zukunft eines Ereignisses noch unabgeschlossen. Daher wäre auch zu bedenken, wie ein kom-
pletter Relativismus und damit die Bedeutungslosigkeit der Geschichte vermieden werden kann. In dieser Hinsicht dürfte auch die Funktion der beiden
"eschatologischen Ausblicke" 14,25.62 von Interesse sein.[23]

1.1.2 Zur Frage der Objektivität

Grosse Bedeutung wird heute der Beobachtung beigemessen, dass sich die
Geschichte der Möglichkeit entzieht, zu einem reinen Objekt zu werden,

---

19 Vgl. *Stuhlmacher*, Auferweckung 154-159.
20 "(D)ie Wahrheit über das Faktische kommt erst in der Zukunft ans Ta-
   geslicht." (*Weder*, Hermeneutik 365), vgl. *Weder* Kreuz 55f; *Marshall*, Historical Jesus 39.
21 *Marshall*, Historical Jesus 83; *Slenczka*, Geschichtlichkeit 339f; ev. *Stuhlmacher*, Auferweckung 153, 155
22 Z.B. *Weder*, Hermeneutik 374f.
23 *Bultmann*, Geschichte und Eschatologie 12 wirft in vergleichbarem Zusammenhang die Frage auf, ob es eine Rettung vor dem Nihilismus geben
   könne.

über das endgültige und unveränderliche (= objektive) Aussagen gemacht
werden können. Es werden eine Reihe von Gründen genannt, weshalb solche
Aussagen unmöglich sind:

a) Es wurde bereits auf die Unabgeschlossenheit der Geschichte hingewiesen. Solange die Geschichte nicht abgeschlossen ist, ist auch die Zukunft eines einzelnen Ereignisses immer noch offen. Es ist stets möglich,
dass ein neues Geschehen ein vergangenes Ereignis in einem neuen Licht erscheinen lässt. Deshalb können über das Vergangene keine end-gültigen
Aussagen gemacht werden. Denn das würde voraussetzen, dass nichts Neues mehr dazu kommen kann.[24]

b) Aufgrund ähnlicher Überlegungen wird darauf hingewiesen, dass der
Betrachter von Geschichte selbst der Geschichte unterworfen ist. Das bedeutet, dass seine Verständnismöglichkeiten, seine Fragestellungen, seine
Methoden und auch seine Quellenlage geschichtlich bedingt sind. Sie können sich verändern, was zu neuen Einsichten in ein bekanntes Geschehen
führen kann. Weil der Betrachter der Geschichte selbst der Geschichte unterworfen ist, kann sie nie reines Objekt werden, über das objektive Aussagen möglich sind. Diese würden vielmehr einen Standpunkt ausserhalb der
Geschichte bedingen, den es aber für uns nicht gibt.[25]

c) Ferner wird darauf hingewiesen, dass die Geschichte deshalb nicht
zum reinen Objekt werden kann, weil sie nie so vom erkennenden Subjekt
getrennt ist, dass sie keine Auswirkungen auf dieses haben könnte. Die Beschäftigung mit einem Geschehen kann z.B. den Betrachter dazu führen,
seine Überzeugungen zu ändern. Wer sich eine Biographie über einen
Staatsmann erarbeitet, kann dazu geführt werden, sein Urteil über ihn zu
revidieren. Eine strikte Trennung in Subjekt und Objekt wird abgelehnt. Das
"Subjekt" wird von dem historischen Gegenstand, den es darstellt, beeinflusst. Seine Aussagen darüber sind deshalb nicht rein "objektiv".[26]

d) Speziell im Blick auf die alte Geschichte ist abschliessend noch darauf
hinzuweisen, dass die Quellenlage in der Regel nie von der Art ist, dass sie

---

24 *Bultmann,* Geschichte und Eschatologie 135; *Weder,* Hermeneutik 413;
   Weder, Kreuz 70-72.
25 *Bultmann,* Geschichte und Eschatologie 164, 172; *Marshall,* Historical Jesus 32f, 38; *Weder,* Hermeneutik 412; *Weder,* Kreuz 65.
26 "Es ist kein historischer Erkenntnisprozess denkbar, in dem das Er-
   kenntnissubjekt nicht auch mit sich selbst befasst ist." (Rüsen, Vernunft
   20); *Marshall,* Historical Jesus 45f, 101f;
   Stuhlmacher, Verstehen 220 und Kritik 121 versucht mit seinem "Prinzip
   des Vernehmens" diesen Sachverhalt im Methodischen zu berücksichtigen.
   Eine vergleichbare Bedeutung hat auch die Aussage *Bultmanns,* dass das
   Verstehen von Geschichte in die Entscheidung stelle (Geschichte und
   Eschatologie 169f).

endgültige Aussagen erlaubt. Sie ist oft nur fragmentarisch und erschwert so sichere Aussagen über das Faktische. Der Quellenmangel, die Unmöglichkeit zu vergleichen, macht eine Trennung zwischen Fiktion und Wirklichkeit schwer. Es fehlen die Möglichkeiten eines stringenten Nachweises. Oft kommt man über Plausibilitätserwägungen nicht hinaus. Die Grenze zwischen dem bloss Möglichen und dem wahrscheinlich zu Machenden verschwindet. Der Historiker hat daher grundsätzlich für neue Einsichten offen zu sein.[27]

Das alles bedeutet nun nicht, dass historische Erkenntnis nicht doch in einem gewissen Sinn festgelegt sein kann. Sie ist keineswegs dem Belieben eines erkennenden "Subjekts" anheimgestellt. Es ist möglich, ein Geschehen in einem relativen Sinn als festgelegt zu verstehen. Denn erstens ist ein Faktum, das der Vergangenheit angehört, abgeschlossen und kann nicht mehr verändert werden. Es ist nicht in der Hand des Betrachters; dieser hat keinen Einfluss darauf. Ähnliches ist zweitens zum Kontext zu sagen. Er ist ebenfalls in einem relativen Sinn festgelegt und so der Beliebigkeit des Betrachters entzogen.[28]

Auch wenn die Geschichte nicht zum reinen Objekt werden kann, ist sie in einem gewissen Sinn bestimmt. Es wird dafür der Begriff einer "relativen Objektivität" verwendet.[29]

1.1.3 Zum subjektiven Faktor in der Erzählung

Jeder Historiker muss von einem bestimmten Gesichtspunkt aus und mit einer bestimmten Fragestellung arbeiten.[30] So trägt er manches subjektive Element in seine Arbeit hinein. Er berichtet die einzelnen Fakten im Zusammenhang seiner Erzählung und gibt ihnen dadurch ihre Bedeutung.[31]

---

27 *Hengel*, Geschichtsschreibung 11-23; *Marshall*, Historical Jesus 49-51, vgl. 29f.
   Nach *Bultmann*, Geschichte und Eschatologie 130 spricht dieser Sachverhalt nicht grundsätzlich gegen die Möglichkeit objektiver Erkenntnis.
28 *Weder*, Hermeneutik 363f; *Weder*, Kreuz 52-56.
29 *Weder*, Kreuz 55. *Marshall*, Historical Jesus 90 weist darauf hin, dass es absolute Sicherheit nur in den Gebieten von Mathematik und Logik gebe.
   Faber, Objektivität 11 spricht von einer "*restriktiven* Objektivität" und bezeichnet sie als "relativ", "konjektural" und "vorläufig" (24).
30 *Bultmann*, Geschichte und Eschatologie 126, 132f; *Marshall*, Historical Jesus 37f, 41.
31 "Wir wissen wohl, dass dieser Tatbestand nicht der unmittelbare, reale der einstigen Gegenwart ist; sondern er ist aus den Überbleibseln und Erinnerungen desselben in dem Bereich unserer Vorstellungen hergestellt, er ist nur ein geistiges Gegenbild dessen, was einst war und geschah; *und dies ist ein Werk unseres Geistes*" (*Droysen*, Historik 215; Hervorhebung durch mich).

Jede Erzählung muss von einem bestimmten Standpunkt aus organisiert werden. Auch dem Historiker, der objektiv sein will, ist die Einnahme eines Standpunktes nicht verwehrt.[32] Die erinnerten Geschehnisse der Vergangenheit sind auf Normen bezogen und erhalten so ihren Sinn und werden hilfreich für die kommende Orientierung des menschlichen Handelns. Geschieht dies auf wissenschaftliche Art und Weise, so reflektiert der Erzähler seinen Standpunkt. Seine Geschichte wird nicht den Anspruch erheben, die abschliessende Darstellung des Geschehenen zu sein. Sie wird durchblicken lassen, dass es noch weitere Perspektiven gibt, die die vorliegende Erzählung ergänzen.[33] Auch hier bleibt eine gewisse Relativität, ja sie ist sogar das Zeichen einer wahren Geschichte.[34]

Eine gute Geschichte soll durch die Form ihrer Darstellung zugestehen, dass sie auch anders, mit einer anderen Bedeutung erzählt werden könnte.[35] Eine vollständige Durchleuchtung des Vergangenen ist nicht möglich. Denn es würde das Moment der Kontingenz ausschliessen, das jedoch für das historische Handeln und Erleiden konstitutiv ist. Das Zufällige kann deshalb nicht aus der Erzählung eliminiert werden.[36] In diesem Zusammenhang wird zu beachten sein, was es bedeutet, dass das NT vier Passionsberichte überliefert, die sich teilweise unterscheiden. Sie werden zu den einzelnen Perikopen jeweils in einem kurzen Vergleich einander gegenübergestellt. Bedeutet das, dass es mehrere gültige Möglichkeiten gibt, die Leidensgeschichte Jesu zu erzählen? Ferner könnten in diesem Zusammenhang auch die Aussagen der Spötter, die das Leiden Jesu ganz anders deuten, von Bedeutung sein.

Bei den Mitteln, die dem Erzähler zur Darstellung seiner Erkenntnis zur Verfügung stehen, kann man beispielsweise an die Einordnung in einen Kontext, oder an die Folgen, die einem Geschehen zugeschrieben werden, oder auch an den beigezogenen alttestamentlichen Hintergrund denken.

Inhalt der Erzählung ist nicht der reale Verlauf eines Geschehens, sondern ein Bild dieser realen Vorgänge. Dieses ist gestaltet durch den Gedanken, der sich dem Erzähler aus der Beschäftigung mit den Ereignissen ergeben hat.[37] Dem Erzähler haben sich die Ereignisse so dargestellt, dass er

---

32 *Faber*, Objektivität 11f; *Schaff*, Streit 38–40.
33 *Rüsen*, Vernunft 98–108. Vgl. *Droysen*, Historik 234: "... aber wir wissen, dass jeder dieser geschichtlichen Gedanken nur relative Wahrheit hat, dass erst in dem Gesamtzusammenhang aller historischen Gedanken jeder seine Stelle und sein Mass finden würde."
34 *Rüsen* spricht auch in dieser Hinsicht vom "Schritt von einer unsicheren Gewissheit zu einer gewissen Unsicherheit" (Vernunft 100).
35 *Rüsen*, Vernunft 101.
36 *Bubner*, Geschichtsprozesse 34, 45f; vgl. *Droysen*, Historik 163: "Interpetation ist nicht Erklärung des Späteren aus dem Früheren, ... sondern ist die Deutung dessen, was vorliegt."
37 *Droysen*, Historik 238f; vgl. oben Anm. 31.

sie unter diesem bestimmten Gedanken berichten muss. Von seinem Standpunkt aus erscheinen die Dinge so und nicht anders. Sein Bericht stellt die Wahrheit dar, wie er sie sieht.[38]

In der heutigen Diskussion wird dazu immer wieder darauf hingewiesen, dass es keine Geschichtsbetrachtung geben kann, die die Geschichte vom betrachtenden Subjekt distanziert und durch nichts mit ihm verbunden sein lässt.[39] Es wird vielmehr betont, dass eine innere Beteiligung des Wahrnehmenden Voraussetzung für das Verstehen ist. Im historischen Erkenntnisprozess hat das Subjekt eine aktive Rolle, ohne die keine Geschichte dargestellt werden kann. Dieser subjektive Faktor geht auf die besondere Form des historischen Erkennens zurück. Er schmälert den Erkenntnisgehalt einer Geschichte nicht.[40]

Hier wird insbesondere nach den Werturteilen zu fragen sein. Es wird davon auszugehen sein, dass in der Erzählung verschiedene Werturteile eine Rolle spielen.[41] Das Kreuzesgeschehen erhält eine positive Bewertung, indem von seiner Heilsbedeutung gesprochen wird. Von historischer Erkenntnis darf nicht verlangt werden, dass sie frei von Werturteilen sind. Eine solche Forderung würde das geschichtliche Denken um den Praxisbezug bringen. Es stellt sich daher die Aufgabe an die Exegese, die in der Passionsgeschichte enthaltenen Wertungen zu erkennen. Solche Werturteile zerstören den Wert der historischen Erkenntnis nicht.[42]

Die Kreuzigung ist zunächst als etwas eindeutig Negatives zu verstehen: der brutale Tod eines (unschuldigen) Menschen. Wie kommt nun der Glaube dazu, diesem Geschehen eine positive Bedeutung zu geben? Die Passionsgeschichte erzählt den Tod Jesu ja als Geschehen "für viele", das einen neuen Bund zwischen Gott und Menschen ermöglicht.

Es dürfte klar sein, das diese dargestellte notwendige Subjektivität nicht zu einer Beliebigkeit führt, bei der der Betrachter nach eigenem Gutdünken der Geschichte eine Bedeutung zuschreibt.[43] Neben den historischen Überlegungen ist dazu auch der Sachverhalt zu bedenken, dass die Gemeinde bei der Entstehung der Passionsgeschichte eine wichtige Rolle hatte: Die Evan-

---

38 *Droysen*, Historik 230f.

39 *Bultmann*, Geschichte und Eschatologie 133, 137, 172; *Hempelmann*, Heilsgeschichte 51-54; *Marshall*, Historical Jesus 46, vgl. 90f.

40 *Droysen*, Historik 236; vgl. 218; *Schaff*, Streit 35f. *Schaff* geht sogar so weit zu behaupten: "Dieser 'subjektive Faktor' hat keinen individuell-subjektiven Charakter, wie man im allgemeinen meint, sondern im Gegenteil einen objektiv-gesellschaftlichen" (36).

41 *Rüsen*, Vernunft 98-108; *Rüsen*, Werturteilsstreit 80, 83.

42 *Rüsen*, Werturteilsstreit 70-90. Vgl. *Droysen*, Historik 236: "Die objektive Unparteilichkeit ... ist unmenschlich. Menschlich ist es vielmehr, parteilich zu sein", vgl. 237.

43 Vgl. *Bultmann*, Problem der Hermeneutik 229.

gelisten sind im Dialog mit der Gemeinde. Das Mk-Evangelium kommt aus dem Gottesdienst. Schon daher kann "Subjektivität" nicht "Beliebigkeit des Evangelisten" bedeuten. Der Evangelist als Betrachter steht in der durch die Augenzeugen, die Jünger Jesu, begründeten Heilsgemeinde.
Eine Beliebigkeit der Darstellung würde darüber hinaus die sehr ernste Frage nach der Mitteil- und Begründbarkeit der Wahrheit stellen.[44]

1.2 Zum theologischen Inhalt der Passionsgeschichte

In diesem zweiten Teil der Einleitung ist zu überlegen, welche Fragen sich beim Lesen der Passionsgeschichte in theologischer Hinsicht stellen. Der erste Teil hatte versucht, die historischen Probleme darzulegen, die die Lektüre der Texte stellt. Es wurden etwa die Fragen an sie herangetragen, die ein Historiker an eine Quelle stellt. Nun soll die Passionsgeschichte in diesem Teil daraufhin betrachtet werden, wie sie Kenntnis von Gott gibt und das theologische Reden leitet. Nicht der theologische Inhalt selbst soll hier dargestellt werden - das wird in Exegese und Zusammenfassung geschehen -, sondern die damit verbundenen grundsätzlichen Probleme. Auszugehen ist dabei von dem Sachverhalt, dass die Passionsgeschichte ihre theologischen Aussagen macht, indem sie die Geschichte des Leidens Jesu erzählt. Es wird daher zu untersuchen sein, welche Bedeutung dieses erzählte Geschehen im Blick auf die theologischen Aussagen bekommt. Diese Arbeit fragt nach dem Bezug *des Glaubens* auf die erzählte Geschichte des Leidens Jesu. Es soll hier dargelegt werden, welche verschiedenen Verwendungsarten des Erzählten zur Diskussion stehen. Die exegetische Arbeit wird dann klären helfen, was diese erzählte Geschichte für den Leser im Blick auf den Glauben bedeuten soll.

Die wichtigste Frage ist in den Zitaten von Pesch und von Marxsen bereits angesprochen worden. Ist die erzählte Geschichte unverzichtbarer Teil der christlichen Verkündigung oder einfach "Material", das der Illustration dient? Im ersten Fall bleibt das Erzählte wichtiger Bestandteil der von den Texten vermittelten Botschaft. Nach der anderen Meinung geben die Texte eine Lehre weiter, die auch ganz anders begründet und illustriert werden könnte. Diese Frage stellt sich unabhängig davon, ob man die Passionsgeschichte als Geschichtsbericht oder als Fiktion ansieht. Es geht dabei um die Art der vermittelten theologischen Botschaft. Gibt der Text durch sein Erzählen eine Lehre weiter, ein Verhaltensmodell?[45] Der Exeget hätte dann

---

44 Vgl. *Weder*, Hermeneutik 61f. *Marshall*, Historical Jesus 81f kritisiert an *Bultmann*, dass der Glaube bei ihm zu einem Sprung ins Ungewisse werde.
45 So der Titel des Buches von *Dormeyer*.

in erster Linie die Aufgabe, diese Lehre herauszuarbeiten und sie kurz und prägnant darzustellen.

Wenn es jedoch der Sinn des Textes wäre, einen Bericht über das Leiden Jesu zu geben, müsste die Arbeit des Theologen damit anders formuliert werden. Er hätte dann in erster Linie das Erzählte zu würdigen. Dazu würde er die Zusammenhänge innerhalb des Berichts darlegen, das Wesentliche herausarbeiten und ihm die anderen Erzählzüge zuordnen. Auf jeden Fall würde er sich nicht vom berichteten Geschehen lösen können. Ein Bericht böte die Möglichkeit, auf neue Anliegen der Lebenspraxis bezogen zu werden. Es können neue Fragestellungen, die für den Erzähler unwesentlich waren oder ihm gar nicht bekannt sein konnten, die Lektüre der Texte begleiten. So wird sich herausstellen müssen, ob die Passionsgeschichte auch im Blick auf neue Lebenssituationen aussagekräftig bleibt. Wenn die Erzählung in erster Linie Illustration einer lehrhaften Aussage ist, wird man ihr wohl kaum mit neuen Interessensgebieten begegnen dürfen. Wenn sie jedoch wesentlich Bericht ist, wäre durchaus zu erwarten, dass sie der Dynamik der Lebenspraxis standzuhalten vermag. Jede Zeit würde dann wohl ihre eigene Auslegung der Passionsgeschichte schreiben müssen, die auf ihre besondere geschichtliche Situation eingeht.[46]

Geschichten beeinflussen die Identität ihrer Adressaten. Sie helfen ihnen, sich in den Veränderungen der Zeit zu orientieren. Die Erzählung bildet und stabilisiert die Identität des Publikums.[47] So wird zu überlegen sein, inwiefern die Passionsgeschichte als Erzählung die Identität der Glaubenden zu bilden vermag. In welche Lebenslagen hinein vermag die Geschichte Jesu Orientierung zu geben? Beispielsweise ist an die Fragen der Schuld und des Leidens zu denken. Möglicherweise kann diese Erzählung auch eine Gemeinde stärken, die die Ablehnung ihres Glaubens besonders stark (Verfolgung) zu spüren bekommt.

Eng damit verbunden ist die Frage, ob und wie der Leser der Passionsgeschichte angesprochen werden soll. Es fällt auf, dass die Passionsgeschichte äusserlich gesehen sich fast ausschliesslich auf das Erzählen beschränkt. Die Heilsbedeutung des Kreuzes kommt nur sehr kurz zur Sprache. Kann daraus geschlossen werden, dass es ihr Hauptzweck ist, dem Leser oder Hörer Informationen zu vermitteln? Der Exeget hätte dann in erster Linie zur Kenntnis zu nehmen, was ihm in den Texten gesagt wird, und er wird daraus seine Schlüsse zu ziehen haben. Oder ist die Passionsgeschichte trotz dieser äusseren Form als eine Art Predigt zu lesen, die den Hörer oder Leser mindestens indirekt anspricht und ihm beispielsweise verschiedene Wohltaten zukommen lässt? Der Exeget hätte dann vielleicht zu überlegen,

---

46 Vgl. zur zeitlichen Dynamik der Geschichtsschreibung *Rüsen*, Vernunft 31f.
47 *Rüsen*, Vernunft 57, 115.

wie die Texte die Problematik des menschlichen Lebens aufnehmen und welche Antworten sie auf grundsätzliche oder spezielle Fragen geben. Er würde dann weniger nach Informationen über eine vergangene Zeit als vielmehr nach Zuspruch und Mahnung, die sein Menschsein betreffen, suchen.

Es soll nun weiter nach dem Gebrauch der Erzählungen im Blick auf ihren Vergangenheitscharakter gefragt werden. Die Passionsgeschichte berichtet ein vergangenes Geschehen und stellt einen Bezug zur Gegenwart her. Dieser besteht konkret in der Heilsbedeutung des Leidens Jesu in der christlichen Verkündigung. Die exegetische Arbeit wird darauf zu achten haben, ob und wie die theologische Verwendung der Berichte diesen Vergangenheitscharakter würdigt. Diese Frage ergibt sich aus dem Sachverhalt, dass wir vom Vergangenen getrennt sind. Es ist für uns nur in der Erzählung greifbar. Solche Trennung wird bei unserem Thema oft als "garstiger Graben"[48] empfunden. Der Gegenwartsbezug hat die Aufgabe, nach Verbindungen über diesen Graben zu suchen. Der Vergangenheit soll so eine Bedeutung für die Gegenwart zugeschrieben werden. Die problematische Seite von solchen Verbindungen besteht darin, dass sie in der Gefahr stehen, die Distanz zwischen dem Vergangenen und der Gegenwart aufzuheben. Die Vergangenheit würde dann nicht mehr als Vergangenes gewürdigt.[49] Es interessiert daher, wie das Vergangene als Vergangenes beachtet wird. Wie kommt seine Einmaligkeit zur Geltung? Vielleicht kann von diesen Überlegungen aus auch die Frage beantwortet werden, warum sich die Passionsgeschichte zum allergrössten Teil auf das berichtende Erzählen von Vergangenem beschränkt.

Im Blick auf diese Fragestellungen wird in der Markuspassion z.B. die Abendmahlsperikope von Interesse sein. Es ist zu vermuten, dass sie die Aufgabe hat, die gegenwärtige Mahlpraxis mit jener vergangenen "Nacht, in der Jesus verraten wurde", zu verbinden. Vielleicht kann dabei davon ausgegangen werden, dass es nicht die Aufgabe des Theologen ist, den Gegenwartsbezug der Geschichte Jesu herzustellen, sondern dass er ihn in den Texten zu entdecken hat. In der Historik ist den Traditionen das Gewicht einer Art Vor-Geschichte gegeben worden. In der Tradition ist vergangenes Handeln gegenwärtig als Vorgabe für das eigene Tun.[50] Es wäre zu überlegen, ob die Feier des Abendmahls eine Art ursprüngliche Form sein könnte, wie sich der Glaube auf die vergangene Geschichte Jesu bezieht.

---

48 Die Bezeichnung ist meines Wissens erstmals von *Lessing*, Beweis, 49 gebraucht worden: "Das ist der garstige, breite Graben, über den ich nicht kommen kann, sooft und so ernstlich ich den Sprung versucht habe." Er sieht auf der einen Seite des Grabens die "zufälligen Geschichtswahrheiten" und auf der anderen die "ewigen Vernunftwahrheiten."

49 *Weder*, Hermeneutik 399f und Kreuz 103-105 stellt von diesen Überlegungen her kritische Anfragen an den Entwurf *Bultmanns*.

50 *Rüsen*, Vernunft 64-68.

Von Bedeutung werden natürlich ferner die Stellen sein, wo die Gegenwart des Erzählers explizit zur Sprache kommt (z.B. Mk 14,9). Es ist zu erwarten, dass dort deutlich wird, wie dieser mit der Distanz zwischen seiner
Gegenwart und der Vergangenheit umgeht.

Des weiteren wird zu bedenken sein, wie sich die theologischen Aussagen
zur Relativität und Subjektivität der Erzählung verhalten. Diese zeigen sich
konkret so, dass verschiedene Deutungen und Darstellungen eines Geschehens möglich sind. Es wurde bereits darauf hingewiesen, dass schon in der
Passionsgeschichte selbst der Tod Jesu unterschiedlich verstanden wird. Bei
der Auslegung ist darauf zu achten, wie diese verschiedenen Ansichten dargestellt sind. Insbesondere interessiert dabei, wie sie gewürdigt werden und
ob allen eine gewisse Berechtigung zugesprochen werden kann. Auch die
eigene Sicht der Passionsgeschichte mit ihrer Begründung wird zu beachten
sein.

Kann sich die Erkenntnis Gottes auf eine relative und auch subjektive
Darstellung stützen? Werden dadurch die theologischen Aussagen ungewiss
und zweifelhaft? Schmälert die Relativität ihre Kraft? Weiter ist zu fragen,
was es für die Gotteserkenntnis bedeuten würde, wenn sich herausstellte,
dass die Passionsgeschichte sogar eine Fiktion sei. Wie könnte dann ihre
Wahrheit begründet werden? Der umgekehrte Vorgang würde vorliegen,
wenn durch die theologischen Bezüge alle Relativität der Darstellung überwunden wäre und wegfallen würde. Dann müsste man aber fast folgern,
dass dadurch die Passionsgeschichte der historischen Diskussion und Untersuchung entzogen sei. Alle historische Beschäftigung mit den Texten
wäre dann zum vornherein zur Fruchtlosigkeit verurteilt. Der theologische
Bezug auf die Leidensgeschichte müsste dann als historisch fragwürdig gelten. Historische Erkenntnis jedenfalls bleibt stets partikular. Totalitäten
sind weder greifbar noch prüfbar und diskutierbar.[51]

Hier wird insbesondere nochmals an Werturteile zu denken sein. Wie
kommt es dazu, dass das zunächst negative Kreuzesgeschehen positiv bewertet wird? Die Passionsgeschichte erzählt es als von Gott so gewollt zum
Heil "für alle". Fällt nun die andere Betrachtungsweise ganz ausser Betracht, oder könnte es sein, dass sie zum rechten Verständnis des Textes
gerade wesentlich bleibt?

Erhebt der Glaube damit Anspruch auf Dinge, die dem menschlichen Begreifen nicht zugänglich sind? Das braucht nicht zu heissen, dass der Glaube nun selbst Anspruch auf Totalität erhebt und sich allen Diskussionen
entzieht. Möglicherweise gibt es auch Bereiche, wo der Glaube froh ist, sich
mit Partikularem zufriedengeben zu können.

Diese Überlegungen sind für die theologische Geschichtsbetrachtung hilfreich. Sie bewahren auf jeden Fall vor der Versuchung, Gott so zur Sprache

---

51 *Baumgartner,* Struktur 54-59.

zu bringen, dass er zum Objekt des Redenden wird. In der theologischen Rede soll stets deutlich bleiben, dass Gott über mir ist. Gott ist weder das Objekt des biblischen Erzählers noch des Exegeten, über das eine Theorie zu verbreiten wäre.

Es zeichnen sich hier unterschiedliche Weisen der Betrachtung der Geschichte Jesu ab. Sie lassen sich auf die beiden folgenden Möglichkeiten vereinfachen: ein (atheistischer) historischer Geschichtsbezug, der in der Regel nicht von Gott sprechen will (etsi deus non daretur), und ein theologischer Geschichtsbezug, der zum Ziel hat, richtig von Gott zu reden. Kann der theologische Geschichtsbezug noch als historisch bezeichnet werden? Könnten die theologischen Gedanken auch für einen Atheisten plausibel sein? Hier entsteht der Wunsch nach einem Vergleich verschiedener Möglichkeiten des Geschichtsbezugs. Es ist insbesondere nach ihrem Sinn und ihren Gefahren, wie auch – besonders schwierig – nach ihrem Verhältnis untereinander zu fragen.

Im Blick auf die Rolle des Glaubens wird abschliessend ebenfalls auf seine Funktion bei der Abfassung der Passionsgeschichte zu achten sein. In welcher Weise ist der Glaube aktiv gewesen bei der Niederschrift und Bearbeitung der Leidensgeschichte? Was bedeutet das Prädikat "Glaubenszeugnis"?

Im Rahmen der theologischen Problemstellung ist des weiteren nach den leitenden Interessen zu fragen, nach denen die Erzählung gestaltet ist. Man kann dabei zum Beispiel an das Problem des Leidens denken: Warum haben Gottes Getreue und allen voran sein Gesalbter einen so schweren Stand in dieser Welt? Warum lässt Gott es zu, dass Unschuldige leiden? Die Exegese wird zu ermitteln haben, ob und wie die Passionsgeschichte auf konkrete theologische Problemkreise Antworten gibt.

Die Feststellung, dass die Passionsgeschichte eine theologische Betrachtung der Geschichte Jesu ist, bestreitet ihre historische Zuverlässigkeit jedenfalls noch nicht. Der Glaube ist als Standpunkt des Erzählers zu verstehen, von dem aus er das ihm vorliegende Material darstellt. Einen solchen einzunehmen ist aber sogar einem Historiker, der sich um Objektivität bemüht, nicht verwehrt.[52]

Das führt zu der Frage, ob der Leser der Passionsgeschichte neben seinem philologisch-historischen Wissen bereits über eine Kenntnis Gottes verfügen muss, damit er ihre theologischen Aussagen verstehen kann. Ist der Glaube eine notwendige Voraussetzung zum Begreifen der Texte? Es wird allgemein darauf hingewiesen, dass ein Vorverständnis vorhanden sein muss, damit ein Text verstanden werden kann. Hat der Leser von dem, was in einem Text zur Sprache kommt, weder eine gewisse Vorstellung noch eigene Erfahrung, so kann er es auch nicht recht verstehen. Die Idealvorstel-

---

52 Vgl. oben S. 11.

lung eines voraussetzungslosen Begreifens kann höchstens ein unreflek-
tierter Wunschtraum sein. Den Standpunkt des unbeteiligten Betrachters
gibt es nicht, und er würde schon gar nicht das Verstehen zur Vollendung
bringen. Es ist daran festzuhalten, dass ein Lebensbezug zur Sache Voraussetzung zum Verstehen ist.[53] Ohne Vorverständnis kann es kein Verständnis geben. So stellt sich die Frage, welche Kenntnisse und Erfahrungen ein
Leser der Passionsgeschichte mitbringen muss, damit er sie verstehen kann.
Worin besteht sein Lebensbezug zur Sache?

Das Vorverständnis lenkt den Verstehensvorgang in eine gewisse Rich-
tung. Die vom Leser mitgebrachten Erfahrungen beeinflussen das Ergebnis.
Das Verständnis kann dadurch einseitig werden. Die positive Bedeutung des
Vorverständnisses ist jedoch, dass es das Verstehen ermöglicht. Diese positive Funktion kann es aber nur dann bekommen, wenn es bewusst gemacht und zur Diskussion gestellt wird. Wenn dies fehlt, so verliert das
Vorverständnis seine hilfreiche Bedeutung für das Verstehen und kommt in
Gefahr, dieses zu blockieren, statt zu fördern. Deshalb ist es wichtig, dass
die vom Leser mitgebrachten Voraussetzungen veränderbar sind.[54] Er soll
nicht auf seinem Erfahrungs- und Kenntnisstand fixiert werden, sondern
offen sein für Neues: Sein Lebensbezug zum Leiden beispielsweise kann
durch die Lektüre der Passionsgeschichte bereichert werden, sein historisches Wissen kann ergänzt werden. Es ist eine Wechselwirkung zwischen
den Verstehensvoraussetzungen und dem Text anzustreben, in der das Vorverständnis den Text zur Sprache kommen lässt, und dieser das Lebensver-
hältnis zur Sache vertiefen kann.

An dieser Stelle wird die heute von manchen Exegeten gemachte Forderung der Offenheit[55] oder des Einverständnisses[56] mit dem Text zu beachten sein. Diese Forderungen entstammen der Befürchtung (und wohl auch
der Erfahrung), dass eine falsche Grundeinstellung den Texten und ihrer
Sache gegenüber unter Umständen schon die Wahrnehmung der erzählten
Wirklichkeit verfälscht oder unmöglich macht. Darauf lässt sich dann kein
richtiges Reden von Gott mehr aufbauen. Bei "Offenheit" ist gemeint, dass
man grundsätzlich bereit ist, auf den Text zu hören und etwas zu vernehmen. Wollte man das als "neutrale" Position zum Text beschreiben, so geht
es bei "Einverständnis" um eine zum vornherein positive, d.h. aufmerksame
Einstellung zu den Aussagen des Textes, die bereit ist, zu hören, dazuzu-
lernen. Sie weiss nicht im vornherein alles besser. Es sind aber auch die
Einwände gegenüber beiden Positionen zu bedenken, die befürchten, das da-

---

53 *Bultmann*, Geschichte und Eschatologie 137; *Bultmann*, Problem der Hermeneutik 217; *Weder*, Hermeneutik 138.
54 *Marshall*, Historical Jesus 96-99; *Weder*, Hermeneutik, 138f.
55 *Hengel*, Geschichtsschreibung 52; *Michel*, Sehen und Glauben 39-41.
56 *Stuhlmacher*, Kritik 120-126; *Stuhlmacher*, Verstehen 206-208.

mit vom Leser etwas verlangt werde, das er gar nicht leisten kann, und deshalb davon ausgehen, dass die Texte sich diese Offenheit selbst verschaffen, wenn man sie nur zur Sprache kommen lässt.[57] Die Exegese wird sich also damit zu befassen haben, welche Voraussetzungen für eine fruchtbare Lektüre der Leidensgeschichte Jesu erforderlich sind. Sind die damit gestellten Vorbedingungen für jedermann erfüllbar?

Es ist oben vermutet worden, dass der Mensch nicht von sich aus weiss, wie Gott zur Sprache kommen kann. Wäre ein solches Wissen Voraussetzung für das Verstehen der Passionsgeschichte, dann könnte diese einem von Gott entfernten Menschen nicht helfen, Gott zu erkennen. Es wird zu überlegen sein, ob die Passionsgeschichte in ihrer Erzählweise an andere Voraussetzungen als den Glauben anknüpft. Z.B. könnte gefragt werden, ob sie von allgemein menschlichen Erfahrungen ausgehe.

Im Blick auf die konkrete Situation des Lesers Gott gegenüber, aus der heraus er Gott zu erkennen sucht, ist eine weitere Überlegung zu machen. Es kann davon ausgegangen werden, dass es der Sinn der Passionsgeschichte ist, dem Ausleger zu ermöglichen, aufgrund der Leidensgeschichte Jesu auf eine neue Weise von Gott zu sprechen. Könnte das heissen, dass die Passionsgeschichte den Ausleger in eine neue Situation bringt? Sie würde ihm dann das ermöglichen, was ihm vorher verwehrt war. Es wird in diesem Zusammenhang zu prüfen sein, ob und wie der Leser zu eigenen Schritten, z.B. zur Bildung eines eigenen Urteils über Jesus und zu eigenem Reden von Gott aufgefordert wird.

In diesen Zusammenhang gehören auch Überlegungen zur Methodik. Denn die Methode ermöglicht den Verstehensvorgang, lenkt ihn aber auch in eine bestimmte Richtung. Insbesondere ist nach Nutzen und Grenzen des methodischen "etsi deus non daretur" zu fragen. Einerseits ist darzulegen, inwieweit der Ausschluss des Gottesgedankens für das Erkennen und Beschreiben von Vergangenem von Bedeutung ist. Dabei kann an die Mitteilbarkeit und Allgemeingültigkeit der Wahrnehmungen gedacht werden.

Anderseits ist dazu zu bedenken, inwiefern der Ausschluss des Gottesgedankens dem Gegenstand der Geschichte Jesu unangemessen werden kann und so das Verständnis blockiert, statt fördert.[58]

---

57 *Weder,* Hermeneutik 107. Es sei hier einmal die Vermutung geäussert, dass die AT- Zitate u.a. den Leser auf einen angemessenen "Lebensbezug zur Sache" hin ansprechen.

58 Vgl. dazu *Hempelmann,* Heilsgeschichte 47f; *Schlatter,* Atheistische Methoden 15-18.

1.3 Zum Zusammenhang von historischem und theologischem Inhalt der Passionsgeschichte

Die beiden vorangehenden Abschnitte sind in ihren Überlegungen von den vorliegenden Texten ausgegangen. Zuerst wurde gefragt, was von den Texten im Blick auf das historische Geschehen erwarten werden konnte. Es wurde versucht, die Bedeutung davon zu erfassen, dass die Ereignisse uns nur in der Form einer Erzählung vorliegen. Dann ging es im zweiten Abschnitt um das, was diese Texte dem Leser im Blick auf den Glauben vermitteln. Hier stand die theologische Problematik zur Diskussion, wie aufgrund dieser Erzählung von Gott gesprochen werden kann. In einem dritten Abschnitt ist nun noch nach dem Zusammenhang der beiden Inhalte zu fragen. Es wird auch hier von Vorteil sein, den Ansatz beizubehalten, dass der Text der Passionsgeschichte der Ausgangspunkt der Überlegungen ist. Es ist darzulegen, welche Probleme es mit sich bringt, dass in diesem Text historische und theologische Aussagen ineinander verwoben sind. Sollte sich im Laufe der exegetischen Arbeit jedoch herausstellen, dass der grösste Teil der Passionsgeschichte als Fiktion zu betrachten sei, dann wäre das meiste der folgenden Gedanken hinfällig. Denn sie fragen nach dem Geschichtsbezug und setzen dadurch voraus, dass sich die Passionsgeschichte auf Vergangenes bezieht. Die Fragestellungen müssten in diesem Fall modifiziert werden.

Welche Probleme bringt es mit sich, dass der Glaube auf eine Erzählung und damit auf Vergangenes bezogen ist? Es ist zu überlegen, was es für den Glauben bedeutet, auf Texte bezogen zu sein, die ihre theologischen Aussagen mit historischen Angaben verknüpfen. Dadurch bleibt der Glaube möglicherweise dauernd auf Vergangenes angewiesen und kann auf die Geschichte Jesu nicht verzichten. Ist dieses Angewiesensein auf Vergangenes als Mangel zu verstehen oder könnte es eine positive Bedeutung haben?[59]

1.3.1 Zur Eigenart der Offenbarung Gottes durch geschichtliche Ereignisse und durch den Bericht darüber

Es kann vom oben erwähnten Sachverhalt ausgegangen werden, dass das Vergangene nur noch in der Form der Erzählung(en) vorhanden ist:[60] das

---

59 Der Sachverhalt, dass die Geschichte nicht zu einem "reinen" Objekt gemacht werden kann, ist möglicherweise einer der Gründe, weshalb die Geschichte den Betrachter "ansprechen" kann.

60 *Bubner,* Geschichtsprozesse 13: "Mag die zeitliche Distanz zwischen Erzählung und erzähltem Ereignis nun geringer oder grösser sein, so existiert doch das Vergangene nurmehr in der Erinnerung oder Darstellung. Folglich macht es keinen Sinn, von der *Objektivität* des Vergangenen jenseits der Erzählung zu reden." Vgl. "Der erzählende Bericht schafft die Gegenstände erst, auf die eine Methode sich zu richten hätte. ... Die Methode weiss mithin nicht, wo sie ansetzen, was sie behandeln sollte" (157).

Vergangene schweigt, nur die Quellen sprechen.[61] Einen direkten Weg zu den historischen Ereignissen gibt es nicht. Die Passionsgeschichten der Evangelien sind demnach praktisch der einzige Zugang zum Passionsgeschehen, der uns offen steht. Andere Quellen kann man nur sehr selten beiziehen.

Ein von den Evangelien unabhängiger Weg zu den historischen Ereignissen und zur darin gegebenen Offenbarung Gottes ist damit ausgeschlossen. Ein solcher Weg hätte einen unmittelbaren Zugang zur Offenbarung und zur Erkenntnis Gottes versprochen, der nicht an die Vermittlung durch Zeugen gebunden wäre. Die Bedeutung der Geschichte Jesu wäre dann durch das Geschehen in seinem Kontext bestimmt und daraus erkennbar. Der Theologe hätte die Aufgabe, in historischer Arbeit das damalige Geschehen möglichst genau zu erfassen. Je weiter er darin fortschreiten würde, desto grössere Erkenntnis Gottes würde er sich dadurch erwerben. Dann könnte die Geschichte, und zwar nicht die erzählte, sondern die wirkliche, als Grundlage des Glaubens bezeichnet werden.

Da dieser Weg nicht möglich ist, ist anscheinend das Wissen von Gott nicht direkt abhängig von den historischen Wahrnehmungsmöglichkeiten und vom Ausmass der historischen Erkenntnis. Die erste Aufgabe des Theologen wird es daher sein, die Quellen in ihrer gesamten Aussage zu verstehen. Natürlich wird er dabei nicht auf historische Kenntnisse verzichten wollen.[62] Er wird sich aber vor der Illusion hüten, historische Gewissheit sei die Grundlage des theologischen Wissens. Ein Beweis der Tatsächlichkeit des Kreuzigungsgeschehens trägt wenig zum theologischen Verständnis

---

61 Vgl. die Aussage von *Droysen,* Historik 218, "dass die Tatsachen überhaupt nicht sprechen, ausser durch den Mund dessen, der sie aufgefasst und verstanden hat." Es könne darum keine Darstellung geben, die man "mit vollem Recht objektiv nennen könnte" (ebda).
Möglicherweise könnte das Schweigen des Vergangenen selbst die Schwierigkeit verständlich machen, die Behauptung, alles sei Fiktion, zu widerlegen.

62 "Wir *müssen* diesen Weg zum historischen Jesus und zu seiner Verkündigung immer wieder gehen. Die Quellen fordern es. Das Kerygma, das über sich zurückweist, fordert es genauso. Theologisch ausgedrückt: Die Inkarnation schliesst es in sich, dass die Geschichte Jesu nicht nur offen ist für geschichtliche Untersuchung, für historische Forschung und Kritik, sondern all das fordert. Wir müssen wissen, wer der historische Jesus war und wie seine Verkündigung lautete." (*Jeremias,* Problem 15).
Schürmann versucht Jesu "ureigenes" Todesverständnis zu erfassen, siehe z.B. *Schürmann,* Jesu ureigener Tod 11-13.
Als Beispiel für eine etwas weniger pointierte, aber immer noch grundsätzliche Bedeutung sei verwiesen auf *Weder,* Kreuz 50-61 und *Weder,* Hermeneutik 362-364.

davon bei. Erst die verstandene Geschichte Jesu hat grundlegende Bedeutung für den Glauben.[63]

Dies leuchtet sofort ein, wenn man an die damaligen Zeitgenossen denkt.
Nach der Passionsgeschichte ist ja nicht einmal den Jüngern die Heilsbedeutung dieses Geschehens klar geworden, ebensowenig wie den Spöttern
unter dem Kreuz oder den beteiligten Soldaten. Wäre diese Bedeutung
hauptsächlich durch das Geschehen bestimmt, so müsste sie eigentlich all
den vielen damals und heute, die das Ereignis kennen, vertraut sein. Dem ist
aber offensichtlich nicht so, nicht einmal innerhalb der Passionsgeschichte
selbst. Der Hauptmann unter dem Kreuz mit seinem Bekenntnis (Mk 15,39)
stellt eine Ausnahme dar. Am Nicht-Wissen aller anderen ist keineswegs
ein (intellektueller) Mangel der "Geschichtsbetrachter" schuld. Darin spiegelt sich vielmehr die Tatsache, dass es den direkten Weg von den historischen Ereignissen zur Gotteserkenntnis nicht gibt. Sonst hätten gerade diese Zeitgenossen damals zur höchsten Klarheit über die Person Jesu kommen
müssen.

Die Aussage von der Heilsbedeutung des Kreuzes war bereits in der Antike schwer verständlich. Kreuzigungen waren zwar verbreitet und wohlbe-
kannt; diese Todesstrafe galt jedoch als die schmählichste aller Strafen, die
dem Verurteilten jede Ehre nahm. Die Hochschätzung des gekreuzigten Jesus von Nazareth in der christlichen Botschaft musste beim durchschnittli-
chen antiken Hörer auf Widerstand stossen.[64] Die historische Beschäftigung mit dem Geschehen erschwert daher den Zugang zur Heilsbedeutung
des Kreuzes eher noch als dass sie ihn bewirkt.

Die Besonderheit der Offenbarung Gottes in und durch geschichtliche
Ereignisse liegt darin, dass es diesen direkten Weg von den Ereignissen zum
Glauben nicht gibt. Sogar wenn es historisch (dank einer Vielzahl von Quellen) gelingen könnte, das damalige Geschehen umfassend zu rekonstruieren,
würde dadurch nur die Schmach dieser Todesstrafe veranschaulicht, jedoch
nicht ihre Heilsbedeutung entdeckt. So gibt es für das theologische Erkennen nur den Weg über die Passionsberichte, welche historische und theologische Aussage miteinander verbinden. Die vorliegende Arbeit hat die Aufgabe, diese Verbindung in der Passionsgeschichte darzustellen. Sie versucht
darzulegen, auf welche Weise die theologische Bedeutung des Erzählten gefunden wird.

Dass der Glaube historisch denkt und sich auf ein vergangenes Geschehen beruft, braucht dabei nicht zu überraschen. Es ist vielmehr geradezu zu
erwarten, weil das historische Denken in der Lebenspraxis verwurzelt ist.[65]

---

63 Vgl. *Althaus*, Kerygma 19, 35f; *Marshall*, Historical Jesus 82f, 241.
64 *Hengel*, Crucifixion 154f.
65 *Rüsen*, Vernunft 48-58.

Es lässt sich ableiten aus der allgemein menschlichen Lebenserfahrung. Das Geschichtsbewusstsein vermittelt angesicht der Zeiterfahrungen, insbesondere des Intentionalitätsüberschusses[66], Orientierung. Es ist daher zu erwarten dass auch der Glaube historisch denkt, d.h. nach der Geschichte fragt, aus der er kommt und die ihn begründet. Die Entstehung von Texten wie der Passionsgeschichte ist in keiner Hinsicht unerwartet. Und ihre weitere Überlieferung liesse sich verstehen als Folge davon, dass sie Orientierung vermitteln konnten in der allgemein menschlichen Frage nach Gott. Es stellt sich jedoch die Frage, inwieweit der Umgang der Texte mit dem Vergangenen der historischen Vernunft entspricht. Der Erzähler scheint sich anders auf die vergangene Geschichte Jesu zu beziehen, als ein Historiker das tun würde. Er sucht danach, was dieses Geschehen von Gott her bedeutet. Kann die Passionsgeschichte noch als historisch objektiver Bericht des Geschehenen verstanden werden?

Es geht hier um Problembereich "Objektivität und Parteilichkeit". Nicht ein Historiker kann in "eunuchischer Objektivität" schreiben.[67] Es ist deshalb historisch gesehen davon auszugehen, dass sich Parteilichkeit und Objektivität nicht ausschliessen. Die Parteilichkeit hat jedoch offen zu sein für andere Begründungen, Konsense und Konstruktionen. Einseitig wäre nur ein Standpunkt, der nicht erweitert werden könnte. Die Identität der andern soll nicht ausgeklammert, sondern (tendenziell) anerkannt werden.[68] Es ist daher zu fragen, ob und wie der Glaube gesprächsfähig bleibt zu anderen Bezügen auf das Passionsgeschehen, die andere Deutungen vortragen. Es wird ebenfalls zu überlegen sein, inwiefern er diese auch als wahr anerkennen kann.

In diesem Zusammenhang wird es interessant sein zu beobachten, wie in der Passionsgeschichte die verschiedenen Meinungen über den Tod Jesu, die deutlich werden, erklärt sind.[69] Die Konsensfähigkeit von Gegnern Jesu, Spöttern und Jüngern wird wohl einzig dadurch erhalten, dass alle das Leiden Jesu nur falsch verstehen (können).

Es wäre auch denkbar, dass der Glaube sich auf einer anderen Ebene bewegt als die anderen Geschichtsbezüge, indem er über das hinausgeht, was menschliches Denken von sich aus zur Geschichte Jesu sagen kann. Geht der Glaube damit über das Wissen hinaus? Macht er damit Aussagen zur

---

66 *Rüsen,* Vernunft 49, 70f.
67 Siehe oben Anm. 42; vgl. *Droysen,* Historik 237: "Meint man aber, dass der Historiker ohne Parteinahme schreiben soll, so ist das ein unmenschliche Forderung".
68 Mit *Rüsen,* Vernunft 116-128.
69 Meist wird davon ausgegangen, dass das Geschehen mehrdeutig bleibt (z.B. *Trilling,* Geschichtlichkeit 165f; *Weiss,* Kerygma und Geschichte 88).

Passionsgeschichte, die weiter gehen als das, was überprüft und belegt werden kann?[70] Damit ist bereits die Wahrheitsfrage angesprochen.

1.3.2 Zur Wahrheitsfrage in historischer und theologischer Hinsicht

Nachdem die Eigenart der Passionsgeschichte beleuchtet worden ist, wie in ihr historische und theologische Aussagen so zusammengehören, dass sie nicht voneinander getrennt werden können, ist nun noch zu überlegen, wie nach der Wahrheit dieses Berichts gefragt werden kann. Inwiefern kann man sagen, dass die Erzählung der Passionsgeschichte wahr sei?

Es geht also um die Frage, ob sich der Glaube legitimerweise als Lebenspraxis, die von der Geschichte Jesu ausgeht, verstehen kann. Der Glaube beruft sich durch die Passionsgeschichte auf diese Geschichte. Hat der Erzähler der Passionsgeschichte das Geschehene richtig verstanden? Dass dem Vergangenen dabei "Funktionen der Daseinsorientierung" zugeschrieben werden, überrascht nicht, weil dies allgemein für Geschichte gilt.[71] Es ist also zum vornherein zu erwarten, dass die Geschichte Jesu sich in der Lebenspraxis dessen, der mit ihr umgeht, auswirkt. Der Glaube gibt beispielsweise Orientierung im Blick auf den Umgang mit Schuld, mit eigenem Versagen oder mit dem Leiden. Es ist nun zu fragen, inwiefern seine Berufung auf die Geschichte des Leidens Jesu vernünftig ist. "Vernünftig" kann hier nicht bedeuten, dass die Aussagen des Glaubens mittels der Vernunft aus der Geschichte Jesu abgeleitet werden könnten. Der Ausdruck fragt hier nur danach, wie weit der Glaube den Regeln des historischen Denkens entspricht. Möglicherweise enthält das Evangelium aber auch Elemente, die über einen vernunftgemässen Umgang mit dieser Geschichte hinausgehen oder ihm gar widersprechen.[72] Es darf jedenfalls nicht mehr erwartet werden, dass durch historisches Wissen über das Passionsgeschehen der Glaube bewiesen werden könnte.[73]

Es ist nun zum vornherein nicht damit zu rechnen, dass ein einfaches Verfahren zu finden sei, mit dem man sich der Wahrheit der Passionsgeschichte vergewissern könnte. Das würde weder den behandelten historischen Gegebenheiten noch der theologischen Problematik entsprechen. Vielmehr ist zu vermuten, dass mehrere unterschiedliche Momente in Betracht kommen, die für die Wahrheit der Passionsgeschichte wichtig sein könnten. Von den Texten darf allerdings nicht erwartet werden, dass sie erklärten, warum es so kommen musste, wie sie es berichten. Die Wahrheit

---

70 Der Glaube würde dann über das hinausgehen, was in Bezug auf die Gegenstände der historischen Erkenntnis objektiv (= auf die Gegenstände bezogen) ausgesagt werden könnte (vgl. dazu *Baumgartner*, Struktur 52).

71 *Rüsen*, Vernunft 28f.

72 Vgl. *Rüsen*, Vernunft 30f.

73 Mit *Faber*, Objektivität 10; vgl. oben S. 21f.

der Texte besteht nicht darin, dass sie Notwendigkeiten aufzeigen, warum alles so geschehen musste. Wahr ist die Passionsgeschichte vielmehr dann, wenn sie das Vergangene versteht.[74]

Vielleicht kann gefragt werden, ob in der Passionsgeschichte Elemente enthalten sind, die Zweifel an ihrer Richtigkeit ausräumen. Die Erzählung würde damit signalisieren, dass sie in der Lage ist, allfällige Bedenken ihren Aussagen gegenüber zu entkräften. Solche Elemente wären Hinweise auf ihren Wahrheitsgehalt.[75]

Historisch können an eine Erzählung verschiedene Ansprüche gestellt werden, damit sie als wahr anerkannt werde. Der Begriff "Wahrheit" lässt dabei nicht an die Möglichkeit eines unwiderlegbaren Beweises denken, Vielmehr kann man eine Geschichte als wahr bezeichnen, die ihre Funktion, Orientierung zu bieten für die menschliche Lebenspraxis, erfüllt.[76] Wahre Geschichten begründen ihre historische Glaubwürdigkeit durch die Art und Weise, wie sie erzählt werden.[77] In diesem Zusammenhang werden drei Bedingungen formuliert, damit eine Geschichte als wahr gelten könne. Sie begründet ihren Geltungsanspruch erstens damit, dass sie darlegt, dass das von ihr erzählte Geschehen in der Vergangenheit sich wirklich auf diese Weise ereignet hat, wie sie es berichtet. Zweitens legt eine wahre Geschichte dar, dass das erzählte Geschehen eine Bedeutung für die Lebenspraxis ihrer Leser oder Hörer hat. Und drittens werden Geschichten als wahr angesehen, die die Tatsächlichkeit und die Bedeutung des von ihnen Berichteten in einer sinnvollen Erzählung darstellen können.[78]

a) Im Blick auf die Passionsgeschichte ist zunächst nach der Tatsächlichkeit des Erzählten zu fragen. Inwiefern bekräftigt die Erzählung, dass das Berichtete sich auch auf diese Weise ereignet hat? Sind die Namensangaben zum Beispiel in Mk 15,21 als Erwähnung von Zeugen zu verstehen, die die Richtigkeit des Berichts bestätigen könnten?

Es ist zu überlegen, inwiefern der Tatsachenbezug der Passionsgeschichte als historisch gesichert angesehen werden kann. Die wissenschaftliche Bearbeitung eines Tatsachenbezugs kann als Übergang "von einer unsicheren Gewissheit zu einer gewissen Unsicherheit" verstanden werden.[79] Dabei

---

74 Vgl. *Droysen*, Historik 29.

75 Vgl. zu dieser Fragestellung *Rüsen*, Vernunft 78f.

76 *Rüsen*, Vernunft 77: "Geschichten sind wahr, wenn diejenigen sie glauben, an die sie adressiert sind." Interessanterweise taucht auch in diesem ganz untheologischen Zusammenhang das Wort "glauben" auf. Vgl. ebenda S. 78.

77 "Dort also, wo Geschichten durch die Art, wie sei erzählt werden, verlauten lassen, dass sie Zweifel an ihnen ausräumen, dort signalisieren sie ihre Wahrheit." (*Rüsen*, Vernunft 78f).

78 *Rüsen*, Vernunft 82f.

79 *Rüsen*, Vernunft 94.

werden die Tatsachen auf ihre pure Tatsächlichkeit geprüft. Als tatsächliche Begebenheit kann nur noch das gelten, was so dargelegt werden kann, dass es allgemeine Zustimmung findet.[80] Vermag der Tatsachenbezug, der in der Passionsgeschichte sichtbar wird, solchen Ansprüchen zu genügen oder geht der Glaube in historischer Hinsicht eher von einer "unsicheren Gewissheit" als von einer "gewissen Unsicherheit" aus? Besonders interessant ist diese Frage natürlich im Blick auf die Auferstehung. Denn sie ist ja ein Ereignis, das schon in den biblischen Berichten gerade nicht von jedermann als tatsächliche Begebenheit anerkannt worden ist. Ergibt sich daraus, dass die vom Glauben erzählte Geschichte, sofern sie in ihrer Bedeutung auf die Auferstehung rekurriert, bei einer Beurteilung durch die allgemeinen Wahrheitskriterien als suspekt erscheinen *muss*? Im Zusammenhang mit allgemeiner Anerkennung dürfte auch die Bemerkung der Spötter Mk 15,31, dass Jesus anderen geholfen hat, interessant sein.

Nicht zu vergessen ist dabei die grundsätzliche Frage, ob die Wahrheit der Passionsgeschichte überhaupt an die historische Zuverlässigkeit gebunden sei. So wird man darlegen müssen, inwiefern historisch feststellbare Ungenauigkeiten oder Fehler die Wahrheit der Passionsgeschichte beeinflussen. Was würde es beispielsweise für ihren Wahrheitsgehalt bedeuten, wenn sich die johanneischen Angaben zum Todestag Jesu den markinischen gegenüber als wahrscheinlicher erweisen sollten? Kann nach den obigen Überlegungen überhaupt noch daran festgehalten werden, dass die Tatsächlichkeit ein Faktor der Wahrheit der Passionsgeschichte sei? Wäre es nicht eine grosse Erleichterung, die Texte so auszulegen, dass sie unabhängig davon werden, ob sie nun eine präzise Wiedergabe der Ereignisse seien oder nicht? Der Text hätte dann seine Wahrheit nicht aus dem Geschehenen, sondern aus anderen Quellen. Die Wahrheit der Glaubensaussagen würde dann beispielsweise in ihnen selbst liegen und der Bericht nur der Illustration dienen.

b) Die Frage nach der Bedeutung für die Lebenspraxis der Hörer oder Leser wird die ganze Auslegung zu begleiten haben. Es kann davon ausgegangen werden, dass die Evangelien in der Gemeinde und für die Gemeinde entstanden sind. Die Passionsgeschichte hatte ihren Platz im gottesdienstlichen Leben der Gemeinde. So ist zu erwarten, dass sich aufzeigen lässt, welchen Beitrag sie zur Lebenspraxis ihrer Adressaten leisten konnte. Dabei kann einmal mehr an die Abendmahlsperikope gedacht werden, deren Einfluss auf die Mahlfeier der Gemeinde zu beachten ist. Auch die Aussage "... die Armen habt ihr immer bei euch und wenn ihr wollt, könnt ihr ihnen Gu-

---

80 *Rüsen*, Vernunft 91: "Erfahrung ist nur noch das, was prinzipiell von jedem als tatsächliche Begebenheit anerkannt werden kann und muss." Vgl. *Baumgartner*, Struktur 60-62.

tes tun ..." (Mk 14,7) wird man in diese Überlegungen einbeziehen können. Ferner wird auch zu berücksichtigen sein, inwiefern die Erzählung allgemeine Lebenserfahrungen ihrer Leser aufnimmt (Leiden, Schuld).

c) Die dritte Fragestellung nach einem sinnvollen Zusammenhang der ganzen Erzählung erkundigt sich nach der Plausibilität der Passionsgeschichte. Büsst sie wegen ihren theologischen Aussagen ihre Plausibilität ein? Gibt es unerwartete, ganz verblüffende, nicht einleuchtende Handlungsabläufe (etwa durch ein Eingreifen Gottes)? Ferner wird man besonders über die von späteren Bearbeitern und dem Redaktor gemachten Ergänzungen und Änderungen nachzudenken haben. Gelang es ihnen, ihre Anliegen ins Ganze der Passionsgeschichte zu intergrieren und konnten sie dadurch das Verständnis des Geschehens vertiefen? Das Gegenteil wäre die Feststellung, dass ihre Zusätze den ursprünglichen Zusammenhang stören und sich deshalb wohl auch verständnismässig schlecht in den ursprünglichen Bericht einordnen lassen.

d) Im Blick auf die Bekräftigung der Wahrheit von theologischen Aussagen werden über die genannten Kriterien hinaus die Bezüge auf das AT von grosser Bedeutung sein. Denn hier wird die Passion Jesu der bereits aus dem AT bekannten Gottesgeschichte zugeordnet und im Leiden Jesu die Erfüllung des AT erkannt. Dem Theologen fällt die Aufgabe zu, die alttestamentlichen Bezüge im NT zu würdigen und von sich aus weitere Zusammenhänge zu entdecken.[81]

Dabei stellt sich natürlich die Frage, wodurch denn gerade das AT als entscheidender Hintergrund festgelegt ist, und wie bestimmt werden kann, welche innerhalb des AT die bedeutenden Texte sind. In der Passionsgeschichte liegt bereits die Auswahl vor, die der Evangelist getroffen hat. Der Theologe wird sich zunächst darum bemühen, diese Auswahl zu verstehen und ihre Relevanz im Blick auf das erzählte Geschehen zu entdecken. Er wird auf Hinweise achten, weshalb sich gerade die ausgewählten Stellen nahegelegt haben. So könnte möglicherweise die Angemessenheit dieser Auswahl begründet werden.

e) Um die Aufzählung von Elementen, die Zweifel an der Wahrheit der Passionsgeschichte beseitigen sollen, abzuschliessen, ist noch zu berücksichtigen, dass in verschiedenen Formulierungen im Markusevangelium darauf hingewiesen wird, dass das Geschehen seine Bedeutung von Gott her hat.[82] Es wird davon ausgegangen, dass mindestens ein Teil der Bedeutung einem Geschehen von aussen zugesprochen wird. Die Rolle der Sprache wird dabei besonders zu würdigen sein. Der Bereich des geschichtlich und/oder alttestamentlich Nachweisbaren ist verlassen und es ergibt sich daraus nochmals die Frage nach einem Vergleich zwischen dem historischen und

---

81 *Betz*, Wie verstehen 14; *Stuhlmacher*, Auferweckung 154-159.
82 Beispielsweise durch den apokalyptischen Ausdruck die "Stunde" in 14,41.

dem theologischen Geschichtsbezug. Angewandt auf die Geschichte Jesu
heisst das für den Theologen, dass er unfähig ist, von sich aus ihre ganze
Tragweite zu ermessen. Er ist vielmehr darauf angewiesen, dass ihm kund-
getan wird, welchen Sinn ein Geschehen, das er zwar wahrnehmen kann,
letztlich hat.[83]

Wenn dem Leiden Jesu die Bedeutung von Gott her zugesprochen wird,
ist die Gefahr zu beachten, dass die Wahrheit Gottes fern von dieser Welt
sein könnte. Vielleicht vermag die Frage, ob das dargestellte Geschehen die
ihm zugeschriebene Bedeutung auch zu tragen vermag, weiterzuhelfen.[84] Es
ist ferner darzulegen, wie es Menschen möglich wird, diese Wahrheit zu erkennen. Denn wenn die Wahrheit nicht in dieser Welt ist, scheint sie nicht
jedermann zugänglich zu sein.

Nach diesen einleitenden grundsätzlichen Überlegungen kann nun mit der
Auslegung des Textes begonnen werden. Die aufgeworfenen Fragen werden
die Auslegung begleiten und im zusammenfassenden dritten Teil wieder
aufgenommen.

---

83 *Weder*, Hermeneutik 381 betont, dass das Kreuzesgeschehen "mit den
   Augen Gottes zu betrachten (ist), und eben so ... den Augen der Menschen entzogen" ist. Vgl. dazu den Begriff "Erleuchtung" (Hermeneutik
   415; vgl. *Weder*, Kreuz 229). Vgl. *Bultmann*, Geschichte und Eschatologie
   41f; *Thielicke*, Geschichte 8-10.
   Zu den Versuchen, historische und theologische Geschichtsdarstellung
   zu unterscheiden siehe *Weder*, Hermeneutik 367f, 375-383, 404f, 415; *Weder*, Kreuz 227-233; *Marshall*, Historical Jesus 62f.
84 *Bockmühl*, Atheismus 148.

2 Der Passionsbericht im Markus-Evangelium

2.1 Markus 14,1-2

1 Es waren noch zwei Tage bis zum Passafest und zum Fest der ungesäuerten Brote, und die Hohenpriester und Schriftgelehrten suchten, wie sie
ihn mit List festnehmen und töten könnten.
2 Denn sie sagten: "Nicht am Fest, damit es nicht einen Aufruhr des Volkes gebe."

2.1.1 Analyse

In allen drei synoptischen Evangelien leitet dieser Abschnitt, der stets nach
einer Endzeitrede steht, das eigentliche Passionsgeschehen ein. Dabei ist er
bei Lk etwas anders formuliert und bei Mt ist der Anfang stark erweitert.
Joh berichtet ausführlicher vom Entschluss zur Tötung Jesu im Zusammenhang mit der Auferweckung des Lazarus, noch vor dem Einzug in Jerusalem,
erwähnt aber auch die Nähe des Passafests (11,46-57).

Das Passafest wird in der Nacht vom 14. auf den 15. Nisan gefeiert,[1] anschliessend folgt bis zum 21. das Fest der ungesäuerten Brote.[2] Dass hier
beides miteinander genannt wird, ist nicht ungewöhnlich.[3] Der Ausdruck
μετὰ δύο ἡμέρας bezeichnet wohl den folgenden Tag: Wenn μετὰ τρεῖς ἡμέρας
in den Leidensankündigungen (8,31; 9,31; 10,34) den Ostertag als dritten Tag
von Freitag an bezeichnet, so ergibt sich daraus, dass die Angabe von 14,1
den folgenden Tag meint.[4]

---

1 Ex 12,6-14; Str-B I 987f. Zum Ablauf der Passafeier siehe unten S. 74,
   Anm. 222.
2 Ex 12,15-20; Str-B I 987f.
3 Str-B I 987f; Str-B II 812-815; *Gnilka* II 219; *Pesch* II 320; *Schweizer* 156;
   Taylor 527.
4 Mit *Gnilka* II 219; *Pesch* II 319; *Schmithals* II 587; *Taylor* 528; *Dormeyer,*
   Passion 66; *Schenk,* Passionsbericht 145; *Schenke,* Studien 24f; *Senior,*
   Passion 43;
   gegen *Cranfield* 414; *Klostermann* 140.

Es legt sich nahe, diese Zeitangabe mit anderen zu vergleichen. Dabei kommen zunächst die darauf folgenden Bezeichnungen in Frage, nämlich in 14,12.17; 15,1.42; 16,1.2. Darin lässt sich eine Einteilung in vier Tage sehen, zwei bis zum Passafest und dann zwei bis zur Auferstehung.[5]

Manche Exegeten dehnen die Beachtung der Zeitangaben auch nach rückwärts aus bis nach 11,1 und kommen so zu einem sogenannten "Wochenschema", das die ganze Jerusalemer Zeit Jesu auf die einzelnen Tage einer Woche verteilen soll. Dieses Wochenschema wird dann meistens der markinischen Redaktion zugeschrieben.[6] Es ist allerdings zu beachten, dass die Zeitangaben vor 14,1 so vage sind,[7] dass es fraglich ist, ob sie als Teil eines durchgehenden Schemas zu verstehen sind. Die Tage werden jedenfalls vor 14,1 nicht gezählt, denn das erste Zahlwort steht 14,1, dann folgen präzise Bezeichnungen der weiteren Tage.[8] So kann von einem "Schema" doch wohl erst von 14,1 an gesprochen werden.[9]

14,1f werden oft als markinische Bildung verstanden. Als Hauptgründe dafür werden genannt:

- μετά + Akk ist eine markinische Formulierung.[10]

---

5 Mit *Lohmeyer* 287; *Schweizer* 156.
   Ein Widerspruch zu 14,12 besteht nur, wenn 14,1 anders als oben vorgeschlagen verstanden wird.
6 *Gnilka* II 220; *Dormeyer*, Passion 66f; *Schenk*, Passionsbericht 144; *Schenke*, Studien 36,
   gegen *Pesch* II 323; *Schweizer* 123.
7 11,11 ὀψίας ἤδη, οὔσης τῆς ὥρας
   11,12 καὶ τῇ ἐπαύριον
   11,19 ὅταν ὀψὲ ἐγένετο
   11,20 πρωΐ
8 14,12 τῇ πρώτῃ ἡμέρᾳ τῶν ἀζύμων, ὅτε τὸ πάσχα ἔθυον
   15,42 ἐπεὶ ἦν παρασκευὴ ὅ ἐστιν προσάββατον
   16,1 διαγενομένου τοῦ σαββάτου
   16,2 πρωΐ τῇ μιᾷ τῶν σαββάτων
9 *Gnilka* sagt über das Wochenschema, dass die Zählung nach 11,20 absterbe und dann mit 14,1 neu einsetze (II 220, Anm. 8). So auch *Lohmeyer* 288.
   Manche Kommentatoren lassen mit 14,1 einen neuen Hauptabschnitt beginnen (vgl. unten Anm. 24).
10 *Gnilka* II 219, Anm. 3; *Schenk*, Passionsbericht 145.
   Mt 10 Mk 9   Lk 12
   Bei vokabelstatistischen Angaben verzichte ich darauf, innerhalb des Mk-Evangeliums Zahlen zu nennen für traditionelles bzw. redaktionelles Vorkommen einer Vokabel. Solche Angaben würden eine sorgfältige Exegese des ganzen Mk-Evangeliums, die hier nicht geleistet werden kann, bedingen und ferner Ermessensurteile in die Zahlenangaben einfliessen lassen. Ich beschränke mich deshalb darauf, jeweils die Häufigkeit innerhalb der Synoptiker anzugeben. Diese Zahlenangaben ermöglichen so eine Gewichtung der vokabelstatistischen Argumente.

- δέ leitet im Mk-Evangelium redaktionelle Zusätze ein.[11]
- V1a ist Teil des Wochenschemas.[12]
- ἀποκτείνω und κρατέω sind markinische Vorzugswörter.[13]
- Abhängigkeit von 11,18[14]
- V2 ist nur als Fortführung von V1 verständlich.[15]

Daneben gibt es aber auch Elemente, die auf Tradition hinweisen. Da ist zunächst in V2 das Wort λαός zu nennen. Es fällt auf, weil es bei Mk sehr selten ist,[16] und sonst an seiner Stelle ὄχλος gebraucht wird. Ähnliches lässt sich zu μήποτε sagen.[17] Schon dieser Sachverhalt spricht gegen reine markinische Redaktion.[18] Dann stehen in diesem Vers noch weitere seltene Wörter,[19] die einzeln betrachtet nicht viel zu einem redaktionskritischen Urteil beitragen können. Das gehäufte Vorkommen von untypischen Vokabeln in diesem Vers bedarf jedoch einer Erklärung und warnt vor einem voreiligen Verständnis der beiden Verse als markinische Redaktion.[20] Andererseits warnen aber auch die Hinweise auf Redaktion vor einem vorschnellen umgekehrten Urteil. Man wird dem Sachverhalt am ehesten gerecht, wenn man versucht, in seinem Urteil die verschiedenen Hinweise zu berücksichtigen. Dann kann 14,1f verstanden werden als von Mk aufgrund

---

11 *Gnilka* II 219, Anm. 3; *Dormeyer*, Passion 67; *Schenk*, Passionsbericht 146; *Schenke*, Studien 20f;
   vgl. jedoch Mt 495   Mk 164   Lk 543.
12 *Gnilka* II 219; *Dormeyer*, Passion 67; *Schenke*, Studien 36.
13 *Gnilka* II 219, Anm. 3; *Schenk*, Passionsbericht 147; *Schenke*, Studien 44f.
   ἀποκτείνω   Mt 13   Mk 11   Lk 12
   κρατέω   Mt 12   Mk 15   Lk 2.
14 *Dormeyer*, Passion 67f; *Schenk*, Passionsbericht 146–148.
15 *Gnilka* II 219; *Dormeyer*, Passion 71; *Schenke*, Studien 47.
16 Mt 14   Mk 2   Lk 36.
17 Mt 8   Mk 2   Lk 7.
   Mk gebraucht sonst ἵνα μή (*Mohr*, Markus- und Johannespassion 121).
18 Mit *Mohr*, Markus- und Johannespassion 121f; *Schenk*, Passionsbericht 148;
   gegen *Gnilka* II 219; *Schenke*, Studien 52f.
19 θόρυβος   Mt 2   Mk 2   Lk 0
   ἑορτή   Mt 2   Mk 2   Lk 4.
20 *Cranfield* 413, *Pesch* II 319 und *Schweizer* 156 können in diesen beiden Versen keine markinische Redaktion sehen.

einiger traditioneller Vorgaben formulierter Einstieg in seine Passionsgeschichte.[21]

ἐν τῇ ἑορτῇ wird verschieden übersetzt. ἑορτή kann zeitlich (Festzeit) oder
örtlich (Festversammlung) verstanden werden. Daraus ergeben sich die beiden möglichen Übersetzungen: "während des Festes" oder "in der
Festversammlung".[22] Welches Verständnis angemessen ist, wird die Interpretation zeigen müssen.

Zur Frage einer vormarkinischen Passionsgeschichte und zum Beginn der Exegese mit 14,1

Durch den Beginn der exegetischen Arbeit mit 14,1 wird keinesfalls die These vertreten, eine vormarkinische Passionsgeschichte habe an dieser Stelle
begonnen. Dennoch kann die Frage nach deren allfälligen Beginn nicht ganz
beiseite gelassen werden und bedarf die Wahl von 14,1 als Startpunkt der
Exegese in dieser Arbeit einer Begründung. Die Frage nach einer vormarkinischen Passionsgeschichte ist insofern von Interesse, als damit zur Diskussion steht, ob die hier ausgelegten Kapitel möglicherweise einen eigenständigen und älteren Block enthalten oder als bearbeiteter Teil eines solchen zu verstehen sind. Das ist im Blick auf das Thema dadurch interessant,
dass in diesem versucht werden kann, zu erfahren, wie Mk die ihm vorgegebene Tradition gewürdigt hat. Es könnte zu entdecken gesucht werden, inwiefern es der markinischen Konzeption von Glaube und Geschichte gelingt,
die ihr gegebenen Überlieferungen nicht bloss als Material zu verwerten,
sondern in ihrer eigenständigen Bedeutung zur Geltung zu bringen.

Anderseits ist die Frage nach einer vormarkinischen Passionsgeschichte
dadurch interessant, dass damit zu ergründen versucht wird, inwiefern Mk
seine Konzeption über die Bedeutung der Geschichte für den Glauben aus
der Tradition übernommen hat. Es wird damit nach dem Alter dieser Konzeption und auch nach Vorstufen der Gattung Evangelium gefragt.

Es genügt vorläufig, auf die Bedeutung dieser Problematik hinzuweisen.
Es wäre noch verfrüht, bereits hier eine eigene These über die vormarkinische Passionsgeschichte zu bilden. Dies geschieht viel zweckmässiger erst
im Laufe der weiteren exegetischen Arbeit.

---

21 Mit *Mohr*, Markus- und Johannespassion 121, 128. Das Urteil von *Schweizer* 156, 14,1f seien von einem vormarkinischen Redaktor verfasst, versucht ebenfalls, die unterschiedlichen Hinweise zu berücksichtigen. Der
Vorschlag von *Schenk*, Passionsbericht 148, V2 habe ursprünglich nach
11,18 gestanden, versucht, die traditionelle Vorlage m.E. allzu genau zu
bestimmen. Sie ist wohl in den jetzigen Wortlaut eingearbeitet und nicht
mehr genau zu erkennen.

22 *Jeremias*, Abendmahlsworte 66f.

Da die Diskussion über Vorhandensein und Beginn einer vormarkinischen Passionsgeschichte keineswegs abgeschlossen ist,[23] empfiehlt es sich nicht, mit der Auslegungsarbeit an einem der vorgeschlagenen hypothetischen Anfänge einzusetzen. Man würde sich sonst allzusehr in Abhängigkeit einer noch vorläufigen Hypothese begeben und die Gefahr wäre gross, dass damit methodisch Hinweise, die für das Thema dieser Arbeit wichtig sein könnten, ausgeschlossen würden, weil sie nicht zu den Texten der gewählten Hypothese gehören würden.

Demgegenüber legt sich aus verschiedenen Gründen ein Beginn mit 14,1 nahe:

a) 14,1f ist im jetzigen Zusammenhang der Passionsgeschichte ein deutlicher Neuanfang. Nach den Jerusalemer Streitgesprächen (Mk 12) und der Endzeitrede (Mk 13) folgen eine Zeitangabe und ein Vorausblick auf das, was die nächsten beiden Kapitel beinhalten werden. Damit ist deutlich gemacht, dass jetzt etwas anderes beginnt.[24]

b) Falls eine vormarkinische Passionsgeschichte nicht hinter 14,1 zurückreicht, wird sie bei diesem Vorgehen auf jeden Fall ganz ausgelegt.

c) Falls sie jedoch bereits vor 14,1 beginnen sollte, könnte 14,1 dennoch ein Ausgangspunkt bleiben. Denn es wird von manchen, die den Beginn der vormarkinischen Passionsgeschichte vor 14,1 sehen, angenommen, dass Mk in 12f grössere Eingriffe vorgenommen hat und dann im 14. Kapitel sich wieder eng an die ihm vorgegebene Tradition anschliesst.[25]

Aus allen diesen Überlegungen ist m.E. ein Beginn mit 14,1 sinnvoll und gerechtfertigt.

2.1.2 Interpretation

V1 Durch die Zeitangabe wird die Leidensgeschichte Jesu datierbar. Es wird damit klar gemacht, dass es sich um ein einmaliges, unverwechselbares Geschehen handelt. Dieses ist als einzelnes zu würdigen und seine relative Festgelegtheit ist zu beachten. Insbesondere wird die Interpretation darauf bedacht sein müssen, ihren Aussagen dieses Geschehen zugrunde zu legen. Die Gefahr ist zu vermeiden, dass diese Geschichte in allgemeine Wahrhei-

---

23 Als neuere Forschungsüberblicke siehe *Lindemann*, Literaturbericht (1984) 263-265; *Mohr*, Markus- und Johannespassion (1982) 15-35; *Ernst*, Passionserzählung (1980) 160-171; *Gnilka* II (1979) 348-350; *Pesch* II (1977) 7-10; *Schneider*, Problem (1972) 223-242.

24 In den meisten Kommentaren beginnt mit 14,1 ein neuer Hauptabschnitt: *Cranfield* 412; *Gnilka* II 216; Klostermann 139; *Lohmeyer* 287; *Pesch* II 319; *Taylor* 524.
Trocmé, Passion 9-13, lässt das Mk-Evangelium sogar mit 13,37 enden und betrachtet Mk 14-16 als Anhang.

25 *Pesch* II 12; *Mohr*, Markus- und Johannespassion 162. *Schweizer* 122 führt diese Ergänzungen auf einen vormarkinischen Redaktor zurück.

ten aufgelöst wird. Die theologische Rede betont vielmehr von Anfang an die Einmaligkeit des geschilderten Geschehens.

Ferner bringt diese Einleitung die Passion Jesu sogleich in einen Zusammenhang mit dem Passafest. Durch diese Zeitangabe wird das Passafest zum Hintergrund der Leidensgeschichte. An einzelnen Stellen wird sogar noch ausdrücklich vom Passafest die Rede sein (14,12-16; 15,6).

Dadurch wird die Leidensgeschichte in Beziehung gesetzt zu dem Geschehen, das an diesem Fest gefeiert wird. Der Erzähler erreicht damit, dass beides miteinander verglichen wird. So wird das Leiden Jesu wichtig und bedeutungsvoll gemacht. Denn die Erinnerung an den Auszug aus Ägypten ist eine der wichtigen Grundlagen des jüdischen Glaubens. Dieses Vergleichen gibt ferner dem AT seine Wichtigkeit: Wenn die Leidensgeschichte durch diese Zeitangabe in die jüdische Tradition eingebettet wird, werden Beziehungen zum AT nahegelegt. Damit wird der spätere Gebrauch von AT-Zitaten und -Anspielungen begründet. Vergleiche, die bereits hier angelegt sind, werden später, nicht mehr innerhalb des Mk-Evangeliums, durchgeführt: z.B. die Bezeichnung Jesu als des wahren Passalamms.[26]

"Mit List" wollen die Gegner Jesu, die Hohenpriester und Schriftgelehrten, ihn gefangennehmen und anschliessend umbringen. Es ist sinnvoller, "mit List" in erster Linie auf das näherstehende "gefangennehmen" als auf "töten" zu beziehen.

V2 Dass hinterrücks gehandelt werden soll, ist in der Furcht der Führer vor dem Volk begründet. Deshalb soll die Festnahme wohl abseits von der grossen Masse erfolgen. Der Ausdruck "nicht am Fest" ist deshalb am besten örtlich zu verstehen im Sinn von "nicht in der Festmenge".[27] Das würde dem ganzen Erzählzusammenhang entsprechen, denn am Vortag des Festes sind die Festpilger sicher schon als anwesend gedacht.[28] Der Aussage von einigen Kommentatoren, dass es ganz anders gekommen sei, als die Gegner Jesu geplant hätten,[29] ist deshalb mindestens im Blick auf die Festnahme mit Vorsicht zu begegnen.[30] Denn da hat sich ja ihr Plan erfüllt: Jesus ist "mit List" (nämlich mit Hilfe eines Verräters) "nicht in der Festmenge" (nämlich nachts im Garten Gethsemane) verhaftet worden. Eher könnte man sagen, dass die Verhandlung vor Pilatus nicht ihren Plänen und ihrer Angst vor dem Volk entsprach. Jedenfalls erweist sich diese Angst in

---

26 1.Kor 5,7; 1.Petr 1,19; eventuell auch Joh 1,29; 19,33-36.
27 Mit *Cranfield* 414; Pesch II 321; *Schmithals* II 588;
   gegen *Gnilka* II 220.
28 So doch wohl z.B. in Mk 11,1-11.
29 *Gnilka* II 220; *Schweizer* 156; *Schenke*, Studien 49, 64-66; *Senior*, Passion 44.
30 Mit *Pesch* II 322; *Schmithals* II 588.

15,1–15 als unbegründet: ein Teil des Volkes (ὄχλος) lässt sich vielmehr zum Helfer beim Durchsetzen ihrer Absicht machen.

Vielleicht soll die Erwähnung der sich als unbegründet erweisenden Befürchtungen der Gegner Jesu auf die Grenze des menschlichen Vorausdenkens hinweisen. Die Zukunft ist dem Menschen entzogen und es erfüllen sich weder stets seine Wünsche noch seine Befürchtungen. Die Zukunft ist offen, die Menschen haben sie nicht in der Hand. Sie gestalten die Geschichte nicht nur, sie erleiden sie auch. Beides klingt hier an: einerseits der Plan einer heimlichen Verhaftung Jesu, der realisiert werden kann, und anderseits die Befürchtung, das Volk könnte sich auf die Seite Jesu stellen, die sich als unbegründet erweist. Beides gehört zusammen, weder das eine noch das andere allein würde der Wirklichkeit entsprechen.

Dieser Sachverhalt ist von grosser Bedeutung für das theologische Reden von Gottes Wirklichkeit in der Geschichte. In diesen beiden Versen wird allerdings auf eine dem Anschein nach untheologische Art von menschlichem Planen gesprochen. Wie weit das wirklich untheologisch ist, wird sich später zeigen müssen.

2.2 Markus 14,3-9

3   Und als er in Bethanien war im Hause Simons des Aussätzigen und zu
    Tische lag, kam eine Frau, die ein Alabasterfläschchen mit echtem, kost-
    baren Nardenöl hatte, zerbrach das Alabasterfläschchen und goss es auf
    sein Haupt.
4   Einige aber wurden unwillig untereinander: "Wozu geschah diese Ver-
    schwendung des Salblöls?
5   Denn man hätte dieses Salböl für mehr als 300 Denare verkaufen und
    diese den Armen geben können." Und sie fuhren sie an.
6   Aber Jesus sagte: "Lasst sie! Was macht ihr ihr Schwierigkeiten? Sie hat
    ein gutes Werk an mir getan.
7   Denn die Armen habt ihr immer bei euch und wenn ihr wollt, könnt ihr
    ihnen Gutes tun, mich aber habt ihr nicht immer.
8   Was sie vermochte, hat sie getan. Sie hat im voraus meinen Leib zum Be-
    gräbnis gesalbt.
9   Und wahrlich, ich sage euch: Wo immer das Evangelium verkündigt wird
    in der ganzen Welt, wird auch erzählt, was sie getan hat, zu ihrem Ge-
    dächtnis."

2.2.1 Analyse

Alle vier Evangelien kennen eine Salbungsgeschichte (Mt 26,6-13; Lk
7,36-50; Joh 12,1-8). Der synoptische Vergleich zeigt, dass Mt von Mk abhängig ist.[31] Lk dagegen folgt seiner eigenen Tradition.[32] Auffallend ist,
dass auch bei ihm der Gastgeber Simon heisst, der jetzt allerdings als Pharisäer gekennzeichnet ist. Es ist anzunehmen, dass sich die beiden Traditionen gegenseitig beeinflusst haben. Das ist am deutlichsten sichtbar bei Joh,
der neben seinen eigenen Angaben sowohl Elemente, die der Lk-Tradition
wie auch solche, die Mk entsprechen, enthält.[33]
     Markinische Redaktion wird vor allem in V3 und V9 vermutet. Ziemlich
unbestritten ist, dass in V3 die ungewöhnlich harte Konstruktion mit zwei
Genetivi absoluti auf Mk zurückzuführen ist. Er liebt Genetivus-absolutus-

---

31 Es gibt viele wörtliche Übereinstimmungen Mk = Mt. Mit *Mohr*, Mar-
   kus- und Johannespassion 129.
32 Mit *Gnilka* II 222; *Roloff*, Kerygma 161, Anm. 202;
   gegen *Schmithals* II 595.
33 Wie Mk: Bethanien, Zusammenhang mit der Passion, Salbung zum Begräbnis, Arme immer unter euch;
   wie Lk: Salbung der Füsse, Trocknen mit den Haaren;
   eigene Elemente: Lazarus, Martha, Name der Frau = Maria, Geruch im
   ganzen Haus, Name des Murrenden = Judas, seine Bezeichnung als Dieb.

Konstruktionen mit dem Partizip ὤν.[34] Es ist anzunehmen, dass hier nur diese von ihm stammt und das Haus des Simon schon vorher erwähnt war, denn dieser Name wird ja auch von Lk genannt, spielt aber in der Erzählung keine weitere Rolle.[35] Es ist denkbar, dass dieses Haus von Anfang an in Bethanien lokalisiert wurde, dass aber erst Mk diesen Ortsnamen nennt.[36]

In V9 stehen einige markinische Vorzugswörter[37], so dass zu vermuten ist, dieser Satz sei nicht so in der Tradition vorgegeben gewesen. Allerdings befinden sich diese Wörter alle im gleichen Satzteil, so dass sich die Frage stellt, ob der ganze V9 oder nur der Teil V9b (ὅπου ἐὰν κηρυχθῇ τὸ εὐαγγέλιον εἰς ὅλον τὸν κόσμον) auf Mk zurückzuführen sei. Nun stehen aber in V9ac einige für Mk ganz oder ziemlich untypische Ausdrücke.[38] Ferner weist auch die Formulierung ἀμὴν δὲ λέγω + Dat auf Tradition.[39] Obwohl es nicht grundsätzlich ausgeschlossen werden kann, dass Mk in seinen redaktionellen Bildungen auch für ihn untypische Wörter gebrauchen kann, so bedürfen doch in diesem Fall das gehäufte Auftreten der Vorzugswörter und die untypischen Ausdrücke in den anderen Satzteilen einer Erklärung. ·Die einfachste Erklärung ist dabei, dass Mk nur V9b gebildet hat.[40]

Als Hauptgrund für die These, V9 sei ganz der Redaktion zuzuschreiben, wird meistens das Fehlen des Namens der Frau genannt. Der Vers sei erst gebildet worden, als dieser Name vergessen gewesen sei.[41] Dieses Gegenar-

---

34 Vgl. 8,1; 11,11; 14,66. Mt kennt sie nicht, bei Lk steht sie bloss zweimal (14,32; 22,53).

35 Mit *Gnilka* II 222; Lohmeyer 292; *Schweizer* 157; *Mohr*, Markus- und Johannespassion 130, 132;
gegen *Dormeyer*, Passion 73, der den zweiten Genetivus absolutus als markinisch beurteilt; *Schenk*, Passionsbericht 179, der beide Genetivi absoluti Mk zuschreibt.

36 Mit *Gnilka* II 222; *Mohr*, Markus- und Johannespassion 130f;
gegen *Schenke*, Studien 75, Anm. 2.

37 κηρύσσω   Mt   9   Mk 12   Lk   9
   εὐαγγέλιον Mt   4   Mk   7   Lk   0
   ὅπου   Mt 13   Mk 16   Lk   5.

38 μνημόσυνον steht im NT abgesehen von der Mt-Parallele (26,13) nur noch Apg 10,4.
   ποιέω   Mt 86   Mk 47   Lk 88
   λαλέω   Mt 26   Mk 21   Lk 31.

39 Mit *Jeremias*, Markus 14,9 117; *Mohr*, Markus- und Johannespassion 141;
gegen *Schenke*, Studien 82f.
Zur Diskussion, ob diese Wendung Kennzeichen der ursprünglichen Redeweise Jesu sein könne, vgl. *Berger*, Amen-Worte 28; *Jeremias*, Amen 122f; *Jeremias*, Theologie 44f; *Marshall*, Ursprünge 48f.

40 Mit *Gnilka* II 222; *Taylor* 529; *Jeremias*, Markus 14,9 119; *Mohr*, Markus- und Johannespassion 140f; *Schenk*, Passionsbericht 176 (vorsichtig).
Als ganz markinisch beurteilen V9: *Schmithals* II 590; *Schweizer* 157f; *Dormeyer*, Passion 79; *Roloff*, Kerygma 214 (vorsichtig); *Schenke*, Studien 87.
Keine Redaktion in V9 sehen kann *Pesch* II 329.

41 *Schmithals* II 590; *Schweizer* 157f.

gument würde entkräftet, wenn sich aus der Interpretation der Perikope ein Grund ergäbe, weshalb dieser Name nicht genannt wird.[42]

Für die traditionsgeschichtlichen Überlegungen ist die Frage nach der Pointe dieser Perikope wichtig. Von diesem Urteil wird es vor allem abhängen, ob gewisse Verse als sekundäre Zufügungen verstanden werden müssen. Dabei ist zuerst zu überlegen, ob V7f eine einheitliche Pointe enthält, oder ob Widersprüche auf eine Überlagerung von verschiedenen Pointen hinweisen. Weil die Perikope von einer verschwenderischen und an Jesus geschehenen Tat berichtet, ist von vornherein zu erwarten, dass die Pointe auf diese beiden Aspekte eingehen wird, d.h., dass sie sich zum Problem der anscheinend vernachlässigten Armenfürsorge und zur durch Jesu Anwesenheit bedingten besonderen Situation äussern wird. V7 geht bereits auf beides ein und V8 entfaltet den Gedanken der besonderen Situation, der in V7c nur kurz anklingt. V7 und V8 sind deshalb nicht als zwei sich teilweise ausschliessende Pointen zu verstehen. Es ist anzunehmen, dass beide zum ursprünglichen Bestand der Perikope gehören.[43]

In V7 unterbricht der Satzteil καὶ ὅταν ... den antithetischen Parallelismus der beiden anderen Versteile. Deshalb wird vermutet, dieser Satzteil sei später eingefügt worden, um das Missverständnis, dass die Armenfürsorge vernachlässigt werden dürfe, abzuwenden.[44] Berücksichtigt man ferner noch, dass bei Mt und auch Joh je genau dieser Satzteil fehlt, kann man annehmen, dass diese Hypothese zutreffend ist.

Bei den anderen Versen (V4-6) vermögen die Gründe für die in unterschiedlichster Weise als sekundäre Zufügungen betrachteten Teile nicht recht zu überzeugen.[45]

---

42 Vgl. unten S. 43.

43 Mit *Gnilka* II 222;
   dagegen halten wegen Spannung nur V7 für die ursprüngliche Pointe: *Klostermann* 141; *Lohmeyer* 296; *Schweizer* 157; V8 für die ursprüngliche Pointe halten: *Schenk*, Passionsbericht 177 (nur V8a); *Schenke*, Studien 102.

44 *Gnilka* II 222, *Lohmeyer* 294 und *Mohr*, Markus- und Johannespassion 139f schreiben den Einschub Mk zu. Nach *Dormeyer*, Passion 77 wurden V7a.c durch Mk mit V7b ergänzt und in die Perikope eingefügt. *Schenke*, Studien 99f schreibt nur ὅταν θέλητε Mk zu. *Schweizer* 157 hält den Einschub für vormarkinisch;
   gegen *Taylor* 532.

45 - *Dormeyer*, Passion 76, 80 führt V4b.5a auf markinische, V4a.5b auf vormarkinische Redaktion zurück.
   - *Mohr*, Markus- und Johannespassion 136-139 hält V5b.6a für einen markinischen, V6b für einen vormarkinischen Einschub.
   - *Schenk*, Passionsbericht 176-179 hält V4.5a.6a.c für markinisch.
   - *Schenke*, Studien 95-98 beurteilt V4.5a.b als vormarkinische Redaktion.
   - Nach *Pesch* II 329 gibt es überhaupt keine redaktionellen Zufügungen.
   - Nach *Schmithals* II 592 ist die ganze Perikope durch Mk redaktionell gebildet.

Es wird oft vermutet, dass 14,3-9 ursprünglich eine selbständige Perikope gewesen sei, die von Mk an diese Stelle der Passionsgeschichte plaziert
worden sei, um das Verhalten der Gegner Jesu (1f) und des Judas (10f)
durch ein positives Beispiel zu kontrastieren. Die Konstruktion von 14,1-11
wird sinnvollerweise erst weiter unten besprochen.[46] Hingegen kann bereits
hier der Vermutung zugestimmt werden, V3-9 könnte eine unabhängige Lo-
kaltradition gewesen sein.[47] Allerdings ist zu präzisieren, dass die Perikope
von Anfang an auf die Passion Jesu bezogen gewesen ist. Das ergibt sich
aus der Zuordnung von V8 zum ursprünglichen Bestand der Perikope.[48] Der
Bezug zur Passion ist also nicht erst durch die Einordnung in die Passionsgeschichte entstanden.

Die Bedeutung des Wortes πιστιϰῆς (V3) ist unsicher. Es kommt nur hier
und im gleichen Zusammenhang Joh 12,3 vor. Bei späteren Autoren bedeutet
πιστιϰός "Vertrauensmann". Von hier aus lautet eine Möglichkeit der Übersetzung "echt, unverfälscht". Es ist in diesem Fall von πίστις abgeleitet.
Möglich ist aber auch, dass πιστιϰῆς eine Ingredienz des Salböls bezeichnet.
In diesem Fall wäre es von pistakia abgeleitet, das eine Nussart
bezeichnet.[49]

2.2.2 Interpretation

V3 Dass Simon als "der Aussätzige" bezeichnet wird, legt nahe, dass er den
ersten Hörern dieser Perikope und wohl auch Mk und seiner Gemeinde bekannt war. Sein Name wird präzisiert, indem seine (geheilte?) Krankheit genannt wird. Die Erwähnung dieser Krankheit hat keinen Zusammenhang mit
der Perikope. Sie ist nur sinnvoll, wenn angenommen wird, dass die ursprünglichen Adressaten der Geschichte und auch die Gemeinde des Mk diesen (ehemaligen?) Aussätzigen gekannt haben und ihn deshalb z.B. von Simon von Kyrene unterscheiden konnten. Die Frau hingegen scheint nicht
mehr mit Namen bekannt zu sein.[50]

Nardenöl wird aus dem indischen Nardengras gewonnen. Es ist ein wohl-
riechendes und teures Öl.[51] Darauf weist auch das Alabasterfläschchen
hin.[52]

---

46 Vgl. unten S. 47.
47 Mit *Gnilka* II 223; *Roloff*, Kerygma 211. So auch *Schenke*, Studien 75,
   Anm. 2, der sie aber in Jerusalem und nicht in Bethanien lokalisiert.
48 Mit *Schenke*, Studien 103;
   gegen *Lohmeyer* 296; *Schenk*, Passionsbericht 175.
49 Siehe dazu *Bauer-Aland* 1332; *Gnilka* II 221, Anm. 1; *Lohmeyer* 292f; *Taylor*
   530f; *Pesch* II 331.
50 Mit *Schweizer* 158.
51 Str-B II 49.
52 *Plinius* hist.nat 13,3: "Beste Salben werden in Alabastergefässen aufbe-
   wahrt" (zitiert nach *Gnilka* II 223, Anm. 15).

Das Salben diente der Körperpflege und war eine Wohltat. Jemandem den Kopf zu salben war eine Ehrerbietung: An Hochzeiten wurde manchmal den anwesenden Rabbinen Öl auf das Haupt geträufelt.[53] Mit χαταχέω (salben) ist ein seltenes Wort gewählt (abgesehen von der Mt-Parallele kommt es im NT nicht mehr vor). Der Text stellt damit keine Verbindung her zur alttestamentlichen Königssalbung und zum "Gesalbten" Gottes.[54]

V4 Einige - sie sind bei Mk nicht näher bezeichnet - stören sich an dem Verhalten der Frau. Sie werfen ihr Verschwendung vor.

V5 Denn die kostbare Salbe hätte verkauft und der Erlös für die Armenfürsorge verwendet werden können. Der Wert dieser Salbe entspricht etwa dem Jahresverdienst eines Tagelöhners.[55] Gerade in der Passazeit ist das Almosengeben eine wichtige religiöse Pflicht.[56] Deshalb sind einige empört über das Handeln der Frau. Ihre Gedanken sind verständlich, ja sogar: sie sind im Prinzip richtig. Es ist ja nicht die Salbung als solche, an der sie sich stossen, sondern die Verschwendung des kostbaren Öls an Jesus. Gerade in der Passazeit wäre es naheliegender gewesen, etwas den Armen zu geben und die Salbung auf eine einfachere und billigere Art zu vollziehen.

V6 Doch die Vorwürfe werden abgewiesen und das Handeln der Frau verteidigt. Ihre Tat an Jesus wird als gutes Werk bezeichnet. Hätten die Reklamierenden dafür etwa die Prädikate "verschwenderisch" oder "unvernünftig" gebraucht, so wird sie hier als "gut" bezeichnet. Das heisst, es gibt nichts daran zu bemängeln. Was sie getan hat, kann sogar vor Gott bestehen.[57]

V7 Nun wird die obige Beurteilung der Tat begründet. Es wird deutlich gemacht, dass das Handeln der Frau dadurch "gut" ist, dass es an Jesus getan ist. Die verschwenderische Salbung ist nicht an und für sich gut, sondern als konkrete Tat an Jesus. Nicht das Allgemeine verleiht der Handlung ihre Bedeutung, sondern das Besondere.

---

53 Str-B I 426f; vgl. *Lohmeyer* 293.
54 Mit *Gnilka* II 224; *Dormeyer*, Passion 74; *Roloff*, Kerygma 211;
   gegen *Cranfield* 415; *Mohr*, Markus- und Johannespassion 135.
55 *Gnilka* II 224; *Schweizer* 158; *Pesch* II 332.
56 *Gnilka* II 224; *Pesch* II 332.
57 Es ist naheliegender, "gutes Werk" in diesem allgemeinen Sinn zu verstehen denn als rabbinischer Terminus technicus (vgl. dazu Str-B IV.1 559f), der die Unterscheidung von Liebeswerken und Almosen nach sich zieht. Durch diese Unterscheidung würde die Einmaligkeit der Situation in die allgemeine Beurteilung der Frage, welches höher zu bewerten sei, aufgehoben;
   mit *Roloff*, Kerygma 213, Anm. 23; *Schnider*, Christusverkündigung 173;
   gegen *Pesch* II 333; *Jeremias*, Salbungsgeschichte 109; *Mohr*, Markus- und Johannespassion 137f.

Die Salbung erhält ihre Besonderheit dadurch, dass sie an Jesus geschehen ist. Das haben die Reklamierenden nicht beachtet. Sie haben mit allgemeingültigen Prinzipien gerechnet. Und diese haben die Wahrnehmung der
Besonderheit der Handlung der Frau verhindert. Sie sind damit der Frau
nicht gerecht geworden und werden deshalb getadelt: "Was macht ihr ihr
Schwierigkeiten?" (V6).

V7 macht deutlich, dass für die Beurteilung der Handlung der Frau die
allgemeingültigen Kriterien nicht ausreichen, weil sie dem Besonderen der
Anwesenheit Jesu nicht gerecht werden. "Die Armen habt ihr immer bei
euch ..." Das ist der Normalfall, da gilt auch die Pflicht der Armenfürsorge.
Der eingeschobene Satzteil bestätigt diese Pflicht: "Wenn ihr wollt ..."[58]
Der letzte Versteil "mich habt ihr nicht immer" markiert die Ausnahme. Nur
dadurch wird die Tat der Frau als gut qualifiziert. Jesus ist damit als der
beschrieben, dessen Anwesenheit eine ausserordentliche Situation schafft.

V7 begründet erst undeutlich, warum das Dasein Jesu eine besondere Situation schafft. Es wird lediglich darauf hingewiesen, dass Jesus nicht immer dabei sein wird. Das ist noch sehr allgemein und könnte von jedem zufälligen Gast im Haus des Simon gesagt werden, würde aber bei anderen
Personen nichts Aussergewöhnliches bedeuten. V7 bedarf daher noch einer
Ergänzung durch präzisere Angaben.[59]

V8 Der erste Teil dieses Verses ist schwer verständlich. Ist da nochmals
auf den grossen Wert des Salböls angespielt? Hat die Frau damit ihren
ganzen Besitz hergegeben?[60] Oder ist gemeint, sie habe alles getan, was sie
oder sonst jemand tun kann?

Dieses Verständnis ist dem ersten vorzuziehen, da jenes dem ἐποίησεν (sie
hat getan) nicht recht gerecht wird.[61] Ihr Handeln ist gerade dadurch aus-
gezeichnet, dass es im Gegensatz zu den Einwänden vielmehr der Einmaligkeit der Situation entspricht. Es ist eine Anerkennung Jesu, dessen Anwesenheit die allgemeingültigen Regeln aufhebt. Mehr als diese Anerkennung
kann niemand leisten.

Die Liebestat der Frau wird hier als vorweggenommene Totensalbung bezeichnet. Sie bekommt ihre wirkliche Bedeutung erst, wenn man sie mit der

---

58 Das θέλητε stellt die Armenfürsorge nicht in das Belieben der Angespro-
   chenen, sondern weist auf die vielen Möglichkeiten, wo sie ihrem Anliegen, falls sie das wirklich ernst meinen, nachkommen können. Das wird
   auf ironische Weise in Zweifel gezogen (stärker dann in Joh 12,6). Mit
   Cranfield 416f; *Gnilka* II 225; *Mohr*, Markus- und Johannespassion 139f.
59 Hier zeigt sich nochmals, dass V7 nicht gut allein die ursprüngliche Pointe
   der Perikope sein konnte. Mit *Roloff*, Kerygma 213; vgl. oben S. 38.
60 Vgl. Mk 12,43f.
61 Mit *Bauer-Aland* 673; *Klostermann* 143; *Lohmeyer* 295; *Taylor* 532; *Schenke*, Studien 100f;
   gegen *Schweizer* 157f.

bald darauf erfolgenden Hinrichtung und Bestattung Jesu zusammensieht. Damit ist nun vollständig klargemacht, weshalb diese Tat der Frau eine besondere Handlung ist, die mit den allgemeingültigen Kriterien nicht angemessen beurteilt werden kann. Schon in V7 wurde deutlich, dass die Qualität der Tat darin liegt, dass sie an Jesus getan ist. Jetzt wird deutlich gemacht, warum das Dasein Jesu eine besondere Situation schafft. Das Besondere an ihm ist, dass er bald in den Tod geht.

Der Gedanke einer vorweggenommenen Totensalbung ist aussergewöhnlich. Wenn eine Totensalbung überhaupt erfolgte, dann bei der Bestattung.[62] Sie kann deshalb nicht gut noch zu Lebzeiten vorgenommen werden. Diese Bezeichnung hier ist wohl als prophetisches Wort[63] zu verstehen, das den bevorstehenden Tod Jesu ankündigt. Das Besondere an Jesus ist damit sein Tod, wie er darauf in der Passionsgeschichte berichtet wird. Die Bedeutung Jesu wird nach diesen Versen an seiner Geschichte ersichtlich. Und daraus bezieht wiederum das Handeln der Frau seinen besonderen Wert.

Es wird nicht behauptet, dass dies alles der Frau bewusst gewesen ist. Über ihre Motivation wird nichts gesagt. Es ist wahrscheinlich, dass im Text angenommen ist, dass sie ihren Liebesdienst selbst nicht als Totensalbung verstanden hat. Vielleicht könnte man sagen, dass ihre Tat verborgene Dimensionen hat, die sogar ihr selbst verborgen sind und die erst in der Zukunft erkannt werden können.[64] Weder ein Beteiligter noch ein Beobachter kann die Bedeutung eines Geschehens ganz erfassen, weil sie seine Zukunft nicht kennen können. Erst das prophetische Wort von V8 stellt einen Zusammenhang her mit der nachher erfolgenden Hinrichtung und Bestattung Jesu. Dadurch erhält dieser Liebesdienst der unbekannten Frau seine Bedeutung als Vorwegnahme der Totensalbung[65] und wird so Teil des erzählten Evangeliums (V9).

V9 Der Frau wird mit bekräftigenden Worten verheissen, dass wegen ihrer Tat an sie gedacht wird. Zwei Orte des Gedenkens kommen in Betracht:

---

62 *Roloff*, Kerygma 212; vgl. *Blinzler*, Prozess 399; Gründe, weshalb die Perikope nicht aus dem apologetischen Motiv, dass hier die bei der Bestattung fehlende Salbung geschildert sei, erklärt werden kann, siehe *Mohr*, Markus- und Johannespassion 144; *Roloff*, Kerygma 212f; *Schenke*, Studien 105f.

63 Vgl. *Gnilka* II 225; *Pesch* II 329.

64 Vgl. *Cranfield* 417; *Pesch* II 330.

65 Den Jüngern ist gerade nicht vorgeworfen worden, dass sie diesen Sinn nicht erfasst haben, sondern es scheint erst das Wort Jesu zu sein, das die Bedeutung des Tuns der Frau erkennbar macht.

a) das Gedenken vor Gott. Vor Gott wird ihre Tat als Verdienst genannt.[66] Das Verdienstvolle der Tat würde darin bestehen, dass sie entsprechend der ausserordentlichen Situation, die durch die Anwesenheit Jesu entstand, handelte, sich die teure Salbe nicht gereuen liess und dadurch Jesus die ihm zustehende Ehre erwies.

b) das Gedenken vor anderen Menschen.[67] Jemand hat etwas Grosses geleistet, zu seiner Ehre und zum Vorbild für andere wird daran gedacht. Das Vorbildhafte an der Handlung der Frau ist, dass sie auf Jesus hinweist. Aus ihrer Handlung wird die Einmaligkeit Jesu, die in seinem Leiden begründet ist, deutlich. Der Blick ist dabei mehr auf Jesus als auf die Frau gerichtet. Daraus liesse sich verstehen, dass ihr Name nicht genannt wird.

Bei der ersten Sicht ist der Verdienstgedanke problematisch. Denn er baut darauf auf, dass die Frau die grosse Bedeutung ihres Tuns gekannt und darum so gehandelt hat. Demgegenüber hat die Exegese den Gedanken nahegelegt, dass die Tat der Frau ihre grosse Bedeutung erst durch das Wort von V8 erhält, das sie mit Jesu Tod in Zusammenhang bringt. Die Frage nach den Motiven der Frau hat sich dadurch als irrelevant erwiesen.

Das zweite Verständnis umgeht diese Schwierigkeit, weil dabei nicht das, was über die unbekannte Frau gesagt ist, im Mittelpunkt steht, sondern die einmalige Bedeutung, die Jesus hat.

Der durch Mk eingeschobene Satzteil zeigt, dass er seine Vorlage ganz in diesem zweiten Sinne verstanden hat.[68] Was durch diesen Bericht über Jesus deutlich wird, ist für ihn wesentlicher Bestandteil des Evangeliums, weil er die Einzigartigkeit Jesu deutlich werden lässt. Deshalb ist für Mk die Frage klar, wo davon gesprochen wird: Überall dort, wo das Evangelium verkündigt wird, weil beim Erzählen, was diese Frau getan hat, Wichtiges über Jesus zur Sprache kommt. An die Frau wird gedacht, weil sie eine (unbekannte) Zeugin Jesu ist.

Die Besonderheit Jesu wird dadurch zur Sprache gebracht, (κηρυχθῇ), dass von der Frau und ihrem Tun erzählt wird (λαληθήσεται). Die Zusammengehörigkeit von Evangeliumsverkündigung und Erzählung in diesem Vers ist von grundsätzlicher Bedeutung.[69] Es wird hier deutlich, dass die

---

66 *Gnilka* II 225; *Pesch* II 334. Nach *Jeremias,* Markus 14,9 120 geht es dabei eschatologisch um das Endgericht Gottes. Er kommt zu folgender Übersetzung: "Amen, ich sage euch: auch das, was sie getan hat, wird man (vor Gott) sagen, damit er ihrer (gnädig) gedenke."

67 Str-B I 938, 987; *Cranfield* 418.

68 Mit *Mohr,* Markus- und Johannespassion 142.

69 Vgl. *Hengel,* Evangelienüberschriften 23, 43; *Hengel,* Geschichtsschreibung 44; *Hengel,* Probleme 258f; *Roloff,* Kerygma 219; *Schnider,* Christusverkündigung 176.

Verkündigung des Evangeliums nicht auf das Erzählen von Erinnerungen an die Erdentage Jesu verzichten kann.

Dadurch, dass dieser Vers von der weltweiten Verkündigung des Evangeliums spricht, kommt die Gegenwart des Erzählers und auch des Lesers in den Blick.[70] Es dürfte deshalb lehrreich sein, den Gegenwartsbezug dieser Perikope zu reflektieren. Dazu ist von der Beobachtung auszugehen, dass es das "Erzählen" ist, das das vergangene Geschehen und die gegenwärtige Evangeliumsverkündigung miteinander verbindet. Dort wo das Evangelium – weltweit (Mk 13,10) – gepredigt wird, wird auch von der Tat dieser Frau berichtet.

Der Zweck des Erzählens hängt mit der Verkündigung des Evangeliums zusammen: Durch das Erzählen von Geschichte wird die Identität Jesu deutlich. Anders formuliert hat der durch das Erzählen hergestellte Gegenwartsbezug das Ziel, die Einmaligkeit Jesu wahrnehmbar zu machen.

Es ist darauf hingewiesen worden, dass das Handeln der Frau einen vorbildhaften Charakter habe. Das darf keineswegs so verstanden werden, dass es etwa so nachzuahmen sei, dass z.B. die kultische Verehrung Jesu aufwendig sein solle zuungunsten der Armenfürsorge.[71] Ein solches Verständnis ist durch den Text ausgeschlossen, der die dargestellte Situation als individuellen Ausnahmefall schildert und noch besonders darauf hinweist, dass allezeit Gelegenheit sei, den Armen Gutes zu tun. Die ersten christlichen Gemeinden scheinen das auch so verstanden zu haben.[72] Derjenige Gegenwartsbezug wäre demnach hier falsch, der einfach die vergangene Handlung in der Gegenwart wiederholen wollte.

Das Vorbildhafte am Tun der Frau besteht vielmehr darin, dass durch ihr Handeln die besondere Situation, die durch Jesu Anwesenheit entstand, ein Stück weit wahrnehmbar geworden ist. Das ist nachahmenswert, dass an ihrem Handeln die Einzigartigkeit der Person Jesu sichtbar gemacht wird.[73] Es ist dabei aber klargemacht, dass Jesus nach Ostern nicht mehr auf dieselbe Weise geehrt werden kann. Allerdings wird keine Regel angegeben, wie das zu geschehen habe. Es lassen sich dafür wohl keine allgemeingültigen Regeln nennen, da das stets von der jeweiligen geschichtlichen Situation abhängen wird.

---

70 Mit *Schweizer* 157.
71 Fälschlicherweise ist der Text auch so verstanden worden, dass eine Tat an Jesus oder an der Kirche wertvoller sei als ein Einsatz für die Armen. Vgl. *Gnilka* II 227f; *Storch*, Verschwendung 251-258.
72 *Mohr*, Markus- und Johannespassion 144; *Roloff*, Kerygma 214f.
73 Anders *Schenke*, Studien 118.

2.3 Markus 14,10-11

10 Und Judas Ischarioth, der eine der Zwölf, ging hin zu den Hohenpriestern, um ihn an sie auszuliefern.

11 Und sie freuten sich, als sie es hörten, und versprachen, ihm Geld zu geben. Und er suchte, wie er ihn bei günstiger Gelegenheit ausliefern könnte.

2.3.1 Analyse

Judas wird hier bezeichnet als ὁ εἷς τῶν δώδεκα.[74] In der Regel heisst es sonst ohne Artikel εἷς τῶν δώδεκα.[75] Dieser Ausdruck könnte auf Mk zurückgehen.[76] δώδεκα ist eines seiner Vorzugswörter[77] und der ganze Ausdruck kommt nur im Mk und den davon abhängigen synoptischen Parallelen vor.[78] Dass die *Formulierung* markinisch ist, bedeutet nicht zwangsläufig, dass auch der *Inhalt* von Mk stammt.[79]

Der Zwölferkreis hat im Mk-Evangelium eine besondere Bedeutung.[80] Seine Aufgabe ist 3,14 beschrieben: mit Jesus zu sein und zu verkündigen (keine synoptische Parallele). In den weiteren Kapiteln wird deutlich, wie diese Aufgabe verstanden ist: Die Zwölf sind bei Jesus und werden von ihm über besondere Themen unterrichtet (9,35 [ohne Parallele]; 10,32; 14,17), sie begleiten ihn zwischen Jerusalem und Bethanien (11,11: Nur Mk erwähnt hier "die Zwölf"). Vorher sind sie ausgesandt worden, um zu heilen und zu verkündigen (6,7). Der Zwölferkreis ist im Mk etwas stärker als in den anderen Evangelien als ein enger Kreis von Vertrauten um Jesus dargestellt, die ihn auch in besonderen Situationen begleiten, dabei manchmal über etwas Spezielles unterrichtet werden, und die er für einen besonderen Auftrag einsetzen kann. Mk liegt daran, die Bedeutung dieses Kreises hervorzuheben.

Durch die Bezeichnung εἷς τῶν δώδεκα unterstreicht er die unglaubliche Tatsache, dass es jemand von diesen engsten Vertrauten Jesu war, der ihn auslieferte.[81]

---

74 Diese Verwendung des Artikels ist ein Semitismus (*Pesch* II 337).

75 Mk 14,20.43.

76 Mit *Klostermann* 143; *Dormeyer*, Passion 83; *Schenk*, Passionsbericht 149; gegen *Schweizer* 158f; *Pesch* II 337.

77 Mt 13   Mk 15   Lk 12.

78 Mk 14,10(par Mt).20.43par, vgl. als ähnliche aber andere Formulierung εἷς ἐκ τῶν δώδεκα Joh 6,71; 20,24 (hier nicht Judas, sondern Thomas betreffend).

79 Vgl. unten S. 50f.

80 Vgl. *Gnilka* I 26-28; *Schmithals* I 54f; unten S. 50f.

81 Dass es jemand aus dem Jüngerkreis war, wird sonst auch ohne diese Wendung gesagt: Mk 3,19par; 14,18par.20par; Lk 22,3.21; Joh 6,71; Apg 1,17.

In V10 begegnet zum ersten Mal innerhalb der Kapitel, die dieser Arbeit zugrundeliegen, das Wort παραδίδωμι.[82] Schon weiter vorne im Mk-Evangelium weist dieses Verb auf die Passionsgeschichte hin (1,14; 3,19; 9,31; 10,33) und wird dann zu ihrem roten Faden (14,10.11.18.21.41.42.44; 15,1.10.15). Es ist ein terminus technicus der Gerichtssprache und bedeutet die Übergabe zu Gericht und Tod.[83] So wird durch dieses Wort auf die Einleitung zurückgegriffen: Der Plan der Gegner Jesu, ihn zu beseitigen, beginnt sich zu realisieren. Als "Auslieferer" ist hier Judas genannt. An anderen Stellen ist passivisch formuliert (9,31; 10,33; 14,41). Man kann das als passivum divinum verstehen: Es ist Gottes Wille, dass Jesus "ausgeliefert" wird.[84] Das beginnt sich nun zu verwirklichen. Obwohl es Gottes Wille ist, wird hier der Auslieferer doch mit Namen genannt. Damit stellt sich die Frage, ob hier menschliches Handeln als göttliches Handeln verstanden wird.

Der Gebrauch von παραδίδωμι stammt aus der Tradition.[85] Das Vorkommen dieser Vokabel weist damit eher auf Tradition als auf Redaktion.[86] Mit Ausnahme des Ausdrucks ὁ εἷς τῶν δώδεκα wird V10 eher der Tradition als der markinischen Redaktion zuzuordnen sein.[87] Dafür spricht neben dem Gebrauch von παραδίδωμι dass nur die Hohenpriester als Gegner Jesu genannt werden, ferner dass kein Motiv des Judas angegeben ist und auch die Hohenpriester nicht der Bestechung beschuldigt werden.[88]

Als Gegenargument wird hauptsächlich angefügt, dass eine Spannung zu 14,43f bestehe und deshalb nicht beide Stellen der Tradition angehören könnten.[89] Besonders wenn man bedenkt, dass die Bezeichnung des Judas als εἷς τῶν δώδεκα möglicherweise auch in V43 auf Mk zurückzuführen sein wird, widersprechen sich die beiden Stellen nicht. Denn in V10f geht es um eine allgemeine Vereinbarung zwischen Judas und den Hohenpriestern. Sie endet mit der Suche (ἐζήτει πῶς) nach einer günstigen Gelegenheit für den Verrat und ist deshalb darauf angelegt, dass der konkrete Ablauf dann noch erzählt wird. Die Vereinbarung von V44 ist bereits als Detailplanung verstanden und steht deshalb nicht in Spannung zur grundsätzlichen Abmachung V10f.

---

82 Vgl. *Goppelt*, Theologie I 273f; *Jeremias*, Theologie I 280-282; *Perrin*, Use 208-210; *Popkes*, Christus traditus, Zürich 1967.

83 *Beck*, BeL I 514; *Büchsel*, ThWNT II 172,5-7. Vgl. Mk 1,14parMt; 13,9par; Mt 5,25par; Apg 8,3.

84 In den LXX ist "das Subj. des Auslieferns fast immer Gott" (*Beck*, BeL I 513), vgl. *Schweizer* 103; *Goppelt*, Theologie I 275.

85 Vgl. 1.Kor 11,23.

86 Auch *Schenke*, Studien 129-132 ist damit grundsätzlich einverstanden, betont aber, dass damit nicht ausgeschlossen sei, dass Mk dieses Wort auch redaktionell gebrauchen kann.

87 Mit *Dormeyer*, Passion 83; *Schenk*, Passionsbericht 149f; gegen *Gnilka* II 228; *Schmithals* II 598; *Schenke*, Studien 134.

88 Vgl. dazu Mk 15,10.

89 *Gnilka* II 228; *Schenke*, Studien 121-126.

In V11a sind lauter für Mk untypische Worte,[90] so dass er auch zur Tradition zu zählen ist.[91] Hingegen könnte V11b wiederum auf Mk zurückzuführen sein. Dafür spricht einerseits das Wort πῶς[92] und anderseits die Aufnahme der Wendung ζητέω πῶς aus V1.[93]

Zur Konstruktion von 14,1–11

Es wird oft die Vermutung geäussert, dass Mk die beiden negativ gefärbten Abschnitte über die Hohenpriester und Schriftgelehrten (1f) und Judas (10f) verschachtelt habe mit dem positiven Beispiel der unbekannten Frau, die Jesus in Bethanien salbt.[94] Manchmal wird darüber hinaus noch angenommen, dass damit ein ursprünglicher Zusammenhang 1f.10f unterbrochen worden sei.[95]

Verschachtelungen sind im Mk-Evangelium recht häufig.[96] Berücksichtigt man ferner, dass redaktionelle Arbeit in den Versen 1.2.3a.10a.11b wahrscheinlich ist, so ist der Hypothese zuzustimmen, dass die Anordnung des Stoffs auf Mk zurückgeht,[97] der positives und negatives Beispiel miteinander kombinieren wollte. Hingegen ist es m.E. nicht möglich, einen ursprünglichen Zusammenhang zwischen den traditionellen Elementen in V1f und V10f zu erkennen. Dazu ist erstens der Anteil der Tradition in V1f zu wenig genau erfassbar und zweitens der Zusammenhang zwischen den beiden Stellen zu lose, so dass hier nicht behauptet werden kann, sie seien in ihrer ursprünglichen Fassung miteinander verbunden gewesen.[98]

---

90 ἀκούω   Mt 63   Mk 44   Lk 65
     χαίρω   Mt 6   Mk 2   Lk 12
     ἐπαγγέλλομαι   Mt 0   Mk 1   Lk 0
     ἀργύριον   Mt 9   Mk 1   Lk 4
     δίδωμι   Mt 56   Mk 39   Lk 60.
91 Mit *Dormeyer*, Passion 84;
   gegen *Gnilka* II 228; *Schenk*, Passionsbericht 151; *Schenke*, Studien 139.
92 Mt 14   Mk 14   Lk 16.
93 Mit *Dormeyer*, Passion 84; *Schenke*, Studien 137;
   gegen *Schenk*, Passionsbericht 151.
94 *Dormeyer*, Passion 85; *Schenke*, Studien 110, 144.
95 *Klostermann* 141; *Schweizer* 158; *Taylor* 529, 534.
96 Vgl. Mk 3,21–35; 5,21–43; 6,7–32; 11,12–25; 13,5b–22; 14,53–72. *Edwards*, Sandwiches 203 nennt darüber hinaus noch 4,1–20; (14,1–11;) 14,17–31; 15,40–16,8.
97 Gegen *Mohr*, Markus- und Johannespassion 128, 148, der V1f und V3–9 für schon vormarkinisch verbunden hält.
98 Diese Behauptung kann erst gemacht werden, wenn sich eine zusammenhängende Passionsgeschichte als wahrscheinlich erwiesen hat, vgl. unten S. 94.

2.3.2 Interpretation

V10 Was in den Leidensankündigungen (9,31; 10,33) gesagt war und innerhalb der Passionsgeschichte in 14,21 wiederholt wird, beginnt nun Wirklichkeit zu werden: Jesus soll ausgeliefert werden. Der Gebrauch des Wortes in den Leidensankündigungen und in 14,21 zeigt, dass das der Plan Gottes ist. Wenn nun hier das gleiche Wort die Absicht des Judas bezeichnet, so werden damit menschliches und göttliches Handeln miteinander in Verbindung gebracht. Und zwar bekennt der Erzähler damit ein menschliches Handeln als Gottes Wirken. Diese Aussage wird hier ermöglicht durch den Sachverhalt, dass für die Absicht des Judas und den göttlichen Plan das gleiche Wort verwendet werden kann. Das legt den Gedanken nahe, beides miteinander zu verbinden.

Wenn ein menschliches Handeln als Gottes Wirken dargestellt wird, wird die Nähe Gottes zur Welt der Menschen ausgesagt. Er ist dieser Welt nicht fern, sondern hat in ihr einen Willen. Das Werk, das er tut, mündet in eine konkrete, erzählbare Geschichte. Hier wird der Anfang der Geschichte des Ausgeliefertwerdens Jesu berichtet.

Andererseits wird Gottes Wollen und Wirken als verborgen beschrieben. Es ist ganz im menschlichen Wollen und Wirken enthalten. Es wird eben nicht nur menschliches Handeln als göttliches beschrieben, sondern auch umgekehrt göttliches Wirken als menschliches Wirken dargestellt. Das Menschliche wird durch Gott nicht ausgelöscht, sondern gebraucht.[99] Daraus ergibt sich die Verborgenheit Gottes in der Wirklichkeit dieser Welt. In diesem Zusammenhang ist darauf hinzuweisen, dass es hier nicht etwa die Freunde Jesu, sondern seine Feinde sind, die Gottes Willen tun. Ihnen fehlt das Bewusstsein, in dem Sinne im Dienste Gottes zu stehen, wie der Erzähler das darstellt. Die Verborgenheit Gottes in dieser Welt bringt es mit sich, dass sogar ein autonomes, selbstherrliches menschliches Handeln als Erfüllung des göttlichen Willens bezeichnet werden kann.

Bei Mk werden keine Motive für das Handeln des Judas erwähnt. Das ist erstaunlich, liegt ihm doch sehr daran, das Unglaubliche zu unterstreichen, dass jemand aus dem engsten Jüngerkreis ("einer von den Zwölfen") Jesus verraten hat. Trotzdem erklärt er nicht, weshalb Judas das getan hat. Offenbar sind gegenüber der theologischen Betrachtung des Geschehens die individuellen Gründe des Judas nicht von Bedeutung.[100] Das Ziel der Darstellung ist demnach nicht, Judas zu verstehen, sondern das Geschick[101] Jesu zu begreifen. Auf diese Weise wird Judas auch nicht als schlechter

---

99 Dieser Sachverhalt wird durch die Formulierung, "dass Judas letztlich *nur* ausführendes Organ des göttlichen Willens" sei (*Schenke*, Studien 131; Hervorhebung durch mich), verdeckt.

100 Mit *Gnilka* II 229.

101 Vgl. zu diesem Ausdruck *Schürmann*, Gottes Reich - Jesu Geschick 24, 28.

Mensch dargestellt und seine Tat nicht einfach seiner besonderen Verderbt-
heit zugeschrieben.[102] Die Frage nach den individuellen, historischen Gründen des Judas wird dadurch nicht untersagt; sie kommt allerdings nach den
grundsätzlichen Überlegungen. Sie wird im nächsten Abschnitt noch zu bedenken sein.

Mk betont besonders, dass es jemand aus dem Zwölferkreis ist, der Jesus ausliefert. Im Blick auf Jesus wird damit unterstrichen, wie er immer
einsamer wird: Nicht nur gibt es Feinde, die ihm nach dem Leben trachten,
sondern sogar einer seiner Freunde verwandelt sich in einen Gegner. Nicht
einmal auf seine Freunde ist Verlass.[103]

Ferner wird im Blick auf Judas betont, dass seine Zugehörigkeit zum
Zwölferkreis nicht seine zukünftige Stellung zu Jesus festlegt. Die Zukunft
ist stets offen und nicht determiniert. Der Mensch hat die Möglichkeit ra-
dikaler Kehrtwendungen.

V11 Durch Judas kommen die Hohenpriester ihrer Absicht, Jesus mit List
festzunehmen, ein Stück weit näher. Das geschieht nicht durch ihre eigene
Anstrengung – nach Mk haben sie Judas nicht bestochen, sondern ihm erst
nachträglich Geld versprochen –, sondern fällt ihnen zu. Und dieser "Zu-
fall" löst Freude aus. Nach diesen Versen haben die Menschen das Geschehen nicht in ihrer Verfügungsgewalt, sie sind vielmehr der Geschichte
ausgeliefert.[104] Das schliesst ihr eigenes Planen und Wollen nicht aus,
lässt es aber im Ungewissen, ob die Absichten realisiert werden können.
Der gleiche Sachverhalt wird im letzten Teil dieses Verses nochmals deutlich: Judas muss eine günstige Gelegenheit suchen, um Jesus auszuliefern.
Das zeigt wiederum, dass ihm nichts in die Hand gegeben ist und er nur
warten kann, bis sich die gute Gelegenheit zeigt.[105]

In diesem Sachverhalt wird das erfahrbar, was zum letzten Vers gesagt
wurde: Es genügt nicht, wenn man den Tod Jesu einfach als Handeln von
Menschen beschreiben will. Denn über dem menschlichen Ausliefern steht
das göttliche Ausliefern. Vom göttlichen Wirken kann auch da gesprochen
werden, wo ein Geschehen der Verfügung der Menschen entzogen ist, und

---

102 Mit *Goppelt*, Theologie I 274. Die Erklärung, die Lk und Joh geben, der
    Satan sei in Judas gefahren, ist ähnlich. Anders Mt 26,15, der Geldgier
    als Grund angibt.
    Klauck, Judas 140 spricht in diesem Zusammenhang zu Recht vom "Ge-
    heimnis, das Judas *schützend* umgibt" (Hervorhebung durch mich).
103 Bezeichnenderweise wird nach Mk 9,31 Jesus nicht in die Hände einer
    Gruppe böser Menschen ausgeliefert, sondern einfach in die Hände von
    Menschen.
104 Vgl. dazu *Bultmann*, Geschichte und Eschatologie 166f; *Weder*, Kreuz
    75–81.
105 Vgl. *Schenke*, Studien 138.

sie nur noch auf günstige Gelegenheiten warten und sich an ihrem Eintreffen freuen können. Vielleicht ist Gottes Handeln da am klarsten erfahrbar.

2.3.3 Historische Beurteilung

Es gibt eine Reihe von guten Gründen, die den Verrat Jesu durch ein Mitglied des engeren Jüngerkreises als sehr wahrscheinlich erscheinen lassen:
- die feste Verankerung der Judastradition in der Passionsüberlieferung
- ihr Vorkommen in verschiedenen Traditionsschichten[106]
- Der Bericht über den Verrat durch einen der Jünger läuft der späteren Tendenz entgegen, die Jünger zu entschuldigen.
- Es wird (noch) kein Motiv für das Handeln des Judas genannt.

Aus allen diesen Gründen ist am Verrat Jesu durch einen der Jünger nicht zu zweifeln.[107]

Über die Gründe, die Judas zu dieser Tat bewogen haben, kann nur spekuliert werden.[108] So wird manchmal vermutet, dass Judas dem Zelotismus nahestand und durch den "Verrat" Jesus zum Handeln, d.h. zum Aufstand gegen die Römer zwingen wollte.[109]

In der Diskussion um die vorösterliche Existenz eines geschlossenen Zwölferkreises wird die Bezeichnung des Judas als "einer von den Zwölfen" als Argument für die These verwendet, dass der irdische Jesus einen solchen Kreis um sich gesammelt habe.[110] Nun ist allerdings oben vermutet worden, dass die Zugehörigkeit des Judas zum Zwölferkreis erst von Mk besonders betont wurde.[111] Das schwächt das Gewicht dieses Arguments

---

106 Erwähnt seien hier nur Apg 1,15-26 und ev. 1.Kor 11,23-25. Für eine detaillierte Zusammenstellung siehe *Popkes*, Christus 174f. Vgl. ferner oben Anm. 81.

107 Mit *Cranfield* 418; *Gnilka* II 230; *Pesch* II 339; *Taylor* 534; *Klauck*, Judas 138; *Popkes*, Christus 176; *Vielhauer*, Gottesreich 70; gegen *Schmithals* II 601.
Die These von *Schwarz*, Jesus 203, 211f, dass Judas keinen Verrat begangen, sondern im Auftrag Jesu gehandelt und auf sein Geheiss hin die Häscher sozusagen aufgeboten habe, vermag nicht recht zu überzeugen. Denn sie beruht fast ausschliesslich auf der ebenfalls nicht überzeugenden Behauptung, dass die "Übergabeverhandlungen" erst nach dem letzten Mahl stattgefunden haben, "nachdem Jesus ihm geboten hatte: 'Was du tun musst, tue sofort'" (235). Zu Recht wird jedoch betont, dass παραδίδωμι nicht mit "verraten" übersetzt werden sollte (24-36).

108 Mit *Gnilka* II 230.

109 *Schweizer* 159. Diese Vermutung geht davon aus, dass Ἰσκαριώθ eine Umschreibung von sicarius sein könnte, das die lateinische Bezeichnung der Zeloten ist (gegen *Hengel*, Zeloten 49, Anm. 3). Auch *Lapide*, Wer war schuld, 18f hält Judas für einen Zeloten. Für weitere Verstehensmöglichkeiten von Ischarioth siehe *Popkes*, Christus 177f.

110 *Schweizer* 67; *Roloff*, Apostolat 158; *Roloff*, Neues Testament 65.

111 Vgl. oben S. 45.

beträchtlich. Es ist jedoch anzunehmen, dass Mk die Zugehörigkeit des Judas zum Zwölferkreis nicht erfunden, sondern einfach betont hat. Denn sie ist neben der markinischen Wendung auch in anderen Traditionen verwurzelt.[112] Der Judasverrat kann deshalb trotzdem mit Recht als Argument für die vorösterliche Existenz des Zwölferkreises verwendet werden. Allerdings vermag er kaum die ganze Beweislast allein zu tragen.[113]

---

112 Mk 14,17-21; Joh 6,71; Apg 1,15-26.
113 Als weiteres Argument wird meistens die Erwähnung der Zwölf in 1.Kor 15,5 genannt (*Gnilka* II 142; *Schweizer* 67). Dieser Text wird allerdings auch – m.E. zu Unrecht – als Hauptargument für die nachösterliche Konstituierung des Zwölferkreises verstanden (*Schmithals* I 206; *Vielhauer*, Gottesreich 69).

2.4 Markus 14,12-16

12 Und am ersten Tag des Fests der ungesäuerten Brote, an dem man das
   Passalamm schlachtete, sagen ihm seine Jünger: "Wo willst du, dass wir
   hingehen und vorbereiten, dass du das Passamahl essen kannst?"
13 Und er sendet zwei seiner Jünger und sagt zu ihnen: "Geht in die Stadt,
   und es wird euch ein Mann begegnen, der einen Wasserkrug trägt. Folgt
   ihm
14 und, wo er hineingeht, sagt zum Hausbesitzer: 'Der Lehrer sagt: Wo ist
   mein Gemach, wo ich das Passamahl mit meinen Jüngern halten kann?'
15 Und er wird euch ein grosses Obergemach zeigen, das mit Speisepolstern
   versehen und bereit ist. Und dort bereitet es für uns zu!"
16 Und die Jünger gingen weg und kamen in die Stadt und fanden es, wie er
   es ihnen gesagt hatte, und bereiteten das Passamahl vor.

2.4.1 Analyse

Der synoptische Vergleich zeigt Auffallendes: Die wörtlichen Übereinstimmungen Mk/Lk sind erstaunlich zahlreich. In der Regel formuliert Lk sonst
relativ selbständig; hier ist das nicht der Fall. Der Lk-Bericht ist damit
ganz von Mk abhängig. Auf der anderen Seite ist die Perikope bei Mt viel
kürzer und etwas verändert. Der Erzählzug, dass der Saal auf wunderbare
Weise gefunden wird, fehlt; Jesus gibt den Jüngern dafür konkret an, an
wen sie sich wenden sollen, aber ohne den Namen zu nennen (πρὸς τὸν δεῖνα).
Auffallend ist auch die Botschaft, die die Jünger dem Hausbesitzer auszurichten haben: ὁ καιρός μου ἐγγύς ἐστιν wird als Begründung angegeben,
dass Jesus das Mahl bei ihm feiern wird. Ist darin angedeutet, dass Jesus
sein Abschiedsmahl mit den Jüngern vor der allgemeinen Passafeier abge-
halten hat? Er hätte dann dem Hausmeister begründet, warum er den Saal
einen Tag zu früh brauchte. Mt 26,17.19 sagen hingegen wieder eindeutig,
dass es sich um ein Passamahl handelt.[114]

Innerhalb des Mk-Evangeliums lässt sich unsere Perikope mit 11,1-10 vergleichen, wo es um das Finden eines Füllens für den Einzug in Jerusalem
geht. Bemerkenswert ist vor allem die lange wörtliche Übereinstimmung:
ἀποστέλλει δύο τῶν μαθητῶν αὐτοῦ καὶ λέγει αὐτοῖς· ὑπάγετε εἰς τὴν (πόλιν:
14,13; ... κώμην: 11,2). Sie spricht dafür, dass sich die beiden Perikopen gegenseitig beeinflusst haben. Hingegen ist es unwahrscheinlich, dass die eine

---

114 Zur Frage, ob Jesus das Passamahl gefeiert hat, siehe unten S. 58-63 die
    Diskussion zur Bestimmung des Todestages Jesu.

als Dublette zur anderen gebildet worden ist. Dazu sind die Unterschiede zu gross.[115]

Die nächsten Parallelen zu diesen Texten befinden sich im AT.[116] Als Vergleichstexte werden 1.Sam 10,1-10, 1.Kön 17,8-16 und 2.Kön 1,1-18 genannt.[117] Am ähnlichsten davon ist 1.Kön 17,8-16. Bei den anderen Stellen sind zusätzliche Motive wichtig. So handelt es sich in 1.Sam 10 um ein Beglaubigungszeichen und 2.Kön 1 ist eine Strafandrohung. Vergleichbar ist auch die Voraussage Gottes in 1.Kön 17,2-6.

Die Zeitbestimmung in V12 stellt verschiedene Schwierigkeiten. Es sind zwei Zeitangaben, die sich zu widersprechen scheinen. Die erste davon (τῇ πρώτῃ ἡμέρᾳ τῶν ἀζύμων) bezeichnet normalerweise den 15. Nisan.[118] Demgegenüber weist die zweite (ὅτε τὸ πάσχα ἔθυον) eindeutig auf den 14. Nisan.[119] Man hat versucht, diese Schwierigkeit durch die Annahme einer Fehlübersetzung[120] zu erklären, oder hat angenommen, dass diese Formulierung ganz bewusst im Hinblick auf heidenchristliche Leser so gewählt sei, dass der Tag entgegen der jüdischen Sitte mit dem Morgen beginnt.[121] Es ist aber auch darauf hinzuweisen, dass sogar in der jüdischen Literatur der 14. Nisan vereinzelt als der erste Tag der ungesäuerten Brote bezeichnet wird.[122]

Die manchmal gemachte Vermutung, die Zeitangaben in V12 seien der markinischen Redaktion zuzuschreiben, wird einerseits durch die Zugehörigkeit zum sogenannten Wochenschema begründet,[123] anderseits wird auf die für jüdische Ohren ungewöhnliche Formulierung verwiesen.[124] Demge-

---

115 Die Hauptunterschiede:

Mk 14	Mk 11
- Finden eines Saales	- Holen eines Esels
- Jünger ergreifen Initiative	- Initiative bei Jesus
- Botschaft ist auf jeden Fall auszurichten	- nur wenn jemand fragt
- Jünger bleiben dort	- Jünger kommen zurück.

Mit *Gnilka* II 232; *Pesch* II 341; *Taylor* 536; *Mohr*, Markus- und Johannespassion 159; *Schenk*, Passionsbericht 183; *Schenke*, Studien 181f; gegen *Schweizer* 160.

116 Es ist deshalb unwahrscheinlich, dass 14,12-16 von einem allgemeinen Märchenmotiv abhängig ist.
    Mit *Gnilka* II 232; *Mohr*, Markus- und Johannespassion 151, Anm. 10; gegen *Klostermann* 144.

117 *Gnilka* II 232; *Mohr*, Markus- und Johannespassion 151.

118 Lev 23,6; Str-B I 987; *Jeremias*, Abendmahlsworte 11.

119 Ex 12,6; *Jeremias*, Abendmahlsworte 11.

120 *Jeremias*, Abendmahlsworte 12.

121 *Gnilka* II 232; *Mohr*, Markus- und Johannespassion 153f; *Schenke*, Studien 157.

122 *Pesch* II 342; *Taylor* 536; Str-B II 812-815; *Jeremias*, Abendmahlsworte 11; vgl. Ex 12,18.

123 *Gnilka* II 231; *Schenke*, Studien 152 (der ὅτε-Satz wird aber als traditionell beurteilt: 160).

124 *Schenk*, Passionsbericht 183.

genüber steht jedoch die Beobachtung, dass Mk am Fest der ungesäuerten Brote nicht interessiert ist (von ihm würde man eher einen Hinweis auf das Passafest erwarten).[125] Auch sonst fehlen typisch markinische Wörter.[126] So ist es wahrscheinlicher, dass V12a schon zur vormarkinischen Tradition gehörte.[127]

Dieses Urteil lässt sich auch auf V12b ausdehnen, weil die Anordnung Jesu in V14f eine Jüngerfrage voraussetzt.[128] Es ist anzunehmen, dass diese Perikope auf vormarkinischer Tradition beruht.[129] Sie wird wohl schon vormarkinisch in einem grösseren Zusammenhang gestanden haben, denn sie ist auf Fortsetzung angelegt (es muss nach den Vorbereitungen etwas vom Mahl selbst berichtet werden).[130] Die Frage nach der Konstruktion des gesamten Mahlberichts wird aber erst nach der Analyse von V26-31 gestellt werden können.

ὁ διδάσκαλος kommt im Munde Jesu nur hier vor. Ausser in Mk 5,35 ist es sonst im Mk-Evangelium immer Anrede an Jesus: διδάσκαλε.[131] Dies ist die griechische Übersetzung von Rabbi (רַבִּי).[132] Diese Anrede zeigt, dass Jesus ähnlich auftrat wie die jüdischen Schriftgelehrten, die stets so begrüsst wurden. Dieser Ausdruck spiegelt Lehrerstellung und Autorität Jesu.

---

125 τὰ ἄζυμα kommt bei Mk 2 mal vor (Mt 1 Lk 2).
126 Mit *Mohr*, Markus- und Johannespassion 153.
127 Mit *Dormeyer*, Passion 88 (ganzer Vers); *Mohr*, Markus- und Johannespassion 153;
     gegen *Gnilka* II 231; *Schmithals* II 603f; *Schenk*, Passionsbericht 183 (*Schmithals* und *Schenk* je ganzer Vers).
128 Mit *Gnilka* II 231f; ähnlich *Mohr*, Markus- und Johannespassion 154f; gegen *Schenke*, Studien 180, der V12b mit 16b zusammen für markinisch hält.
129 Sie ist nicht als Dublette zu Mk 11,1-11 gebildet, siehe oben S. 52f; es fehlen typisch markinische Worte und Themen.
     Mit *Mohr*, Markus- und Johannespassion 155; Dormeyer, Passion 91.
130 Mit *Taylor* 536; ähnlich *Schmithals* II 606 (keine selbständige Überlieferung);
     gegen *Mohr*, Markus- und Johannespassion 156f; *Schenk*, Passionsbericht 184; *Schenke*, Studien 191.
     Jeremias, Abendmahlsworte 87, leitet aus dem Sachverhalt, dass nur hier von den μαθηταί die Rede ist, ab, dass diese Perikope V12-16 einer anderen (späteren) Überlieferungsschicht angehöre als sein "Langbericht" des Passionsgeschehens ("Einzug-Tempelreinigung-Vollmachtsfrage-Verratsansage-letztes Mahl-Gethsemane-Verhaftung usw."). Sein zweites Argument ist das Fehlen einer entsprechenden Perikope oder Notiz bei Joh.
     Vgl. dazu unten S. 94.
131 Mk 4,38; 9,17.38; 10,17.20.35; 12,14.19.32; 13,1.
132 Joh 1,38; vgl. 20,16; *Lohse*, ThWNT VI 963,10; 964,16-19.

Entsprechend kommt auch das Wort μαθητής hier vor.[133] διδάσκαλος kommt hier im Munde Jesu vor innerhalb der Botenformel. Die Jünger sollen vor dem Hausbesitzer so von Jesus sprechen, wie das die Leute normalerweise auch tun. Auffallend ist dabei nur das Fehlen eines Possessivpronomens (vgl. Mt 9,11; 17,24: euer Lehrer).

Das wirft die Frage auf, ob ὁ διδάσκαλος hier ein christologischer Titel sei. Nur mit dem bestimmten Artikel kommt die Vokabel auch noch Mk 5,35 = Lk 8,49; Joh 11,28; 13,13 vor. Was die Jünger hier im Namen "des Lehrers" zu sagen haben, hat mehr den Charakter eines Befehls als einer Bitte. Daraus ergibt sich mindestens, dass es sich um einen besonderen διδάσκαλος handelt; der Ausdruck ist in einem gewissen Sinn titular gebraucht.[134] Die Bezeichnung Jesu als Lehrer hat jedoch in der urchristlichen Verkündigung keine grosse Rolle gespielt.[135]

2.4.2 Interpretation

V12 Die Vorbereitung des Passamahls umfasst eine ganze Reihe einzelner Aufgaben: Ein geeigneter Raum musste bereitgestellt werden, das Passalamm war zu beschaffen und zuzubereiten. Dazu kam noch die Zubereitung des ungesäuerten Brotes und der anderen notwendigen Zutaten.[136]

Das Schlachten der Passalämmer hatte im Tempel zu erfolgen. In der Regel konnten die Lämmer am Rüsttag ab 14.30 Uhr geschlachtet werden. Wenn der Rüsttag (14. Nisan) auf einen Freitag fiel, wurde damit eine Stunde früher begonnen, so dass bei Sabbatbeginn alle Vorbereitungsarbeiten abgeschlossen waren.[137]

V13 Jesus schickt zwei seiner Jünger voraus in die Stadt, in der seine Gegner sind, die ihm nach dem Leben trachten. Unausgesprochen ist vorausgesetzt, dass Jesus beabsichtigt, mit den anderen Jüngern auch dorthin zu gehen.[138] Bewusst geht er den Weg nach Jerusalem.

---

133 14,12.13.14.16; sonst innerhalb des Mk-Evangeliums nur noch in der Gethsemane-Szene (14,32), wo bezeichnenderweise auch ῥαββί (14,45) vorkommt; vgl. oben Anm. 130.

134 Mit *Gnilka* II 233; *Schweizer* 161; *Dormeyer*, Passion 90; gegen *Pesch* II 343.

135 *Rengstorf*, ThWNT II 159,36f; vgl. *Lohse*, ThWNT VI 966,14-17; *Riesner*, Lehrer 246-276.

136 Str-B IV.1 41-54; *Gnilka* II 232.

137 Str-B IV.1 47f; *Gnilka* II 232.

138 Das Passamahl konnte nur in Jerusalem gefeiert werden: Str-B IV.I 41f.

Männer trugen das Wasser normalerweise in Schläuchen auf dem Rücken, Frauen in Tongefässen auf dem Kopf.[139] Das von Jesus gegebene Erkennungszeichen weist auf etwas Auffallendes hin: auf einen Mann, der wie eine Frau mit einem Tongefäss Wasser geholt hat.

V14 Die Frage an den Hausbesitzer, die den Boten aufgetragen wird, geht davon aus, dass in Jerusalem bereits ein Gemach für Jesus bereit ist, wo er mit seinen Jüngern das Passamahl feiern kann. Gefragt wird nur nach seinem genauen Ort. Jesus erhebt Anspruch auf das, was ihm zusteht. Dieser Anspruch ist mit dem Lehrer-Titel begründet. Einem Rabbi wurden besondere Ehren erwiesen wegen seines Umgangs mit dem göttlichen Wort.[140] Wenn Jesus einfach als "der Lehrer" bezeichnet wird, verdient er besondere Ehre und ist auf einmalige Weise mit Gott verbunden. Deshalb hat er auch speziellen Anspruch auf einen Raum für das Passamahl in der Stadt Gottes. Er erhebt Anspruch auf das Seine.

Es hatte sich die Rechtssitte gebildet, dass die Bewohner Jerusalems verpflichtet waren, den Festpilgern unentgeltlich einen Raum für die Feier des Passamahls zur Verfügung zu stellen. Lediglich das Fell des Lammes wurde dem Hausbesitzer als Entschädigung überlassen.[141]

V15 Was Jesus zusteht, wird ihm der Hausbesitzer nicht verweigern. Dies eine Mal noch wird sein Anspruch in Jerusalem anerkannt. Der Hausbesitzer verhält sich "dem Lehrer" gegenüber anders als die Hohenpriester und die Schriftgelehrten.

Ein Raum für das Passamahl musste notwendigerweise mit Liegepolstern ausgestattet sein. Denn es bestand die Vorschrift, dass das Passamahl liegend eingenommen werden musste. Das Liegen wurde als Zeichen der Freiheit verstanden, die Israel nach dem Ende der Sklaverei in Ägypten erlangt hat.[142]

V16 Nur ganz kurz wird erwähnt, dass die beiden Jünger die Anweisungen Jesu befolgen und alles so antreffen, wie Jesus es vorausgesagt hat. Die detaillierten Angaben Jesu haben sich bewahrheitet. Durch das Wort, das Jesus den Jüngern gesagt hat, hat der Wasserträger für sie eine klar bestimmte Bedeutung bekommen: diesem hatten sie zu folgen.

Diese Schilderung wird verschieden interpretiert. Ein Teil der Ausleger schlägt vor, dass der Text ein wunderbares Vorauswissen Jesu darstellen

---

139 *Cranfield* 422; *Pesch* II 343; *Schmithals* II 604; *Taylor* 537; *van Deursen*, Bildwörterbuch 34;
   gegen *Gnilka* II 233; *Lohmeyer* 299.
140 *Rengstorf*, ThWNT II 156,15-157,35.
141 Str-B IV.1 41; *Gnilka* II 232f.
142 Str-B IV.1 56f; *Gnilka* II 233.

wolle.[143] Andere kommen im Gegensatz dazu zum Ergebnis, dass gemeint sei, Jesus habe sich vorher mit dem Hausbesitzer abgesprochen und es sei der Wasserträger als geheimes Erkennungszeichen vereinbart worden.[144]

Der Text sagt weder das eine noch das andere klar aus; er begnügt sich ganz mit dem von ihm geschilderten Sachverhalt. So ist der Exeget gezwungen, sich selbst ein eigenes Urteil zu bilden und an dieser Stelle über den Text hinauszugehen. Ohne diese Urteilsbildung kann er den Text nicht verstehen. Dieser Vorgang ist vergleichbar mit dem Hinausgehen über das Faktische, zu dem jede Geschichtsbetrachtung gezwungen ist, die ein Geschehen verstehen will.[145]

Das Fehlen einer klaren Beurteilung durch den Text dieser Perikope macht somit den Sachverhalt deutlich, dass ein Verständnis der Geschichte (Jesu) ohne eine Beteiligung des betrachtenden Subjekts unmöglich ist. Diese Subjektivität bedeutet, dass die richtige Interpretation nicht einfach am Text abgelesen werden kann, sondern dass sie durch eine eigene Beurteilung zu erarbeiten ist. Damit ist der Interpret an seinen Aussagen wesentlich mitbeteiligt. Diese sind nicht beweisbar, aber doch begründbar.

Neben dieser Subjektivität ist auch von einer gewissen Objektivität zu sprechen. Eine Interpretation muss den dargestellten Sachverhalt verständlich machen können. Die Auskunft, es sei hier gemeint, dass die Jünger erst nach längerem Suchen einen Raum gefunden hätten in einem Haus, vor dem zufälligerweise ein Wasserträger für kurze Zeit stehenblieb, vermöchte dies nicht zu leisten.

Der nähere und fernere Kontext ist wichtig zur Bestimmung der Bedeutung eines Textes. Und dieser spricht m.E. dafür, dass hier ein wunderbares Vorauswissen gemeint ist.[146] Dieses Urteil lässt sich nicht beweisen, aber doch begründen:

- Auch in 14,8 ist von einem Vorauswissen die Rede.
- Wunderbare Fähigkeiten Jesu werden auch an anderen Orten im Mk-Evangelium dargestellt.
- Bei den Vergleichstexten aus dem AT handelt es sich jeweils um ein prophetisches Vorauswissen.

Wenn ein Ausleger aus diesen oder ähnlichen Gründen überzeugt ist, dass 14,12-16 ein wunderbares Vorauswissen Jesu erzählen will, erklärt er sich bereit anzunehmen, dass der Erzähler Jesus als mit göttlichen Fähigkeiten begabt gesehen hat. Jesus ist hier als der beschrieben, der seinen künftigen Weg kennt und auf wunderbare Weise sogar die genauen Details ansagen

---

143 *Gnilka* II 233; *Lohmeyer* 299; *Mohr*, Markus- und Johannespassion 155f; *Schenke* Studien 188.
144 *Cranfield* 422; *Pesch* II 343; *Taylor* 537f.
145 Vgl. oben S. 6-8.
146 Mit den in Anm. 143 genannten Autoren.

kann. Er wird nicht überrascht von dem, was kommt, sondern trifft in weisem Vorauswissen die Anordnungen für das Abschiedsmahl.

Sein Planen ist ganz anders dargestellt als das seiner Gegner. Während jene auf einen Zufall warten müssen, weiss Jesus die zufällige Begegnung mit dem Wasserträger voraus. Der Glaube wertet das als Zeichen dafür, dass Jesus nicht im üblichen Sinn der Geschichte ausgeliefert ist. Er liefert sich ihr vielmehr freiwillig aus. Er erleidet sie nicht, sondern er weiss, was geschehen muss und macht das zu seinem eigenen Willen. Auch hierin wird die Einmaligkeit seiner Geschichte deutlich.

So legt diese Perikope darauf Gewicht, dass Jesus nicht von seinem Leidensweg überrascht wird, sondern seinen Weg bewusst und aus eigener Initiative geht.[147]

Es stellt sich dem Ausleger die Frage, was ihm diese Sicht des Erzählers für seine Gegenwart bedeuten kann. Es ist zu überlegen, ob das dargestellte Verhältnis Jesu zur Geschichte für das Verständnis der Stellung des erhöhten Herrn wesentlich sei. Wenn die Herrschaft des Erhöhten vor den Hintergrund gestellt wird, wie Jesus sich der Geschichte freiwillig auslieferte - obwohl ihr nicht wie wir ausgeliefert -, könnte zu verstehen gesucht werden, warum z.B. die Gemeinde Jesu nicht vor allem Übel bewahrt bleibt, sondern immer wieder an die Willkür von Mächtigen ausgeliefert zu sein scheint. Das würde dann dem Herr-Sein Jesu entsprechen, das sich nicht durch Machterweise, sondern durch Erniedrigung darstellt.

2.4.3 Historische Beurteilung

Von Interesse ist im Zusammenhang mit dieser Perikope vor allem die Frage des Todestages Jesu, ob Jesus am 14. oder 15. Nisan hingerichtet worden ist. Davon abhängig ist auch die Frage nach dem Charakter des letzten Mahls. Dieses kann nur ein Passamahl gewesen sein, wenn Jesus am 15. Nisan hingerichtet worden ist. Wäre die Kreuzigung bereits am 14. erfolgt, hätte sie bereits vor der Feier des Passamahls stattgefunden.

Die synoptischen Evangelien geben als Todestag den 15. Nisan an: Nach Mk 14,12 haben die Jünger am 14. Nisan das Passamahl vorbereitet. In der Nacht darauf ist Jesus verhaftet und am nächsten Tag hingerichtet worden. Das ist die einzige Stelle der markinischen Passionsgeschichte, die eine so genaue Angabe macht, dass sich daraus das Datum des Todestages Jesu erschliessen lässt.[148] Sie wird von den beiden Seitenreferenten übernommen (bei Mt allerdings nur die erste - unpräzise - der beiden Zeitangaben dieses

---

147 Zu anderen möglichen Skopi dieser Perikope, die sich nicht stets gegenseitig auszuschliessen brauchen, siehe *Mohr*, Markus- und Johannespassion 151f.

148 In Mk 14,14.16 ist von der Vorbereitung des Passamahls die Rede. Diese Verse wiederholen damit die Zeitangaben von V12.

Verses). Mt fügt keine zusätzlichen Angaben an, die diese Chronologie unterstützen, Lk möglicherweise eine: in 22,15 sagt Jesus: "Mich hat sehnlich
verlangt, dieses Passamahl mit euch zu essen, bevor ich leide."

Vorausgesetzt, dass hier von einem erfüllten Wunsch die Rede ist, bestätigt dieser Satz die synoptische Chronologie. Es ist aber auch möglich,
ihn so zu verstehen, dass das Verlangen Jesu ungestillt geblieben ist, d.h.
dass er das Passa nicht mehr mit den Jüngern essen konnte (sondern nur
am Tag davor ein Mahl ohne Lamm). In diesem Fall wäre es eine Bestätigung der johanneischen Chronologie.[149]

Im Joh-Evangelium gilt der 14. Nisan als der Todestag Jesu. Dies ergibt
sich aus zwei verschiedenen Stellen: 19,14 wird die Zeit angegeben, als Jesu
vor Pilatus war: "es war ... der Rüsttag des Passafests". Der Rüsttag für das
Passa ist der 14., an dem alles vorbereitet wird, damit nach Sonnenuntergang das Passamahl gefeiert werden kann.[150] Die zweite Stelle ist Joh
18,28. Hier wird gesagt, dass die Juden, die Jesus zu Pilatus brachten, das
Prätorium nicht betraten, um sich nicht zu verunreinigen und dadurch vom
Genuss des Passamahls ausgeschlossen zu sein. Das Passamahl stand also
noch bevor; damit ist vorausgesetzt, dass Jesus am 14. Nisan vor Pilatus
war und hingerichtet wurde.

Diese beiden Konzeptionen des Datums des Todestages Jesu stehen sich
gegenüber. Es ist versucht worden, durch die Annahme von zwei divergierenden Kalenderzählungen (einem offiziellen sadduzäischen und einem inoffiziellen pharisäischen) zur Zeit Jesu einen Ausgleich zu schaffen: Die Synoptiker und Joh würden zwei verschiedenen Kalendern folgen und beide
hätten mit ihren Zeitangaben recht.[151] Alle diese Ausgleichsversuche stehen
vor der Schwierigkeit zu belegen, dass Jesus und seine Anhänger einem

---

149 *France*, Chronologie 12; *Strobel*, Osterkalender 51f.
150 *Jeremias*, Abendmahlsworte 74f, gefolgt von *Pesch* II 325, weist darauf
hin, dass παρασκευὴ τοῦ πάσχα ein Hapaxlegomenon ist, dessen Bedeutung unklar sei, da παρασκευὴ (עֲרוּבְתָּא) = Freitag fester Sprachgebrauch gewesen sei (vgl. Joh 19,31). Allerdings kann er für dieses Verständnis von παρασκευὴ τοῦ πάσχα = Freitag der Passafestwoche keine
Belege angeben, sondern nur sagen, dass "die Möglichkeit nicht ganz
ausgeschlossen" sei. Nach Str-B II 834-837 ist dieses Verständnis unmöglich.
151 So z.B. Str-B II 847-853; *Barth*, Mahl des Herrn 21; Marshall, Supper
74f; vgl. zu diesen Ausgleichsversuchen *Blinzler*, Prozess, 104. Ferner
ist versucht worden, unter Zuhilfenahme des solaren Kalenders von
Qumran einen Ausgleich zu schaffen. Da in diesem Kalender der 14. Nisan immer auf einen Dienstag fällt, wurde eine längere Prozessdauer
angenommen, von der Verhaftung Dienstag abends (d.h. nach jüdischer
Rechnung zu Beginn des Mittwochs) bis zur Kreuzigung am Freitag.
Siehe dazu *Ruckstuhl*, Chronologie 45-60 und (ablehnend) *Blinzler*, Prozess 109-126.

nicht-offiziellen Kalender gefolgt sind.[152] Es ist ferner unwahrscheinlich, dass sich die Priester im Tempel zur Verfügung gestellt hätten, den Anhängern des inoffiziellen Kalenders an ihrem 14. Nisan bei der Schlachtung ihrer Passalämmer behilflich zu sein.[153]

So ist es unausweichlich, sich zwischen der synoptischen und der johanneischen Darstellung zu entscheiden.[154] Dabei gibt es m.E. nicht ein besonders gewichtiges Argument, aufgrund dessen die Entscheidung gefällt werden kann, sondern es gilt eine Reihe von Argumenten zu sammeln und zu gewichten. Bei den meisten wäre es sogar wiederum möglich, Gegenargumente zu finden.

Für die synoptische Chronologie sprechen:
1) Die oben genannten Stellen Mk 14,12par, die zur gleichen Perikope gehörenden V14par.16par und eventuell Lk 22,15.
2) Eine ganze Reihe von erwähnten Einzelheiten passt gut zum Passamahl:
- Die Feier findet in Jerusalem statt, wie es für das Passamahl Bedingung ist.
- Beim Passamahl ist es vorgegeben, dass das Brot gedeutet wird.
- Am Ende der Mahlzeit wird ein Hymnus gesungen.
- Die Jünger verbringen die darauffolgende Nacht im erweiterten Stadtbezirk, wie es ebenfalls den Vorschriften entspricht.
- Das Mahl wird nachts gehalten und die Teilnehmer liegen.[155]
3) Ferner wird darauf hingewiesen, dass sogar das Joh-Evangelium einige Andeutungen enthalte, die ebenfalls die synoptische Chronologie unterstützen:
- Joh 13,29 vermuten einige der Jünger, dass der weggehende Judas den Auftrag erhalten habe, Einkäufe in letzter Minute zu tätigen. Diese Annahme nächtlicher Einkäufe sei aber nur verständlich, wenn der folgende Tag bereits der Passafesttag war, an dem nichts mehr gekauft werden konnte.
- Ebenfalls nach Joh 13,29 rechnet ein Teil der Jünger damit, Judas sei beauftragt, den Armen etwas zu geben. Das entspräche der Sitte, in der Passanacht den Armen Gutes zu tun.
- ὁ λελουμένος (wer gebadet ist) in Joh 13,10 könnte bedeuten, dass das Mahl in levitischer Reinheit eingenommen wurde.[156]
Diese Argumente zählen Punkte auf, die zum Passafest passen würden. Es

---

152 Siehe Str-B II 852; vgl. *Blinzler*, Prozess 119f.
153 Mit *Blinzler*, Prozess 117-119,
      gegen Str-B II 852; *Ruckstuhl*, Chronologie 51.
154 Mit *Pesch* II 324; *Blinzler*, Prozess 104.
155 *Cranfield* 420f; *Gnilka* II 247; *Jeremias*, Abendmahlsworte 36-55.
156 *Jeremias*. Abendmahlsworte 43, 47-49.

ist aber nicht so, dass sie nur im Zusammenhang mit dem Passamahl sinnvoll sind; sie haben auch losgelöst davon ihre Bedeutung.

Für die johanneische Chronologie sprechen demgegenüber:
1) Die beiden oben genannten Stellen Joh 18,28 und 19,14.
2) Das Mahl, bei dem Jesus den Jüngern die Füsse wäscht, wird 13,1 als πρὸ
δὲ τῆς ἑορτῆς τοῦ πάσχα (vor dem Passafest) bezeichnet. Joh meint damit das
gleiche Mahl, das auch die Synoptiker meinen, wenn sie von der Einsetzung
des Abendmahls berichten:
- Während diesem Mahl wird der Verrat durch einen der Jünger angekündigt: Joh 13,21-30; Mk 14,17-21
- Nach diesem Mahl sagt Jesus die Verleugnung des Petrus voraus: Joh
13,36-38; Mk 14,26-31
- Nach diesem Mahl wird Jesus verhaftet: Joh 13,31; 18,1-14; Mk 14,32-52.[157]
3) Nach der johanneischen Chronologie stirbt Jesus zu der Zeit, in der die
Passalämmer geschlachtet werden - was allerdings nicht ausdrücklich, sondern nur zwischen den Zeilen gesagt wird.[158] Dazu passt die Bezeichnung
Jesu als "Passalamm" in 1.Kor 5,7. Diese frühe Gleichsetzung versteht sich
leichter, wenn Jesus tatsächlich am 14. Nisan gekreuzigt worden ist.[159]
4) Auf ähnliche Weise wird die Bezeichnung des Auferstandenen als ἀπαρχὴ
τῶν κεκοιμημένων (Erstling der Entschlafenen/ 1.Kor 15,20 vgl. V23) verständlich. Die Erstlingsgarbe wurde zur Zeit Jesu am 16. Nisan
dargebracht.[160] Wenn Jesus an einem 16. Nisan auferstanden ist, lässt sich
die frühe Entstehung dieser Bezeichnung leichter verstehen. Das setzt aber
den 14. Nisan als Todestag voraus.[161]
5) Die johanneische Chronologie vermeidet einige Schwierigkeiten, die bei
der synoptischen Datierung nur schwer zu erklären sind:
- Die Gerichtsverhandlungen finden nicht an einem Feiertag statt.

---

157 Mit *Jeremias*, Abendmahlsworte 75.
158 Das weist darauf hin, dass die johanneischen Zeitangaben nicht aus theologischem Interesse heraus gebildet worden sind (mit *Taylor* 666; *Blinzler*, Prozess 105; gegen *Betz*. Probleme 572).
159 Mit *Blinzler*, Prozess 106.
160 Str-B II 598, 600. Zur Diskussion um die Bestimmung des Tages, an
dem die Erstlingsgarbe dargebracht wird (Lev 23,15) siehe Str-B II 598,
847-859.
161 Mit *Blinzler*, Prozess 106.

- Das Tragen von Waffen, das Kommen Simons "vom Felde" und der Kauf des Leichentuchs kollidieren nicht mit den Festtagsvorschriften.[162]

6) Im Bericht vom Mahl selbst (Mk 14,17-25par) ist vom Passalamm, dem Wichtigsten beim Passamahl nicht die Rede.[163]

7) Ausserkanonische Stellen unterstützen ebenfalls die johanneische Datierung:

- Eine Stelle des babylonischen Talmuds (San 43a) berichtet davon, dass Jesus am Rüsttag des Passafests "gehängt" worden sei.[164]

- Nach PetrEv 5 wird Jesus am Tag vor den ungesäuerten Broten (πρὸ μιᾶς τῶν ἀζύμων) dem Volk übergeben und anschliessend gekreuzigt. PetrEv 15 zeigt, dass die Kreuzigung noch am gleichen Tag stattgefunden hat. Da das PetrEv möglicherweise vom Joh-Evangelium unabhängig ist,[165] ist es ein weiterer Beleg zugunsten der johanneischen Chronologie.

- Pesachim VIII 6a wird etwa als Beleg für die Passaamnestie verwendet. Es wird dort gesagt, dass man das Passalamm (unter anderem) "für einen, dem man versprochen hat, ihn aus dem Gefängnis herauszulassen", schlachten darf. Man erklärt dann von dieser Stelle aus die Freilassung des Barabbas.

Falls hier von einer Passaamnestie die Rede ist - was umstritten ist[166] -, dann unterstützt diese Stelle die johanneische Chronologie. Der Gefangene muss nämlich spätestens am 14. Nisan freigelassen werden, da er nur so die Möglichkeit hat, am Passamahl teilzunehmen, das nach Sonnenuntergang beginnt. Nach der synoptischen Datierung wäre die Freilassung des Barabbas zu spät, da das Passamahl bereits gefeiert ist.

Es sprechen mehr und gewichtigere Argumente für die johanneische Chronologie. Dazu zählen vor allem die drei voneinander unabhängigen Stellen

---

162 *Schweizer* 160; *Taylor* 667; *Blinzler*, Prozess 105; vgl. Str-B II 815-834. Überhaupt kein Problem für die markinische Chronologie bietet die Hinrichtung am Feiertag, denn sie ist von den römischen Soldaten durchgeführt worden. Aber sogar bei den Juden waren Hinrichtungen an einem Feiertag in besonderen Fällen um der grösseren Abschreckung willen geradezu geboten, weil an einem Feiertag viele Pilger in Jerusalem waren (Str-B II 825; *Jeremias*, Abendmahlsworte 70f).

163 *Schweizer* 160. *Jeremias*, Abendmahlsworte 61, begründet das mit der urkirchlichen Mahlfeier. Es werden nur die für sie wichtigen Teile genannt.

164 *Betz*, Probleme 572 schreibt diese Datierung jüdischer Apologetik zu, die belegen wolle, dass beim Prozess Jesu die Gesetze nicht verletzt worden seien. Zur Frage, ob diese Stelle tatsächlich von Jesus von Nazareth handle und zur Zuverlässigkeit dieser Überlieferung vgl. *Blinzler*, Prozess 41-45.

165 *Blinzler*, Prozess 106; gegen *Pesch* II 327.

166 Siehe unten S. 175f.

Joh 13,1; 18,28; 19,14 und die ausserkanonischen Belege (besonders San 43a und eventuell PetrEv 5). Für die synoptische Sicht spricht eigentlich nur die etwas unklare Stelle Mk 14,12. Daher ist es wahrscheinlicher, dass Jesus gemäss den johanneischen Angaben an einem 14. Nisan gekreuzigt worden ist.[167]

Falls die literarkritische Beurteilung des Mahlberichts Mk 14,12-31 zum Ergebnis kommen sollte, dass V12-16 ein sekundärer Einschub ist, wäre das eine zusätzliche Bestätigung dieses Urteils.[168]

Alle Evangelien stimmen darin überein, dass Jesus an einem Rüsttag zum Sabbat, also an einem Freitag, hingerichtet worden ist (Mk 15,42; Mt 27,62; Lk 23,56; Joh 19,31). Es ist versucht worden, astronomisch zu berechnen, wann der 14. oder der 15. Nisan in den Jahren um 30 auf einen Freitag gefallen sein könnte.[169] Für den 14. Nisan ist das wahrscheinlich der Fall in den Jahren 30 und 33 und für den 15. Nisan kommen die Jahre 27 und 34 in Frage.[170] So wird angenommen, der Todestag Jesu sei der 7. April 30.[171] Doch sind das keine gesicherten Ergebnisse.[172]

Wenn Jesus an einem 14. Nisan hingerichtet worden ist, ist das Abschiedsmahl am Abend davor kein eigentliches Passamahl gewesen, da für diesen Abend noch kein Passalamm geschlachtet werden konnte. Allerdings würde eine solche Feier trotzdem im Licht des unmittelbar bevorstehenden Festes stehen.[173] Daraus kann verständlich werden, dass es in Mk 14,12-16 zu einer Verschiebung um einen Tag gekommen ist, die dieses Mahl zu einem Passamahl macht. Diese Darstellung könnte zum Ziel haben, das Abendmahl als Ersatz des Passamahls zu bezeichnen[174] oder sie könnte den urchristlichen Gedenktermin an das letzte Mahl Jesu historisieren.[175]

---

167 Mit *Schweizer* 160; *Taylor* 667; *Blinzler*, Prozess 160f; *France*, Chronologie 14 (Er meint allerdings, dass auch die Synoptiker diese Datierung vertreten); *Strobel*, Osterkalender 53, 69;
   gegen *Cranfield* 420; *Gnilka* II 248; *Pesch* II 326; *Betz*, Probleme 572; *Higgins*, Lord's Supper 20; *Jeremias*, Abendmahlsworte 55f, 78.
168 Vgl. unten S. 94.
169 Da der Monatsanfang nach dem Sichtbarwerden des Neulichts festgelegt wurde, besteht eine gewisse Unsicherheit, bedingt durch die Sichtbarkeit aufgrund der klimatischen Verhältnisse (vgl. *Blinzler*, Prozess 108; *Jeremias*, Abendmahlsworte 31f).
170 *Blinzler*, Prozess 107f; *Jeremias*, Abendmahlsworte 32f.
171 *Pesch* II 327 (bei ihm ist es allerdings der 15. Nisan); *Blinzler*, Prozess 107.
172 Mit *Jeremias*, Abendmahlsworte 35.
173 Mit *Schweizer* 161.
174 *Schweizer* 160 (vormarkinisch). Nach der obigen Interpretation ist das aber als Hauptziel dieser Perikope unwahrscheinlich, da es ihr doch vor allem um die Person Jesu geht.
175 *Strobel*, Osterkalender 46f.

2.5 Markus 14,17–21

17 Und als es Abend wurde, kommt er mit den Zwölfen.

18 Und als sie zu Tische lagen und assen, sagte Jesus: "Wahrlich, ich sage
euch: Einer von euch wird mich ausliefern, der mit mir isst."

19 Da begannen sie, traurig zu werden und einer nach dem andern zu ihm zu
sagen: "Doch nicht ich?!"

20 Er aber sagte zu ihnen: "Einer von den Zwölfen, der mit mir seinen Bissen in die Schüssel taucht.

21 Denn der Menschensohn geht zwar dahin, wie geschrieben steht, wehe
aber jenem Menschen, durch den der Menschensohn ausgeliefert wird. Es
wäre besser für jenen Menschen, wenn er nicht geboren wäre."

2.5.1 Analyse

Die Frage μήτι ἐγώ; (V19) wird verschieden verstanden: "Doch nicht ich?!"
mit abwehrendem bis entrüstetem Unterton[176] oder ungewiss und ängstlich
"Vielleicht ich?"[177] μήτι ist eine Fragepartikel, die anzeigt, dass die erwartete Antwort verneinend ist.[178] Das kann für beide Übersetzungen zutref-
fen, allerdings ist die Erwartungshaltung in der ersten viel ausgeprägter
und bestimmter, während in der zweiten das "Nein" eher ängstlich erhofft
ist. "Doch nicht ich?!" ist daher zu bevorzugen.[179] Das stimmt dann auch
mit dem selbstsicheren Gebaren der Jünger in 14,26–31 überein.[180]

Der synoptische Vergleich zeigt, dass Joh und Lk ebenfalls eine Ankündigung des Verrates während dem letzten Mal kennen. Bei Lk sind die Jünger am Schluss ratlos, wer der Verräter sei. Bei Joh ist es ähnlich: Zwar
wird Judas durch den ihm gereichten Bissen identifiziert; da jedoch das erklärende Gespräch davor nur leise geführt war (13,25: "Jener lehnt sich so
an die Brust Jesu und sagt zu ihm") hat die Mehrzahl der Jünger diese Ge-

---

176 *Schweizer* 162; *Pesch* II 346, 350; *Taylor* 541; *Mohr*, Markus- und Johannespassion 166; *Schenke*, Studien 230f.

177 *Gnilka* II 234, 237; *Lohmeyer* 300f.

178 *Bauer-Aland* 1053.

179 Die andere Stelle, wo μήτι im Mk-Evangelium gebraucht wird (4,21) erwartet auch ein ganz klares "Nein".

180 ἤρξαντο λυπεῖσθαι (sie fingen an betrübt zu werden) lässt nicht so sehr
auf die Unsicherheit der Jünger schliessen, sondern zeigt an, dass sie
Jesu Wort nicht verstanden haben (vgl. Mk 10,22, die einzige andere
Stelle im Mk-Evangelium, wo λυπεῖσθαι vorkommt; mit *Schenke*, Studien 227). Das andere Verständnis ist auch deshalb problematisch, weil
die Passionsgeschichte sonst nirgends von einer ernsthaften Selbstprü-
fung der Jünger berichtet. Die von der Formulierung her ähnlichste
Stelle Joh 18,35 μήτι ἐγὼ Ἰουδαῖός εἰμι erwartet auch ein schroffes
"Nein".

ste nicht verstehen können (V28: "Aber keiner ... verstand ..."). Bei Lk und Joh spielen das gemeinsame Eintauchen und Essen ebenfalls eine Rolle (Lk 22,21; Joh 13,26). Mt ist weitgehend von Mk abhängig ausser im Schluss, wo Judas selbst die Frage stellt, ob er es sei, und darauf (leise oder laut?) eine bejahende Antwort erhält.

Die Erwähnung des Zwölferkreises in V17 und 20 könnte wiederum wie in V10 auf Mk selbst zurückgehen.[181] "Die Zwölf" wird an der ersten Stelle einfach den engeren Jüngerkreis bezeichnen, ohne dass genau nachgerechnet wird, dass Jesus an dieser Stelle nur noch mit zehn Jüngern kommen kann, da er ja bereits zwei vorausgeschickt hat.[182] Da auch ὀψίας γενομένης auf Mk hinweist[183] könnte V17 ganz der markinischen Redaktion zuzuschreiben sein.[184]

Es ist hingegen unwahrscheinlich, dass auch die folgenden Verse vor allem als redaktionelle Bildung zu verstehen sind.

Dagegen sprechen:
- das ἀμήν-Wort[185]
- die für Mk untypischen Ausdrücke ἐμβάπτω, τρύβλιον, οὐαί[186]
- Die Wendung εἷς τῶν δώδεκα (V20) ist am besten als Einschub in einen älteren Text verständlich. Hätte Mk alles selber formuliert, wäre der Ausdruck wohl nicht neben εἷς ἐξ ὑμῶν (V18) zu stehen gekommen.

Es ist deshalb sehr wahrscheinlich, dass der Perikope V17-21 eine vormarkinische Tradition zugrundeliegt.[187]

Der Genetivus absolutus ἐσθιόντων (αὐτῶν) (V18) wird sich in V22 wiederholen. Der jetzige Text schildert zwei Gegebenheiten, die sich während dem letzten Mahl abspielen. Das wird manchmal als Widerspruch angesehen und eine literar- oder redaktionskritische Scheidung gefordert. Eine Beurteilung dieses Sachverhalts kann erst später erfolgen.[188] An dieser Stelle ist lediglich zu überlegen, ob diese Perikope einmal eine selbständige Überlieferung

---

181 Mit *Mohr*, Markus- und Johannespassion 164, 173; *Best*, Use 29 (für V17); *Schenk*, Passionsbericht 185f; *Schenke*, Studien 201 (nur für V17).
182 Mit *Cranfield* 423; vgl. *Taylor* 540;
gegen *Gnilka* II 235; *Dormeyer*, Passion 95.
183 ὀψίας γενομένης: Mt 7 Mk 5 Lk 0.
Mit *Mohr*, Markus- und Johannespassion 164; *Schenke*, Studien 201.
184 Mit *Gnilka* II 235; *Mohr*, Markus- und Johannespassion 164;
gegen *Lohmeyer* 300; *Schweizer* 162.
185 Vgl. oben S. 37.
186 ἐμβάπτω   Mt 1   Mk 1   Lk 0
τρύβλιον   Mt 1   Mk 1   Lk 0
οὐαί   Mt 14 Mk 2   Lk 15.
187 Mit *Cranfield* 423; *Gnilka* II 235; *Schweizer* 162; *Pesch* II 352; *Dormeyer*, Passion 99; *Mohr*, Markus- und Johannespassion 169; *Schenk*, Passionsbericht 189;
gegen *Schmithals* II 608; *Schenke*, Studien 236 (mit Ausnahme von V21b: 271).
188 Vgl. unten S. 94.

gewesen sein könnte. Das ist jedoch unwahrscheinlich, weil in V18-20 zwar Jesus mit Namen genannt wird, jedoch nirgends recht deutlich wird, mit wem er Mahlgemeinschaft hält. Es bleibt damit unklar, wer die Adressaten der Rede Jesu sind. Es ist daher anzunehmen, dass V18-21 nie eine selbständige Überlieferung waren. Diese Perikope wird damit zu einem Hinweis auf eine vormarkinische Passionsgeschichte.[189]

V18c ist ein nachhinkender Satzteil. Die Aussage ist eigentlich V18b zu Ende. V18c bringt sachlich nichts Neues, betont jedoch durch das Erwähnen der Tischgemeinschaft mit Jesus nochmals, dass der Verräter zum engsten Kreis um ihn gehört. Meistens wird darin ein Schriftanklang an Ps 41,10 gesehen.[190] Es handelt sich dabei nur um eine lockere Anspielung. Die nachhinkende Stellung legt den Gedanken nahe, dass sie erst sekundär zu einer vorgegebenen Tradition dazugekommen ist.[191]

In V21 liegt die Form eines dreigliedrigen Wehespruchs vor (vgl. Lk 17,1f). Im ersten Teil wird ein kommendes Geschehen angekündigt, dessen Verursacher im zweiten Teil mit einem "Wehe" belegt wird. Im dritten Teil wird eine Drohung gegen ihn ausgesprochen.[192] Diese Drohung ist formelhaft und nicht kontextgebunden. Auch die beiden anderen Teile sind nicht direkt mit V18-20 verbunden. Es stellt sich daher die Frage, ob die Perikope ursprünglich mit V20 endete und erst nachträglich mit dem Logion V21, das dann selbständig gewesen wäre, verbunden worden sei.[193] Dafür spricht aber höchstens seine Unverbundenheit mit V18-20. Gegen eine ursprüngliche Selbständigkeit von V21 spricht jedoch die Wendung ὁ ἄνθρωπος ἐκεῖνος, die gleich zweimal vorkommt. Sie verlangt, dass vorher bereits von "jenem Menschen" die Rede war. Ferner würde V18-20 allein auch unabgeschlossen wirken, weil V20 nur die Aussage von V18 wiederholt, jedoch gar nicht auf die Einsprache in V19 eingeht. Das tut erst V21, der die Ankündigung nicht nur bekräftigt, sondern durch Verweis auf die Schrift auch begründet. Es ist deshalb wahrscheinlicher, dass V21 von Anfang an zu V18-20 gehört hat.[194] Bei der Interpretation wird daher darauf zu achten sein, inwiefern dieser Vers eine Antwort auf den Protest der Jünger ist.

---

189 Mit *Schweizer* 162; *Mohr*, Markus- und Johannespassion 178-180.
190 In Joh 13,18 wird ausdrücklich auf die Schrift verwiesen und wörtlich zitiert.
191 - Vormarkinischer Bearbeiter: *Mohr*, Markus- und Johannespassion 169;
    - markinisch redaktionell: *Gnilka* II 235; *Dormeyer*, Passion 95; *Schenk*, Passionsbericht 187;
    - später eingedrungene Randbemerkung: *Cranfield* 423; *Lohmeyer* 301; *Schmithals* II 609.
192 *Gnilka* II 235f; *Pesch* II 346, 351.
193 So *Gnilka* II 235.
194 Mit *Pesch* II 346.

Der Titel "Menschensohn" kommt in V21 gleich zweimal vor. Er steht innerhalb der Passionsgeschichte noch in Mk 14,41.62. Innerhalb des Mk-Evangeliums kommt er sonst noch zehn mal vor.[195]

Diese Wendung ist als Würdetitel für Jesus zu verstehen. Es ist kein normaler griechischer Ausdruck. Er lässt sich am besten als determinierte wörtliche Wiedergabe der aramäischen Wendung בַּר אֱנָשׁ (Dan 7,13) verstehen.[196] Das ist das Äquivalent des hebräisch (mit einer Ausnahme) nur undeterminiert belegten[197] בֶּן־אָדָם (z.B. Ps 8,5; Ez 2,1.3) und bedeutet zunächst einmal "der Mensch", indem es einen einzelnen bezeichnet. Es könnte auf Griechisch einfach mit ὁ ἄνθρωπος wiedergegeben werden. Dass es in den Evangelien mit dem ungriechischen Ausdruck ὁ υἱὸς τοῦ ἀνθρώπου wörtlich übersetzt ist, zeigt, dass es schon sehr früh als Titel verstanden wurde.

Die Herkunft und Geschichte des titularen Gebrauchs sind unklar und umstritten.[198] Dieser beschränkt sich fast ausschliesslich auf die Evangelien[199] und die Bildreden des Buches Henoch. Es kann hier lediglich darum gehen, den Sinn dieses Titels an dieser und den anderen beiden Stellen der Passionsgeschichte zu verstehen. Dazu ist sein Gebrauch in den Evangelien von seiner (unklaren) Geschichte zu unterscheiden. Die öfters vorgenommene Einteilung in drei Gruppen kann dabei hilfreich sein:[200]

- Ankündigungen, dass der Menschensohn als Weltenrichter erscheinen wird. Dazu gehören aus dem Mk-Evangelium: 8,38; 13,26; 14,62?
- Aussagen, dass der Menschensohn leiden muss: Mk 8,31; 9,9?.12.31; 10,33.45?; 14,21.41. Hier wird auch gesagt, dass das nach den Schriften so geschehen müsse: Mk 9,12; 14,21; zu 14,41 vgl. 14,49. Es ist auch darauf hingewiesen worden, dass einige dieser Stellen nicht nur auf die Passion, sondern auch auf die Auferstehung hinweisen:[201] Mk 8,31; 9,9.31; 10,33f.
- Aussagen über den gegenwärtigen Menschensohn: Mk 2,10.28; 10,45.

Diese Gliederung zeigt, dass "Menschensohn" jetzt ein Würdetitel ist, der die besondere Stellung Jesu als des kommenden Weltenrichters und gegenwärtigen Bevollmächtigten Gottes darstellt.

---

195 2,10.28; 8,31.38; 9,9.12.31; 10,33.45; 13,26.
196 *Colpe*, ThWNT VIII 406,11f; *Cullmann*, Christologie du Nouveau Testament 119 (fehlerhafte Seitenzählung: 119 folgt auf 122!); *Goppelt*, Theologie I 227.
197 *Colpe*, ThWNT VIII 405,2-5.
198 Die Verschiedenheit der Forschungsergebnisse hat *Hooker* zu der Frage geführt: "Is the Son of Man problem really insoluble?" (= Titel ihres Aufsatzes). Neuere Literatur bei *Colpe*, Untersuchungen 353-372; *Marshall*, Ursprünge 128-130; *Schweizer*, TRE XVI, 714f.
199 Im NT sonst nur noch Apg 7,56 (ohne Artikel auch noch Hebr 2,6; Apk 1,13; 14,14).
200 Z.B. *Schweizer* 89; *Goppelt*, Theologie I 228. Zur Problematik dieser Einteilung vgl. *Hooker*, Son of Man problem 159f.
201 *Hooker*, Son of Man problem 159f.

Daraus kann nun deutlich werden, was das Reden vom *Leiden* des Menschensohns bedeutet. Darin werden die Würde des Titels und die Schmach
des Leidens so zusammengebracht, dass sie einander nicht gegenseitig aufheben, sondern sich gegenseitig ihre Bedeutung geben. Der Menschensohn
bekommt seine wahre Würde erst im Leiden und das Leiden Jesu hat seine
Bedeutung darin, dass es diesen Würdenträger trifft.

ὑπάγω bedeutet hier "in den Tod gehen". Die ungewöhnliche Bedeutung
dieses Verbes, das sonst meistens mit "fortgehen" übersetzt werden kann,
legt sich aus dem Zusammenhang nahe. Der Weheruf, der Verweis auf die
Schrift sowie die vorangehenden V18-20 fordern, dass es mehr heisst als
einfach "weggehen".[202]

2.5.2 Interpretation

V17 Die vorhergehende Szene (V12-16) findet hier eine Fortsetzung. Alles ist
vorbereitet, am Abend nach Sonnenuntergang (d.h. gemäss der jüdischen
Tageseinteilung zu Beginn des folgenden Tages) kommt Jesus mit dem engeren Jüngerkreis zum Mahl zusammen. Bereits hier wird hervorgehoben,
dass es sich um den Zwölferkreis handelt, vermutlich um die an sich unglaubliche Tatsache zu betonen, dass der "Auslieferer" aus diesem Kreis
kommt.

V18 Die Ankündigung Jesu, dass ihn einer seiner engsten Vertrauten verraten wird, ist im Rahmen dieses feierlichen und festlichen Zusammenseins
berichtet. Dem Erzähler scheint an diesem Kontrast gelegen zu sein. Dadurch erhält diese festliche Tischgemeinschaft, die wegen der bevorstehenden Auslieferung nicht mehr wiederholt werden kann, den Charakter eines
letzten Mahles. Sie wird so als etwas Einmaliges gekennzeichnet.

Andererseits dient dieser Kontrast dazu, zu wiederholen, dass der Auslieferer aus dem engsten Jüngerkreis stammt.

Es wird kein Name genannt - auch in den folgenden Versen nicht. Es ist
also nicht eine Entlarvung des Verräters, sondern es geht darum anzuzei-
gen, was geschehen wird. Nicht die betreffende Person soll schlecht gemacht werden, sondern die Hoheit Jesu, der weiss, was sich ereignen wird,
soll im Mittelpunkt stehen. Was in nächster Zeit zu geschehen hat, wird
ihn nicht überrumpeln. Er weicht dem Unangenehmen nicht aus, sondern
geht den Weg des Leidens bewusst. Zu diesem Verständnis passt, dass diese Ankündigung nur im kleinen Zwölferkreis geschildert ist.

Der nachklappende Satzteil "der mit mir isst" ist als Anspielung auf Ps
41,10 zu verstehen. Er betont nochmals die enge Vertrautheit des Verräters

---

202 *Bauer-Aland* 1667; *Delling*, ThWNT VIII 508,26-29.

mit Jesus und nimmt auf die Essenssituation, in der diese Ankündigung erfolgt, Bezug.

V19 Als Reaktion der Jünger wird ihre Betrübnis beschrieben. Darin kommt m.E. die Enttäuschung zum Ausdruck, dass Jesus ihnen solches zutraut und ausgerechnet in diesem feierlichen Moment davon zu sprechen beginnt. Deshalb sagt jeder in abwehrendem Sinne: "Doch nicht ich?!"[203] Diese selbstsichere Haltung der Jünger begegnet später in V26-31 in noch ausgeprägterer Form. Sie zweifeln nicht an ihrer Treue zu Jesus, denn schliesslich haben sie seinetwegen "alles verlassen" (10,28).

Daran wird die Fremdheit des Weges Jesu deutlich. Trotz aller Voraussagen ist er den Jüngern unbegreiflich geblieben und sie vermögen sich nicht vorzustellen, was kommen wird. Das Anstoss-Nehmen (V27) klingt bereits hier an.

V20 Trotz der protestierenden Trauer der Jünger wird die Voraussage Jesu bekräftigt. Wiederum wird dabei auf die Essenssituation angespielt. Es ist einer aus dem anwesenden Zwölferkreis, der jetzt mit Jesus aus der gleichen Schüssel isst. Aus einer gemeinsamen Schüssel wurde mindestens die Vorspeise, wahrscheinlich sogar die ganze Mahlzeit gegessen.[204] Die Betonung der Essenssituation hebt einerseits wieder die Unglaublichkeit des Verrats durch ein Mitglied des engsten Jüngerkreises hervor. Andererseits ist beachtenswert, dass derjenige, der das Schlimmste vorhat, in dieser engen Gemeinschaft unerkannt bleiben kann. Es ist kein Versuch Jesu geschildert, ihn zu identifizieren und dann auszuschliessen. Jesus ist damit als der dargestellt, der auch den Übeltäter in seiner Gemeinschaft trägt. Bricht die Beziehung ab, so ist das nicht aufgrund der Initiative von Jesus, sondern ist allein dem zuzuschreiben, der sich von ihm entfernt.

Es wäre interessant zu überlegen, ob das so in die Gegenwart übertragen werden kann, dass daraus Hinweise etwa für die Handhabung einer Kirchenzucht abgeleitet werden können. Insbesondere im Blick auf die Frage eines Ausschlusses vom Abendmahl könnte diese Perikope von Bedeutung sein.

Dieser Vers ist ein weiteres Argument für die Richtigkeit der Übersetzung "Doch nicht ich?!" in V19b. Diese abwehrende Frage der Jünger drückte Protest aus. Die Antwort darauf ist vorerst eine neue Bestätigung der Ansage Jesu, die im folgenden Vers weitergeführt wird.[205]

---

203 Zur Begründung dieser Interpretation siehe oben S. 64.
204 *Jeremias*, Abendmahlsworte 64f; vgl. Str-B I 989; *Klostermann* 301.
205 Eine ähnliche Reaktion Jesu wird in V26-31 beschrieben: Auf den Protest des Petrus (V29) gegen die Ankündigung Jesu antwortet dieser mit einer konreten Ansage an Petrus (V30).

V21 Die Ankündigung Jesu wird hier erneut bekräftigt. Der Wehespruch ist eine Ansage des kommenden Geschehens. Er ist nicht als Warnung an Judas und Versuch, ihn von seiner Tat abzuhalten, zu verstehen. Dass diese erfolgen wird, ist festgelegt. So steht es "geschrieben".

Ohne dass eine konkrete Schriftstelle angegeben wird, ist die Überzeugung ausgedrückt, dass Verrat und Tod Jesu so geschehen müssen, weil sie dem Willen Gottes entsprechen, wie er in der Schrift geoffenbart ist.[206] Auffallend ist, dass keine Schriftstelle genannt oder zitiert ist. Zwar ist in V18 ein Anklang an Ps 41,10, doch wird es kaum die Meinung des Erzählers sein, dass dieser lose Schriftanklang das ganze Gewicht der Aussage von V21 zu tragen vermöge.[207] Die Frage, warum keine Schriftstelle genannt wird, kann hier noch nicht beantwortet werden. Dazu sind mehr Kenntnisse über den Schriftgebrauch der Passionsgeschichte nötig, als sie hier schon vorliegen. Hier ist lediglich der Hinweis zu beachten, dass die Schrift für das Verständnis der Leidensgeschichte Jesu von Bedeutung ist. Durch den Verweis auf die Schrift wird ein konkretes Geschehen als Gottes Willen gemäss bezeichnet. Der Schriftgebrauch stellt damit eine Verbindung her zwischen Gott und einem einzelnen Ereignis. Aus der Schrift leitet sich das Recht und wohl auch die Pflicht ab, angesichts dieses Geschehens von Gott zu sprechen. Damit kann das Reden von Gott begründet und überprüft werden. Es ist deshalb nicht einfach als individuelle Meinung des Erzählers zu verstehen. Die Aussage, dass Gott einen Willen hat, der sich in dieser Welt realisiert, gehört wiederum zur bereits oben[208] berührten Darstellung der Nähe Gottes zu dieser Welt. Gott ist der Welt und damit den Menschen so nahe, dass konkrete Ereignisse nur richtig verstanden werden können, wenn man sie mit ihm in Verbindung bringt.

Der Wille Gottes in der Welt ist hier nicht so dargestellt, dass er sich dank seiner Mächtigkeit voraussetzungslos durchsetzt. Er realisiert sich vielmehr, indem Jesus diesen Willen zu seinem eigenen macht. Im Blick auf Jesus ist daher auf eine Abhängigkeit Gottes von einem Gegenüber in dieser Welt zu schliessen. Gottes Wille sucht dieses Gegenüber und verwirklicht sich erst, wenn dieses ihn positiv aufnimmt. Im Blick auf Judas ist der Sachverhalt allerdings anders beschrieben. Auch bei ihm[209] ist davon auszugehen, dass ihm die Tragweite seines Handelns nicht bewusst ist und das unabhängig von einem erklärenden Schriftwort auch nicht sein kann. Es ist hier so dargestellt, dass Gott sich seines eigenmächtigen Tuns zu bedienen

---

206 Vgl. ähnlich ohne Stellenangabe 14,49 und z.B. 1.Kor 15,3 oder das δεῖ im Mk-Evangelium (8,31; 9,11; 13,7.10.14; 14,31).

207 Nach *Schaberg*, Predictons 214 beziehen sich die Leidensweissagungen auf Dan 7 und 12.

208 Vgl. oben S. 48.

209 Wie bei der Frau, die Jesus in Bethanien salbte.

vermag, um sein Ziel zu erreichen. Seine Tat ist nicht als bewusster Gehor-
samsschritt dem göttlichen Willen gegenüber dargestellt.

Das menschliche Handeln ist auch hier als selbständig gedacht. Dass in
der Passionsgeschichte keine Motive des Judas angegeben werden, bedeutet
nicht, dass er keine hatte und lediglich unter dem Zwang des göttlichen
Plans handelte. Dann könnte er ja nicht für sein Tun verantwortlich gemacht werden.[210] Gerade dass über ihn gesagt wird, er sei Rechenschaft
schuldig, zeigt, dass er diese Tat ganz in seinen Willen aufgenommen und
so zu seiner eigenen gemacht hat.[211]

Für Jesus wird hier der Würdetitel "Menschensohn" gebraucht. Seine
Verwendung in diesem Zusammenhang zeigt, dass damit nicht eine Würde
gemeint sein kann, die an äusserlicher Macht und Prunkhaftigkeit erkannt
werden kann. Die Würde, die Jesus zugeschrieben wird, zeigt sich nicht an
Äusserlichkeiten, sondern wird an seinem Tun sichtbar. In dieser Perikope
ist die Bereitschaft Jesu dargestellt, freiwillig den Weg des Leidens, den er
vorausweiss, zu gehen aus Gehorsam dem Willen seines Vaters gegenüber,
wie er in der Schrift deutlich wird.

Falls dieses Verständnis richtig ist, ist noch darauf hinzuweisen, dass
das zweimalige Vorkommen des Titels in V21 insofern berechtigt ist, als der
immer konkreter werdende Leidensweg die Würde des "Menschensohns" zur
Vollendung bringt. Denn im Weg nach Jerusalem vollendet sich der Gehorsam Jesu und darin und damit auch seine Würde.

Vielleicht weist auch der Titel selbst auf den Sachverhalt, dass es hier
um die Bindung Jesu an den Willen Gottes geht. Dass nur vom
"Menschen"[212] die Rede ist, könnte ebenfalls darauf hinweisen, dass die
Würde Jesu nicht an Äusserlichkeiten, die ihn von anderen Menschen unterscheiden, sondern an seinem Weg abzulesen ist.[213]

---

210 Der göttliche Plan schliesst die menschlichen Motive nicht aus. Beim
Vorgehen der Pharisäer gegen Jesus sind sie explizit erwähnt.
211 Hier zeigt sich die Möglichkeit, ein Geschehen von verschiedenen Ebenen aus zu betrachten. Die theologische Betrachtung schliesst die Rede
vom Wollen der Handelnden nicht aus.
212 Vgl. oben S. 67.
213 Vgl. dazu die Vermutung, Jesus habe mit dem Ausdruck "Menschensohn" eine ziemlich unbestimmte Wendung zu seiner Selbstbezeichnung
gemacht, die er dann selbst inhaltlich füllen konnte (*Schweizer* 90).

2.6 Markus 14,22-25

22 Und als sie assen, nahm er Brot, sprach den Lobpreis, brach es und gab
es ihnen und sprach: "Nehmt, dies ist mein Leib."

23 Und er nahm einen Kelch, sprach das Dankgebet und gab ihn ihnen und
es tranken alle daraus.

24 Und er sprach zu ihnen: "Dies ist mein Blut des Bundes, das vergossen
wird für viele.

25 Wahrlich, ich sage euch: Ich werde nicht mehr von dem Gewächs des
Weinstocks trinken bis an jenen Tag, da ich es von neuem trinke im
Reich Gottes."

2.6.1 Analyse

Diese Perikope ist für das Thema dieser Arbeit von besonderem Interesse.
Denn der Text selbst stellt hier einen Zusammenhang her zwischen dem
letzten Mahl Jesu, dem Mahl des Herrn, wie es in der Kirche gefeiert wird,
und dem zukünftigen eschatologischen Freudenmahl. Vergangenheit, Gegenwart und Zukunft sind miteinander in Verbindung gebracht. Das Thema
der Arbeit wird vom Text selbst gelebt und vollzogen. Es ist daher zu erläutern, wie diese Perikope den zu besprechenden Sachverhalt darstellt.

Gerade im Blick auf den Zusammenhang von Gegenwart und Vergangenheit wird es auch von Interesse sein, zu überlegen, wie weit die kirchliche
Mahlpraxis den Text beeinflusst hat und wie stark er auf alter Tradition
beruht. Das führt dann letztlich zur Frage, ob die Darstellung, die er gibt,
fiktiv oder geschichtlich ist. Das heisst, es soll zum Schluss zu prüfen versucht werden, ob der Ursprung des Herrenmahls wirklich beim irdischen
Jesus liegt, oder ob es ganz andere Wurzeln hat. Im Rahmen dieser Arbeit
kann diese letzte Aufgabe nur so angegangen werden, dass versucht wird,
die in der Diskussion genannten Argumente zu gewichten.

In der neutestamentlichen Überlieferung befinden sich neben unserer Perikope drei weitere Berichte über die Einsetzung des Abendmahls durch Jesus. Der literarisch älteste davon ist 1.Kor 11,23-26. Er steht im Gegensatz
zu den synoptischen Parallelen nicht im Zusammenhang einer Passionsgeschichte, sondern Paulus zitiert ihn als alte Überlieferung[214] im Rahmen
seiner Besprechung der Probleme der Abendmahlsfeiern in Korinth.

Ferner erzählen alle drei synoptischen Evangelien die Einsetzung des
Abendmahls. Ein Vergleich zeigt, dass Mt weitgehend von Mk abhängig

---

214 Zur Überlieferungsterminologie ($\pi\alpha\rho\alpha\lambda\alpha\mu\beta\acute{\alpha}\nu\omega$ und $\pi\alpha\rho\alpha\delta\acute{\iota}\delta\omega\mu\iota$) vgl. unten S. 88.

ist.[215] Bei Lk[216] fällt vor allem auf, dass der sogenannte eschatologische Ausblick viel ausführlicher dargestellt und mit einer eigenen Becherhandlung verbunden ist, so dass insgesamt zwei Becherhandlungen geschildert werden. Daraus wird gefolgert, dass Lk in diesem Teil und auch in seinen Einsetzungsworten einer eigenen Tradition folgt.[217] Andere vermuten jedoch, Lk habe selber markinische und paulinische Tradition miteinander verknüpft und den eschatologischen Ausblick erweitert.[218]

Der Bericht des Johannesevangeliums über das letzte Mahl Jesu (Joh 13-17) enthält keine Einsetzung des Abendmahls. Die Rede in Joh 6 legt aber die Vermutung nahe, dass Joh die Abendmahlstradition gekannt hat.[219]

Die Abendmahlsüberlieferung des Mk-Evangeliums und des 1. Korintherbriefes zeigen grosse Ähnlichkeit: Sie schildern beide in knappen Worten die Brot- und Becherhandlung Jesu, zitieren die entsprechenden Worte zu Brot und Wein und enden mit einem eschatologischen Ausblick. Diese Vergleichbarkeit der Struktur ist beachtlich, auch wenn der Wortlaut im einzelnen nicht identisch ist.[220] Das wirft für den Mk-Text die Frage auf, ob er auch ein liturgisches Formular darstelle oder zumindest durch die gottesdienstliche Mahlpraxis[221] stark beeinflusst sei. Neben der grossen Ähnlichkeit mit 1.Kor 11 lassen sich folgende weitere Gründe dafür nennen:

- Der Text spricht nicht (mehr) vom Passamahl Jesu, denn dessen Hauptsache, das Passalamm, ist nirgends erwähnt.

- Auch von dem dazugehörenden Sättigungsmahl ist nicht (mehr) die Rede. Nur bei (Pls und Lk) weist noch die Wendung μετὰ τὸ δειπνῆσαι darauf hin, dass ursprünglich auch beim Mahl des Herrn Brot und Kelch am Anfang bzw. Ende einer Mahlzeit standen. Doch vermutlich bereits zur Zeit der

---

215 Mit *Lohmeyer* 302; *Pesch* II 364f; *Jeremias*, Abendmahlsworte 91; *Marshall*, Supper 33.

216 Textkritisch ist der Langtext zu bevorzugen (mit *Jeremias*, Abendmahlsworte 133-153; *Marshall*, Supper 38).

217 *Lohmeyer* 302; *Higgins*, Lord's Supper 44; *Jeremias*, Abendmahlsworte 91-94; *Marshall*, Supper 39f.

218 *Pesch* II 365-369; *Mohr*, Markus- und Johannespassion 188, 200f.

219 *Jeremias*, Abendmahlsworte 101f, glaubte in Joh 6,51c (ὁ ἄρτος δὲ ὅν ἐγὼ δώσω ἡ σάρξ μού ἐστιν ὑπὲρ τῆς τοῦ κόσμου ζωῆς) eine selbständige Fassung des Brotworts erkennen zu können. *M. Barth*, Mahl 216 gibt allerdings zu bedenken: "Die Tatsache allein, dass in Joh 6 bildlich von Essen, Kauen, Trinken die Rede ist und dass der Tod Christi das eigentliche Zentrum der Selbstverkündigung Jesu bildet, kann nicht beweisen, dass dieses Kapitel mehr vom Mahl als vom Tod des Herrn handelt."

220 Vgl. dazu unten die detaillierte Analyse S. 74-79.

221 Zur urchristlichen Abendmahlsfeier vgl. *Jeremias*, Abendmahlsworte 108-115; *Marshall*, Supper 107-133.

Festlegung des Wortlauts der paulinischen Überlieferung waren Herrenmahl und Sättigungsmahlzeit nicht mehr ineinander verwoben.[222]
Auch der Mk-Text berichtet also vom letzten Mahl nur das, was für die
urchristliche Mahlfeier von Bedeutung war. Es ist daher wahrscheinlich,
dass sich darin die gottesdienstliche Abendmahlsfeier spiegelt.[223]

Aus der gottesdienstlichen Feier erklärt sich auch die Selbständigkeit der
Abendmahlstradition, wie sie sich in 1.Kor 11 zeigt.[224] Durch ἐν τῇ νυκτὶ ᾗ
παρεδίδετο (11,23) bleibt die Überlieferung allerdings fest im Passionsgeschehen verankert. Daher wird verständlich, weshalb ihre literarische Verbindung mit der Passionsgeschichte des Mk-Evangeliums nur lose ist. Die
Wiederholung von ἐσθιόντων (αὐτῶν), das bereits in Mk 14,18 vorkam, wirkt
in V22 sogar etwas störend, so dass vermutet wird, V22-25 sei erst später
dazugekommen.[225]

Auf jeden Fall ist gerade von 1.Kor 11 her an der inhaltlichen Verbindung
zwischen Abendmahlsüberlieferung und Passionsgeschehen festzuhalten.
Das erklärt auch den Platz der Abendmahlsworte innerhalb der Passionsgeschichte im Mk-Evangelium. Ihre Interpretation hat daher im Zusammenhang mit dem Passionsgeschehen zu erfolgen.

Der Bericht beginnt mit einem Genetivus absolutus (ἐσθιόντων αὐτῶν). Es
ist schwer zu entscheiden, ob dieser Einsatz zur Tradition gehört[226] oder

---

222 *Jeremias*, Abendmahlsworte 114f.
    Bei letzten Mahl Jesu standen Brot- und Becherhandlung wohl an den
    dafür vorgesehenen Stellen (Anfang bzw. Schluss) des jüdischen Mahls,
    ob es nun ein Passamahl (vgl. zu ihrer Einordnung *Jeremias*, Abend-
    mahlsworte 78-82) oder ein gewöhnliches Freundesmahl (vgl. zum
    Ablauf *Marshall*, Supper 67f) war. Zur Frage, wann von dieser Ordnung
    abgewichen und Abendmahl und Sättigungsmahlzeit getrennt wurden,
    vgl. *Jeremias*, Abendmahlsworte 109-115; *Marshall*, Supper 110f; *Stuhl-
    macher*, Herrenmahl 20-24, siehe aber auch 14; ferner *Hofius*, Herren-
    mahl 383, 390f;
    gegen *Mohr*, Markus- und Johannespassion 190-192, der bezweifelt, dass
    das Abendmahl je mit einer Sättigungsmahlzeit verbunden gewesen sei.
223 Mit *Schmithals* II 615; *Schweizer* 163; *Patsch*, Abendmahl 88f, 103; *Ro-
    loff*, Neues Testament 213; *Ruckstuhl*, Abendmahlsworte 87; *Stuhlma-
    cher*, Herrenmahl 34; vgl. *Jeremias*, Abendmahlsworte 100-131;
    gegen *Pesch* II 354, 369-371 und *Marshall*, Supper 35, der nur den Pls-
    Text als "liturgical formula" bezeichnet, die Evangelientexte dagegen
    als "historical narratives (or at least the kind of historical narratives)
    from which developped the liturgical formula found in Paul". Die Tat-
    sache, dass Mk mehr erzählende Verben hat als Pls (vor allem V23: Be-
    cherhandlung), scheint mir jedoch als Begründung für diese Unter-
    scheidung nicht auszureichen.
224 Diese Selbständigkeit belegt, dass die Abendmahlsüberlieferung älter
    ist als eine festgeformte kontinuierliche Passionsgeschichte (mit *Gnilka*
    II 240).
225 Vgl. unten S. 94, Anm. 331.
226 *Gnilka* II 240 (vormarkinische Redaktion); *Pesch* II 356.

redaktionell ist (bei Lk fehlt er ganz).[227] Genetivi absoluti kommen sowohl in der Tradition wie in der Redaktion vor.[228] Ein Urteil hängt ab von der Beurteilung der Konstruktion von 14,12-31.[229] Die Brotgesten, die bei Mk und Pls mit fast den gleichen Worten beschrieben sind, entsprechen genau den bei einem jüdischen Mahl üblichen.[230] εὐλογήσας verweist auf den Lobspruch, mit dem für das Brot gedankt wird. Er lautete: "Gepriesen sei Jahve, unser Gott, der König der Welt, der Brot aus der Erde hervorgehen lässt!"[231]

Das Brotwort ist im Mk-Text kurz: τοῦτό ἐστιν τὸ σῶμά μου. Lk und Pls fügen dem bei: τὸ ὑπὲρ ὑμῶν (Lk: + διδόμενον). Der Grundbestand ist in allen vier Texten der gleiche.[232] Es ist zu fragen, ob die ὑπέρ-Formel zur ältesten Tradition gehörte und in der markinischen Überlieferung bewusst weggelassen worden ist, oder ob sie bei Pls/Lk sekundär ist. Das kurze Brotwort bei Mk ist schwer verständlich und bedarf einer Erklärung. Man kann die ὑπέρ-Formel als eine solche nachträgliche Erläuterung verstehen.[233] Dieser Vorgang ist einleuchtender als die umgekehrte Vorstellung, dass Mk die erklärende Formel gestrichen hat.[234] Damit würde der Mk-Text ältere Tradition wiedergeben als der literarisch ältere Pls-Text. Dieses Ergebnis wird durch den Hinweis bestätigt, dass bei Mk die Stellung des μου in τοῦτό ἐστιν τὸ σῶμά μου ein Semitismus ist, während die Wortstellung in 1.Kor 11 τοῦτό μού ἐστιν τὸ σῶμα nur im Griechischen möglich ist.[235] Als hebräisches oder aramäisches[236] Äquivalent von σῶμα bieten sich zwei Möglichkeiten an,

---

227 *Dormeyer*, Passion 101; *Schenk*, Passionsbericht 190; *Schenke*, Studien 288f.
228 Ein Beispiel für beides ist Mk 14,3.
229 Vgl. unten S. 93-95.
230 *Jeremias*, Abendmahlsworte 166-169; Str-B IV.1 70 (für das Passamahl); IV.2 621 (für ein Freundesmahl).
231 Str-B IV.2 621; vgl. IV.1 70. Pls und Lk haben hier εὐχαριστέω, das möglicherweise in einem spezifisch christlichen Sprachgebrauch "das Tischgebet sprechen" bedeutet (*Jeremias*, Abendmahlsworte 167). Mk gebraucht dieses Wort für die Kelchhandlung (14,23). Es ist also hier nicht an eine Segenshandlung oder Konsekration gedacht.
232 Abgesehen vor der anderen Stellung des μού bei Pls.
233 Zugleich wäre es aber auch eine Parallelisierung zum Kelchwort.
234 Mit *Gnilka* II 241; *Lohmeyer* 305; *Pesch* II 374; *Schmithals* II 615; *Schweizer* 164; *Jeremias*, Abendmahlsworte 161; *Mohr*, Markus- und Johannespassion 189f;
    gegen *Ruckstuhl*, Überlegungen 100f; *Schenke*, Studien 323; *Marshall*, Supper 50f, der jedoch Brot- und Kelchwort als Einheit sieht und gemeinsam behandelt. Er kommt zum vorsichtigen Schluss: "On balance I am inclined to favour the greater originality of Lucan/Pauline wording" (51).
235 *Jeremias*, Abendmahlsworte 170;
    gegen *Hofius*, σῶμα 87; *Ruckstuhl*, Überlegungen 100.
236 Zur Frage der Ursprache siehe *Jeremias*, Abendmahlsworte 189-191.

גּוּף (Körper, Leib) oder בָּשָׂר (Fleisch). Meist wird das erste vorgezogen.[237] Für die Auslegung des Mk-Textes ist m.E. jedoch in erster Linie vom aktuellen, d.h. griechischen Text auszugehen und nicht von einer hypothetischen Rekonstruktion eines semitischen Wortlauts.[238]

Im Gegensatz zu Pls/Lk steht bei Mk vor dem Deutewort die Aufforderung λάβετε.[239] Das wird etwa so verstanden, als ob Jesus selbst nicht mitgegessen hätte.[240] So viel sagt dieses eine Wort m.E. jedoch nicht aus.[241] Es könnte auch liturgischen Ursprungs sein.[242]

Analog zur Brothandlung ist die Becherhandlung beschrieben. Ihre einzelnen Gesten sind wiederum die bei einem jüdischen Mahl üblichen. Sie folgen jeweils unmittelbar auf das Tischdankgebet am Ende des Mahls. Dieser Becher hat den Namen כּוֹס שֶׁל בְּרָכָה = τὸ ποτήριον τῆς εὐλογίας (1.Kor 10,16).[243] Für das Dankgebet ist hier εὐχαριστέω gewählt. Zur Zeit Jesu bestand es aus vermutlich zwei Benediktionen. Die erste preist Gott, der die ganze Welt ernährt, und die zweite dankt für das Land Israel, den Beschneidungsbund und die Tora.[244] Etwas unerwartet steht in diesem Vers die Bemerkung, dass alle aus diesem Becher getrunken haben: Sie steht vor dem Deutewort. Man würde sie erst nachher erwarten.[245] Es kann erwogen werden, ob diese Bemerkung sich gegen solche richtet, die aus Sparsamkeit oder asketischen Gründen keinen Wein trinken wollten.[246] Doch bleiben solche Überlegungen rein hypothetisch.

Pls/Lk berichten keine ausführlichen Becherhandlungen. Sie umschreiben sie mit ὡσαύτως fügen aber noch die Notiz bei, dass das nach dem Essen war. Die Frage nach der traditionsgeschichtlich älteren Form ist schwer zu

---

237 *Schweizer* 165; *Marshall,* Supper 86;
   gegen *Jeremias,* Abendmahlsworte 193.
238 Zudem können beide mit dem Suffix der ersten Person den Sprecher
   bezeichnen (*Pesch* II 357). So hängt die Auslegung des Deutewortes
   nicht an der richtigen Entscheidung zwischen diesen beiden Vokabeln.
239 Bei Mt ist sie noch durch φάγετε ergänzt (26,26).
240 *Pesch* II 357, 374; *Jeremias,* Abendmahlsworte 211.
241 Obwohl auch Lk 22,17 so verstanden werden kann, allerdings auf den
   Kelch bezogen (*Jeremias,* Abendmahlsworte 200f).
242 *Marshall,* Supper 44, erwägt diese Möglichkeit, ohne sich dafür zu entscheiden. *Jeremias,* Abendmahlsworte 159, schliesst sie aus.
243 *Pesch* II 357; *Jeremias,* Abendmahlsworte 81, Anm. 8; Str-B IV.1 72 (Passamahl), IV.2 628 (Freundesmahl);
   gegen *Cohn-Sherbok,* Jewish Note 708.
244 Str-B IV.1 72; vgl. IV.2 628, 631.
245 Mt hat ausgeglichen, indem er die Aussage in eine Aufforderung umgewandelt hat.
246 *Schweizer* 166; gegen *Gnilka* II 245. Zur Frage einer communio sub una
   bei den ersten Christen vgl. *Pesch* II 375f; *Jeremias,* Abendmahlsworte
   108.

entscheiden.[247] Es kann erwogen werden, ob das paulinische ὡσαύτως eine bewusste Zusammenfassung anstelle der ausführlichen Schilderung sei.

Umstritten und im Moment wohl kaum endgültig zu beantworten ist die Frage, ob normalerweise ein gemeinsamer Becher oder Einzelkelche benützt wurden.[248] So muss es offen bleiben, ob Jesus, indem er einen Becher herumreichen liess, einfach dem allgemeinen Brauch folgte oder bewusst davon abwich.

Die Analyse des Becherworts ist schwieriger als die des Brotworts, weil der Unterschied zur paulinischen Formulierung grösser ist und dort keine ὑπέρ-Formel gebraucht wird. In beiden Überlieferungen spricht das Kelchwort vom Bund[249] und vom Blut, aber in anderer Zuordnung und Reihenfolge. Bei Mk heisst es: τοῦτό ἐστιν τὸ αἷμά μου τῆς διαθήκης τὸ ἐκχυννόμενον ὑπὲρ πολλῶν. Das ist eine sprachlich harte Konstruktion: αἷμα hat zwei Genetivattribute. Es ist daher vermutet worden, dass das zweite Genetiv sekundär sei und es ursprünglich nur geheissen habe: τοῦτό ἐστιν τὸ αἷμά μου τὸ ...[250] In diesem Fall wäre der Bundesgedanke in der markinischen Tradition sekundär. Eine andere Möglichkeit ist, die harte Konstruktion als Umformung der (älteren) paulinischen Fassung zu erklären.[251]

Bei Pls heisst es demgegenüber: τοῦτο τὸ ποτήριον ἡ καινὴ διαθήκη ἐστὶν ἐν τῷ ἐμῷ αἵματι. Hier wird vor allem das Wort καινή verdächtigt, ein sedundäres Element zu sein, weil es auf Jer 31,31 anspiele und in gräzisierender Wortstellung stehe.[252] τοῦτο könnte um τὸ ποτήριον erweitert sein.[253] Dass in beiden Texten Bund und Blut miteinander verbunden sind, lässt auf eine Abhängigkeit schliessen. Das führt zur Frage, welche der beiden Formulierungen ursprünglicher ist. Für ein höheres Alter des Mk-Textes spricht eigentlich nur, dass die harte Konstruktion mit zwei Genetivattributen auf eine semitische Formulierung zurückgeführt werden kann.[254]

Für die Ursprünglichkeit des paulinischen Textes sprechen dagegen:
- Brot- und Kelchwort sind (noch) nicht parallel formuliert. Bestünde eine ursprüngliche Parallelität, so wäre anstelle von σῶμα auch σάρξ zu erwarten gewesen, das sonst mit αἷμα zusammensteht.[255]

---

247 Vgl. dazu *Marshall*, Supper 42f.
248 Vgl. Str-B IV.1 58-61; *Jeremias*, Abendmahlsworte 63f; *Marshall*, Supper 63.
249 Das Thema des Bundes wurde beim jüdischen Mahl in den Benediktionen zum dritten Becher erwähnt (Str-B IV.2 631).
250 Z.B. *Higgins*, Lord's Supper 33f; *Mohr*, Markus- und Johannespassion 196.
251 *Gnilka* II 242.
252 *Pesch* II 374f; *Jeremias*, Abendmahlsworte 180.
253 *Pesch* II 374; *Gottlieb*, AIMA 118; *Jeremias*, Abendmahlsworte 180.
254 *Jeremias*, Abendmahlsworte 187.
255 Mit *Cranfield* 426f; *Schweizer* 164;
    gegen *Pesch* II 370, 374; *Jeremias*, Abendmahlsworte 180.

- Da der Blutgenuss im Judentum streng verboten war (Gen 9,4; Lev 17,10) ist es wahrscheinlich, dass die Formulierung der Mk-Tradition erst sekundär, in nicht mehr rein jüdischer Umgebung entstanden ist.[256]
- Der Begriff des Bundesblutes (τὸ αἷμά μου τῆς διαθήκης) ist eine Anspielung auf Ex 24,8: Bei der Bundesschliessung am Sinai besprengte Mose das Volk mit Blut und bezeichnete dieses als Bundesblut (דַם־הַבְּרִית = τὸ αἷμα τῆς διαθήκης). Dieser Bezug auf das AT könnte der nachträglichen Reflexion entstammen.

Diese Gründe führen zum Schluss, dass ein Übergang von der Pls- zur Mk-Form wahrscheinlicher ist als die umgekehrte Entwicklung. Die Mk-Formulierung ist sekundär.[257] Dieser Vorgang lässt sich verstehen als Parallelisierung zum Brotwort und Anspielung auf das AT.

Dann wird aber auch das Bundesmotiv von Anfang an zur Mk-Form gehört haben und nicht erst nachträglich eingefügt worden sein. Denn es ist schwer vorstellbar, dass dieses im Pls-Text zentrale Motiv bei der Umformung einfach weggelassen und erst später wieder zugefügt worden wäre.[258]

Nach der obigen Analyse hat die ὑπέρ-Formel weder zum ursprünglichen Brot- noch Kelchwort gehört. Sie wird daher nachträglich eingefügt worden sein,[259] und ist wohl als bewusste Anspielung auf Jes 53,11f zu verstehen.[260] Falls die Hypothese des Schriftbezugs stimmt, wird die For-

---

256 Z.B. *Schweizer* 164.
257 Mit *Cranfield* 427; *Gnilka* II 242; *Schweizer* 164; *Marshall,* Supper 51; *Schenk,* Passionsbericht 190f; *Schenke,* Studien, 314, 317 (*Marshall, Schenk* und *Schenke* halten je die ganze Pls-Version der Abendmahlsworte für ursprünglicher);
    gegen *Lohmeyer* 306; *Schmithals* II 615; *Pesch* II 374f; *Taylor* 546; *Higgins,* Lord's Supper 34; *Jeremias,* Abendmahlsworte 178, 181, 183; *Mohr,* Markus- und Johannespassion 199f; *Patsch,* Abendmahl 87; *Stuhlmacher,* Herrenmahl 15 (*Higgins* klammert die Erwähnung des Bundes von seinem Urteil aus; *Schmithals* und *Jeremias* halten die Mk-Form der Abendmahlsworte insgesamt für älter).
    Anders *Roloff,* Neues Testament 225, der als älteste Form des Kelchworts vorschlägt: "Dieser Kelch ist mein Blut für viele"; *Ruckstuhl,* Überlegungen 104: "τοῦτο τὸ ποτήριον τὸ αἷμά μου τῆς διαθήκης (ἐστίν)"; *Merklein,* Erwägungen 98: "τοῦτο τὸ ποτήριον ἡ καινὴ διαθήκη ἐν τῷ αἷματί μου." *Casey,* Form 7-12 versucht eine aramäische Urform des Kelchworts zu konstruieren und geht dabei von Mk 14,24 aus.
258 Mit *Gnilka* II 242; *Schweizer* 164.
259 Mit *Gnilka* II 241;
    gegen *Pesch* II 375; *Jeremias,* Abendmahlsworte 188f (vorsichtig); *Klauck,* Herrenmahl 308f.
260 Mit *Gnilka* II 245f; *Pesch* II 360; *Taylor* 546; *Higgins,* Lord's Supper 32; *Marshall,* Supper 89; *Schenke,* Studien 323f; *Roloff,* Neues Testament 219;
    gegen *Nineham* 386.

mel zuerst ὑπὲρ πολλῶν gelautet haben und dann im liturgischen Gebrauch zu ὑπὲρ ὑμῶν abgewandelt worden sein.[261] ὑπὲρ πολλῶν kann zudem als Semitismus verstanden werden, bei dem "viele" inkludierende Bedeutung im Sinn von "alle" hat.[262]

Nach den Abendmahlsworten folgt in V25 ein Ausblick auf ein neues Mahl im Reich Gottes.[263] Formal handelt es sich um ein Amen-Wort, das mit einem bekräftigenden ἀμὴν λέγω ὑμῖν beginnt.[264] Dieser Vers spricht nicht mehr von den Abendmahlshandlungen und den Deuteworten Jesu. Es stellt sich daher die Frage, ob er von Anfang an zur Abendmahlstradition gehört hat oder ob er erst nachträglich mit ihr verbunden worden ist. Ein selbständiges Logion ist er wohl nie gewesen, da er eine Mahlsituation voraussetzt. Er könnte jedoch redaktionelle Bildung oder Überrest einer verdrängten Passamahltradition sein[265] oder zu einem alten, teilweise noch erhaltenen Mahlbericht gehören.[266]

Bemerkenswert ist jedoch, dass auch bei Pls an der gleichen Stelle ein ganz anders formulierter Ausblick auf das Kommen des Herrn (verbunden mit der Erklärung, dass bei der Mahlfeier sein Tod verkündet werde) steht. Bei Lk steht *vor* dem Mahlbericht ein viel längerer, aber vergleichbarer Text, in dem die Mk-Worte fast wörtlich enthalten sind. Die Abendmahlsüberlieferung scheint daher schon sehr früh mit einem Ausblick auf ein eschatologisches Mahl verbunden gewesen zu sein.[267] Der Wortlaut ist bei Mk stark von semitischen Ausdrücken geprägt und kann deshalb als alte Tradition angesprochen werden.[268]

---

261 Mit *Gnilka* II 242; *Jeremias*, Abendmahlsworte 165;
gegen *Hofius*, σῶμα 87f.

262 Im Hebräischen fehlt ein Wort für "alle" ohne folgendes Nomen (*Jeremias*, Abendmahlsworte 171-174).

263 Zur Erwartung eines Vollendungsmahls im Reich Gottes vgl. Mt 22,1-10 par Lk 14,16-24; Apk 19,9. Weitere Vergleichstexte bei *Taylor* 547.

264 Diese Formel ist nach *Jeremias*, Abendmahlsworte 194, ein "Kennzeichen der Redeweise Jesu"; vgl. oben zu Mk 14,9 S. 37.

265 *Schmithals* II 624f und *Schenke*, Studien 292, 305f zählen V25 nicht zum Mahlbericht; jedoch lasse sich die Frage nach seinem traditionsgeschichtlichen Ursprung nicht entscheiden.

266 - Nach *Dormeyer*, Passion 108 gehörte V25 zusammen mit V23.24a zum ersten, durch den "sekundären Redaktor" geschaffenen Mahlbericht.
- *Schenk*, Passionsbericht 191, zählt V25 mit V23b zusammen zu einem alten Mahlbericht.

267 Mit *Mohr*, Markus- und Johannespassion 204.

268 *Jeremias*, Abendmahlsworte 155-157; *Mohr*, Markus- und Johannespassion 204 (eventuell ohne den ὅταν-Satz: *Gnilka* II 243).

2.6.2 Interpretation

Zugrundegelegt wird die Perikope so, wie sie im Mk-Evangelium überliefert ist. Sie soll als Teil des Mk-Evangeliums verstanden werden. So wird auch dort, wo der Mk-Text vermutlich nicht die älteste erreichbare Form des Abendmahlsberichts bietet, sein Wortlaut ausgelegt. Denn dabei liegt im Gegensatz zu allen stets hypothetischen Vorstufen ein konkreter Text vor. Die oben gemachte Analyse wird trotzdem die Interpretation beeinflussen, z.B. dadurch, dass sie hilft, Schwerpunkte zu finden.

Nach dem Bericht des Mk spielt sich das letzte Mahl im Rahmen eines Passamahls ab.[269] Bei diesem Festmahl wird die Erinnerung an den Auszug aus Ägypten, die Befreiung aus der Sklaverei wachgehalten. Voll Freude denkt man an den Anfangspunkt der Geschichte Gottes mit dem ganzen Volk Israel zurück. Die Einsetzungsworte des Abendmahls stehen im Zusammenhang dieses Erinnerungsfestes. Es wird daher nach dem Bezug zum Passamahl gefragt werden müssen.

Die Auslegung des Mk-Textes wird ferner zu beachten haben, dass der Text im Rahmen der Passionsgeschichte steht. Jesus erscheint daher von Anfang an als der Leidende und in den Tod Gehende.

V22 Soweit die Beschreibung der Brotgesten reicht, bleibt alles im Rahmen des jüdischen Passafestes. Jesus handelt als Gastgeber und als Haupt der Tischgesellschaft. Durch das Deutewort zum Brot kommt nun etwas Neues dazu, das nicht mehr zum Passafest gehört. Es ereignet sich innerhalb des Altbekannten, geht aber darüber hinaus. Zur alten Befreiungstat Gottes kommt ein Neues dazu.

Jesus bezeichnet das Brot als seinen Leib. Das unter die Jünger verteilte Brot wird auf seinen Leib gedeutet. Im Griechischen des NT[270] ist beim Wort σῶμα (Leib) der Blick nicht bloss auf das Materielle, sondern umfassender auf die ganze Person gerichtet: Der Körper ist als Sitz des Lebens verstanden.[271] Jesus vergleicht sich mit dem Brot des letzten Mahles: "Das bin ich." Er beschenkt die Jünger mit sich selbst. So wie er den Jüngern das Brot gegeben und sie zum Nehmen aufgefordert hat, so gibt er ihnen sich selbst. Die Jünger bekommen in Jesus eine Gabe, die zum Leben so notwendig ist wie das Brot.

Das Zeichen des Brotes fasst all das zusammen, was Jesus seinen Jüngern bedeutete. Nach dem Mk-Evangelium hatte Gott durch Jesus unter den Jüngern gewirkt durch Heilungen, Sündenvergebung und Lehre. Vor allem

---

269 Auch wenn das Mahl in Wirklichkeit einen Tag früher stattfand, wie ich annehme (vgl. oben S. 62f), steht es trotzdem unter dem Eindruck des unmittelbar bevorstehenden Passafests (mit *Schweizer* 161).

270 Die Frage des hebräischen oder aramäischen Äquivalents bleibt hier ausser Betracht, weil es sich um eine Auslegung des Mk-Texts handelt.

271 *Gnilka* II 244; *Pesch* II 357; *Schweizer* 165f; *Bauer-Aland* 1594.

schenkte Jesus ihnen seine Nähe und dadurch wurden sogar Ausgestossene wieder in die Gemeinschaft mit Gott aufgenommen. Durch Jesus wurde Gottes Liebe zu den Menschen erfahrbar. Sie wurde in besonderer Weise erlebbar in der Tischgemeinschaft Jesu mit Zöllnern und Sündern.

Das Brot als Zeichen sagt aus, dass sich Jesus den Jüngern ganz gibt.[272] Im Zusammenhang der Passionsgeschichte ist darin enthalten, was Jesus den Jüngern bis dahin bedeutet hat. Dann ist aber auch vorausgeblickt auf seinen Tod, der verstanden wird als Abschluss und Vollendung dieses Handelns Jesu: Wie sein Leben kommt auch sein Sterben seinen Jüngern zugut. Zur Art und Weise, wie das geschieht, ist beim Brotwort nichts gesagt. Das ergibt sich jedoch, wie oben angedeutet, aus dem Gesamtzusammenhang des Evangeliums.

Wenn die Gemeinde beim Mahl des Herrn das Brot bricht und dazu die "Einsetzungsworte" liest, dann gebraucht sie das Zeichen, das Jesus bei seinem letzten Mahl den Jüngern gegeben hat. Anhand dieses Zeichens erinnert sie sich an Jesu Leben und Sterben, die ihr zugute kommen. Dabei erlebt sie die Gemeinschaft mit dem Herrn.

Bis zur Passion war die Gemeinschaft mit Jesus (und dadurch auch mit Gott) an seine sichtbare, leibliche Gegenwart gebunden. Das war konkret und bedurfte keines Zeichens. Aber es war auch begrenzt auf die Aufenthaltsorte Jesu. In der Mahlfeier erlebt die Gemeinde die Gemeinschaft mit dem Herrn auf eine neue Weise. Sie ist nun erfahrbar im gemeinsamen Essen und Trinken am Tisch des Herrn. Die Begrenzung auf die Orte der Gegenwart des irdischen Jesus entfällt. Die Gemeinschaft mit dem Herrn ist dadurch umfassender geworden.

Durch die Mahlfeier ist der Gemeinde ein Gegenwartsbezug gegeben. Sie wiederholt ja nicht einfach das letzte Mahl Jesu. Dann würde einfach dargestellt, was Jesus den Jüngern bedeutet hat. Das Herrenmahl geht beträchtlich darüber hinaus: Sein Zentrum ist, dass Leben und Sterben Jesu seiner Gemeinde zugute kommen. An die Stelle des Jüngerkreises ist die (weltweite) Gemeinde getreten. Anstelle des irdischen Jesus ist der Erhöhte der Gastgeber. Geblieben ist das Brot als Zeichen und die dazugehörenden Worte. Dadurch wird auf das Leben und Sterben Jesu zurückgewiesen. Das Zeichen ist das gleiche wie beim letzten Mahl Jesu; durch die gleichen erklärenden Worte bleibt auch seine Bedeutung die gleiche, allerdings nach Tod und Auferstehung umfassender verstehbar.

Wenn die Gemeinde die Bedeutung Jesu darstellen will, greift sie zurück auf das Zeichen, das Jesus in der Vergangenheit den Jüngern gegeben hat. Soll dieses Zeichen erklärt werden, dann wird von dem vergangenen Leben und Sterben Jesu zu sprechen sein. Brot und Wein erinnern an das Werk,

---

272 *Schmithals* II 616 betont zu Recht, dass die Deuteworte nicht von Substanzen, sondern von einem Geschehen sprechen.

das Jesus ein für allemal getan hat. Der Glaube bedarf demnach des Vergangenen, um sich artikulieren zu können. In der Geschichte Jesu findet er seinen Inhalt und seine gegenwärtige Bedeutung. In der Vergangenheit findet er einen Halt, der ihn davor bewahrt, zu einer blossen Einbildung zu werden. Durch diesen Geschichtsbezug stärkt der erhöhte Herr an seinem Tisch seine Gemeinde.

Im Abendmahl wird aber die Bedeutung Jesu nicht nur dargestellt, sondern sie wird darüber hinaus erlebbar in der Gemeinschaft, die am Tisch des Herrn entsteht.[273] Die gegenwärtigen "Zöllner und Sünder" erleben darin ihr Angenommensein bei Gott. Die Erkennbarkeit und Erlebbarkeit der Liebe Gottes kann hier nicht getrennt werden vom Verweis auf den irdischen Jesus.

V23 In diesem Vers werden die Becherhandlungen geschildert, die weitgehend dem jüdischen Brauch entsprechen. Bemerkenswert ist, dass bei Mk das Trinken sogar vor dem Deutewort kommt. Das zeigt, dass das Kelchwort nicht die Bedeutung einer Konsekration oder Weihung des Weins haben kann.[274]

V24 Jesus bezeichnet den Becher oder dessen Inhalt als sein Bundesblut. In Ex 24,8 ist das Bundesblut ein Zeichen zur Bekräftigung des Bundes, den Gott mit dem Volk Israel geschlossen hat. Der Herr bestätigt damit seine Zusage und seine Gebote. Das Volk zeigt mit diesem Zeichen seine Entschlossenheit, die Ordnungen Gottes zu halten. Beide Bundespartner verpflichten sich zur Bundestreue.[275] Als Bundesblut wurde ferner auch das Blut der Beschneidung bezeichnet.[276]

Jesus spricht hier von *seinem* Bundesblut. Das bedeutet, dass das Bundesblut aus Ex 24 ersetzt wird.[277] Mit anderen Worten ist damit ausgesagt, dass ein neuer[278] Bund geschlossen wird. Es ist nun zu überlegen, in welchem Sinn das Bundesblut Jesu und damit der Bund als neu verstanden wird. Die am Ende des Verses genannten "Vielen" sind als die neuen Bundespartner Gottes zu betrachten. Das Wesen des Bundes könnte neu darin gesehen werden, dass Jesu Blut für andere vergossen wird (τὸ ἐκχυννόμενον ...). Dieser Ausdruck bezeichnet seinen Tod. Jesus gibt sein Leben hin zugunsten von vielen. Beim Kelchwort ist dabei wohl in erster Linie an die Sühnewir-

---

273 Dass in unseren Abendmahlsfeiern oft sehr wenig erlebbar wird, widerlegt diesen Satz nicht, sondern stellt vielmehr unsere Art, das Mahl des Herrn zu feiern, in Frage.

274 Mit *Schweizer* 166.

275 *Gnilka* II 245; *Pesch* II 358f; *Schweizer*, 166.

276 Belege bei *Jeremias*, Abendmahlsworte 217; vgl. Sach 9,11.

277 Mit *Marshall*, Supper 92.

278 Vgl. ἡ καινὴ διαθήκη im paulinischen Abendmahlstext, mit *Pesch* II 358.

kung des Blutes zur Vergebung von Schuld und zur Reinigung zu denken: Dem Bundesblut aus Ex 24,8 wurde zur Zeit Jesu erlösende Wirkung zugeschrieben.[279] Blut und Sühne können überhaupt nicht voneinander getrennt werden. So wird das Verbot des Blutgenusses unter anderem damit begründet, dass das Blut zur Sühne gegeben sei.[280] Das Kelchwort versteht daher Jesu Tod als zur Vergebung der Schuld geschehen.[281] Neu ist der Bund also insofern, als er auf der durch Jesu Tod möglich gewordenen Versöhnung beruht.

Das Zeichen, das Jesus seinen Jüngern gibt (der Kelch oder der Wein darin) weist auf den Bund und seinen Inhalt. Das Blut Jesu ist zugleich Bestätigung und Inhalt des Bundes. Bestätigung ist es, weil es wie das alttestamentliche Bundesblut den Bund in Kraft setzt. Gott selbst verpflichtet sich damit. Inhalt ist es, weil der Bund darin besteht, dass Jesu Blut für viele vergossen worden ist.

Als "neu" (vgl. Jer 31,31-34) ist dieser Bund zu bezeichnen, weil er Charakteristiken hat, die sich von denen von Ex 24 unterscheiden: Die "Vielen" sind ein grösserer Kreis von Bundespartnern und diese werden nicht zuerst nach ihrer Bereitschaft gefragt, alle Bundessatzungen zu halten (vgl. Ex 24,3). Viel deutlicher wird jetzt, dass Gott seinen Bund aus Gnade anbietet. Die Gültigkeit dieses Angebots hängt nicht ab von der Selbstverpflichtung der "Vielen". Gottes Gnade ist bedingungslos.

Das Kelchwort ist die einzige Stelle innerhalb der Passionsgeschichte, die explizit von der Sühnebedeutung des Todes Jesu spricht. Das Thema der Sühne kommt darin an pointierter Stelle zur Sprache. Dieser Vers beleuchtet die ganze weitere Passionsgeschichte und antwortet so auf die Frage, warum Jesus diesen schändlichen Tod sterben musste.[282] Obwohl nur einmal erwähnt, ist das Thema der Versöhnung doch von wichtiger Bedeutung innerhalb der Passionsgeschichte.[283] Die Anstössigkeit des Kreuzestodes wird dadurch nicht aufgehoben, sondern bleibt bestehen.

Vergleicht man die beiden Deuteworte miteinander, so kommt im Kelchwort vor allem die Sühnebedeutung des Todes Jesu zur Sprache; das Brotwort ist mehr auf die Gemeinschaft mit Gott, die Jesus gibt und in der das Heil wirklich wird, bezogen.

Beide Zeichen sind den Jüngern gegeben. Sie sind Jesu Gäste im Obergemach und essen und trinken mit ihm. Durch die Abendmahlshandlungen und -worte wird ihnen verdeutlicht, was Jesus für sie bedeutet. Die Gültigkeit

---

279 *Gnilka* II 245; *Pesch* II 359. Das gilt auch für das ebenfalls als "Bundesblut" bezeichnete Blut der Beschneidung (vgl. oben Anm. 276).
280 Lev 17,10f.
281 Mit *Gnilka* II 245; *Lohmeyer* 308; *Pesch* II 358f; *Stuhlmacher*, Herrenmahl 12.
282 *Hengel*, Atonement 42; *Hengel*, Probleme 230.
283 Vgl. ferner zu 15,15; 15,38; 16,7.

der Deuteworte ist nicht auf diese einmalige Situation begrenzt, sondern sie trifft für Jesu Jünger allgemein zu. Es ist daher klar, dass diese Zeichen wiederholbar sind, auch ohne dass das im Mk-Text ausdrücklich befohlen ist. Gerade nach Tod und Auferstehung Jesu wurde ihre Aussagekraft gross und es ist leicht verständlich, dass sie im Herrenmahl wiederholt wurden.

Der Text ist jedoch so gestaltet, dass die Mahlfeier der Kirche nicht einfach zur Repetition des letzten Mahls Jesu wird. Der Gegenwartsbezug ist anders zu beschreiben. Vor allem das Stichwort "für viele" verhindert den reinen Repetitionsgedanken. Dieser müsste ja davon ausgehen, dass im kleinen Kreis etwas zelebriert würde, das "für viele" Bedeutung hätte. Bei der Mahlfeier der Kirche sind "die vielen" jedoch anwesend. Überall, wo das Mahl gehalten wird, ist ein Teil von ihnen vertreten. Sie sind nicht Zaungäste sondern Teilnehmer.[284] Die Mahlfeier der Kirche vollzieht damit, was Jesus beim letzten Mahl angesagt hat. Der Mk-Text ermöglicht daher eine klare geschichtliche Unterscheidung zwischen dem Abschiedsmahl Jesu und der Abendmahlsfeier der Kirche.[285]

Während das letzte Mahl Jesu den Tod ankündigt und deutet, feiert die Kirche im Mahl des Herrn den Tod Jesu. Der Blick auf den Tod Jesu ist damit anders. Die Kommunizierenden erinnern sich an jenes einmalige Geschehen. Darin wird nochmals deutlich, dass die Kirche in ihrer Feier nicht einfach das letzte Mahl Jesu wiederholt. Denn nachdem das Angekündigte eingetroffen ist, ist es sinnlos, die Ankündigung zu repetieren. Die Kirche geht bei der Mahlfeier über das hinaus, was beim letzten Mahl gesagt werden konnte: Der Tod Jesu ist ihr Grund zum Feiern geworden. Er ist nicht überholt und vergessen, sondern bleibt bedeutungsvoll als Ort, wo der Glaube seinen Inhalt findet. Deshalb wird mit Dankbarkeit und Freude daran gedacht. Deshalb gibt es eine Passionsgeschichte.

Das letzte Mahl Jesu ist im Rahmen einer Passamahlfeier erzählt. Die Feier des neuen Bundes ist damit in Zusammenhang gestellt mit derjenigen des alten Bundes. Der neue Bund ist daher nicht als etwas schlechthin Neues, sondern als Fortsetzung des im AT bezeugten Handelns Gottes dargestellt. Dadurch wird das "Neue" erst verstehbar. Andererseits ergeben sich daraus gewisse Anforderungen an das neue Reden von Gott: Es muss als Fortsetzung und Erfüllung des bereits Bekannten dargestellt und verstanden werden können. Damit bleibt das AT als Dokument des alten Bundes für die christliche Gemeinde bedeutungsvoll. Denn es bereitet das Verständnis des neuen Bundes vor und ermöglicht ein vertieftes Begreifen.

---

284 Der Wechsel zur Formulierung "für euch" ist ein logischer Schritt davon.
285 Das schliesst das obige Urteil, dass die Abendmahlsfeier den Text beeinflusst habe (S. 73f), nicht aus. Ohne eine solche Beeinflussung wäre im Gegenteil die Postulierung eines sachlichen Zusammenhangs zwischen dem letzten Mahl Jesu und dem Mahl der Kirche schwierig. Beeinflussung braucht nicht Identifizierung von beidem zu bedeuten.

Christliches Reden von Gott hat sich daher auch vor den Aussagen des AT zu verantworten.

Im Blick auf Israel kommt in dieser Darstellung sowohl Gemeinsames wie Trennendes zur Sprache. Die Feier des Abendmahls verbindet die Christen mit Israel und lässt gleichzeitig auch die Trennung deutlich werden. Die Verbindung besteht darin, dass die christliche Gemeinde bei der Feier des neuen Bundes auch des alten gedenkt, während die Trennung sich darin zeigt, dass sich Juden nicht am christlichen Abendmahl beteiligen, solange sie in Jesus nicht den Messias erkennen können.[286]

V25 Nach dem Kelchwort sagt Jesus in sehr betonten Worten,[287] dass er keinen Wein mehr trinken werde, bis er ihn wieder von neuem trinke im Reich Gottes. Zwei Verständnisse sind zunächst möglich: Jesus wolle nicht mehr trinken oder er habe wegen seines bald erfolgenden Todes gar keine Möglichkeit mehr dazu. Will man den Text als Teil der Passionsgeschichte begreifen, legt sich das zweite Verständnis nahe: An manchen Stellen wird berichtet, dass Jesus seinen Tod in nächster Nähe erwartete.[288] Analog dazu ist auch V25 zunächst als Todesankündigung zu verstehen:[289] Jesus wird keinen Wein mehr trinken, weil er dazu keine Gelegenheit mehr hat, da seine Verhaftung und Hinrichtung unmittelbar bevorstehen. Erst jetzt wird deutlich ausgesprochen, dass es sich um ein Abschiedsmahl handelt, das letzte Mahl, das Jesus mit seinen Jüngern hält.

Die Aussage geht jedoch weit über eine Todesankündigung hinaus. Dieser ist die Erwartung eines himmlischen Festmahls gegenübergestellt, an dem auch Jesus teilnimmt.[290] Der Gedanke an seinen Tod ist damit nicht Anlass der Hoffnungslosigkeit, sondern der Erwartung des endgültigen Heils.[291]

---

286 Es wäre von daher kritisch zu fragen, ob der Ausdruck Barths "Gemeinschaft mit Israel", die er als "wesentlich für das Mahl" bezeichnet (*M. Barth*, Mahl des Herrn 258), den Sachverhalt wirklich treffen kann. Denn in dieser Beschreibung des Verhältnisses zu Israel kommt nur das Gemeinsame, nicht aber das Trennende zur Sprache. Gerade die Feier des Abendmahls trennt auch von Israel, das immer noch einmal jährlich das Passa feiert.

287 οὐκέτι οὐ μή.

288 Mk 14,8.18.21.42.

289 Damit schliesst er sich eng an das im Kelchwort angeklungene Thema des Todes Jesu an.

290 Vgl. diese beiden Blickrichtungen in 1.Kor 11,26.

291 Die Juden erwarteten in der Nacht des Passafests, in der nach Mk das letzte Mahl Jesu stattfand. die Rückkehr Elias oder die Ankunft des Messias (*Higgins*, Lord's Supper; *Jeremias*. Abendmahlsworte 197-199; *Marshall*, Supper 77-79).

Die genaue Rolle Jesu bei diesem künftigen Mahl ist nicht beschrieben, nur seine Anwesenheit ist betont, angesichts seines bevorstehenden Todes. Man kann vermuten, dass er wie beim beschriebenen Mahl wieder der Gastgeber sein werde.

Dieser eschatologische Ausblick verbindet für den Leser des Evangeliums Vergangenheit und Zukunft. Der Vergangenheit des letzten Mahles Jesu und seines Todes wird die Zukunft eines eschatologischen Freudenmahls gegenübergestellt. Dadurch erhält die Vergangenheit ihre Bedeutung. Von der angesagten Zukunft aus fällt ein Licht auf das Abschiedsmahl Jesu. Dieses erscheint nun als Vorausblick auf eine kommende, festliche Tischgemeinschaft. Der Tod Jesu wird erkennbar als Schritt auf dem Weg zu einem Ziel; er kann nicht einfach als Endpunkt verstanden werden.

Die Vergangenheit ist also unabgeschlossen. Ihre Offenheit ermöglicht die Abendmahlsfeier der Kirche, die auf die unabgeschlossene Vergangenheit zurückblickt und zugleich auf das Angesagte vorausschaut.[292]

Durch die Gegenüberstellung von Vergangenheit und Zukunft bekommt die letztere ihren Inhalt. Sie ist nicht als etwas radikal Neues zu denken, sondern als Vollendung dessen, was in der Vergangenheit sichtbar geworden ist: Erfüllung der Tischgemeinschaft Jesu und Erfüllung des Weges Jesu, über das Kreuz hinaus.

Versucht man in diese Überlegungen noch die Mahlfeier der Kirche einzubeziehen, dann ist die Gegenwart der feiernden Gemeinde verbunden mit Vergangenheit und Zukunft. Die Gegenwart des Glaubens ist bestimmt durch die vergangene Geschichte Jesu: Das Mahl des Herrn weist zurück auf das ganze Leben Jesu und besonders auf seinen Tod; es erinnert insbesondere an das letzte Mahl, das Jesus kurz vor seinem Tod mit seinen Jüngern feierte.

Die Gegenwart des Glaubens wird ferner durch die Zukunft beleuchtet. Die Abendmahlsfeier bekommt ihren Freudencharakter durch die Haltung des zuversichtlichen Wartens auf das Angesagte: Sie verbürgt das sichere Kommen der eschatologischen Tischgemeinschaft mit Jesus.[293] Der Glaube ist damit als Bewegung verstanden, die auf die Zukunft bezogen ist und dabei auch stets auf die Vergangenheit gewiesen bleibt.

Beim Mahl des Herrn kommt auch die Beteiligung des Subjekts an dieser Bewegung des Glaubens zur Darstellung. Gerade bei der Mahlfeier ist deutlich, dass es nicht um eine objektive, feststehende Wahrheit geht, sondern um die innere Beteiligung des Subjekts, die im Essen und Trinken zum Aus-

---

292 Gegen *Schenk*, Passionsbericht 190, der die Mahlfeier der Kirche nur im Widerspruch zu V25 sehen kann.
293 Vgl. 1.Kor 11,26; mit *Gnilka* II 246; *Schweizer* 166.

druck kommt. Durch Essen und Trinken nimmt der Glaubende teil an dem, was der Gemeinde gegeben ist. Er beteiligt sich am Mahl, das vom Herrn in der Gemeinde eingesetzt ist. Form und Inhalt sind festgelegt ohne Zutun des Glaubenden. Dieser nimmt einfach an der Feier teil und fügt sich so in die Bewegung ein, die von Jesus ausgegangen ist und auf ihre Vollendung wartet. Er lässt sich durch Festgelegtes bestimmen und bekommt so Anteil am hoffnungsvollen Blick in die Zukunft.

Die Beteiligung am Mahl stellt den Verzicht dar, den Inhalt des Glaubens aus sich selbst oder aus anderen Quellen zu schöpfen. Sie bedeutet die Aufnahme dessen, das vorgegeben ist. Das ist ein Willensschritt. Die Bedeutung Jesu bleibt dem verschlossen, der meint, den Inhalt des Glaubens anderswoher zu kennen (Zeichenforderung). Im Glauben geht es nicht um abstrakte, sondern um persönliche Wahrheit. Der Teilnehmer am Abendmahl lässt sich etwas sagen.

Vielleicht kann man sein Vorverständnis als Bereitschaft, etwas zu vernehmen, umschreiben. Dann wird er in die Glaubenshaltung, die nach hinten und nach vorne blickt, hineingenommen. Sein Glaube wird gestärkt. Der Glaube ist damit zunächst einmal Ziel des Bezugs auf die Geschichte Jesu, wie er bei der Teilnahme am Mahl stattfindet.

Es wäre daher falsch, den Glauben als notwendiges Vorverständnis zur fruchtbaren Beschäftigung mit der Geschichte Jesu zu erklären. Der Bezug auf die Geschichte lässt den Glauben vielmehr wachsen.

Anderseits ist bei der Abendmahlsperikope daran festzuhalten, dass die Bereitschaft, sich etwas sagen zu lassen, zu den Bedingungen eines sinnvollen Bezugs auf die Geschichte Jesu zählt. Nur andeutungsweise soll beigefügt werden, dass diese Bereitschaft nicht als Leistung des Menschen zu verstehen ist, sondern zum Geheimnis gehört, wie in einem Menschen der Glaube entsteht.

2.6.3 Historische Beurteilung

Zum Schluss ist noch zu fragen, ob wahrscheinlich gemacht werden kann, dass Jesus mit seinen Jüngern kurz vor seinem Tod ein Abschiedsmahl gefeiert und dabei Deuteworte zu Brot und Kelch/Wein gesprochen hat. Diese Fragestellung hat grosse theologische Bedeutung, denn eine positive Antworte würde einschliessen, dass Jesus mit seinem baldigen Tod gerechnet und vor allem, dass er selbst seinem Tod Sühnebedeutung zugeschrieben hätte.

Zweifel an der Historizität der Einsetzung des Abendmahls durch Jesus werden einerseits durch die sehr lose Verbundenheit des Mahlberichts mit der Passionsgeschichte und andererseits durch gewisse Ähnlichkeiten mit hellenistischen Kultmahlen begründet. Die Abendmahlsüberlieferung wäre dann aus der vorpaulinischen Tradition in die Passionsgeschichte gekommen.[294] Möglicherweise sei ein anderer Mahlbericht durch sie verdrängt worden.[295]

Demgegenüber ist jedoch daran festzuhalten, dass der Kern der Abendmahlstradition sehr alt ist.[296] Dafür spricht die Tatsache, dass sie neben und unabhängig von den Evangelien[297] auch in der paulinischen Briefliteratur[298] als ältere gemeindegründende Überlieferung bekannt ist. Ferner hat die obige Analyse gezeigt, dass der Mk-Text möglicherweise an einigen Punkten (Brotwort, ὑπὲρ πολλῶν) Elemente enthält, die noch älter als die Pls-Tradition sind. Für ein hohes Alter spricht auch das stark semitische Sprachkolorit des Abendmahlstextes, das auch eine Entstehung im hellenistischen Raum unwahrscheinlich macht.[299]

Aber auch die Überlieferungsterminologie in 1.Kor 11 lässt eine erst nachösterliche Entstehung oder wesentliche Umformung der Tradition vom letzten Mahl Jesu unwahrscheinlich erscheinen. Denn sie weist mindestens darauf hin, dass es sich um ein allen Christen gemeinsames Traditionsgut handelt,[300] wenn sie nicht sogar den irdischen Jesus als Anfangspunkt der Tradentenkette angibt.[301]

Ferner ist noch darauf hinzuweisen, dass eine Einbettung in die vorööster-

---

294 *Schulz*, Stunde 128f. *Gese*, Psalm 22 und das Neue Testament 19f versucht demgegenüber zur Entstehung des Herrenmahls neben der Fortsetzung der Mahlgemeinschaft der Jünger auch alttestamentliche Massstäbe beizuziehen: "Vielmehr musste ... auf die Erfahrung der Auferstehung hin notwendig die Feier der tōdā vollzogen werden ..." (20). Die tōdā ist ein Dankopfermahl, in welchem Ps 22 seinen Sitz im Leben hat. Kritisch dazu *Gnilka* II 247f.

295 *Schulz*, Stunde 128. Zu den scheinbar konkurrierenden Mahltypen "Brotbrechen" (Apg) und "Herrenmahl" (1.Kor 11) vgl. *Higgins*, Lord's Supper 56-63; *Marshall*, Supper 130-133.

296 *Jeremias*, Abendmahlsworte 195; *Patsch*, Abendmahl 89, 226; *Roloff*, Neues Testament 214. *Marshall*, Supper 32f und *Mohr*, Markus- und Johannespassion 212 verfolgen die Entstehung der Mahltexte zurück bis in die Jerusalemer Urgemeinde.

297 Falls die lukanische Abendmahlstradition unabhängig ist, ergeben sich bereits aus den Evangelien zwei verschiedene Bezeugungen. Möglicherweise ist sogar Joh 6,51c noch eine weitere (vgl. oben S. 73).

298 Dass sie hier vorkommt, ist rein zufällig: Hätte es in Korinth nicht Probleme mit der Feier des Abendmahls gegeben, wäre Pls nicht veranlasst gewesen, darüber zu schreiben.

299 *Roloff*, Neues Testament 214.

300 *Roloff*, Neues Testament 214.

301 *Cullmann*, Tradition 162-165; *Jeremias*, Abendmahlsworte 95-99, 195; *Riesner*, Lehrer 70.

liche Situation – insbesondere die Verbindung von Sühnemotiv und Reich-
gottesverkündigung – sich als möglich und sinnvoll erwiesen hat.[302]

Aus diesen Überlegungen ist im Blick auf die Abendmahlstradition der
Anspruch auf historische Glaubwürdigkeit zu bejahen.[303] Ob darüber hinaus
die ipsissima verba Jesu rekonstruiert werden können, muss allerdings fraglich bleiben.[304]

Zur Bekräftigung dieses Urteils ist weiter zu beachten, dass abgesehen
vom Abendmahlstext auch andere Stellen der Evangelien sagen, dass Jesus
seinen baldigen Tod erwartet hat.[305] Vor allem zwei Gegebenheiten erlauben die Annahme, dass Jesus mit einem gewaltsamen Tod rechnete:[306] Die
Feindschaft mit den Pharisäern, Sadduzäern und ihren Verbündeten, wie sie
sich in den Streitgesprächen und Weherufen zeigt,[307] und die Enthauptung
Johannes des Täufers liessen für Jesus sehr wohl den Schluss zu, dass ihn
ein ähnliches Schicksal erwartete.[308]

Ebenfalls abgesehen von den Abendmahlsworten erweist sich auch die
Aussage, dass Jesu Leben und Sterben zugunsten anderer erfolgt sei, in
1.Kor 15,3 als alte Tradition.[309] Erstaunlicherweise wird jedoch dieses Thema in den synoptischen Evangelien äusserst selten durch eine Formel ausgedrückt. Die ὑπέρ-Wendung kommt nur in den Abendmahlsworten von Mk
und Lk vor, bei Mt steht περί. Vergleichbar ist ferner noch das Lösegeldwort Mk 10,45 par Mt 20,28 mit seiner Wendung ἀντὶ πολλῶν. An allen diesen Stellen ist der Gedanke der Sühneleistung Jesu wichtig. So ist das
Kelchwort bei Mt durch "zur Vergebung der Sünden" präzisiert und heisst
es in der bekannten Stelle Mk 10,45 "als Lösegeld für viele". Abendmahlsworte und Lösegeldwort (welches bei Lk fehlt) sind die einzigen Stellen innerhalb der Synoptiker, die die Bedeutung Jesu auf diese Weise formelhaft
umschreiben.

---

302 *Gnilka* II 248f; *Pesch*, Abendmahl 108f; *Roloff*, Neues Testament
    217–219; *Schürmann*, Jesu ureigenes Todesverständnis 209; *Schürmann*,
    Wie hat Jesus seinen Tod bestanden und verstanden? 41–53; vgl. *Schür-*
    mann, Reich 11–18, 246–251.
303 Mit *Pesch* II 362; *Marshall*, Supper 142f.
304 *Patsch*, Abendmahl 88f; *Schürmann*, Weiterleben 82;
    gegen *Jeremias*, Abendmahlsworte 195.
305 Innerhalb der Passiongeschichte z.B. Mk 14,8.18.21.27.35f.42; ausserhalb
    davon neben den Leidensankündigungen z.B. Mk 2,20; 9,12; 10,38f.
306 Mit *Pesch* II 362; *Gnilka* II 248f; *Schürmann*, Wie hat Jesus seinen Tod
    bestanden und verstanden? 33.
307 Vgl. *Dodd*, Historical Problem 94–98.
308 Mit *Hengel*, Atonement 71; vgl. dazu auch die allgemeine Aussage, dass
    Jerusalem die Propheten töte (Mt 23,37 vgl. 5,12; Lk 11,47–51).
309 Das Gewicht dieser Stelle verstärkt sich noch, wenn man berücksich-
    tigt, dass das ὑπὲρ τῶν ἁμαρτιῶν ἡμῶν hier Teil einer vorpaulinischen ka-
    techetischen Zusammenfassung ist. Dass sie Teil einer Zusammenfas-
    sung geworden ist, unterstreicht ihre Wichtigkeit und Anerkanntheit.

Gerade bei den Deuteworten zu Brot und Kelch, die hier besonders interes-
sieren, ist die Möglichkeit aber in Betracht zu ziehen, dass diese Formel gar
nicht zur ältesten Tradition gehörte. Es hat sich als wahrscheinlich heraus-
gestellt, dass ὑπὲρ πολλῶν nicht zum ältesten Bestand gehört.[310] Der ge-
meinte Sachverhalt ist jedoch auch ohne diese Formel enthalten. Er kommt
zunächst im Gedanken vor, dass in Jesu Blut, d.h. in seinem Sterben ein
neuer Bund zwischen Gott und den Menschen ermöglicht und begründet sei.
Durch Jesus ist damit ein anderes, neues Verhältnis Gottes zu den Menschen gegeben. Diese Ausdrucksweise ist etwas allgemeiner als die präzise
ὑπέρ-Formel: Das Blut ist "ausgegossen für viele". Das Brotwort beschreibt
den gleichen Sachverhalt noch allgemeiner und damit noch umfassender.
Dass Jesus zum Heil der Menschen da ist, kann man auch in den Abendmahls*gesten* ausgedrückt finden.[311] Die Abendmahlstexte gelten daher zu
Recht als wichtige Quelle zur Frage nach dem Todesverständnis Jesu.[312]

---

310 Vgl. oben S. 78f.
311 *Schürmann*, Jesu ureigenes Todesverständnis 298-304.
312 Nach *Taylor* 546 ist Mk 14,24 "one of the clearest indications that Jesus
    thought of His death as a vicarious sacrifice for men"; ähnlich *Hengel*,
    Atonement 72f.
    Vgl. dazu *Roloff*, Anfänge 62, der den Ursprung des Sühnemotivs im
    Zusammenhang mit der Herrenmahlstradition vermutet.

2.7 Markus 14,26-31

26 Und als sie den Lobgesang gesungen hatten, gingen sie hinaus zum Ölberg.

27 Und Jesus sagt zu ihnen: "Ihr werdet alle zu Fall kommen; denn es steht geschrieben: 'Ich werde den Hirten niederschlagen und die Schafe werden sich zerstreuen.'

28 Aber nach meiner Auferweckung werde ich euch voran nach Galiläa gehen."

29 Petrus aber sprach zu ihm: "Auch wenn alle zu Fall kommen - ich nicht!"

30 Und Jesus sagt zu ihm: "Wahrlich ich sage dir: Gerade du! Heute in dieser Nacht, bevor der Hahn zweimal kräht, wirst du mich dreimal verleugnen."

31 Er aber versicherte noch viel mehr: "Selbst wenn ich mit dir sterben muss, werde ich dich sicher nicht verleugnen." So redeten auch alle andern.

2.7.1 Analyse

Der Vergleich mit den anderen Evangelien zeigt, dass Mt und Mk weitgehend parallel sind, während Lk ganz eigene Wege geht. Nur gerade in der Ankündigung der dreifachen Verleugnung vor dem Hahnenschrei stimmt er einigermassen mit Mk überein. Bei ihm spielt dieses Gespräch noch im Obergemach in Jerusalem und nicht bereits auf dem Weg zum Ölberg. Auch Johannes kennt eine Ankündigung der Verleugnung des Petrus, die bei ihm auch im Rahmen des letzten Mahles steht.

Die Voraussage der dreifachen Verleugnung und die Behauptung des Petrus bereit zu sein, mit Jesus zu sterben, sind allen vier Evangelien gemeinsam. Auf unterschiedliche Weise ist diesen Zentren jeweils eine Rede Jesu und ein Gespräch mit seinen Jüngern vorangestellt, aus dem einerseits deutlich wird, dass die Wege Jesu und seiner Anhänger auseinandergehen, und in dem andererseits der Blick weitergelenkt wird auf eine Zeit, in der diese Trennung nicht mehr sein wird. Dabei lenken Mk/Mt den Blick auf die ganze Jüngerschar und betonen das Versagen aller, während in Joh die ganze Perikope auf Petrus konzentriert bleibt.

ὑμνέω (V26) bezeichnet das Singen des Lobgesangs nach dem Passamahl (Ps 114[115]-118) und ist eventuell terminus technicus dafür.[313] V26 ist ein Überleitungsvers. Mit ὑμνέω nimmt er Bezug auf die Szenen des letzten Mahls, das er dabei nochmals als Passamahl charakterisiert, und leitet dann über zur folgenden Szene. Diese baut aber nicht auf seinen Angaben auf.

---

313 *Pesch* II 379; *Dormeyer.* Passion 111; vgl. *Cranfield* 428; *Gnilka* II 247; *Lohmeyer* 311.

Aufgrund dieser Beobachtung kann V26 markinischer[314] oder vormarkinischer[315] Redaktion zugeschrieben werden. Die Beurteilung wird davon auszugehen haben, dass ὑμνέω genau gleich wie die Perikope V12-16 den Passamahlcharakter des letzten Mahls betont. Es ist daher zu vermuten, dass V26 der gleichen Redaktionsebene angehört wie V12-16, also vormarkinisch ist.[316]

Das Verb σκανδαλίζω ist eine Ableitung vom Substantiv σκάνδαλον, das im ausserbiblischen Gebrauch das Stellholz in der Tierfalle bezeichnet.[317] In den LXX bezeichnet der Ausdruck die Ursache des Verderbens, das, worüber man fällt und stolpert und schliesslich in das göttliche Strafgericht kommt.[318] Skandalon ist die Bezeichnung für das, was einen in die Gottesferne bringt.

Die Ansage des Versagens aller muss in Verbindung mit der Flucht aller (14,50: πάντες) gesehen werden. Die Perikope besitzt überhaupt mehrere Verweiszusammenhänge. Die vorausgesagte Verleugnung des Petrus wird 14,66-72 erzählt. Das Vorausgehen Jesu nach Galiläa kommt ebenfalls in 16,7 zur Sprache. Aus allen diesen Bezügen wird deutlich, dass V26-31 nie ein selbständiges Überlieferungsstück war.[319]

Das Schriftzitat in V27b stammt aus Sach 13,7. Es ist die einzige Stelle innerhalb der markinischen Passionsgeschichte, an der ausdrücklich die Schrift zitiert wird. Der Beginn des Zitates ist leicht abgeändert. Sachlich scheint dieser Verweis auf das AT nichts Neues auszusagen. Darum wird er von einigen Forschern als sekundär angesehen und der Mk-Redaktion zugeschrieben.[320] Da der Schriftbezug häufig sekundären Charakter hat, ist dies auch hier möglich. Ob die präzise Zuordnung zur Mk-Redaktion zutrifft, muss jedoch fraglich bleiben, da γέγραπται kein markinischer Vorzugsausdruck ist.[321]

Mit V27b verbunden ist V28.[322] Er nimmt das Bild von der verlassenen Herde auf, gebraucht mit προάγω wieder ein Wort aus der Hirtensprache und stellt damit eine neue Sammlung der Herde (der Jünger) in Aussicht.[323]

---

314 *Dormeyer*, Passion 111; *Schenke*, Studien 353.
315 *Mohr*, Markus- und Johannespassion 223.
316 Siehe oben S. 53f, vgl. unten S. 94.
    Mit *Gnilka* II 243, der V26 jenem Redaktor zuschreibt, "der 14,12-16 einbrachte". Das ist bei ihm ein vormarkinischer Redaktor (232). So auch *Mohr*, Markus- und Johannespassion 161;
    gegen *Pesch* II 377.
317 *Stählin*, ThWNT VII 339,16.
318 *Stählin*, ThWNT VII 341,20-29.
319 Vgl. *Gnilka* II 251; *Mohr*, Markus- und Johannespassion 222; *Schenk*, Passionsbericht 228f. Zur Frage, ob die Verleugnung des Petrus zum ältesten Passionsbericht gehört habe, siehe unten S. 139.
320 *Dormeyer*, Passion 112; *Schenk*, Passionsbericht 225; *Schenke*, Studien 388; gegen *Taylor* 548.
321 Mt 9 Mk 7 Lk 9.
322 Mit *Gnilka* II 252; *Schenke*, Studien 385, 388.
323 *Pesch* II 381; *Schweizer* 167; etwas anders *Gnilka* II 253.

Die folgenden Verse beziehen sich nicht mehr darauf; V29 nimmt vielmehr das σκανδαλίζω von V27a wieder auf. Deshalb wird V28 wie V27b oft als sekundär angesehen und auf Mk zurückgeführt.[324] Nach dem zu V27b Gesagten ist es möglich, dass V28 wie V27b sekundär ist. Es ist allerdings fraglich, ob er erst auf Mk zurückgehe. Denn das würde bedeuten, dass die Ansage des Versagens relativ lange ohne eine Verheissung tradiert worden wäre. Es ist wahrscheinlicher, dass die spätere Nachfolge gerade auch des Petrus schon früher ihren Niederschlag gefunden hat.[325]

Die Annahme eines sekundären Einschubs von V27b.28 schliesst auf jeden Fall in sich, dass die Perikope V26-31 auf vormarkinischer Tradition beruht. Durch den Verweischarakter dieses Abschnitts wird nun aber eine vormarkinische zusammenhängende Passionsgeschichte sehr wahrscheinlich.[326]

V31 ist zweigeteilt. V31a wird der Widerspruch des Petrus gegen die Ankündigung Jesu bekräftigt und gesteigert. In V31b schliessen sich die anderen Jünger diesem Protest an. Damit wird der Blick wieder auf die ganze Jüngerschar zurückgelenkt, die in V27f angesprochen war.

Zur Konstruktion von Mk 14,12-31

Die Analysen haben ergeben, dass sämtliche Perikopen des genannten Textabschnitts auf Tradition beruhen, die teilweise etwas überarbeitet ist. Mit Ausnahme von V22-25 stehen sie alle in Verweisbezügen, so dass vor allem V18-21 und V26-31 die Annahme einer grösseren zusammenhängenden vormarkinischen Passionsgeschichte nahelegen.[327]

Die Hypothese einer redaktionellen Bildung von V17[328] beinhaltet nicht, dass Mk entweder die vorhergehende oder die folgende Perikope eingefügt hat.[329] Sie ist verständlich als bessere Strukturierung des Handlungsablaufs und als Betonung des Zwölferkreises.

---

324 *Gnilka* II 252; *Schmithals* II 626 (nur V28); *Dormeyer,* Passion 113; *Mohr*, Markus- und Johannespassion 218; *Schenk*, Passionsbericht 226; *Schenke,* Studien 378f; *Stein,* Note 445;
anders *Cranfield* 429; *Schweizer* 167; *Pesch* II 382.
325 Vgl. *Schweizer* 167.
326 Mit *Mohr*, Markus- und Johannespassion 223, 225.
327 Vgl. oben S. 65f; gegen *Schreiber*, Kreuzigungsbericht 43, vgl. 353-355.
Das bedeutet für die Exegese, dass nicht nur Einzelgeschichten auszulegen sind, sondern dass auch nach übergreifenden Zusammenhängen zu fragen ist.
328 Vgl. oben S. 65.
329 Mit *Gnilka* II 231f, 235, 350, der ebenfalls V17 als redaktionell beurteilt und sowohl V12-16 als auch V18-21 zur vormarkinischen Passionsgeschichte zählt.

Es ist bereits auf das doppelte Vorkommen des Genetivus absolutus ἐσθιόντων (αὐτῶν) in V18 und V22 hingewiesen worden.[330] Diese Wiederholung könnte darauf hinweisen, dass V22-25 sekundär in den Zusammenhang einge-fügt ist. Dafür würden auch das Fehlen von Verweisbezügen und die Selbstän-digkeit der Abendmahlsüberlieferung, wie sie sich in 1.Kor 11 zeigt, sprechen. Angesichts des hohen Alters dieser Perikope und der Verbreitung ihrer Tradi-tion ist es denkbar, dass diese Einfügung nicht erst durch Mk erfolgt ist.[331]

Auch bei V12-16 lässt sich überlegen, ob diese Perikope vormarkinisch in einen bestehenden Zusammenhang eingefügt worden ist. Dafür spricht vor allem, dass abgesehen von V26, der wohl mit dieser Perikope zusammen-hängt, nur hier das letzte Mahl als Passamahl bezeichnet ist.[332]

Damit sind innerhalb der vormarkinischen Passionsgeschichte eine jünge-re und eine ältere Schicht unterschieden worden. Zum jüngeren Teil zählen wohl V12-16 und V22-25 (an sich älter als alles andere, aber noch nicht in eine Erzählung eingefügt), während V18-21 und V27-31 zum älteren Bestand zu rechnen sind. Über allen diesen Vermutungen wird jedoch die Feststel-lung Gnilkas zu beachten sein, dass eine zuverlässige Rekonstruktion der vormarkinischen Passionsgeschichte nicht mehr hergestellt werden kann.[333] Das wird noch vielmehr für deren Entstehungsgeschichte gelten.

Steht die Existenz einer vormarkinischen Passionsgeschichte fest, so ist es naheliegend, zu ihr auch die Traditionsstücke zu zählen, auf die Mk in 14,1f und 10f zurückgegriffen hat. Dadurch erscheint es nun unwahrscheinlich, dass V3-9 einen gegebenen Zusammenhang unterbrechen.[334]

Daraus ergibt sich zum Schluss noch die Frage, ob 14,1f den Anfang des vormarkinischen Passionsberichts bildete. Dabei ist allerdings zu beachten, dass die als Neueinsatz wirkenden Teile von V1 der markinischen Redaktion und gerade nicht der Tradition entspringen. Ferner wäre bei einem Beginn mit V1f die Tötungsabsicht der Gegner Jesu gänzlich unbegründet.[335] Das ist aber als Einstieg in eine grössere Erzähleinheit unwahrscheinlich. Es ist

---

330 Vgl. oben S. 65f und 74.
331 Anders *Lohmeyer* 302 (erst Mk ordnete V17-21 und V22-25 einander zu); gegen Pesch II 356; *Mohr*, Markus- und Johannespassion 205f (gehört zum ursprünglichen Passionsbericht).
332 - Nach *Gnilka* II 232; *Schweizer* 160 sind V12-16 von einem vormarkini-schen Redaktor gebildet.
     - Nach *Jeremias*, Abendmahlsworte 86f; *Mohr*, Markus- und Johannespas-sion 157, 159 sind V12-16 durch einen vormarkinischen Bearbeiter aus einer anderen Quelle übernommen und in den Passionsbericht eingefügt worden.
333 *Gnilka* II 349; so auch *Hengel*, Entstehungszeit 19.
334 Vgl. oben S. 47.
335 V2 begründet nicht die Absicht, sondern nur das Vorgehen. Vgl. oben S. 34.

deshalb anzunehmen, dass die vormarkinische Passionsgeschichte hinter 14,1 zurückreichte.[336]

2.7.2 Interpretation

V26 Dieser Vers ordnet die ganze Perikope in den Zusammenhang ein: Das letzte Mahl ist mit dem Lobgesang abgeschlossen worden, Jesus ist jetzt auf dem Weg zum Ölberg, wo er später verhaftet und von seinen Jüngern verlassen wird. Auf diesem Weg wird das angesagt, was sich nachher ereignen wird. Ansage und Angesagtes werden einander zugeordnet. Das ist einerseits eine Verstehenshilfe für den Leser. Durch diese Anordnung fällt es ihm leichter, die Bedeutung des nachher Berichteten zu erfassen, als wenn die Ansage an einem ganz anderen Ort stehen würde.

Anderseits ergibt sich aus dieser Zuordnung eine gewisse Brisanz. Unmittelbar nachdem die Jünger mit grosser Selbstsicherheit Jesus ihrer Treue versichern, passiert ihnen das, was sie nicht für möglich hielten. Schon diese Anordnung des Stoffs wird zu einer Warnung gegen falsche Selbstsicherheit.

V27 Den Jüngern wird vorausgesagt, dass sie zu Fall kommen werden. Sie werden an Jesus irre werden. Bei dieser Ankündigung geht es nicht in erster Linie um eine genaue Beschreibung dessen, was die Jünger tun werden; es ist nicht gesagt, wie ihr Anstossen dann konkret aussehen wird. Im Zentrum steht die Bedeutung oder die Qualität des künftigen Handelns der Jünger. Das, was sie tun werden, wird ein Zeichen dafür sein, dass sie an ihrem Meister irre geworden sind.[337] Der Leser weiss, wie er ihre später beschriebene Flucht verstehen soll: als Irrewerden an Jesus.[338]

---

336 Mit *Gnilka* II 350 (Beginn bei Mk 11,1); *Pesch* II 12 (Mk 8,27); *Schweizer* 122 (Mk 11,1); *Dormeyer*, Passion 86f (Mk 11,1); *Jeremias*, Abendmahlsworte 87 (Langbericht beginnt mit Einzug); *Schenk*, Passionsbericht 272f (Mk 11,1 bzw. 11,8);
anders *Mohr*, Markus- und Johannespassion 124, 404, der Mk 14,1f als ursprünglichen Beginn der Passionsgeschichte, der allerdings vor der Einzugsperikope stand, betrachtet.
337 Auch ohne dass das Wort σκανδαλίζω (Anstoss nehmen) wiederholt wird. Es kommt in der Passionsgeschichte nicht mehr vor.
338 Beispielsweise könnte sonst auch versucht werden, sie als Tat der Klugheit zu verstehen, indem man die Jünger dafür loben würde, dass sie geflüchtet sind, um so die Möglichkeit zu haben, Jesu Anliegen auch nach seinem Tod weiter zu vertreten. Denn hätten sie ihn nicht verlassen, so hätten sie riskieren müssen, mit ihm umgebracht zu werden. Gerade weil das Handeln der Jünger nicht positiv, sondern negativ beschrieben wird, scheint mir dieser Vers nicht ein vaticinium ex eventu zu sein (mit *Cranfield* 429). Viele Forscher vermuten nämlich, dass die Gemeinde mit diesem Vers ex eventu das Verhalten der Jünger wenn nicht entschuldigt, so doch das "Ärgernis der Jüngerflucht" "entschärft" habe (*Schweizer* 167. vgl. *Pesch* II 383f).

Aus der Motivgeschichte ergibt sich, dass der Grund des Anstosses jeweils das Kreuz als Zeichen der Schwachheit Gottes ist.[339] Von hier aus
wird man auch das Irrewerden der Jünger an Jesu Leidensweg verstehen
dürfen. Das Anstössige an der Passion ist, dass der Weg Jesu nicht durch
Stärke, sondern durch Schwachheit gekennzeichnet ist. Dies läuft den
menschlichen Erwartungen an den Gesandten Gottes entgegen. Dessen
Kommen erwartete man in Macht und Herrlichkeit. Das, was mit Jesus geschieht, geht diesem menschlichen Trachten und Sinnen so gegen den
Strich, dass man nur daran irre werden kann. Was soll denn das bedeuten,
dass der göttliche Retter sich so schmählich umbringen lässt? Der Weg Jesu ist durch Schwachheit und Ohnmacht gekennzeichnet und erregt deshalb
Anstoss, ja er ist unverständlich.

Die Geschichte Jesu ist hier so verstanden, dass sie ihren Betrachter
nicht in unbeteiligter Ruhe belässt. Sie ist nicht in dem Sinne objektiv, dass
sie aus unbeteiligter Distanz wie ein Gegenstand betrachtet werden kann.
Sie fordert vielmehr heraus.

Wer daran irre wird, vermag den Weg Jesu nicht als Weg Gottes in unserer Welt zu verstehen. Die Geschichte Jesu wird ihm zu einem Ärgernis.
Er kann sie, so wie sie ist, nicht ertragen und dabei ruhig bleiben. Er wendet sich von ihr ab, oder wünscht, dass sie anders aussehen soll (Mk 8,32).
Das Anstössige an dieser Geschichte ist, dass sie die gängigen, menschlichen Gottesbilder umstösst: Gott erscheint in dieser Welt - arm, verlassen
und hingerichtet. Die Verbundenheit Jesu mit seinem Vater im Himmel
führt ihn nicht ins Glück, sondern scheinbar ins Unglück. An diesem Geschehen kommen die menschlichen Gottesvorstellungen zu Fall.

Das Kreuzesgeschehen hat immer wieder Anstoss erregt. Pls gibt an,
dass das "Wort vom Kreuz" "Torheit" und "Ärgernis" sei.[340] Schöne Zeugnisse finden sich auch bei Celsus, dem ersten heidnischen Leser der Passionsberichte, den wir kennen.[341] Hier wird deutlich, wie ungewohnt die Rede
vom Tod des Gottessohnes für antike Hörer war. Diese Anstössigkeit ist
jedoch nicht auf die Antike allein beschränkt. Es ist anzunehmen, dass der
Weg des Messias ans Kreuz zu allen Zeiten dem "menschlichen" (Mk 8,33)
Denken widerspricht.

Das Gegenteil des Anstossens ist, dass jemand durch diese Geschichte
der Schwachheit seine eigenen Ansichten über die Merkmale des Göttlichen
korrigieren und verändern lässt. Vielleicht deutet das Nacheinander von V27
und V28 an, dass dies nur durch das Anstoss-Nehmen hindurch geschehen
kann. Als Begründung von V27a folgt ein AT-Zitat (Sach 13,7). Dass ein
Wort aus den Propheten herangezogen wird, bedeutet, dass davon ausge-

---

339 *Stählin* ThWNT VII 348,12.32-34.
340 1.Kor 1,18.
341 *Origenes*, Contra Celsum II, 31-37.

gangen wird, Jesu Schicksal werde mit Hilfe des AT verständlich. Eine entsprechende Stelle wird nun beigezogen. Damit wird das Angesagte von Anfang an theologisch beurteilt. Das bedeutet, dass im Blick auf dieses kommende Geschehen von Gott gesprochen werden muss. Es ist Gott, der den "Hirten schlägt" und so die Flucht der Jünger veranlasst.

Dieser Schriftbezug begründet ein bestimmtes Geschehen im Willen Gottes. Damit sind andere mögliche Begründungen nicht aufgehoben, sondern ergänzt. Es wird der Anspruch erhoben, dass man das Kommende erst ganz verstehen kann, wenn man von Gott spricht. Wer das nicht tut, geht am Wesentlichen vorbei. Das AT gibt dabei die Anleitung, wie von Gott gesprochen werden kann.

Bemerkenswert ist, dass sich durch das Zitieren dieser Sacharjastelle in der Passionsgeschichte ihr Sinn verändert. Das Bild vom Hirten meint ursprünglich, dass die *Schafe* in eine Notsituation kommen, weil der Hirte weggenommen wird.[342] Das Hauptinteresse gilt den Schafen, die das Volk Gottes darstellen. Im Zusammenhang der Passionsgeschichte verschiebt sich dieses Bild: Die Zerstreuung der Schafe bedeutete zuerst Schutz- und Wehrlosigkeit für das Volk Gottes. In der Passionsgeschichte bedeutet Zerstreuung das Gegenteil: Die Jünger bringen sich in Sicherheit, indem sie Jesus verlassen. Das angekündigte Gericht vollzieht sich nicht mehr über den Schafen, sondern es trifft allein den Hirten. Diese Verschiebung der Bedeutung ist wichtig: Es ist nicht mehr das ganze Volk Gottes, das Not leiden muss, bevor die Heilszeit kommt, sondern der "Hirte" wird geschlagen und kommt in eine Notsituation. Er leidet die Not stellvertretend für die Schafe, die sich in Sicherheit bringen können.[343]

Diese Bedeutungsverschiebung zeigt, dass dieser Schriftbezug nicht einem mechanischen Vergleichen von Geschehen und AT-Stellen entspringt, das für jedermann nachvollziehbar wäre, sondern dass er einen anderen Ursprung hat. Die Anwendung dieser Stelle in diesem Zusammenhang ist teilweise überraschend. Das bedeutet, dass das Reden von Gott angesichts eines konkreten Ereignisses nicht einfach machbar ist.

V28 Gleich das erste Wort dieses Verses hebt ihn vom vorher Gesagten ab. Jetzt kommt etwas ganz anderes zur Sprache. War vorher vom Tod Jesu und dem Auseinandergehen der Jünger die Rede, so geht es nun um die Auferstehung Jesu und die Sammlung der Jünger.

Damit kommt ein grösserer Zusammenhang in Blick, der weit über das in der nächsten Perikope Erzählte hinausreicht. V28 findet seine Entsprechung

---

342 Sach 13,7 fährt fort: "(Ich) kehre meine Hand wider die Kleinen." Vgl. *Elliger*, Das Buch der zwölf kleinen Propheten 176.

343 Eine ähnliche Verschiebung zeigt sich in Joh 16,32. Dort stellt sich neben die Anspielung auf die Sach-Stelle mit ihrer passivischen Formulierung das aktive: κἀμὲ μόνον ἀφῆτε.

in 16,7, wo die Frauen im leeren Grab den Auftrag erhalten, den Jüngern auszurichten, dass Jesus ihnen nach Galiläa vorangehe.[344] Dass bereits hier von der Auferstehung die Rede ist, bedeutet, dass man Karfreitag nicht ohne Ostern sehen kann. Die Geschichte Jesu hört mit seinem Tod nicht auf, sondern geht in neuer Gestalt weiter. So ist auch das Irrewerden der Jünger nicht das Letzte. Sie können sich wieder zusammenfinden, von Jesus geleitet. Damit ist nicht gemeint, dass das Anstoss-Nehmen von V27 einfach rückgängig gemacht wird und alles wieder ist wie vorher. Es wird vielmehr überwunden. Allerdings ist klargemacht, dass die Jünger nicht aus eigener Kraft darüber hinauskommen. Das wird erst durch den Auferstandenen selbst möglich gemacht. Das Anstossen an der Geschichte Jesu ist nicht das Letzte; den Jüngern wird es ermöglicht, sie wieder zu verstehen. Die Auferweckung Jesu bewirkt das. Sie wirft ein neues Licht auf die Passion. Diese erscheint nicht mehr als das tragische Ende der Wirksamkeit Jesu, sondern als das Ziel des Weges Jesu.

Die Geschichte Jesu wird wieder verstehbar, nicht weil sie umgeschrieben und die anstössigen Teile oder zumindest deren Anstössigkeit entfernt wird, sondern weil das Licht des Ostergeschehens diese skandalöse Geschichte theologisch verstehbar macht. Damit ist gemeint, dass an der Geschichte des Leidens Jesu das Gottesbild nicht mehr zerbrechen muss, sondern dass durch sie ein neues Reden von Gott möglich wird, das im Leiden Jesu Gottes Barmherzigkeit erkennen kann.

V29 Dieser Vers bezieht sich nun wieder direkt auf V27a zurück. Petrus widerspricht dem, was Jesus gesagt hat. Diese Ansage stimme nicht, wenigstens soweit sie ihn betreffe. Er ist demnach entschlossen, mit aller seiner Kraft zu verhindern, dass er am Weg Jesu Anstoss nimmt.

V30 Die Wiederholung und Verschärfung der Ansage an Petrus zeigt, dass das Aufbieten der ganzen eigenen Kraft nicht vor dem Zu-Fall-Kommen bewahren kann. Das theologische Verständnis der Geschichte Jesu ist keine menschliche Möglichkeit, sondern kann nur als Geschenk empfangen werden. Der Weg des Petrus, aus eigener Kraft in der Nachfolge bleiben zu wollen, bedeutet ein Festhalten an den eigenen menschlichen Möglichkeiten. Dieses ist kontraproduktiv, da es gerade darum geht, nicht mehr auf die eigenen Möglichkeiten zu bauen. Der Weg, den V27f für die Jünger ge-

---

344 Innerhalb des Mk-Evangeliums ist nicht mehr berichtet, wie sich das erfüllt.

zeigt hat, besteht aus dem Irrewerden an Jesu Schicksal und erst dann aus einem neuen Nachfolgen mit einer neuen Sicht seiner Geschichte.[345]

Derjenige, der das erste vermeiden will, an Jesu Schicksal zu Fall zu kommen, schliesst sich damit aber vom zweiten, von dieser neuen Sichtweise des Geschehens aus. Auf diese Weise wendet er sich von Jesus ab, ohne dass er es will. Es ist gerade das Vertrauen auf seine eigenen Fähigkeiten und seine Stärke, die ihn daran hindert, zu erkennen, dass Gott in der Schwachheit (des Kreuzes) mächtig ist.

Die Aufgabe, die gestellt ist, besteht darin, zur neuen Art der Nachfolge, von der V28 spricht, zu kommen. Das kann nur so geschehen, dass alles Vertrauen auf die eigenen Möglichkeiten des Begreifens fallen gelassen wird. Erst so wird es möglich, die Passionsgeschichte in einem neuen Licht zu sehen.

Nachdem die letzten Perikopen eine ganze Reihe von Ansagen von künftigem Geschehen enthielten, sind noch Bedeutung und Funktion dieser Ansagen zu betrachten. Eines der Hauptmerkmale der letzten Abschnitte scheint zu sein, dass etwas vorausgewusst wird. Dabei sind V17-21 und V26-29 sehr vage Voraussagen: Es wird ein künftiges Geschehen angesagt, ohne dass das genaue Wie und Wann festgelegt wird. Das kann noch ganz unklar sein. In V13-15 und V30 werden im Gegensatz dazu auch genaue Details angekündigt.

Bei den vagen Ankündigungen fällt auf, dass es sich um theologische Beurteilungen des Kommenden handelt: Das Passivum divinum in V21 und das Schriftzitat in V27 lassen daran keinen Zweifel. Das Zentrale an diesen Voraussagen scheint diese Deutung zu sein. Das ist das Wunderbare an diesen Ansagen, dass sie wissen, wie im Blick auf das Kommende von Gott zu sprechen ist. Dadurch unterscheiden sie sich von Prognosen, die zwar auch mit unterschiedlicher Genauigkeit etwas Kommendes voraussehen können, denen es jedoch nicht möglich ist, dabei auf gültige Weise von Gott zu sprechen.

Eine solche Ansage zu machen, ist keine menschliche Möglichkeit. Sie wird dem Menschen gegeben. In V27 erklärt das AT-Zitat teilweise, woher das Wissen, wie von Gott zu sprechen ist, kommt.

Die präzisen Angaben in V13-15 und V30 scheinen auf den ersten Blick dieser Interpretation zu widersprechen. Denn sie legen das Gewicht nicht auf eine theologische Beurteilung, sondern auf genaue Details. Das könnte ebenfalls darauf hinweisen, dass solche Ansagen keine menschliche Möglichkeit sind, da dem Menschen die Zukunft immer verschlossen ist, und er des-

---

345 Historisch gesehen ist gerade das Ausscheiden der Jünger aus der Nachfolge die Voraussetzung dafür, dass sie nach Ostern das Evangelium von ihrem Meister verbreiten konnten. Wie hätte es weitergehen sollen, wenn sie ihm alle in den Tod nachgefolgt wären? Hier wird eine Entsprechung zwischen theologischem und historischem Sachverhalt sichtbar, die bemerkenswert ist.

halb keine genauen Angaben machen kann. Ein solches Verständnis würde
den wunderbaren Charakter der theologischen Beurteilung eines kommenden
Geschehens verstärken.

Im Erzählzusammenhang der Passionsgeschichte schaffen diese Ansagen
im Leser ein Vorverständnis. Wenn er weiter unten das Eintreffen des Angesagten liest, hat er bereits eine Ahnung, was dieses Geschehen
bedeutet.[346] So wird es ihm möglich, zum theologischen Verstehen zu
kommen. Er wird damit zu einem eigenen Urteil befähigt.[347]

V31 Das Beharren von Petrus und den anderen Jüngern zeigt, wie sie sich
immer mehr von Jesus lösen. Das, was gemäss der Ansage dieser Perikope
geschehen muss, beginnt Wirklichkeit zu werden. Die Jünger widersprechen
Jesus bereits.

Der Beginn der Trennung von Jesus stellt sich damit paradoxerweise als
entschlossene Treue zu ihm dar. Diese Treue scheitert, weil sie nicht erkennen kann, dass Gottes Weg durch die Schwachheit - sowohl Jesu als der
Jünger - führt. Indem die Jünger ihren vermeintlichen Weg der Treue gehen,
bereiten sie diejenige Situation vor, in der sie von ihrer Schwachheit überwältigt werden und aus der heraus sie zu einer neuen Aufgabe berufen werden können.

Das Vertrauen auf die eigenen Möglichkeiten führt zum Scheitern. Dieses
dient den Jüngern zum Heil. Denn daraus ergibt sich die neue Möglichkeit
der Nachfolge. So wird im Scheitern erlebbar, dass vor Gott nicht die eigene
Stärke zählt, sondern sein Handeln in Jesus Christus, durch das er trotz
allem ruft und in den Dienst stellt. Damit bekommt die Geschichte Jesu
Christi für den einzelnen eine zentrale Bedeutung.

---

346 *Pesch* II 378 sagt zu V26-31, dass sie "im Kontext der Passionsgeschichte die Funktion *epischer Vorbereitung*" haben (Hervorhebung
durch mich).

347 Es ist zu bezweifeln, dass die Voraussage der Petrusverleugnung die
Anstössigkeit dieser Tat wirklich reduziert, wie das immer wieder behauptet wird (z.B. *Pesch* II 383f; *Mohr*, Markus- und Johannespassion
221). Denn sie verwehrt dem Leser andere Deutungen, die Petrus entla-
sten würden (z.B. das Verständnis als geschickte, erlaubte Notlüge). Sie
zwingt dazu, von einer Verleugnung zu sprechen. Vgl. Anm. 338.

2.8 Markus 14,32–42

32 Und sie kommen in ein Gut, das den Namen Gethsemane hat. Und er sagt zu seinen Jüngern: "Setzt euch hier, bis ich gebetet habe."

33 Und er nimmt Petrus, Jakobus und Johannes mit sich und begann zu erschrecken und zu zagen

34 und sagt zu ihnen: "Meine Seele ist tiefbetrübt bis zum Tode. Bleibt hier und wacht!"

35 Und er ging etwas weiter, fiel auf die Erde nieder und betete, dass, wenn es möglich sei, die Stunde an ihm vorüberginge,

36 und sprach: "Abba, Vater! Alles ist dir möglich. Nimm diesen Kelch von mir weg! Aber nicht was ich will, sondern was du willst."

37 Und er kommt und findet sie schlafend und sagt zu Petrus: "Simon, du schläfst? Konntest du nicht eine Stunde wach sein?

38 Wacht und betet, dass ihr nicht in Versuchung kommt. Der Geist ist willig, doch das Fleisch ist schwach."

39 Und er ging wieder weg und betete, indem er das gleiche Wort sprach.

40 Und als er wieder kam, fand er sie schlafend, denn die Augen fielen ihnen zu, und sie wussten nicht, was sie ihm antworten sollten.

41 Und er kommt zum dritten Mal und sagt zu ihnen: "Ihr schlaft weiter und ruht euch aus? Genug! Die Stunde ist gekommen! Siehe, der Menschensohn wird ausgeliefert in die Hände der Sünder.

42 Steht auf, wir wollen gehen! Siehe, mein Auslieferer ist in die Nähe gekommen."

2.8.1 Analyse

Die Bedeutung von ἀπέχει in V41 ist unklar. Die textkritischen Varianten und die Weglassung durch Mt weisen ebenfalls auf Verständnisschwierigkeiten hin. In den Kommentaren werden zwei verschiedene Übersetzungen vorgeschlagen: "Es ist genug/Genug!"[348] und "Es ist vorbei".[349] Meistens wird dadurch ausgedrückt, dass die Zeit des Schlafens und Ruhens zu Ende sei. Der Satz davor wird als mehr oder weniger leiser Vorwurf an die Jünger wegen ihres Schlafens verstanden.[350] Die Übersetzung "Genug!" scheint mir daher dem ganzen Vers am besten zu entsprechen.

---

348 *Cranfield* 435f; *Klostermann* 150; *Pesch* II 387; *Schweizer* 169.

349 *Gnilka* II 256; *Schmithals* II 633.

350 Er ist damit wohl richtigerweise parallel gesehen zur vergleichbaren Frage an Petrus in V37;
mit *Schenke*, Studien 533.
Ganz anders *Feldmeier*, Krisis 213, der zum Verständnis kommt: "Gott ist fern, die Stunde gekommen".

Der synoptische Vergleich zeigt recht grosse Unterschiede, vor allem zu Lk und Joh. Letzterer berichtet nur kurz, dass Jesus in einen Garten ging, und geht dann gleich zur Verhaftung über. Die Verzweiflung Jesu und sein Wunsch, den Weg ans Kreuz vorzeitig abbrechen zu können, sind jedoch auch ihm bekannt und kommen in Joh 12,27 zur Sprache.[351] Der Bericht des Lk ist viel kürzer und einfacher aufgebaut als bei den anderen Synoptikern. Von Mk ist er teilweise unabhängig.[352] Er erwähnt keine aus der Gruppe der anderen ausgesonderten Jünger und erzählt nur von einem Gebet Jesu. Es fällt darum um so mehr auf, dass die Aufforderung von Lk 22,40 "Betet, dass ihr nicht in Versuchung kommt" in V46 wiederholt wird. Textkritisch umstritten sind bei Lk die Zusätze über den Engel, der Jesus stärkt, und sein wie Blutstropfen aussehender Schweiss.

Wie üblich ist Mt weitgehend parallel zu Mk, allerdings etwas geglättet, indem das erste Gebet Jesu gekürzt, das zweite dafür ausformuliert und das dritte Weggehen – bei Mk bloss stillschweigend vorausgesetzt – ausdrücklich erwähnt ist.

Innerhalb des Mk-Evangeliums ist unsere Stelle die einzige, wo der Inhalt eines Gebetes Jesu angegeben ist. 1,35 und 6,46 sagen bloss allgemein, dass Jesus betete. Vergleichbar ist ferner der Schrei Jesu am Kreuz Mk 15,34, der die Anfangsworte von Psalm 22 benützt. Allerdings ist dort nirgends von einem "Gebet" die Rede; auch unterscheidet er sich von der Gethsemaneszene durch Situation und Inhalt. Als einziges überliefertes "Gebet" Jesu hat das in Gethsemane ein besonderes Gewicht.

Petrus, Johannes und Jakobus sind im Mk-Evangelium auch 5,37 und 9,2 miteinander aus dem Zwölferkreis ausgewählt.[353] In dieser Perikope fällt auf, dass nirgends berichtet ist, wie die drei wieder zur übrigen Jüngergruppe zurückkehren. Bei der Verhaftung (V43-52) ist vorausgesetzt, dass alle Jünger zugegen sind.[354] Das könnte so erklärt werden, dass ihre Auswahl ein sekundärer Erzählzug ist,[355] der auf Mk zurückgeht.[356] Es ist gleich hier darauf hinzuweisen, dass die literarkritische Analyse der Gethsemane-Perikope schwierig ist und zu ganz unterschiedlichen Ergebnissen

---

351 Vgl. *Feldmeier*, Krisis 39-49.
352 Mit *Lohmeyer* 314; *Taylor* 555; *Mohr*, Markus- und Johannespassion 242; gegen *Schenke*, Studien 474.
353 Nach 13,3 sind bei der Rede über die Endzeit nur diese drei und Andreas zugegen (vgl. 1,29).
354 V50: πάντες.
355 Er fehlt bei Lk.
356 *Gnilka* II 257; *Schmithals* II 635; *Dormeyer*, Passion 125; *Schenke*, Studien 482; *Schweizer* 170 erwägt das als Möglichkeit; gegen *Feldmeier*, Krisis 77-79; *Mohr*, Markus- und Johannespassion 30.

geführt hat.[357] Nur bei den wichtigsten Fragen kann hier versucht werden, ein eigenes Urteil zu finden und zu begründen. Eine Aufteilung auf zwei Quellen legt sich nicht nahe.[358]

In V34 ist die Aussage über die Betrübnis Jesu mit einer Wendung aus dem Psalter (42,6.12; 43,5) formuliert, an die die Erwähnung des Todes angefügt wurde.

V35 berichtet das erste Gebet Jesu in indirekter Rede, V36 fährt dann in direkter Rede weiter, um mit anderen Worten etwas Ähnliches auszusagen. Diese beiden Verse werden manchmal in Konkurrenz zueinander gesehen und einer davon als sekundäre Zufügung betrachtet.[359] Bei V36 handelt es sich jedenfalls um alte Tradition, darauf weisen die Ausdrücke αββα und ποτήριον . Die Anrede Gottes mit Abba, das die familiäre Bezeichnung des Vaters ist (also etwa "Vati", "Papi"), wird meist als typischer Zug der Gebetssprache Jesu verstanden.[360] Um ihn möglichst genau weiterzuüberliefern, ist sogar seine aramäische Urform weitergegeben worden und ins NT gekommen (vgl. neben unserer Stelle auch Rö 8,15 und Gal 4,6). Es ist daher wahrscheinlicher, dass V35 sekundär ist.

Das Bildwort ποτήριον als Leidenskelch verstanden hat eine lange Geschichte: Bei den Propheten des AT ist es der Becher des Zorns und Grimms (z.B. Jes 51,17), aus dem Israel und die Völker trinken müssen (Jer 25,28). "Der Becher Jahwes ist Bild der richtenden Geschichtsmächtigkeit Gottes."[361] Durch die Aufnahme dieses Bildes wird der Tod Jesu als Gerichtshandeln Gottes bezeichnet.[362]

---

357 *Gnilka* II 256, Anm. 5 hat als Übereinstimmung von sieben verschiedenen Analysen "nicht viel mehr als die Zuweisung der Ortsangabe Getsemani zur Tradition" gefunden.

358 Nach *Schenk*, Passionsbericht 195-200, 272 sind hier erstmals innerhalb der Passionsgeschichte zwei Schichten, eine Praesens-historicum-Schicht und eine apokalyptische Passionstradition ineinandergearbeitet. Die von ihm 193-195 genannten Dubletten und der unterschiedliche Gebrauch von ὥρα in V35.41b und V37 zwingen jedoch ebensowenig zur Annahme von zwei verschiedenen Schichten, wie der Wechsel im Tempus;
mit *Gnilka* II 256, Anm. 3.

359 - Das erste Gebet (V35): *Dormeyer*, Passion 126f; *Schenke* Studien 500f.
- Das zweite Gebet (V36): *Mohr*, Markus- und Johannespassion 232f; *Mohn*, Gethsemane 198f (z.T.);
gegen *Feldmeier*, Krisis 84-93.

360 Vgl. unten S. 117.

361 *Goppelt*, ThWNT VI 150,13f.

362 Mit *Cranfield* 337, 433; *Gnilka* II 260; *Taylor* 554; *Goppelt*, ThWNT VI 153,1-13;
anders *Schenke*, Studien 502, der ποτήριον in erster Linie als "Leidens-" und nicht so sehr als "Gerichtskelch" versteht.

ἡ ὥρα (V35 und 41) bezeichnet einen schon zum voraus festgelegten Zeitpunkt.[363] In apokalyptischen Zusammenhängen bezeichnet der Ausdruck oft die eschatologische Stunde. So wird es meistens auch hier verstanden,[364] zu Recht, da sich in unserer Perikope noch andere apokalytische Termini befinden (γρηγορέω, πειρασμός[365]).

Das Wort γρηγορέω, das in unserem Abschnitt gleich dreimal vorkommt (V34.37.38), findet sich innerhalb des Mk-Evangeliums sonst nur noch im Abschlussgleichnis der Endzeitrede (13,34.35.37). Dort werden die Jünger aufgefordert, zu wachen, weil sie nicht wissen, wann der Herr kommt. Obwohl es dort bildhaft gebraucht ist, erinnert unsere Stelle, wo es anscheinend auch ganz konkret verstanden werden kann, doch an diese Endzeitrede.

Der Gegensatz von Geist und Fleisch in V38b ist innerhalb des Mk-Evangeliums sonst nicht bekannt und mutet deshalb etwas fremd an. Die Aussagen von V38 sind ferner nicht auf den Zusammenhang der Gethsemaneszene angewiesen. V38b ähnelt einem Sprichwort. Es ist daher damit zu rechnen, dass V38 nachträglich eingefügt worden ist.[366]

Die dreimalige Schilderung vom Kommen Jesu und Schlafen der Jünger entspricht volkstümlicher Erzählweise.[367] Es ist daher nicht anzunehmen, dass bis zu Mk nur ein einmaliges Beten berichtet war, das Mk zu einer dreimaligen Handlung erweitert hat. Dass V41 nur schwer verständlich ist, weist ebenfalls darauf hin, dass er Mk bereits vorgeben war.[368]

2.8.2 Interpretation

V32 Der Anfang dieses Abschnitts bezieht sich zurück auf das Unterwegssein der Jünger, das jetzt zum Abschluss kommt. In V26 ist geschildert worden, dass sie die Stadt Jerusalem verlassen und den Weg nach dem Ölberg eingeschlagen haben. Der Name Gethsemane bezeichnet präzise den Ort, wo sich die folgenden Szenen abspielen. Es ist die erste genaue Ortsangabe seit V3. Zum Aufenthalt in Jerusalem mit dem gemeinsamen Mahl

---

363 *Delling*, ThWNT IX 675,26f; 678,2-4.
364 *Gnilka* II 261; *Lohmeyer* 315; *Schmithals* II 643; *Schweizer* 170; *Taylor* 553; *Schenke*, Studien 504.
365 Siehe unten S. 106f, 111.
366 *Klostermann* 149; *Dormeyer*, Passion 129f; *Schenke*, Studien 521f (nur V38a); vgl. *Schweizer* 169;
    gegen *Lohmeyer* 317, der die Gethsemaneerzählung als "ein geschlossenes Ganze (sic!) von einmaliger und bleibender Gültigkeit" betrachtet (313); *Mohr*, Markus- und Johannespassion 231f.
367 *Gnilka* II 257.
368 Mit *Gnilka* II 257; *Mohr*, Markus- und Johannespassion 235-237;
    gegen *Dormeyer*, Passion 130-132; *Schenk*, Passionsbericht 199; *Schenke*, Studien 527f, 533.

am Abend hat es nur ziemlich allgemein "sie gingen in die Stadt" (V16) ge-heissen.

Dass jetzt der Name eines bestimmten Gehöfts angegeben ist, bedeutet, dass das Geschehen des folgendes Abschnitts genau lokalisiert werden kann. Das ist ein Hinweis auf die Art der Erzählung: Der Text schildert ein einmaliges, konkretes, an einem bestimmten Ort stattgefundenes Gesche-hen. Das gilt nicht nur für diese Perikope, sondern für die Passionsge-schichte insgesamt.

Bei solchem Erzählen spricht die Passionsgeschichte von Gott. Sie bringt Gott zur Sprache, indem sie ein konkretes Geschehen erzählt. Gottes ein für allemal geschehenes Werk wird so erkennbar. Wenn Menschen von Gott sprechen wollen, bleiben sie immer auf diese Geschichten angewiesen.

Wie sonst bei seinen Gebeten (Mk 1,35; 6,46) ist Jesus auch bei diesem Gebet allein. Sogar die drei bevorzugten Jünger werden in V33f zurückge-lassen. Nach Markus gehören daher die Gebete Jesu nicht zu der von ihm und seinen Jüngern gemeinsam erlebten Geschichte. Jesu Reden zu Gott und seine Beziehung zu ihm sind einmalig. Die Jünger werden nicht in sie hinein-genommen. Ihr Weg ist nicht identisch mit dem Jesu. Die wörtlich verstan-dene Nachfolge hat Grenzen. Die Jünger stehen vor der Aufgabe, ihren eige-nen Weg mit Gott zu finden und zu gehen. In dieser Perikope sollen sie selbständig wachen und beten (V38). Doch sie sind unfähig dazu.

V33 Die Auswahl der drei vertrautesten Jünger rückt die Gethsemane-Szene innerhalb des Mk-Evangeliums in ein besonderes Licht. Die drei werden sonst nur noch an zwei Stellen als Bevorzugte genannt, wo es um besonde-re Offenbarungen der Macht und Herrlichkeit Jesu geht (Auferweckung des Töchterchens des Jairus und Verklärung[369]). Ihre Erwähnung hier sagt, dass im Mk-Evangelium die Verzweiflung Jesu ebenso bedeutungsvoll ist wie die Erweise seiner Herrlichkeit und Macht. Durch die Nennung der drei Namen wird an die beiden anderen Szenen erinnert und der Kontrast zur Gethsemane-Szene hervorgehoben. Das Evangelium stellt nicht nur die Ho-heit Jesu dar, sondern gibt seiner Niedrigkeit dasselbe Gewicht. Die Ver-zweiflung Jesu, wie sie die zweite Hälfte dieses Verses beschreibt, gehört daher unbedingt zu einer Beschreibung Jesu dazu.[370] Sonst wird Jesus falsch verstanden.

V34 Die Verzweiflung Jesu ist zunächst anhand seines Verhaltens beschrie-ben und wird dann mit Worten aus dem Psalter ausgedrückt.[371] Dabei ist

---

369 5,37 und 9,2.
370 Mit *Gnilka* II 259.
371 Nach *Schmithals* II 637 drücken dagegen diese Worte "weder Verzwei-flung noch Resignation" aus, "sondern die Absicht, sich bedingungslos Gott auszuliefern ..." (vgl. II 641).

den Worten des AT "bis zum Tode" zugefügt. Dieser Zusatz meint, dass die
Bedrückung so stark ist, dass es eine Erleichterung wäre, tot zu sein.[372]
Der Grund für diese gedrückte Stimmung Jesu ist der ihm bevorstehende
Weg ans Kreuz, wie sich aus dem Inhalt des Gebetes V35f schliessen lässt.
Dieser Weg ist ihm seit langem vorgegeben, jetzt aber konkret geworden in
der Reaktion der jüdischen Oberschicht auf seine Verkündigung und seine
Taten. Jesu Lebensgeschichte ist für ihn somit fast unerträglich schwer geworden, so dass er am liebsten daraus aussteigen würde (V36: "Nimm diesen Kelch von mir"). Der begonnene Weg hat ihn an diesen Ort gebracht
und stellt Leiden und Tod in Aussicht.[373] Gegenwart und Zukunft sind daher gezeichnet durch die bisherige Geschichte Jesu. Die Vergangenheit ist
als Weg verstanden, der nach einer Fortsetzung verlangt. Die Ausdrücke
"Stunde" und "Kelch" der folgenden Verse bezeichnen diese Fortsetzung,
die jetzt so belastend wirkt. Die Vergangenheit stellt einen Anspruch an die
Gegenwart. Jesus ist hier nicht frei, zu tun, was er will; ausser er würde
mit seiner bisherigen Geschichte brechen. Allerdings würde dadurch seine
Vergangenheit sinnlos.

Von hier aus ist die Frage zu überlegen, ob die Geschichte Jesu auch für
den Leser einen verpflichtenden Charakter habe. Etwa in dem Sinn, dass die
Passionsgeschichte ihren Leser zu einer bestimmten Einstellung Gott gegenüber führen will. Es wird nach den Wirkungen der Geschichte Jesu gesucht.
So wäre zu fragen, ob sich dem Leser der Passionsgeschichte oder des Mk-
Evangeliums Glaube und Unglaube als zwei gleichberechtigte Möglichkeiten
anbieten, oder ob nicht viel eher die Geschichte Jesu den Unglauben zwar
nicht unmöglich, aber doch grund-los macht.[374]

Die Gethsemane-Szene berichtet innerhalb des Evangeliums am ausführ-
lichsten über Jesu Gefühle in Bezug auf sich selbst und seinen Weg.[375]
Verzweiflung ist eines derjenigen Gefühle, die in der Regel negativ bewertet
werden, weil es menschliche Schwachheit zeigt. Dass sogar ein solches Emp-
finden geschildert wird, zeigt, dass für die Passionsgeschichte das Erzählen
von menschlicher Schwachheit der Person Jesu Christi keinen Schaden zufügt.
Im Gegenteil wird dadurch für den Leser das Mensch-Sein Jesu noch menschlicher.[376] Die Grösse Jesu ist nicht die eines übermenschlichen Helden.

Der Auftrag an die Jünger zu wachen (γρηγορέω) meint einerseits "nicht
schlafen" und anderseits "wachsam sein", um "die Stunde" (V41) nicht zu

---

372 Mit *Gnilka* II 259; *Klostermann* 150; *Lohmeyer* 314; *Schweizer* 170. Nach
    Taylor 553 bedeutet der Ausdruck, dass die Last so gross ist, dass sie
    einen zu Tode drücken könnte.
373 Vgl. *Cranfield* 432.
374 Vgl. unten S. 272-274.
375 Vgl. 1,41; 3,5; 8,2; 10,14.21.
376 Nach *Schmithals* II 641 zeigt diese Perikope nicht die Schwachheit Jesu,
    sondern seine Bewährung in der Anfechtung; ähnlich *Schenke*, Studien
    546f.

verpassen. Der Ausdruck kommt auch im Abschlussgleichnis der Endzeitrede Mk 13 vor. "Wachen" meint dort "wachsam sein", um die endzeitliche Stunde, wenn der Herr kommt, nicht zu verfehlen. Durch den Gebrauch dieses Wortes wird sozusagen die Qualität des Geschehens der Gethsemane-Perikope angegeben: Ihre Ereignisse haben eschatologische Bedeutung. Durch den Aufruf zu "wachen" wird diese eschatologische Bedeutung als "verpassbar" verstanden. Wer einfach "schläft", merkt nicht, was da im Grunde genommen geschieht, er hat keine Ahnung vom "Kelch" und von der "Stunde". Das gilt nicht nur für das Gethsemane-Geschehen, sondern lässt sich auf die ganze Passion übertragen. Wer "schläft", geht achtlos daran vorüber und sieht das Besondere darin nicht. Die Leidensgeschichte hat eine verborgene Dimension. "Stunde" und "Kelch" sind verdeckt vom scheinbar logisch verständlichen Geschehen. Nach der Darstellung des Mk-Evangeliums haben sogar die Jünger zunächst nichts davon bemerkt und erst nach Ostern sind ihnen die Augen für die ganze Tiefe dessen, was geschehen ist, geöffnet worden (14,28).

Bemerkenswert ist, dass sich in V40 die Jünger nicht gegen den Schlaf zu wehren vermögen. Die Müdigkeit überwältigt sie einfach. "Wach" zu bleiben ist demnach als Geschenk verstanden und nicht als Resultat menschlicher Kraftanstrengung. Dennoch wird das Schlafen den Jüngern vorgeworfen![377] Die Passionsgeschichte erzählt das Geschehen jetzt in der Weise, dass "Kelch" und "Stunde" für den Leser von Anfang an sichtbar sind, dass er also die ganze Tiefe der Ereignisse sehen kann und nicht nur einen Teilaspekt erblickt.

V35 Die drei Vertrauten sind mit dem Auftrag zu wachen zurückgelassen und Jesus ist allein um zu beten. Die Gebetsgeste des Niederfallens drückt Ergebung aus. Bereits hier ist ausgedrückt, was am Ende von V36 in Worte gefasst ist: "Nicht was ich will, sondern was du willst." Auch der Beginn des Gebets in unserem Vers meint dasselbe: Wenn es möglich ist, solle der Kelch an ihm vorübergehen. Die konditionale Formulierung lässt die Bereitschaft Jesu deutlich werden, sein Geschick nicht selbst zu bestimmen, sondern sich in freiwilligem Gehorsam dem Willen seines Vaters zu fügen. Er empfängt seine Geschichte aus der Hand seines Vaters. Das Gebet ist der Verzicht Jesu, sein Geschick selbst zu bestimmen, und bekundet die Bereitschaft, es vielmehr aus der Hand seines Vaters zu empfangen. Beim Vater ist "die Stunde" festgelegt, in der der Auftrag Jesu zu seinem leidvollen Höhepunkt kommt und deren Last Jesus jetzt zur Verzweiflung bringt.

Das Gebet ist der Wunsch, den Willen des Vaters umzustimmen und dadurch die eigene künftige Geschichte zu verändern. Das eigene Geschick wird Gott sozusagen nochmals zurückgegeben zum Überdenken mit der

---

377 Vgl. unten S. 113f.

Frage, ob er es tatsächlich so haben wolle. Dabei wird ihm auch deutlich gemacht, dass man es lieber anders hätte. Ist diese Bitte geäussert, so kann das kommende Geschehen aus Gottes Hand angenommen werden mit der Einstellung, dass er es anscheinend so wolle.

Das Gebet als Bitte macht deutlich, dass der Erzähler nicht an einen Fatalismus denkt, der das Geschick eines Menschen seit Urzeiten festgelegt sein lässt. Gerade der Bittcharakter des Gebets zeigt, dass grundsätzlich mit der Möglichkeit gerechnet ist, dass ein Wunsch in Erfüllung gehen kann. Dass dieser konkreten Bitte nicht entsprochen wird, berechtigt nicht zur Annahme, dass das Geschick Jesu auf fatalistische Weise beim Vater festgelegt sei.

Wenn "die Stunde" an Jesus nicht vorübergeht, so bedeutet das, dass es nicht "möglich" gewesen ist, dass Jesus vom Leiden verschont worden wäre. Dadurch wird die Notwendigkeit und Unvermeidlichkeit seines Sterbens nach Gottes Willen hervorgehoben. Allerdings wird das nirgends ausführlich begründet. Innerhalb der Passionsgeschichte haben jedoch die Abendmahlsworte deutlich gemacht, dass Jesu Sterben zum ihm vom Vater gegebenen Auftrag seines Lebens, sich für andere hinzugeben, dazugehört.[378] So kann die Notwendigkeit des Todes Jesu auch hier verstanden werden: Wenn er seinen Auftrag treu bis ans Ende erfüllen will, dann ist es nicht "möglich", ihm den gewaltsamen Tod zu ersparen. Würde er sich jetzt von seinem Auftrag lossagen und der Passion zum Beispiel durch Flucht ausweichen, würde dadurch auch seine bisherige Lebensgeschichte im Dienste dieser nun verlassenen Aufgabe sinnlos, weil ihr Fortsetzung und Abschluss fehlen würde. In diesem Sinne ist es nicht "möglich", die weitere Erfüllung des einmal übernommenen, noch unabgeschlossenen Auftrags zu verweigern.[379]

Auch die Wendung "die Stunde" bringt in diesem Zusammenhang Gott zur Sprache. Der apokalyptische Ausdruck bezeichnet den bei Gott festgelegten Zeitpunkt. Wenn Jesu Leiden als "Stunde" bezeichnet wird, ist damit ausgesagt, dass sein Weg ans Kreuz von Gott so festgelegt ist und deshalb bei ihm seinen Sinn hat. Gerade angesichts des Kreuzesgeschehens wird also von Gott zu sprechen sein, und zwar so, dass sich am Kreuz "die Stunde" ereignet, die schon lange bei Gott festgelegt war und die deshalb von ihm so gewollt ist.

Es ist immer wieder darauf hingewiesen worden, dass V35f die Worte eines Gebetes überliefern, das niemand gehört hat. Das hat zur Frage geführt, wie denn der Inhalt dieses Gebets bekannt geworden sein könne.[380]

---

378 Auf der Ebene des Evangeliums ist dieser Gedanke noch deutlicher in 10,45 ausgedrückt.
379 Vgl. dazu *Stuhlmacher*, Warum musste Jesus sterben? 278f.
380 *Klostermann* 150; *Schmithals* II 633; *Schweizer* 169; nach *Cranfield* 430 ist das keine Schwierigkeit.

Der Text ist an der Frage der Überlieferung dieses Gebets nicht interessiert. Es ist ihm nicht daran gelegen, sicherzustellen, dass dieses Gebet Jesu getreu überliefert werden konnte;[381] andererseits ist die Formulierung auch nicht so gewählt, dass ausgeschlossen ist, dass jemand hörte, wie Jesus betete.[382] Diese Fragen sind für den Text ohne Bedeutung. Das zeigt, dass die theologische Wahrheit dieser Worte nicht durch ihren Überlieferungsweg, sondern durch ihren Inhalt verbürgt wird. Und dieser ist als sachgemässe Beschreibung Jesu verstanden worden, sonst wäre er nicht so überliefert und Teil der Passionsgeschichte geworden.

Um diese Sachgemässheit zu belegen, kann darauf verwiesen werden, dass der Inhalt der Gebete Jesu der geschilderten Situation (14,33f) entspricht: Gebet und Situation zeigen keinen heldenhaften Jesus, sondern einen schwachen, der sich sein Ja zu seinem Weg abringen muss. Auch sonst ist die Göttlichkeit Jesu nirgends so gezeichnet, dass seine Menschlichkeit dadurch aufgehoben wird. Jesus wird nirgends als Über-Mensch beschrieben.[383]

Ferner kann auch auf den Verzweiflungsruf Jesu in 15,34 verwiesen werden. Die Verzweiflung Jesu, die dort zur Sprache kommt, belegt die Sachgemässheit der Gethsemane-Gebete, die ebenfalls die Last deutlich werden lassen, die Jesus zu tragen hat.

V36 Das in direkter Rede berichtete Gebet Jesu lässt sich in vier Teile gliedern: Anrede, Lobpreis der Allmacht Gottes, Bitte und Unterordnung unter den Willen Gottes.[384]

Die Anrede Gottes mit αββα (Vater, Papi) drückt Jesu besondere Vertrauenshaltung zu seinem Vater im Himmel aus. Der Lobpreis der Allmacht Gottes betont, dass bei Gott alle Dinge möglich sind (vgl. 10,27). Darin ist grundsätzlich auch die im folgenden geäusserte Bitte Jesu um Wegnahme des Kelchs eingeschlossen. Wenn diese Bitte dann doch nicht erfüllt wird, liegt das nicht daran, dass sie nicht erfüllt werden könnte, weil sie Gottes Macht überforderte. Der letzte Teil des Gebets, in dem Jesus sich dem Willen seines Vaters unterstellt, versteht das nicht als eine Frage der Macht Gottes, sondern seines Willens. Die Errichtung des neuen Bundes durch den Tod Jesu ist damit so dargestellt, dass sie ihren Grund einzig im Willen

---

381 Etwa: "Petrus hörte noch, wie Jesus betete ..."
382 Mit *Saunderson*, Gethsemane 232f, die zum Schluss kommt, dass man nicht behaupten könne, niemand habe das Gebet Jesu gehört: Der Jüngling von 14,51f oder andere Pilger könnten auch im Garten gewesen sein.
383 Gethsemane widerspricht dem Idealbild des Märtyrers (*Hengel*, Crucifixion 199f). Der Tod Jesu sprengt die bekannten Deutungsmuster (leidender Gerechter, Tod des Propheten). Seine Bedeutung ist auf neue Weise zu formulieren.
384 *Pesch* II 390; vgl. *Gnilka* II 260.

Gottes hat. Sie kann nicht aus irgendwelchen Notwendigkeiten erklärt werden, sondern ist theologisch nur verstehbar als freiwillige, liebevolle Tat Gottes.

In diesem Willen Gottes lässt der Text aber auch die Härte begründet sein, die die Bitte Jesu nicht erfüllt und ihn ins Leiden schickt. Die Passionsgeschichte betont immer wieder, dass die neue Beziehung zwischen Gott und den Menschen nicht zu trennen ist von Leiden und Tod Jesu. Auch in diesem Sinne ist es nicht "möglich" (V35) gewesen, Jesu Bitte zu erfüllen. Das Warum dieser Notwendigkeit wird jedoch innerhalb der Passionsgeschichte nicht bis ins Letzte dargelegt. Im Blick auf die theologische Bedeutung der Passionsgeschichte ergibt sich aus diesem Zusammenhang zwischen der neuen Gottesbeziehung und der Leidensgeschichte, dass die Erzählung der Geschichte Jesu notwendig Bestandteil der theologischen Rede ist. Ohne von Jesus zu erzählen, kann nicht mehr beschrieben werden, wer Gott ist.

Einen gewissen Hinweis, weshalb Jesus das Leiden nicht erspart werden konnte, kann das Wort ποτήριον (Kelch) innerhalb der Bitte Jesu geben.[385] Es versteht das Leiden und Sterben Jesu so, dass er in seinem Weg ans Kreuz den Kelch des Zorns Gottes empfängt und trinkt. Dadurch wird einerseits erneut wiederholt, dass Jesu Tod dem Willen Gottes entsprach.[386] Andererseits wird er dadurch als Ertragen von Gottes Gericht verstanden.[387] Diese Deutung zeichnet Jesu Leiden so, dass er sich darin dem Zorn Gottes unterstellt. Erst das macht das Leiden schrecklich und Jesus so betrübt. Das ist die Ursache von Jesu Zittern und Zagen (V34).

Der Grund des Zornes Gottes ist nicht genannt. Im Unterschied zum AT ergiesst sich in dieser Darstellung der Zorn Gottes nicht mehr über ein ganzes Volk, über das Volk Israel, sondern ein einzelner erleidet Gottes Gerichtshandeln und tritt damit stellvertretend für die anderen ein. Jesu Passion ist damit als stellvertretendes Leiden charakterisiert.[388]

In diesem Zusammenhang sind die Freiwilligkeit und die Notwendigkeit des Leidens von Bedeutung. Diese beiden Aussagen widersprechen sich nicht, sondern ergänzen einander. In unserem Vers kommen sie im letzten Teil des Gebetes Jesu zur Sprache. Jesus unterstellt sich dem Willen seines Vaters. Seine Passion ist in dem Sinne freiwillig, dass er ohne Zwang den Willen seines Vaters tun will. Notwendig ist sie in dem Sinne, dass sie

---

385 Vgl. oben S. 103.
386 Vgl. "er wird dahingegeben", Anklänge und Zitate an das AT, Vorherwissen Jesu.
387 Mit *Feldmeier*, Krisis 182.
388 Zur Stellvertretung vgl. Mk 10,45; 2.Kor 5,21; Gal 3,13; 1.Petr 2,24; 3,18.
     Nach *Taylor* 554 weist auch das Zittern und Zagen darauf hin, dass Jesus vor mehr als nur dem persönlichen Leiden und Sterben zurückschreckt.

durch Gott gewollt ist. So ist Jesu Leiden notwendig und freiwillig zugleich.

Beides gehört unabdingbar zu echter Stellvertretung. Eine erzwungene
Stellvertretung ist zwar an sich denkbar. Sie weckt jedoch im Vertretenen
Mitleid und Schuldgefühle gegenüber demjenigen, der gezwungenermassen an
seiner Stelle etwas erdulden musste. Damit wirkt sie nicht entlastend, sondern belastend. Echte Stellvertretung muss daher freiwillig sein. Ferner muss
es notwendig sein, dass wirklich jemand an die offene Stelle tritt und den
Platz ausfüllt. Wenn das nicht der Fall ist, wird die Stellvertretung überflüssig und damit sinnlos. Geschieht sie trotzdem, wird sie für den Vertretenen
wieder belastend, statt befreiend. Diese Verse verkünden, dass Jesu Leiden
echte Stellvertretung ist. Sie tragen damit bei zum befreienden Charakter
des Evangeliums. Denn nur echte Stellvertretung kann froh machen.

V37 Hier wird mit den verschiedenen Verstehensebenen von "wachen" gespielt. Zunächst ist es ganz wörtlich als "wach sein" verstanden und Petrus
etwas vorwurfsvoll nach seinem Schlafen befragt. Dieser Erzählzug soll
verstehen helfen, was "wachen" heisst. Wer "schläft" anstatt zu "wachen",
verpasst die "Stunde".

V38 Dieser Vers fährt mit dem gleichen Thema weiter und macht deutlich,
dass das "Wachen" mehr ist als blosses Wach-Sein. Neben dem Wachen
sind die Jünger zum Gebet aufgefordert. Inhalt und vielleicht auch Zweck
des Gebets ist, dass sie nicht in Versuchung geraten.[389]

πειρασμός bezeichnet oft die eschatologische Versuchung, die vor dem
Ende des Äons die Gläubigen zum Abfall verleiten soll.[390] In unserem Kontext ist nicht beschrieben, wie sich diese Versuchung konkret zeigen wird.
Innerhalb der Gethsemaneszene kann man an die Versuchung denken, zu
schlafen, im Rahmen der Passionsgeschichte auch an die Flucht der Jünger
und die Verleugnung des Petrus. Von diesen ist die Flucht bereits als Irrewerden an Jesus charakterisiert worden.

Vielleicht kann von hier aus verstanden werden, was mit "Versuchung"
gemeint ist. Derjenige ist ihr erlegen, der am Weg Jesu ans Kreuz irre
wird.[391] Die Versuchung ist hier die Gefahr, achtlos an "der Stunde" vorüber-
zugehen und ihre Bedeutung zu verpassen, und sich gegen den Weg Jesu ans
Kreuz aufzulehnen. Um dieser Versuchung zu entgehen, sind die Jünger zum
Gebet aufgefordert. Das Gebet wird hier als die Bitte zu verstehen sein,

---

389 *Gnilka* II 262 bezieht das nur auf den Inhalt und ausdrücklich nicht auf
   den Zweck des Gebets; so auch *Schenke*, Studien 514f.
390 Mit *Lohmeyer* 317; *Taylor* 555; *Jeremias*, Neutestamentliche Theologie I
   138.
391 Vgl. *Schenke*, Studien 523.

dass man davor bewahrt werde, achtlos am Weg Jesu vorbeizugehen, ohne ihn zu verstehen. Das Verständnis des Weges Jesu ist auch hier als Geschenk verstanden, - um das man allerdings bitten kann. Wer der Versuchung erliegt, nimmt am Weg Jesu Anstoss, wie es den Jüngern angesagt ist.

Wenn es richtig ist, die Versuchung mit der Flucht und der Verleugnung in Zusammenhang zu bringen, haben die Jünger darin versagt. Das würde mit der Gethsemaneszene insofern übereinstimmen, als die Jünger es hier nicht vermögen, wach zu bleiben und so nicht zum "Wachen" und "Beten" kommen. Ihr Unverständnis ist nicht Folge eines unverständlichen Geschehens - Jesus hat auch innerhalb der Passionsgeschichte mehrmals vorausgesagt, was sich ereignen wird und was das alles bedeutet -, sondern Folge von schuldhaftem Verhalten. Wort (Jesu) und Geschehen vermögen die schuldhafte Beschränktheit der Jünger (noch) nicht aufzubrechen.

Für eine Beschreibung des nachösterlichen Dienstes der Jünger würde das heissen, dass er trotz und erst nach ihrem Versagen möglich gemacht worden ist. Im Versagen tritt die menschliche Schwachheit deutlich zutage, und erst wenn diese durch die Kraft des Ostergeschehens - nicht durch die eigene Kraft - überwunden ist, kann das Evangelium weiterverkündigt werden.[392]

Damit herrscht eine gewisse Parallelität zwischen dem Gebet Jesu und dem der Jünger. So wie die Bitte Jesu unerfüllt bleibt, so auch diejenige, die die Jünger hätten äussern sollen, dass sie nicht in Versuchung kommen. Wie Jesus verschont sein möchte vor der eschatologischen Stunde, so die Jünger vor der eschatologischen Versuchung. Beides wird nicht gewährt.

Die zweite Vershälfte schiebt das Versagen der Schwachheit des Fleisches zu. Die Jünger sind als grundsätzlich bereit beschrieben, zu wachen und der Versuchung zu widerstehen, aber sie scheitern dabei, weil sie als Menschen zu schwach sind. Es ist durchaus voraussehbar, dass sie der Stärke der Versuchung unterliegen. So wird gezeigt, dass es durch eigene Anstrengung nicht möglich ist, zu widerstehen (V40 wird das am Beispiel verdeutlichen).[393]

Die letzte Perikope (14,26-31) hat die Jünger und besonders Petrus als solche geschildert, die vor allem auf ihre eigene Kraft vertrauen. Sie mei-

---

392 Vgl. den gleichen Zusammenhang in 14,27f, wo dem Anstoss-Nehmen der Jünger und ihrer Zerstreuung ihre erneute Sammlung nach der Auferstehung folgt. Vgl. 2.Kor 12,9f; ähnlich *Gnilka* II 264.
   Hengel, Atonement 67-69 folgert zu Recht, dass im nachösterlichen Dienst das Thema der "Versöhnung" wichtig sein musste, weil die neue Indienstnahme der Jünger die Vergebung ihres schuldhaften Versagens beinhaltete.
393 Die Gegenüberstellung von Fleisch und Geist findet sich innerhalb der Synoptiker nur hier (sonst besonders häufig bei Paulus). "Fleisch" meint hier auch die Ermöglichung des Sündigens und Böseseins. Diese Anthropologie geht damit über die Aussage von Ps 51,12-14 (worauf eventuell angespielt wird) hinaus (*Gnilka* II 262).

nen, mit ihrem Willen könnten sie in der Versuchung bestehen und rechnen nicht mit der Schwachheit des Fleisches. Falsche Selbstsicherheit ist das geöffnete Einlasstor für die Macht der Versuchung.[394]

In der obigen Analyse ist V38 als nachträglicher Einschub verstanden worden. Er würde dann der nachträglichen Reflexion entstammen, die einerseits das Versagen der Jünger zu begreifen sucht (38b) und andererseits einen paränetischen Hinweis gibt für das Verhalten in schwierigen Situationen (38a). Diese Aufforderung zum Wachen und Beten ist orientiert an der Aufforderung, die Jesus seinen Jüngern gegeben hat (V34).

V39 Die Wiederholung der Bitte an Gott zeigt die Intensität des Ringens Jesu. Die Erzählung gibt zu verstehen, dass es Jesus nicht leicht gefallen ist, seinen Weg zu gehen.

V40 wendet sich wieder den schlafenden Jüngern zu und schildert, wie es ihnen unmöglich war, der Versuchung zu widerstehen: Die Augen fielen ihnen einfach zu. Diese Versuchung zu schlafen ist als Teil des in V38 erwähnten πειρασμός (Versuchung) zu verstehen. Das Schlafen verunmöglicht den Gehorsam gegenüber dem Gebot Jesu, zu wachen und zu beten, und ist damit der Anfangspunkt einer Kette von Versuchungen. Die Erwähnung der Müdigkeit der Jünger dient nicht in erster Linie zu deren Entschuldigung, sondern soll zeigen, wie die Versuchung mittels der Schwachheit des Fleisches in ihnen zu wirken beginnt, ohne dass sie sich dagegen wehren können. Die allgemeine Aussage von V38b wird hier illustriert.

Die Bemerkung, dass sie nicht wussten, was sie Jesus antworten sollten, folgt etwas unvermittelt, ohne dass vorher von einer Frage oder einem Vorwurf Jesu die Rede gewesen wäre. Die Erzählung ist in diesen Versen extrem knapp gehalten, auch das dritte Weggehen und Gebet Jesu werden bloss stillschweigend vorausgesetzt.

Unvermittelt ist diese Bemerkung auch noch in inhaltlicher Hinsicht: Gerade davor ist anschaulich beschrieben, wie den Jüngern die Augen einfach zufallen. Das könnte doch zu ihrer Entschuldigung vorgebracht werden! Die Pointe liegt wohl gerade darin, dass genau das nicht gesagt wird. Die Schwachheit des Fleisches ist kein Entschuldigungsgrund für den Ungehorsam dem Gebot Jesu gegenüber. Sie macht das Versagen der Jünger jedoch verständlich und nachvollziehbar. Das ist eine indirekte Warnung an den Leser, er solle sich den Jüngern gegenüber nicht besser vorkommen: Auch er hätte der Müdigkeit nicht zu widerstehen vermocht. Dennoch ist die Müdigkeit kein Entschuldigungsgrund vor Jesus.

Die Passionsgeschichte kann ein Geschehen auf verschiedenen Ebenen betrachten: Auf einer Ebene macht sie das Schlafen der Jünger verständlich,

---

394 Vgl. *Schmithals* II 639.

auf einer anderen Ebene hebt sie die Unentschuldbarkeit dieses Verhaltens hervor. Wenn man diese Ebenen unterscheidet, widersprechen sie sich nicht.

V41 Beim dritten Kommen Jesu schlafen die Jünger schon wieder. Erneut hält Jesus ihnen das vor. Die Zeit des Schlafens ist jetzt endgültig vorbei, denn "die Stunde" (vgl. V35) ist jetzt da, in der der Auftrag Jesu zu seinem bittern Ende kommt. Jesus hat auf sein Gebet keine andere Antwort als das Schlafen der Jünger und das Kommen des Verräters erhalten. Seine Bitte ist nicht erfüllt worden. Darin beginnt sich die Ferne Gottes abzuzeichnen, die im Ruf 15,34 "Mein Gott, mein Gott, warum hast du mich verlassen" zu ihren Höhepunkt kommt.[395]

Der Menschensohn wird jetzt in die Hände der Sünder ausgeliefert. Wie in V21 steht der Titel Menschensohn wieder im Zusammenhang mit dem Leiden Jesu. Die passive Formulierung von παραδίδοται (er wird ausgeliefert) sagt erneut, dass es Gottes Handeln am Menschensohn ist, das darin zu seinem Höhepunkt kommt. Das Auffallende daran ist, dass dieser Höhepunkt ausgerechnet darin besteht, dass der Beauftragte Gottes in die Hände der Sünder gegeben und damit ihrem Willen ausgeliefert wird. Die Bezeichnung "Sünder" hebt ihren Ungehorsam Gott gegenüber hervor. Der Mensch wird dadurch als einer beschrieben, der dem Willen und den Geboten Gottes nicht folgt. Somit wird der Menschensohn denen preisgegeben, die nicht gemäss dem göttlichen Gebot mit ihm verfahren werden. Der Auftrag des Menschensohnes ist es, das zu erleiden. Dass der Beauftragte Gottes ganz der Willkür der Menschen anheimfällt, wird als Höhepunkt seiner Sendung verstanden. Dies erscheint als freiwillige Selbstbeschränkung Gottes,[396] der damit auf seine Herrschaft über die Welt verzichtet und sich in seinem Beauftragten dem Mutwillen der Menschen, die sich von ihm abgewandt haben, preisgibt. Die Gottheit gerät so in die Hand der Menschen, dass sie nach ihrem Gutdünken mit ihr verfahren. Ihre Grösse zeigt sich daran, ob das ihr Ende bedeutet oder nicht. Alle Aussagen der Passionsgeschichte, dass dieses Geschehen Gottes Wille entspreche, und die Osterberichte sa-

---

395 *Feldmeier*, Krisis 187-191, 245-247 geht noch weiter und spricht vom Schweigen Gottes, das Jesu Gebet unbeantwortet lässt. Dies sei als Zeichen des Zorns und des Gerichts zu verstehen. Abgesehen davon, dass der Text *nicht* von Gottes Schweigen spricht, ist jedoch auch zu überlegen, ob man den Fortgang der Erzählung nicht doch als (zwar indirekte, negative) Antwort Gottes verstehen könnte. Damit wäre auch die Schwierigkeit umgangen, dass man Lk (oder dem späteren Einfüger von Lk 22,43) ein komplett falsches Verständnis vorwerfen müsste (vgl. auch Hebr 5,7-9). Dass jedoch das Motiv der Gottesferne bereits in der Gethsemaneperikope auftaucht, soll damit nicht bestritten werden; und schon gar nicht, dass die Passion als Gottesgericht zu verstehen ist (*Feldmeier*, Krisis 243f; vgl. unten zu 15,33f).

396 Vgl. *Rodenberg*, Schmerz Gottes 179f.

gen gemeinsam, dass Gottes Gottheit es überlebt hat, in die Hände der Sünder ausgeliefert zu sein. Das scheinbar gottlose und eigenwillige Geschichtshandeln der Menschen wird nicht als das Ende von Gottes Gottheit gesehen. Es müsste vielmehr umgekehrt formuliert werden, dass Gott das Tun der Menschen erträgt oder erleidet. Dann gibt es aber im Grunde genommen kein Handeln der Menschen, bei dem es unmöglich wäre, von Gott zu sprechen. Dieser Vers leitet dazu an, Gott im Passionsgeschehen so zur Sprache zu bringen, dass vom menschlichen Ungehorsam (Sünde) Gott gegenüber und von Gottes Ertragen des menschlichen Tuns die Rede ist.

Der Tod Jesu ist in diesem Vers als Werk der sündigen Menschen verstanden, das entgegen deren Absicht dazu dient, die Grösse Gottes deutlich werden zu lassen. Die Juden und die Heiden, die einander darin unterstützen, Jesus zu beseitigen, sind als Sünder gekennzeichnet. Die "frommen Sünder" und die "heidnischen Sünder" haben sich miteinander verbunden, um den Menschensohn hinzurichten. Das Kreuz ist als Werk menschlicher Auflehnung gegen Gott begriffen. Die "Sünder" hören nicht auf den Gesandten Gottes und versteigen sich dazu, den Unschuldigen umzubringen. Das ist der Höhepunkt möglicher Auflehnung gegen Gott. Sie ist gegen denjenigen gerichtet, der in einzigartiger Weise Gott als seinen Vater anreden konnte, und sie versucht radikal, ihn zu beseitigen.

Die Kreuzigung ist verstanden als maximale Anstrengung der "Sünder", Gott ganz aus dieser Welt zu verdrängen. Eine grössere Gottlosigkeit ist nicht mehr möglich. Darin sind all die kleinen Dinge der Auflehnung gegen Gott zusammengefasst. Und genau hier wird Gottes Sieg über die Gottlosigkeit und Sünde der Menschen verkündigt. Das ist ein für allemal Gottes Sieg über alle Gottlosigkeit und alle Sünde, weil grössere nicht mehr denkbar sind. Denn gerade angesichts des Kreuzes, das Gott verdrängen sollte, kann von Gott gesprochen werden. Das Kreuz macht die Welt also nicht gott-los, sondern zeigt Gott als den, der die Gottesfeindschaft der Menschen überwindet. Das bedeutet, dass am Kreuz alle vergangene und künftige Sünde der Menschheit überwunden ist. Was die Menschen auch immer tun werden, sie können damit der Gottheit Gottes kein Ende setzen. Darum kann das Evangelium so absolut und bedingungslos den Sieg Gottes verkündigen.

In diesem und im nächsten Vers ist Jesus nicht mehr als der dargestellt, der wie in V34-36 sich ein Ja zu dem ihm gezeigten Weg abringen muss. Er erscheint jetzt entschlossen, diesen Weg zu gehen und bejaht die Stunde, die er nun gekommen weiss. Diese Veränderung in der Beschreibung Jesu wird nicht begründet. Die nächstliegende Annahme ist, dass sie für den Erzähler Folge des dreimaligen Gebets Jesu ist. Darin hat Jesus die Kraft gefunden, den Leidensweg anzunehmen und ihn mit Entschlossenheit und Zuversicht zu gehen. Im Gegensatz zu den Jüngern hat Jesus in seiner Verzweiflung nicht auf die eigene Stärke gebaut, sondern sich im Gebet an seinen Vater gewandt, um das, was kommt, aus seiner Hand nehmen und ihm gehorsam sein zu können.

Damit ist dem Gebet Jesu eine Wirkung zugeschrieben. Auch wenn der konkrete Wunsch nicht in Erfüllung geht, ist das Beten doch nicht fruchtlos geblieben.[397] Durch das Gebet hat Jesus die Kraft empfangen, seinen Leidensweg entschlossen zu gehen. Diese Perikope misst dem Gebet eine besondere Rolle zu bei der Frage, wie sich denn Gottes Wille in der Welt verwirklicht. Das Ganze ist allerdings als Geheinmis dargestellt, das zu durchleuchten nicht versucht wird.

V42 Die Initiative ist wieder ganz Jesus zugeschrieben. Er macht sich mit den Jüngern[398] auf, dem Verräter und den Häschern entgegen. Das in V41 gewonnene Bild wird bestätigt. Jesus geht seinen Weg wieder mit Entschlossenheit.

Judas wird hier als der παραδιδούς (Auslieferer) bezeichnet. Das ist der, der in die Tat umsetzt, was bei Gott beschlossen ist: παραδίδοται (er wird ausgeliefert: V41). Das gleiche Geschehen der Auslieferung Jesu wird unter verschiedenen Aspekten beschrieben. Hier in V42 ist Judas als der Handelnde genannt (Partizip aktiv); in V41 umschrieb das passivum divinum, dass Gott seinen Sohn dahingibt. Beide Beschreibungen ergänzen einander. Sie schliessen sich keineswegs aus, sondern dieses Nebeneinander verhindert, dass Gott einfach zu einem der Faktoren dieser Welt wird.

2.8.3 Historische Beurteilung

Gibt es Argumente, die zur Annahme berechtigen, dass Jesus vor seiner Verhaftung verzweifelt war? Kann wahrscheinlich gemacht werden, dass er im Gebet sein Ja zum Weg ans Kreuz fand? Auch vom Versagen der Jünger könnte die Rede sein, doch scheint mir das besser abschliessend bei der nächsten Perikope (Flucht der Jünger) zu geschehen.

Zur Frage der Verzweiflung Jesu lässt sich das Kriterium der Unähnlichkeit sinngemäss benützen: In der zeitgenössischen Märtyrerliteratur ist die Verzweiflung kein Thema. Da wird vielmehr der Mut und die zuversichtliche Haltung des Märtyrers hervorgehoben.[399]

---

397 Nach *Feldmeier*, Krisis 191, 246f erfährt Jesus in Gethsemane nur sein Verworfensein durch Gott. Der Gedanke, dass Jesus in Gethsemane auch die Entschlossenheit findet, seinen Weg gehorsam bis zum schändlichen Ende zu gehen, kommt nur am Rand vor (vgl. 245).

398 Es ist unklar, ob in diesem Vers alle Jünger oder nur die bevorzugten Drei angesprochen sind.

399 *Schweizer* 170; *Taylor* 551.

Das Christentum scheint ebenfalls nicht besonders an der Verzweiflung Jesu interessiert zu sein. In den Evangelien ist sonst nicht mehr davon die Rede und in den Briefen ist nur Hebr 5,7 zu erwähnen, wo jedoch die Befreiung aus der Angst und nicht so sehr die Verzweiflung selbst beschrieben ist. Das Kriterium der Unähnlichkeit spricht damit für die Historizität der Verzweiflung Jesu. Auch das Kriterium der mehrfachen Überlieferung[400] lässt sich in diesem Sinne verwenden. Es ist deshalb als sehr wahrscheinlich zu betrachten, dass Jesus vor seiner Verhaftung verzweifelt war und intensiv gebetet hat.[401]

Bei der zweiten Frage geht es darum, ob Jesus im Gebet ein Ja fand zu seinem Weg. Hier ist die Beurteilung schwieriger, weil es an genauen Anhaltspunkten fehlt und die Frage viel unpräziser ist. Es ist auszugehen von dem bereits oben begründeten Urteil, dass Jesus mit seinem baldigen Tod rechnete.[402] Ferner ist in Betracht zu ziehen, dass Jesus seinen Weg ans Kreuz nicht gemieden hat: Er hat sich nicht zurückgezogen, indem er die Öffentlichkeit und die Stadt Jerusalem gemieden hätte, er hat nicht versucht zu fliehen noch sich zu verteidigen.[403] All dies lässt darauf schliessen, dass Jesus seinen Weg bewusst gegangen ist.

Dieser Beschreibung fügt die Gethsemane-Szene einen neuen Aspekt bei: Sie spricht von der Verzweiflung Jesu und macht damit deutlich, dass er seinen Weg ans Kreuz nicht in stoischer Gelassenheit gegangen ist, sondern dass es ihn Überwindung gekostet hat, seinem Geschick nicht auszuweichen. In diesem Sinne kann gesagt werden, dass Jesus ein Ja zu seinem Weg gefunden hat.[404]

Auf ein Detail ist noch genauer hinzuweisen, nämlich auf die Gebetsanrede "Abba". Sie wird meistens als typisch für Jesus bezeichnet, vor allem weil im Judentum Gott nie so angesprochen wird.[405] Aufgrund des Kriteriums der Unähnlichkeit ist diesem Urteil zuzustimmen. Es ist jedoch darauf hinzuweisen, dass dieses Urteil abgesehen von der traditionsgeschichtlichen Beurteilung von V36 gilt. Es bezieht sich auf das Verhältnis Jesu zu seinem Vater im allgemeinen und nicht nur auf die Gethsemane-Szene.

---

400 Vgl. S. 102.
401 Mit *Gnilka* II 264; *Pesch* II 395; *Schweizer* 169. *Cranfield* 430 misst der gesamten Perikope grossen historischen Wert zu, ebenso *Taylor* 551; gegen *Dibelius*, Formgeschichte 214, der die ganze Perikope als unhistorisch betrachtet.
402 Vgl. oben S. 89; mit *Gnilka* II 264; *Pesch* II 395.
403 Vgl. Mk 14,43-52.
404 Diese Frage wird in den Kommentaren selten so gestellt und zu beantworten versucht. Alle, die der Gethsemane Szene als ganzer historischen Wert zumessen (vgl. Anm. 401), würden sie wohl positiv beantworten.
405 *Gnilka* II 260, 264; *Pesch* II 391; *Schweizer* 170; *Jeremias*, Neutestamentliche Theologie I 72; gegen *Lohmeyer* 315.

2.9 Markus 14,43-52

43 Und sogleich, während er noch redet, erscheint Judas, einer von den Zwölfen, und mit ihm eine Schar mit Schwertern und Knüppeln von den Hohenpriestern, den Schriftgelehrten und den Ältesten.

44 Der Auslieferer hat ihnen aber ein Zeichen gegeben und gesagt: "Den ich küsse, dieser ist's. Ergreift ihn und führt ihn sicher ab!"

45 Und kaum ist er gekommen und auf ihn zugegangen, sagt er: "Rabbi!" und küsste ihn innig.

46 Sie aber legten Hand an ihn und ergriffen ihn.

47 Einer aber der Dabeistehenden zog das Schwert und schlug den Knecht des Hohenpriesters und hieb ihm das Ohr ab.

48 Und Jesus hob an und sagte: "Wie gegen einen Räuber seid ihr ausgezogen mit Schwertern und Stangen, um mich zu fassen.

49 Täglich war ich bei euch im Tempel und lehrte und ihr habt mich nicht ergriffen. Aber - damit die Schriften erfüllt werden."

50 Und alle verliessen ihn und flohen.

51 Und irgendein Jüngling folgte ihm mit einem Leinengewand auf dem blossen Leib bekleidet. Und sie ergreifen ihn.

52 Er aber liess das Leinengewand zurück und floh nackt.

2.9.1 Analyse

Alle vier Evangelien haben einen gemeinsamen Grundbestand. Sie erwähnen miteinander, dass Judas bei der Verhaftung Jesu eine wichtige Rolle spielt und dass der Knecht des Hohenpriesters am Ohr verletzt wird. Auch die Aussage Jesu, dass er doch in aller Öffentlichkeit gewirkt habe, findet sich überall, bei Joh allerdings erst später im Verhör vor Hannas.

Sonst haben alle Evangelien mehr oder weniger starke Abweichungen voneinander. Am ausgeprägtesten ist das bei Joh der Fall, der schildert, wie die Verhaftungstruppe vor Jesus niederfällt. Der Bericht von Lk ist gegenüber Mk viel kürzer und der Verrat mit Hilfe eines Kusses ist anders dargestellt. Seine grösste Abweichung von Mk ist die Heilung des abgeschlagenen Ohrs durch Jesus.

Mt ist wieder am ähnlichsten von allen mit Mk. Auffallend bei ihm ist die relativ lange Antwort, die Jesus dem seiner Anhänger gibt, der mit dem Schwert dreingeschlagen hat. Der nackt fliehende Jüngling ist nur bei Mk erwähnt.

Durch die Worte εὐθὺς ἔτι αὐτοῦ λαλοῦντος ist die Verhaftung eng mit der Gethsemane-Perikope verbunden. λαλοῦντος bezieht sich auf das in V42 Gesagte zurück. Diese enge Verbindung der beiden Szenen ist wahrscheinlich redaktionellen Ursprungs.[406]

Die Bezeichnung des Judas als εἷς τῶν δώδεκα geht wohl auch hier wieder auf Mk zurück.[407] Auch aus seiner Hand stammen kann die Aufzählung von Hohenpriestern, Schriftgelehrten und Ältesten als Auftraggeber des Judas und der Verhaftungstruppe.[408]

Diese wird als ὄχλος μετὰ μαχαιρῶν καὶ ξύλων bezeichnet. ὄχλος bedeutet im Mk-Evangelium sonst vor allem die Menge, die bei Jesus ist und ihm zuhört.[409] Jetzt ist es die Schar, die Jesus feindlich gegenübersteht.[410] An unserer Stelle soll offenbar damit die stattliche Anzahl der Häscher betont werden. Ihre Ausrüstung[411] ist Zeichen für die Absicht, in der sie gekommen sind. Es ist dabei wohl mehr an eine für diesen konkreten Fall zusammengestellte Schar als eine ständig bestehende Truppe gedacht.[412]

V44 bringt als Nachtrag die vorher geschehene Abmachung über das Erkennungszeichen zwischen Judas und den Häschern. Diese Information ist Voraussetzung für das Verständnis der Fortsetzung. Aus ihrem Nachtragscharakter kann nicht geschlossen werden, dass sie erst sekundär in die Geschichte eingefügt worden sei.[413] Denn weil Jesus die Bezugsperson der Erzählung ist,[414] kann dieser Nachtragscharakter erzähltechnisch nicht vermieden werden, da Jesus bei dieser Abmachung nicht direkt beteiligt ist. Auch gibt es eigentlich keine andere Stelle, wo diese Information eingefügt werden könnte.

Der Text geht davon aus, dass dieses Erkennungszeichen nötig war, und dass darin der eigentliche Verrat des Judas besteht. Hätte er Jesus den Häschern nicht gezeigt, hätten sie ihn nicht verhaften können. Der Text

---

406 εὐθύς ist Vorzugswort von Mk. Es hat sich bei einigen genetivi absoluti die Möglichkeit gezeigt, sie der Redaktion zuzuschreiben (vgl. zu 14,3.17.22.66);
   mit *Gnilka* II 267; *Schweizer* 173; *Taylor* 558; *Dormeyer*, Passion 138; *Mohr*, Markus- und Johannespassion 249; *Schenk*, Passionsbericht 206; *Schenke*, Christus 117 (nur εὐθύς); *Schneider*, Verhaftung 199f.
407 Vgl. zu 14,10.20; mit *Gnilka* II 267; *Dormeyer*, Passion 138; *Schenk*, Passionsbericht 207; *Schenke*, Christus 117f.;
   gegen *Mohr*, Markus- und Johannespassion 250.
408 Vgl. zu 14,53; mit *Dormeyer*, Passion 138; *Schenk*, Passionsbericht 207; *Schenke*, Christus 118; *Schneider*, Verhaftung 200;
   gegen *Pesch* II 399.
409 Vgl. *Pesch* II 399.
410 Mk 14,43; 15,8.11.15.
411 Schwerter und Knüppel sind die regulären Waffen (*Gnilka* II 269, Anm. 10; *Dormeyer*, Passion 138; gegen *Lohmeyer* 322, 324).
412 Mit *Cranfield* 436; *Taylor* 558.
413 Mit *Lohmeyer* 321; *Pesch* II 397;
   gegen *Dormeyer*, Passion 139; *Klauck*, Judas 66; *Mohr*, Markus- und Johannespassion 249.
414 Anders *Lohmeyer* 321.

schweigt sich aber darüber aus, weshalb dieses Zeichen für nötig gehalten wird. Besteht die Vorstellung, Jesus sei der Verhaftungstruppe unbekannt gewesen? Oder die Dunkelheit habe die Identifizierung erschwert? Oder musste der Ort, wo Jesus sich aufhielt gezeigt werden? Der Text bietet keinen Anhaltspunkt zur Beantwortung dieser Fragen.[415] Sie müssen offen bleiben. Nur die Notwendigkeit des Verrats wird unterstrichen. ἀπάγω und ἀσφαλῶς sind termini der Rechtssprache.[416]

V47 ist eine ergänzende Bemerkung, die etwas isoliert dasteht. Sie wird in den folgenden Versen nicht mehr aufgenommen und ihre Funktion innerhalb der Perikope ist nicht recht klar.[417] Die traditionsgeschichtliche Einordnung dieses Verses variiert demgemäss.[418] Vielleicht kann man ihre Beziehungslosigkeit so verstehen, dass es sich dabei um eine alte Notiz handelt, die in die bereits bestehende Perikope eingefügt wurde.[419]

Die beiden folgenden Verse (48 und 49) betonen die Unangemessenheit und Hinterhältigkeit des Vorgehens gegen Jesus. Sie sind eine Antwort auf die in V43-46 geschilderte Verhaftung. Der Verweis auf Jesu Lehren im Tempel bezieht sich innerhalb des Evangeliums auf 11,27-12,44. Er könnte auf den Evangelisten selbst zurückgehen. Dafür spricht auch, dass V49a markinische Vorzugswörter enthält.[420] V48 und V49b gehören wohl ebenfalls nicht zum ursprünglichen Bestand der Perikope. Denn die Rede Jesu spricht eher die Auftraggeber als die Häscher[421] selbst an und auch der Verweis auf die Schrift legt den Gedanken nachträglicher Reflexion nahe.[422]

---

415 Vgl. *Lapide*, Verräter 78.

416 *Pesch* II 399; *Dormeyer*, Passion 139.

417 Vgl. unten Anm. 442.

418 - Urspünglich: *Mohr*, Markus- und Johannespassion 249; *Schenke*, Christus 119 (ohne: einer der Dabeistehenden).
   - Vormarkinische Redaktion: *Dormeyer*, Passion 141.

419 Ähnlich *Schweizer* 173, der V47 als Teil der durch Mk beigefügten V47-52 sieht.

420

διδάσκω	Mt	14	Mk	17	Lk	17
κρατέω	Mt	12	Mk	15	Lk	2;

mit *Gnilka* II 267; *Mohr*, Markus- und Johannespassion 111-113; *Schenk*, Passionsbericht 213f.

421 Rein grammatikalisch sind nicht einmal diese, sondern die "Dabeistehenden" (V47) angesprochen.

422 Mit: - vormarkinische Bearbeitung (ohne V49a): *Gnilka* II 267; *Mohr*, Markus- und Johannespassion 249;
   - markinisch: *Dormeyer*, Passion 141f; *Schenk*, Passionsbericht 213-215; *Schenke*, Christus 120; *Schneider*, Verhaftung 202f.

V48-49a sind eher eine vormarkinische Bearbeitung, weil die Schlüsselwörter eher auf Tradition weisen:

ἀποκρίνομαι	Mt	55	Mk	30	Lk	46
λῃστής	Mt	4	Mk	3	Lk	7
συλλαμβάνω	Mt	1	Mk	1	Lk	7
πληρόω	Mt	16	Mk	2	Lk	9
αἱ γραφαί	Mt	4	Mk	2	Lk	3.

λῃστής kann im ausserbiblischen wie im biblischen Sprachgebrauch einen Räuber oder einen Zeloten bezeichnen.[423] Nichts im Kontext legt es nahe, dass nur die speziellere Bedeutung "Zelot" in Frage komme. So wird man von der allgemeineren Übersetzung "Räuber" auszugehen haben.[424]

Nach diesen Sätzen Jesu wird die Handlung weiter und zu Ende erzählt. Nur kurz erwähnt V50 die Flucht aller Jünger. πάντες kann als Anspielung auf das pointierte Vorkommen dieses Wortes in 14,27.29.31 verstanden werden. Was dort angekündigt wurde, geht jetzt in Erfüllung. Die mit der Verhaftung Jesu begonnene Handlung wird weitergeführt. Zu Beginn der Perikope ist Jesus mit seinen Jüngern zusammen gewesen (vgl. 14,41f). V43-46 erzählen, was mit Jesus geschieht, und V50 berichtet über die Jünger. Erst jetzt ist von allen am Anfang erwähnten Personen gesprochen worden. V50 ist daher kaum ein sekundärer Zusatz.[425]

Viele Rätsel geben V51f auf. In keinem der anderen Evangelien ist von diesem Zwischenfall berichtet. Seine erzählerische Bedeutung ist unklar. Ist es einfach ein für den Erzähler erwähnenswertes Geschehen?[426] Ist der Jüngling als Augenzeuge verstanden, der die Treue der Überlieferung verbürgen soll?[427] Oder deutet dieser Jüngling und derjenige von 16,5 auf verschlüsselte Weise an, was mit Jesus geschieht.[428] Ebenso schwierig zu beurteilen ist auch die Traditionsgeschichte dieser Verse.[429] Sie sind mit V47 vergleichbar: Sie erscheinen ebenfalls als ergänzende Bemerkung zum Bericht der Perikope, auf die sonst nicht mehr Bezug genommen wird. Man kann deshalb auch hier annehmen, dass es sich um eine alte Notiz handelt, durch die die Perikope ergänzt worden ist.[430]

Von der Erzählstruktur und der literarkritischen Beurteilung dieser Perikope her zeichnet sich ein Block V43-46.50 ab, der die Haupthandlung erzählt, die durch verschiedene Zusätze ergänzt ist.

---

423 *Rengstorf*, ThWNT IV 263,4.20f; 266,1f.8-12.
424 Mit *Schweizer* 174; *Pesch* II 401, Anm. 12; *Blinzler*, Prozess 100, Anm. 84.
425 Mit *Schenke*, Christus 121f; *Dormeyer*, Passion 144; *Mohr*, Markus- und Johannespassion 249;
    gegen *Schneider*, Verhaftung 204f.
426 *Pesch* II 402.
427 *Lohmeyer* 324; *Taylor* 562; *Dormeyer*, Passion 144f.
428 *Schnellbächler*, Rätsel 134f.
429 - Vormarkinische Erweiterung: Gnilka II 267;
    - markinisch: *Schenke*, Christus 122;
    - nachmarkinischer Zusatz: *Schmithals* II 650.
430 Mit *Schweizer* 173.

War die Verhaftung Jesu Beginn eines alten Passionsberichts?

Es ist angenommen worden, dass ein alter Passionsbericht mit der Verhaftung Jesu begonnen habe.[431] Dabei geht es um die Frage der Entstehungsgeschichte der vormarkinischen Passionsgeschichte. Auf die Unsicherheiten, mit denen diese Fragestellung verbunden ist, wurde bereits oben hingewiesen.[432]

Als Gründe für die Annahme, dass eine alte Passionsgeschichte mit der Verhaftung Jesu begann, werden vor allem die genauere Übereinstimmung zwischen synoptischer und johanneischer Passionsgeschichte von der Verhaftungsperikope an und die Unabgeschlossenheit des Verhaftungsberichts, der eine Fortsetzung verlangt, genannt.[433] Dabei ist z.T. an ein vorliterarisches Stadium gedacht.[434]

Auf literarischer Ebene legt sich hingegen ein Beginn mit der Gethsemaneperikope 14,32–42 nahe: Der Abschnitt V43–52 bedarf einer Einleitung. Er kann selber nicht Beginn eines Passionsberichts gewesen sein, da er Jesus und seine Jünger nicht einführt, sondern bereits als bekannt voraussetzt. Es sind auch keine Orts- und Zeitangaben gemacht. Der Gethsemanebericht kann dies leisten. Dadurch wird es wahrscheinlich, dass auf literarischer Ebene ein alter Passionsbericht mit 14,32–42 begonnen hat.[435]

2.9.2 Interpretation

V43 Sofort nach der letzten Leidensankündigung (V41f) beginnt das eigentliche Passionsgeschehen. Der Satz vom Kommen des Verräters ist noch nicht zu Ende gesprochen, als dieser bereits dasteht. Damit ist deutlich markiert, dass jetzt die Leidensgeschichte beginnt. Bisher war nur in den Ankündigungen Jesu (14,8.21.24f.27.41) und in den geheimen Vorbereitungen seiner Gegner (14,1f.10f) davon die Rede gewesen. Durch die enge Verknüpfung von V43 mit der vorhergehenden Perikope wird betont, dass sich jetzt das zu erfüllen beginnt, was Jesus seit langem angekündigt und am Ende der letzten Szene wiederholt hat.

Judas ist wieder sehr betont als Mitglied des Zwölferkreises beschrieben. Diese unglaubliche Tatsache wird unterstrichen. Erstaunlicherweise ist sie für besonders erwähnenswert gehalten worden. Hier findet sich jedoch noch kein Hinweis darauf, warum denn das so besonders wichtig sei. In den folgenden beiden Versen wird darauf noch besonders zu achten sein.

---

431 *Jeremias*, Abendmahlsworte 88; *Schneider*, Verhaftung 207;
    gegen *Pesch* II 397; *Schenke*, Christus 124.
432 Siehe oben S. 94.
433 *Jeremias*, Abendmahlsworte 88.
434 *Jeremias*, Abendmahlsworte 90 nimmt sogar noch für den (späteren) Langbericht bloss mündliche Überlieferung an.
435 Mit *Gnilka* II 349; *Schenke*, Christus 124, 133f.

Die Leute, die Judas mit sich bringt, werden als ὄχλος (Menge) beschrieben. Das lässt an eine spontan zusammengestellte Schar denken, wobei höchstens deren Zentrum eine organisierte Einheit ist. Vielleicht kann daraus gefolgert werden, dass der "Fall Jesu" aussergewöhnlich ist, so dass von der Obrigkeit nicht gemäss einem Standartschema vorgegangen werden kann, sondern ein diesem speziellen Fall angemessenes Vorgehen gewählt werden muss.

Im Mk-Evangelium hat ὄχλος bisher die Menge bezeichnet, die Jesu Rede hörte und seinen Taten zuschaute. Heisst der Gebrauch dieses Wortes hier, dass die "Menge" ihre Zuschauerhaltung verlässt und sich mehrheitlich gegen Jesus wendet oder sich zumindest von der Obrigkeit in diesem Sinne gebrauchen lässt?[436]

Als Gegner Jesu, die für die Verhaftung verantwortlich sind, werden Hohepriester, Älteste und Schriftgelehrte genannt. Es sind die jüdischen Behörden, die die Initiative innehaben. Jesu eigene Volksgenossen wenden sich gegen ihn. Nach dem Mk-Evangelium werden die Römer erst später beigezogen.

V44 Als ergänzende Zwischeninformation wird hier von der Verabredung des Verratszeichens zwischen Judas und den Häschern erzählt. Es ist vorausgesetzt, dass dieses Zeichen aus irgendwelchen Gründen - die hier nicht genannt sind - nötig war.[437]

Judas ist wieder als ὁ παραδιδούς (der Auslieferer) bezeichnet. Nochmals ist damit gesagt, dass er derjenige ist, der das von Gott beschlossene παραδίδοται (er wird ausgeliefert, zuletzt in V41) in die Tat umsetzt.

Das Verratszeichen ist ein Begrüssungskuss. Unter den Rabbinen war ein Kuss als Ehrenbezeugung üblich.[438] Dazu passt, dass Judas in V45 Jesus als Rabbi anredet. Das Zeichen, das normalerweise Zugehörigkeit ausdrückt, ist durch die Absprache umgewandelt und für die Eingeweihten zum Identifikationszeichen geworden. Nur wer informiert ist, wird die Bedeutung des Judaskusses erfassen. Alle anderen werden ihn als Freundschafts- oder Ergebenheitsbezeugung verstehen.[439] Die geheime Absprache soll den wahren Sinn des Kusses so lange wie möglich verheimlichen und die Anwesenden täuschen. Das Zeichen von Freundschaft und Jüngerschaft ist bewusst missbraucht. Die wahre Bedeutung des Judaskusses ist nur durch den Kontext (Verabredung, Verhaftung) erkennbar.

---

436 Vgl. dazu das Vorkommen desselben Wortes in der Szene vor Pilatus Mk 15,8.11.15.
437 Vgl. oben S. 120.
438 Str-B I 995; *Blinzler*, Prozess 87; *Taylor* 558f.
439 Vgl. *Gnilka* II 269; *Schweizer* 174.

Diese Rolle des Verräters kann nur ein Anhänger Jesu spielen. Jemand anderes kann sich des Freundschaftszeichens gar nicht bedienen und es folglich auch nicht missbrauchen. Möglicherweise liegt hier einer der Gründe, weshalb so betont worden ist, dass Judas "einer der Zwölf" war.

Vielleicht soll dadurch betont werden, dass es neben der offenen auch eine geheime Feindschaft gegen Jesus gibt, die sich mit dem Gewand der Freundschaft verkleidet und grösseres Unheil anrichtet, als diejenigen, die sich offen als Gegner Jesu zu erkennen geben, es vermögen. Für Jesus heisst das, dass er nirgends sicher ist und sich vor allen in Acht zu nehmen hat: vor seinen erklärten Opponenten und vor seinen Jüngern, von denen er weiss, dass einer ins andere Lager wechselt. Es handelt sich hier um eine Steigerung der Aussage von 14,17-21, wo es einfach darum geht, dass einer der Jünger zu den Gegnern übergeht. Jetzt geht es darum, dass einer, der im Gewand der Anhänglichkeit daherkommt, ein verkappter Gegner ist. Nicht einmal auf die Zeichen der Zugehörigkeit ist mehr Verlass. Das ist die schmerzende Spitze der Gegnerschaft der Menschen gegen Jesus, der Gipfel der Feindschaft, die er zu überwinden hat. Die innere Einsamkeit Jesu ist damit als total dargestellt.

Der Befehl, den Judas an die Häscher gibt, dass sie Jesus festnehmen und sicher abführen sollen, lässt ihn beinahe als Anführer dieser Häschertruppe erscheinen. Jedenfalls wird dadurch deutlich, dass Judas bei der Verhaftung Jesu eine bedeutende Rolle zukommt.

V45 Das verabredete Zeichen wird jetzt in die Tat umgesetzt und Jesus verraten. Dieser Ausdruck ist hier angemessen, weil der Begrüssungskuss als Zeichen missbraucht wird, um Jesus als den zu bezeichnen, der verhaftet werden muss.

Das Wort παραδίδωμι, das zwar hier nicht steht, sonst aber oft für das Tun des Judas gebraucht ist, ist in der Regel nicht mit "verraten", sondern mit seiner genaueren Bedeutung "ausliefern" übersetzt.

V46 Der Befehl des Judas von V44 wird sofort ausgeführt, Jesus festgenommen. Das Handeln der Gegner ist erfolgreich. Der zweite Teil des Befehls von V44 wird in V53 ausgeführt, wo Jesus zum Hohenpriester gebracht wird.

Jetzt beginnen sich die Pläne der Gegner Jesu, die in 14,1f geschildert worden waren, zu erfüllen. Die Verhaftung Jesu ist nach der Verabredung des Verrats die erste konkrete Handlung, die sie ihrem Ziel näherbringt. Davor hatte die Passionsgeschichte noch manches zu erzählen, das wichtig ist für das Verständnis der eigentlichen Passionshandlung.

Aber auch die Vorankündigungen Jesu erfüllen sich. Der Menschensohn wird in die Hände der Sünder ausgeliefert (V41, vgl. 14,8.21.25.27). Das Wort

"Hände" aus dieser letzten Leidensankündigung wird jetzt wieder aufgenommen: Die Häscher legen Hand an Jesus (ἐπέβαλον τὰς χεῖρας αὐτῷ).

V47 Das Verständnis dieses Zwischenfalls ist nicht ganz klar und seine Bedeutung innerhalb der Perikope unklar. So wird manchmal vermutet, dass – entgegen dem Verständnis der anderen Synoptiker – gemeint sei, dass es einer aus der Gruppe der Häscher ist, der dreinschlägt.[440] Mk macht keine genauen Angaben über die Person dessen, der das Schwert gebraucht. Es ist m.E. doch wahrscheinlicher, dass einer gemeint ist, der Jesus verteidigen will, denn es ist einer der Häscher, also der Gegner Jesu, der getroffen wird, und auch Mt und Lk verstehen es so.[441]

Von diesem Verständnis ausgehend ist weiter nach der Bedeutung dieser kurzen Schilderung zu fragen. Auch dazu fehlen genaue Hinweise im Text. Vielleicht kann gerade daraus, dass keine Reaktion auf dieses Dreinschlagen berichtet wird – weder Jesus noch die Jünger noch die Häscher scheinen darauf zu reagieren –, geschlossen werden, dass eine Aktion berichtet werden soll, die überhaupt keine Folgen gehabt hat. Die versuchte Gegenwehr ist als erfolglos und fehl am Platz beschrieben.[442]

Das kann in Übereinstimmung gesehen werden mit der geschilderten Situation: Der kleinen Gruppe der Anhänger steht eine grössere Truppe von Häschern gegenüber, deren Bewaffnung ausdrücklich erwähnt worden ist, während bei den Anhängern Jesu davon nicht die Rede war. In dieser Beschreibung der Lage ist eine Gegenwehr der Jünger aufgrund des geschilderten Kräfteverhältnisses von vornherein erfolglos und daher auch unpassend.

Aber auch theologisch ist sie unangemessen. Immer wieder ist betont worden, dass dieses Geschehen zu Gottes Plan gehört. Eine Gegenwehr bedeutet, dass verhindert werden soll, dass sich das ereignet, was Gott schon seit langem will. Sie hält Jesus von der Erfüllung seines Auftrags ab und behindert ihn auf dem Weg, den er gehen will. Sie ist verständlich als Ausdruck der Empörung. Empörung über den Verrat, Empörung über die Unge-

---

440 *Gnilka* II 270; *Pesch* II 400; *Schenke*, Christus 119f; *Senior*, Passion 82f. Nach *Schenk*, Passionsbericht 210 ist es der Jüngling von V51f.

441 Mit *Blinzler*, Prozess 87.

442 Andere Möglichkeiten des Verständnisses sind:
- Es wird ein mutiger Versuch der Gegenwehr beschrieben: "Das Detail des Schwertstreiches dient der Entlastung der Jüngerflucht" (*Dormeyer*, Passion 148; vgl. *Gnilka* II 270).
- Es soll Schande über den Knecht des Hohenpriesters und damit diesen selbst gebracht werden: Ein abgeschlagenes Ohr galt als Schandmahl (*Gnilka* II 270; *Schneider*, Verhaftung 202; ähnlich *Lohmeyer* 322).
- Es wird absichtslos über einen kleinen Zwischenfall berichtet (*Schweizer* 174).

rechtigkeit der Häscher, Empörung darüber, dass Jesus das mit sich geschehen lassen muss, Empörung über den Gott, der das zulässt. Auch wenn
diese Empörung verständlich ist, so ist sie doch unangebracht. Sie zeugt
nämlich davon, dass in dem Geschehenden (theologisch) kein Sinn gefunden
werden kann. Denn genau deshalb erfolgt der Versuch, es aufzuhalten. Etwas Sinnvolles wird gefördert, nicht blockiert.

Alle diese Empörung kann Jesu Gang ans Kreuz nicht zum Stillstand
bringen. So ist es sein Auftrag, und diesen erfüllt er, unabhängig davon,
dass weder Freunde noch Feinde begreifen, was da vor sich geht.

V48 Diese Rede Jesu hat noch einmal die Bewaffnung der Häscher zum
Thema. Die Angaben darüber von V43 werden wörtlich wieder aufgenommen. Es soll die Unangemessenheit des Vorgehens gegen Jesus betont werden. Diese Bewaffnung ist fehl am Platz, denn Jesus ist kein bewaffneter
Räuber.

Hier wird wieder ein Missverständnis der Person Jesu besprochen. War
bisher den Jüngern vorgeworfen worden, dass sie ihren Meister falsch ver-
stünden und daraus das Irrewerden an ihm folge, so gelangt jetzt dieser
Vorwurf an die Häscher und damit auch an ihre Auftraggeber.[443] Sie sehen
in Jesus nicht den, der gekommen ist, um durch seinen Tod den neuen Bund
zu begründen (14,22–26), sondern behandeln ihn wie einen gefährlichen Räuber.

Damit ist Jesus von allen missverstanden. Weder seine Anhänger noch
seine Feinde begreifen, wer er ist. Die einen verlassen ihn deshalb und die
anderen bekämpfen ihn. So steht Jesus allein da.

V49 stellt zuerst fest, wie offensichtlich unangemessen das Vorgehen gegen Jesus ist. Eine bewaffnete, nächtliche Aktion sei unnötig, da Jesus jeweils tagsüber im Tempel gelehrt habe. Er wäre also tagsüber und ohne
Waffengewalt festzunehmen gewesen.

Hier ist das Erstaunen ausgedrückt, dass die Festnahme nachts im
Schutz einer bewaffneten Truppe erfolgt. Dies ist als Folge der Feindschaft
der Obrigkeit gegen Jesus, die ihn um jeden Preis beseitigt haben will
(14,1f), zu verstehen. Sie hat zu einer Verblendung geführt, in der Jesus nur
noch verzerrt gesehen werden kann. Wer verblendet ist, nimmt nicht mehr
richtig wahr. Die Proportionen verschieben sich ihm. Das führt zu unangemessenen Reaktionen. Der Text denkt nicht darüber nach, wie diese Feindschaft, die jetzt in diesem unangemessenen Aufgebot an Häschern deutlich
wird, entstanden ist. Es ist lediglich gesagt, dass darin die Schrift zur Er-

---

443 Diese werden oft als die eigentlichen Adressaten von V48f betrachtet
(*Gnilka* II 270; *Schweizer* 174). In Lk 22,52f sind diese Sätze direkt an sie
gerichtet, da sie als bei der Verhaftung mit dabei vorgestellt sind.

füllung kommt. Und zwar ist es final formuliert ($\text{\textgreek{ἵνα}}$): "(Dies geschieht,) damit die Schriften erfüllt werden."[444] Das bedeutet, dass die Betrachtung dem Geschehen einen Zweck zuschreibt.

Theologisch gesehen besteht der Sinn dieses Geschehens darin, dass in ihm die Schrift erfüllt wird. Bisher haben V48f das Geschehen auf einer anderen Ebene betrachtet und dabei die Unzweckmässigkeit des Aufwands verdeutlicht: Bewaffnung und Grösse der Schar, die Jesus verhaften soll, steht in keinem Verhältnis zu ihrem Auftrag, den gewaltlosen Prediger aus Galiläa, der oft im Tempel lehrte, festzunehmen. Der Aufwand entspricht nicht dem Zweck; er ist unzweckmässig. Er hat seinen Grund ausserhalb des Zwecks, nämlich in der Verblendung der Hohenpriester und Ältesten und in ihrer Angst vor dem Volk (vgl. 14,1).

Dem als un-zweckmässig beurteilten Vorgehen schreibt die theologische Betrachtung einen Zweck zu: "... damit die Schriften erfüllt werden". Diese finale Formulierung ist als staunende Feststellung zu verstehen, wie in einer menschlich gesehen deplazierten Handlung das geschieht, was in der Schrift angekündigt ist. Angesichts einer unangebrachten Tat wird auf diese Weise vom Willen Gottes gesprochen, der sich gemäss den Voraussagen der Schrift realisiere.

Wiederum ist keine konkrete Schriftstelle angegeben. Die Allgemeinheit dieses Schriftbezugs ohne Stellenangabe entspricht dieser staunenden Haltung. Sie entspringt keineswegs dem Vergleichen von Details, sondern ist Ausdruck der Entdeckung, dass die Geschichte Jesu durch das AT theologisch verständlich wird. Möglicherweise deutet der Plural "die Schriften" darauf hin, dass nicht an eine konkrete Schriftstelle, in der eine nächtliche Verhaftung prophezeit wäre, gedacht ist, sondern vielmehr an mehrere alttestamentliche Texte, die als Voraussagen des Schicksals Jesu wichtig geworden sind.[445]

V50 Zu der oben festgestellten inneren Einsamkeit Jesu kommt jetzt die äussere dazu. Die Jünger fliehen, Jesus bleibt allein den Häschern überlassen. Das in 14,26-31 angekündigte Geschehen kommt jetzt zur Erfüllung. Das Wort $\text{\textgreek{πάντες}}$ (alle) stand dort in V27.29.31. Die Jünger verlassen Jesus und bringen sich damit in Sicherheit. Auch hier siegt die Schwachheit des

---

444 Vgl. Mt 1,22; 2,15; 4,14; 12,17; 21,4; Joh 12,38; 13,18; 15,25; 17,12; 18,9.32; 19,24.36.

445 Vgl. die bei NA[26] hervorgehobenen Schriftzitate und -anspielungen:

Ps	22,2	(Mk 15,34)
Ps	22,19	(Mk 15,24)
Ps	42,6.12	(Mk 14,34)
Ps	43,5	(Mk 14,34)
Ps	110,1	(Mk 14,62)
Sach	13,7	(Mk 14,27);

vgl. 1.Kor 15,3: $\text{\textgreek{κατὰ τὰς γραφάς}}$.

Fleisches (V38) über den guten Willen, Jesus nicht zu verlassen (V31). Die
Ankündigung dieser Jüngerflucht hat sie als Irrewerden an Jesus beschrieben. Das geschieht jetzt: Die Jünger werden an Jesus irre und verlassen ihn.
Die Schafe zerstreuen sich; Jesus bleibt allein, nur von Gegnern umgeben,
und niemand versteht ihn.

V51f Die Bedeutung der Episode mit dem Jüngling, der sein Kleid in den
Händen der Häscher lässt und nackt flieht, ist nicht leicht zu begreifen.[446]
Am naheliegendsten ist es m.E., sie als Nachtrag zu der im Vers davor geschilderten Jüngerflucht anzusehen. Sie beschreibt dann den Ernst der Lage,
dass jeder ergriffen wird, der zu Jesus gehört und nur mit Mühe sein nack-
tes Leben retten kann.[447] So wird erklärt, dass die Jünger schon ihre Gründe hatten, Jesus zu verlassen. Eine realistische Beurteilung der Lage musste
zu ihrem Entscheid führen. Die Flucht der Jünger wird damit auf einer anderen Ebene betrachtet. Wurde sie vorhin als Erfüllung der Schrift verstanden, so wird nun gezeigt, dass die Jünger ihre guten Gründe zur Flucht hatten. Wiederum widersprechen sich diese beiden Darstellungen nicht, sondern entsprechen unterschiedlichen Betrachtungsweisen.

Ferner wird deutlich, wie auf dem Weg ans Kreuz alle Nachfolge
(συναχολουθέω)[448] zu Ende kommt.[449] Niemand vermag diesen Weg mit Jesus zu gehen. Es wird sichtbar, dass der Weg Jesu einmalig und nur für ihn
bestimmt ist.

Damit erscheint im letzten Abschnitt dieser Perikope noch einmal ihr
Grundthema, das der Einsamkeit Jesu. Bei der Flucht der Jünger (V50: äussere Einsamkeit) und im Zusammenhang mit dem Verrat durch ein miss-
brauchtes Zeichen der Freundschaft (V44: innere Einsamkeit) ist davon die
Rede. Immer wieder ist Jesus als derjenige beschrieben, der am Ende seines
Lebens allein ist. Und das muss so sein: Es ist keine Nachfolge mehr möglich. Nur der Hirte wird geschlagen, keines der Schafe. In dieser Darstellung
wird die Einzigartigkeit von Jesu Weg hervorgehoben. Er allein kann und
muss ihn gehen.

Das, was Jesus von allen Menschen, den Gegnern und den Anhängern unterscheidet, ist der Weg ans Kreuz. Wenn wir nach der Einzigartigkeit Jesu
fragen, wird nicht so sehr auf seinen Gehorsam oder seine Gelassenheit
hingewiesen, sondern auf den Weg, der ihm vorgezeichnet war und den er

---

446 Vgl. Analyse S. 121.

447 Mit *Gnilka* II 271; *Schweizer* 175; vgl. *Pesch* II 402; *Senior*, Passion 85.

448 Dieses Wort steht im Mk-Evangelium nur noch in 5,37, wo Jesus es al-
    len (ausser den drei Bevorzugten) verwehrt, mit ihm zum Haus des Syn-
    agogenvorstehers zu gehen.

449 Gegen *Pesch* II 402, der συναχολουθέω nicht mit dem religiösen Nach-
    folgegedanken verbindet; vgl. jedoch Lk 23,49.

gegangen ist, dass der Hirte sich schlagen lässt, damit sich die Schafe in Sicherheit bringen können.

2.9.3 Historische Beurteilung

Es kann hier nicht nur um die grundsätzliche Frage gehen, ob Jesus verhaftet worden ist. Daran sollte nicht gezweifelt werden, da feststeht, dass Jesus verhört, verurteilt (durch die höchste jüdische Behörde, Pilatus, oder beide zusammen - darüber gehen die Meinungen auseinander) und durch die römische Strafe der Kreuzigung hingerichtet worden ist. Das setzt selbstverständlich die Verhaftung voraus.

So sollen hier detailliertere Fragen zur Sprache kommen, wie sie durch den Text und die Forschung nahegelegt werden. V43 gibt an, dass die "Hohenpriester, Schriftgelehrten und Ältesten" die Häschertruppe stellten. Zusammen mit 14,1f.10f ist klar, dass für Mk die jüdische Obrigkeit die treibende Kraft für die Verhaftung Jesu war. Das wird manchmal aufgrund von Joh 18,3.12 in Zweifel gezogen. Diese Verse können so verstanden werden, dass bei der Verhaftung römisches Militär mehr oder weniger stark beteiligt war.[450] So ist gefragt worden, ob die Römer die Verhaftung Jesu veranlasst haben. Diese Frage ist natürlich eng mit der Beurteilung des Verhörs vor dem Synedrium verbunden. Wer der Meinung ist, dass Jesus nach der Verhaftung vor das Synedrium gebracht und dort verhört wurde, wird zur Ansicht neigen, dass diese Behörde auch die Verhaftung Jesu angeordnet hat. Dass Jesus wahrscheinlich vor die jüdische Obrigkeit geführt wurde,[451] spricht sehr dafür, dass diese und nicht die Römer die Verhaftung veranlasst hat.[452] Denn es wäre nicht einzusehen, weshalb die Römer ihren Häftling nicht direkt vor ihr Gericht gebracht hätten. Dass die Übersetzung von Joh 18,3.12 zwar auf römische Soldaten gedeutet werden kann, dieses Verständnis jedoch nicht zwingend ist,[453] weist in dieselbe Richtung. Es ist sicher, dass die jüdischen Behörden auch zur Zeit der Römer die Vollmacht zu Verhaftungen hatten.[454]

Wer die Häscher sind, ist nicht ganz eindeutig feststellbar. Oft wird an die Tempelwache oder an andere Gerichtsorgane des Synedriums gedacht.[455] Eine Beteiligung von römischen Soldaten ist unwahrscheinlich.[456]

---

450 σπεῖρα kann eine römische Kohorte (etwa 600 Mann) (*Blinzler*, Prozess 92) und χιλίαρχος deren Befehlshaber bezeichnen (*Bauer-Aland* 1759). Nach *Lapide*, Wer war schuld 53 nimmt auch Mk die Anwesenheit von römischem Militär an.

451 Vgl. unten S. 155f.

452 Mit *Gnilka* II 272; *Betz*, Probleme 613; gegen *Winter*, Trial 204f.

453 *Blinzler*, Prozess 95f.

454 *Blinzler*, Prozess 99; vgl. Josephus, Ant XX, 199f.

455 *Gnilka* II 272, *Blinzler*, Prozess 98.

456 Mit *Gnilka* II 272; *Blinzler*, Prozess 92f; gegen *Winter*, Trial 67.

Die Rolle des Judas ist nur schwer genau zu beschreiben. Es ist bereits weiter oben begründet worden, dass es sehr wahrscheinlich ist, dass einer der Jünger sich auf die Seite der Gegner Jesu gestellt hat und an der Verhaftung Jesu massgeblich beteiligt war, ja sie ermöglicht hat.[457] Worin sein Verrat genau bestand, ist unklar,[458] ebenso welches die Motive dafür gewesen sind.[459]

Dass die Jünger versagt und Jesus verlassen haben, stellen Mt und Mk ausdrücklich fest. Bei den anderen Evangelien wird ebenfalls klar, dass nur Jesus verhaftet wird, seine Jünger hingegen in Freiheit bleiben (Lk 22,54; Joh 18,8). An der Zuverlässigkeit dieser Angaben sollte nicht gezweifelt werden. Dafür sprechen die mehrfache Überlieferung und auch die Tatsache, dass nur Jesus und keiner seiner Anhänger verurteilt und hingerichtet worden ist. Ferner scheint später die Tendenz geherrscht zu haben, die Jünger zu entschuldigen.[460] Das lässt es als unwahrscheinlich erscheinen, dass je ohne historischen Anlass vom Versagen und der Flucht der Jünger gesprochen wurde. Aus diesen Gründen ist nicht daran zu zweifeln, dass die Jünger Jesus verlassen und sich in Sicherheit gebracht haben.[461]

---

457 Mit *Gnilka* II 273; *Pesch* II 403; *Lapide*, Verräter 50f; vgl. oben S. 53, ferner die in Anm. 458 genannten Autoren;
   gegen *Schmithals* II 601f.
458 Er habe den Ort angegeben, wo Jesus ohne Aufsehen verhaftet werden konnte und ihn identifiziert (*Blinzler*, Prozess 85; *Dibelius*, Judas 277).
459 Mit *Blinzler*, Prozess 86f; *Klauck*, Judas 55;
   Derrett, Iscariot 16 vermutet, dass Judas unzufrieden war über seine Zugehörigkeit zur entstehenden Kirche ("he was dissatisfied with his standing in the nascent church").
460 *Schweizer* 67. Lk und Joh sprechen nicht so klar von einer Flucht der Jünger wie Mt und Mk.
461 Mit *Gnilka* II 272, vgl. 230; *Pesch* II 403; vgl. oben Anm. 338.

2.10 Markus 14,53-72

53 Und sie führten Jesus ab zum Hohenpriester und es kommen alle Hohenpriester und Ältesten und Schriftgelehrte zusammen.

54 Und Petrus folgte ihm von weitem bis in den Hof des Hohenpriesters hinein und sass bei den Dienern und wärmte sich am Feuer.

55 Aber die Hohenpriester und das ganze Synedrium suchten gegen Jesus ein Zeugnis, um ihn zu töten, und fanden keines.

56 Denn viele legten gegen ihn ein falsches Zeugnis ab, und ihre Zeugenaussagen waren nicht gleich.

57 Und es erhoben sich einige und legten falsches Zeugnis ab gegen ihn, indem sie sagten:

58 "Wir haben ihn sagen gehört: 'Ich werde diesen von Händen gemachten Tempel abreissen und in drei Tagen baue ich einen anderen, nicht von Händen gemachten.'"

59 Und auch so war ihr Zeugnis nicht gleich.

60 Und der Hohepriester erhob sich, trat in die Mitte und fragte Jesus und sagte: "Antwortest du nichts? Was bedeutet das Zeugnis, das diese wider dich ablegen?"

61 Er aber schwieg und antwortete nichts. Wiederum fragte ihn der Hohepriester und sagt zu ihm: "Bist du der Christus, der Sohn des Hochgelobten?"

62 Jesus aber sagte: "Ich bin es, und ihr werdet sehen den Menschensohn sitzend zur Rechten der Kraft und kommen mit den Wolken des Himmels."

63 Der Hohepriester aber zerriss seine Gewänder und sagt: "Was benötigen wir noch Zeugen?

64 Ihr habt die Gotteslästerung gehört. Was meint ihr?" Sie alle aber verurteilten ihn, er sei des Todes schuldig.

65 Und es begannen einige ihn anzuspucken und sein Gesicht zu verhüllen und ihn zu schlagen und ihm zu sagen: "Weissage!" Und die Diener bedachten ihn mit Schlägen.

66 Und während Petrus unten im Hof ist, kommt eine von den Mägden des Hohenpriesters.

67 Und als sie Petrus sah, der sich wärmte, schaute sie ihn an und sagt: "Auch du warst bei dem Nazarener, bei Jesus."

68 Er aber leugnete und sagte: "Weder weiss ich, noch begreife ich, was du sagst." Und er ging hinaus in den Vorhof und der Hahn krähte.

69 Und als die Magd ihn sah, begann sie wieder den Umstehenden zu sagen: "Dieser gehört auch zu ihnen."

70 Er aber leugnete wieder. Und nach kurzem sagten die Umstehenden wiederum zu Petrus: "Wahrhaftig, du gehörst zu ihnen, denn du bist auch ein Galiläer."

71 Er aber begann zu fluchen und zu schwören: "Ich kenne diesen Menschen, von dem ihr sprecht, nicht."
72 Und sogleich krähte der Hahn zum zweitenmal. Und Petrus erinnerte
sich an das Wort, wie zu ihm Jesus gesprochen hatte: "Bevor der Hahn
zweimal kräht, wirst du mich dreimal verleugnen." Und er begann zu
weinen.

2.10.1 Analyse

Die Abgrenzung der Perikope ist hier nicht ganz einfach. Nach hinten legt
es sich nahe, den Anfang der Perikope bei V53 zu sehen.[462] Dort beginnt
nach der Flucht der Jünger, die in V50-52 die Szene der Verhaftung Jesu
abschliesst, etwas Neues: Jesus wird zum Hohenpriester geführt. Die
Hauptakteure der nächsten Szene werden eingeführt: Die Hohenpriester,
Ältesten und Schriftgelehrten, die miteinander das Synedrium bilden. Auch
Jesus wird ausdrücklich genannt.

Im nächsten Vers wird bereits von Petrus erzählt, der dem abgeführten
Meister bis in den Hof des Hohenpriesters folgt, wo er Jesus später verleugnen wird. Weil damit schon auf die Verleugnung hingewiesen ist, kann
die Perikope nicht abgeschlossen werden, bevor dieses Geschehen auch erzählt ist, d.h. sie geht mindestens bis 14,72.

Der darauf folgende Vers, 15,1, berichtet wieder vom Synedrium, wie der
Beschluss gefasst wird, Jesus an Pilatus auszuliefern. Es ist zu überlegen,
ob dieser Vers als Abschluss der V55-65 geschilderten Verhandlung auch
noch zur Perikope gerechnet werden soll. Das ist m.E. zu verneinen, da
V55-65 in sich abgeschlossen und nicht darauf angelegt ist, dass nochmals
vom Hohen Rat berichtet wird. Zudem werden seine Mitglieder und auch
Jesus in 15,1 wieder neu eingeführt. Die Perikope ist deshalb mit 14,72 zu
beenden.[463]

Sie ist so aufgebaut, dass die Verleugnung Jesu durch Petrus das Verhör
vor dem Synedrium umrandet. Diese Verbindung zweier Geschichten kommt
im Mk-Evangelium einige Male vor und ist typisch für den Stil von Mk[464].
Die Verschachtelung ist auch hier markinisch.[465]

Der Hahnenschrei in V68 ist ein interessantes Beispiel für Textkritik. καὶ
ἀλέκτωρ ἐφώνησεν steht nicht in allen Handschriften. In A, C, D, Θ, Ψ[C],

462 Anders *Gnilka* II 268, 274.
463 Die gleiche Unterteilung haben auch *Schweizer* 175; *Schenke*, Christus
15; *Senior*, Passion 85f.
464 Vgl. oben S. 47.
465 Mit *Anderson* 324f; *Gnilka* II 275; *Schweizer* 60, 176; *Klein*, Verleugnung
294f; *Mohr*, Markus- und Johannespassion 278f; *Schenk*, Passionsbericht 215; *Schenke*, Christus 15-17;
gegen *Pesch* II 404; *Edwards*, Sandwiches 212 (vormarkinisch).

$f^{1.13}$, lat, sa^{mss}, bo^{ms}, sy$^{p.h}$ ist es vorhanden, während es in א, B, L, W, Ψ*, sa^{mss}, bo, sy^{s} fehlt. Es handelt sich dabei um den ersten Hahnenschrei, dem in V72a ein zweiter folgt. Das Beispiel ist deshalb interessant, weil es mit anderen Stellen zusammenhängt:

- V72a erfolgt der zweite Hahnenschrei: ἐκ δευτέρου
- V30 waren zwei Hahnenschrei angekündigt: δίς
- darauf verweist auch wieder V72b: δίς

Weil Mt und Lk (und auch Joh) nur je einen Hahnenschrei kennen, ist zu fragen, ob ursprünglich auch bei Mk nur von einem die Rede gewesen sei. In diesem Fall würde der textkritische Befund das Hinzukommen des zweiten Schreies widerspiegeln. Die Überprüfung der Varianten in V30, 72a und 72b ergibt jedoch, dass nur gerade א konsequent nur einen Hahnenschrei kennt. L, W, B, Ψ*, it setzen wenigstens an einer Stelle zwei Hahnenschreie voraus. Es scheint daher eher auf Zufall zu beruhen, dass eine Handschrift, א, überall nur von einem ausgeht. Die obige Vermutung ist daher abzulehnen.

Für unsere Stelle V68 ist die äussere Textsituation unentschieden, da beide Lesungen etwa gleich stark bezeugt sind: Östlicher und westlicher Text kennen den Hahnenschrei, im alexandrinischen fehlt er mehrheitlich. Für die innere Textsituation kann die Weglassung des Schreis zwar beanspuchen, lectio brevior zu sein, kann aber auch als Angleichung an alle anderen Evangelien verstanden werden. Demgegenüber ist der Hahnenschrei eindeutig lectio difficilior, da er zu früh kommt, d.h. vor der dritten Verleugnung.[466] Somit ist die Variante mit Hahnenschrei als ursprüngliche Lesart zu verstehen.[467]

Der synoptische Vergleich zeigt eine Abhängigkeit des Mt von Mk. Der Text ist allgemein etwas geglättet und gekürzt. Bei Mt werden die Zeugen des Tempelworts nicht als Falschzeugen bezeichnet, im Tempelwort selbst fehlt der Gegensatz "mit Händen gemacht"/"nicht mit Händen gemacht". Der Hohepriester, der mit Namen genannt ist, beschwört Jesus bei Gott zu sagen, ob er der Sohn Gottes (Mk: der Sohn des Hochgelobten) sei. Ferner ist bei Mt die zweite Verleugnung Petri ausformuliert. Lk[468] kennt kein nächtliches Verhör durch das Synedrium, nur eines am Morgen, in dem jedoch die gleiche Frage nach dem Christustitel gestellt wird wie bei Mk/Mt in der Nacht. Jesu Antwort ist etwas ausweichend und wird nicht als Gotteslästerung bezeichnet, führt aber doch zum Beschluss (wobei das Wort "verurteilen" nicht gebraucht ist), ihn an Pilatus auszuliefern. Vor dieser

---

466 Es ist dabei zu beachten, dass er nicht als "der erste" gekennzeichnet ist. Dann wäre er nicht difficilior.

467 Mit *Cranfield* 447; *Pesch* II 447; *Taylor* 574, 576f; gegen *Anderson* 333; *Nineham* 409; *Wenham*, Cock-Crowings 524f.

468 Sein Bericht wird manchmal als von Mk unabhängig angesehen: *Taylor* 565; *Klein*, Verleugnung 291, 194; *Trocmé*, Passion 32f; *Winter*, Trial 30.

Verhörszene ist ausführlicher als Mk/Mt eine Verspottung Jesu beschrieben, gefolgt von der Verleugnung Petri, die über Mk/Mt hinaus erwähnt,
dass Jesus Petrus angeschaut hat. Der Bericht des Lk kennt keine Falschzeugen und auch kein Tempelwort.

Nach Joh wird Jesus zuerst zu Hannas, dem Schwiegervater des Hohenpriesters, geführt und von diesem über seine Lehre befragt, wobei Jesus von
einem der Diener wegen seiner Antwort geschlagen wird. Nachher wird er
zum Hohenpriester selbst geführt; es ist jedoch keine Befragung durch diesen geschildert. Vor und nach diesem Bericht ist die Verleugnung Petri erzählt (vgl. das "Sandwich" bei Mk). Nachher wird er zu Pilatus abgeführt.

V53 bildet die notwendige Überleitung von der Verhaftung zur Verhörszene. Jesus wird vor den Hohenpriester und das Synedrium geführt. Die
Aufzählung aller seiner Mitglieder und damit der offizielle Charakter der
Verhandlung wird auf Mk zurückgehen, der an einigen Stellen als Gegner
Jesu Hohepriester, Schriftgelehrte und Älteste miteinander nennt.[469] Auch
das συνέρχονται könnte auf ihn zurückgehen.[470] Es ist wahrscheinlich, dass
es ursprünglich nur geheissen hat, Jesus sei vor den Hohenpriester geführt
worden.[471]

Die Verse 57-59 werden manchmal als sekundärer Einschub verstanden,
der die allgemeine Aussage von V56 erläutern soll. Sie bringen ein Beispiel
dazu, eines der abgelehnten Zeugnisse der Falschzeugen. Irritierend ist dabei, dass zuerst sein Inhalt angegeben und nachher erklärt wird, dass die
Aussagen nicht übereingestimmt haben. Der Text ist wohl so zu verstehen,
dass die Zeugnisse in dem angegebenen Inhalt ähnlich oder gleich waren,
aber nicht in den weiteren Details. Um das klarzumachen, wird ihr Auseinandergehen in V59 nochmals betont. Als Gründe für den sekundären Charakter können genannt werden:
- die Wiederholung von ψευδομαρτυρέω in V57
- die Wiederholung des Nichtübereinstimmens der Zeugenaussagen in V59
- der Vorwurf von V58 hat im weiteren Prozessverlauf keine Bedeutung
mehr.[472]

469 8,31; 11,27; 14,43; 15,1.
    Mit *Dormeyer*, Passion 149, *Mohr*, Markus- und Johannespassion 254;
    Schenk, Passionsbericht 232; *Schenke*, Christus 32.
470 Stamm συνερχ-: Mt 0 Mk 2 Lk 1.
471 Mit *Schweizer* 176; *Dewey*, Peter's Curse 97; *Donahue*, Temple 65; *Mohr*,
    Markus- und Johannespassion 254. Ganz ähnlich steht es in Lk 22,54
    und Joh 18,13;
    gegen *Gnilka* II 275;
    anders *Strobel*, Stunde 10-12, der V53f insgesamt auf Mk zurückführt.
472 Wenn man ihn nicht als einen versteckten Messiasanspruch versteht,
    vgl. unten S. 141.

Berücksichtigt man dazu noch den Beispielcharakter dieser Verse, so ist der genannten Hypothese zuzustimmen.[473] Die Ergänzung wird wohl schon vormarkinisch erfolgt sein. Dafür spricht einerseits, dass Mk nicht besonders am Tempel (ναός) interessiert ist. Das Wort ναός kommt im Mk-Evangelium nur innerhalb der Kapitel 14f vor: 14,58; 15,29.38. Häufiger ist die Vokabel ἱερόν.[474] Dieses Wort steht insbesondere auch im vorher als redaktionell beurteilten V49a.[475] Aus diesem Sachverhalt ergibt sich die Frage, ob der Tempel für einen vormarkinischen Redaktor der Passiongeschichte von besonderer Bedeutung war, welcher dann auch für 15,29.38 verantwortlich wäre.[476] Ferner fehlen in den Versen 57-79 typisch markinische Wörter.[477] Aus den obigen Gründen ist anzunehmen, dass ein vormarkinischer Redaktor die Verse 57-59 einfügte.[478]

Das Tempelwort, der Inhalt dieses Falschzeugnisses, wird teilweise in der Spottszene 15,29 wiederholt. Es ist im Mk-Evangelium nicht als Wort Jesu aufgeführt, bloss an diesen zwei Stellen im Munde der Gegner Jesu.[479] Interessanterweise steht auch Joh 2,19 ein Wort, das dem hier als Falschzeugnis bezeichneten Tempelwort vergleichbar ist. Es ist bei Joh eindeutig als Wort Jesu bezeichnet, wobei beigefügt wird, dass es falsch verstanden wurde. In Apg 6,14 wird Stephanus beschuldigt, gesagt zu haben, dass Jesus den Tempel zerstören werde.

Das Tempelwort taucht damit in ganz verschiedenen Zusammenhängen und Überlieferungsschichten auf. Dabei fällt auf, dass es nur in Joh 2,19 als Wort Jesu deklariert ist, sonst nur von Spöttern und Anklägern Jesu bzw. des Stephanus gebraucht wird. In Joh 2,19, an der einzigen Stelle, wo es als

---

473 Mit *Gnilka* II 276; *Schweizer* 176; *Donahue*, Temple 65; *Dormeyer*, Passion 163; *Mohr*, Markus- und Johannespassion 104, 253; *Schenke*, Christus 36;
gegen *Strobel*, Stunde 64f.
474 9x: 11,11.15.15.16.27; 12,35; 13,1.3; 14,49 (Mt 11 Lk 14).
475 Vgl. oben S. 120.
476 Vgl. unten S. 187 und 203.
477 ἀνίστημι (intransitiv: Mt 6 Mk 17 Lk 27) reicht nicht aus, um V57-59 der Mk-Redaktion zuzuweisen;
mit *Mohr*, Markus- und Johannespassion 103f;
gegen *Dormeyer*, Passion 159.
478 Mit *Gnilka* II 276; *Mohr*, Markus- und Johannespassion 104; *Schenk*, Passionsbericht 230; *Schenke*, Christus 36.
479 Innerhalb des Mk-Evangeliums kommt als vergleichbare Ansage Jesu nur noch die Ankündigung der Zerstörung des Tempels (13,1f) in Frage. Aber 14,58 kann sich nicht darauf beziehen, weil hier zusätzlich vom Wiederaufbau eines "nicht mit Händen gemachten" Tempels die Rede und Jesus als derjenige bezeichnet ist, der den Tempel zerstört und auch wieder aufbaut. Zudem steht in 13,1f ἱερόν zur Bezeichnung des Tempels und nicht ναός wie in 14,58;
mit *Cranfield* 441f;
gegen *Klostermann* 132; *Dormeyer*, Passion 159f.

Wort Jesu gilt, heisst es aber nachher, dass es nicht verstanden worden ist. Daraus kann traditionsgeschichtlich geschlossen werden, dass es sich um ein altes, schwieriges Wort handelt. Dann ist aber anzunehmen, dass dieses Wort auf Jesus zurückgeht. Denn es ist unwahrscheinlich, dass die Gemeinde selbst ein tempelkritisches[480] Wort gebildet und bewahrt hat, das ihr nur Schwierigkeiten bereitet hat.[481] Dabei ist es durchaus möglich, dass dieses Wort ursprünglich kürzer war.[482] Die Interpretation wird die Aufgabe haben, zu erklären, warum ein Wort Jesu als Falschzeugnis deklariert wird.

Bis V61 werden die vergeblichen Bemühungen, einen Grund zur Verurteilung Jesu zu finden, geschildert. Lauter ungültige Zeugenaussagen werden gegen Jesus vorgebracht und er weigert sich, dazu Stellung zu nehmen.[483]

V61b–64 berichten dann, wie die Synedristen doch noch ihr in V55 genanntes Ziel erreichen. Im Mittelpunkt stehen hier die Frage des Hohenpriesters V61b und die Antwort Jesu V62.

In der hohenpriesterlichen Frage stehen die beiden Titel "Christus" und "Sohn des Hochgelobten." Im zweiten ist der Ausdruck "Hochgelobter" bemerkenswert. Er ist eine Gottesbezeichnung des Judentums, die verwendet wurde, um den heiligen Gottesnamen nicht auszusprechen.[484] Das Wort kommt im Mk-Evangelium sonst nicht mehr vor und steht im übrigen NT nur zum Lobpreis Gottes, also auch nicht als Gottesbezeichnung. Dass hier nicht der gebräuchliche christologische Titel "Sohn Gottes" steht, sondern diese einmalige Formulierung "Sohn des Hochgelobten", dürfte traditionsgeschichtlich bedeutsam sein. Die Formulierung "Sohn des Hochgelobten" ist ohne Parallelen.[485] Diese Abweichung vom christlichen Sprachgebrauch weist auf ein hohes Alter dieser Tradition. Sie muss in Kreisen entstanden sein, die mit den jüdischen Gepflogenheiten vertraut waren, also im palästi-

---

480 Nach Apg 2,46 stand die Gemeinde dem Tempel nicht kritisch gegenüber.
481 Mit *Cranfield* 441f; *Klostermann* 155; *Lohmeyer* 327; *Schweizer* 179f (vorsichtig); *Taylor* 566; *Mohr*, Markus- und Johannespassion 106f; gegen *Dormeyer* 160; *Schenke*, Christus 35.
482 Ohne den Gegensatz χειροποίητον – ἀχειροποίητον; mit *Cranfield* 442; *Klostermann* 155; *Lohmeyer* 326; *Schweizer* 176.
483 Dass V60.61a markinischen Ursprungs seien (*Dormeyer*, Passion 163f; *Mohr*, Markus- und Johannespassion 256), ist erwägenswert, scheint mir aber unwahrscheinlich, da μέσος kein markinisches Vorzugswort ist (Mt 8 Mk 5 Lk 14) und der Ausdruck εἰς μέσον Kenntnisse der jüdischen Verhandlungspraxis voraussetzen kann (*Blinzler*, Prozess 144, 148; vgl. *Pesch* II 435), ferner weil das Schweigen Jesu die direkte Frage, ob Jesus der Messias und der Sohn Gottes sei, begründet (mit *Schenke*, Christus 29f, 45).
484 Str-B II 51.
485 *Gnilka* II 281. Im Judentum ist auch die Bezeichnung des Messias als Gottessohn unüblich. Im NT ist dies allerdings nicht ungewöhnlich: Mt 16,16; Joh 11,27; 20,31; vgl. Joh 1,49; Rö 1,3.

nischen Judenchristentum.[486] Ob man darin allerdings die verba ipsissima des Hohenpriesters sehen kann, muss fraglich bleiben.

Die kurze bejahende Antwort Jesu in V62 ist hier ergänzt durch zwei alttestamentliche Bilder (Ps 110,1 und Dan 7,13). Ps 110, das Sitzen zur Richten Gottes, wird im NT oft im Zusammenhang mit der Auferstehung und der Himmelfahrt verwendet.[487] Das Kommen des Menschensohns auf den Wolken aus Dan 7,13 ist demgegenüber zu einem Bild für die Wiederkunft Jesu geworden.[488] Die Kombination der beiden Bilder ist bemerkenswert. Sie ist meines Wissens im NT einmalig (abgesehen von den synoptischen Parallelen).[489]

Die verknüpfende Verwendung der beiden AT-Stellen entspringt wahrscheinlich einer längeren Reflexion und wird daher nicht zum ursprünglichen Textbestand gehören. Da sie aber auch nicht markinisch ist,[490] ist sie einem vormarkinischen Redaktor zuzuschreiben.[491]

Auf den Bericht der Verurteilung Jesu folgt ein erster seiner Verspottung, dem noch drei weitere folgen werden: 15,16-20.27-32.35f. Sie sind in der Art der Verspottung ähnlich (der Selbstanspruch Jesu wird jeweils karikiert und verspottet) und haben sich daher wohl bei ihrer Bildung gegenseitig beeinflusst.

Diese Analyse der Verhörperikope konnte der Hypothese, dass V55-65 insgesamt der markinischen Redaktion entstammen,[492] nicht zustimmen, vor allem weil V57-59 und V62b als bereits vormarkinische Zusätze verstanden wurden. Die Annahme von vormarkinischen Zusätzen wiederum schreibt der Grundtradition ein hohes Alter zu, ja wirft die Frage auf, ob ein Verhör Jesu nicht von Anfang an zur Passionsgeschichte gehört

---

486 Mit *Mohr*, Markus- und Johannespassion 259;
  gegen *Dormeyer*, Passion 164 (sekundärer Redaktor); *Schenk*, Passionsbericht 233 (der Sohnestitel ist markinisch).
487 Z.B. Mk 16,19; Apg 2,31-35; Rö 8,34; 1.Kor 15,20-25; Eph 1,20-23; Kol 3,1.
488 Z.B. Mk 13,26; Apk 1,7; 14,14.
489 In Apg 7,56 sind der Menschensohntitel und Ps 110 miteinander verbunden. 1.Kor 15,25.27 wie Eph 1,20-22 verbinden Ps 110 mit einer Aussage, die Ps 8 über (den) υἱὸς ἀνθρώπου macht (vgl. *Schweizer*, Menschensohn 117).
490 Die Gottesbezeichnung δύναμις weist auf Tradition. Wäre die Verknüpfung von Dan 7,13 und Ps 110,1 markinischen Ursprungs, so würde sie auch sonst im Mk-Evangelium anklingen.
491 Mit *Gnilka* II 277; *Schweizer* 177; *Schenke*, Christus 43;
  gegen *Dormeyer*, Passion 165; *Schenk*, Passionsbericht 234f (beide: markinisch); *Mohr*, Markus- und Johannespassion 259 (ursprünglich).
492 *Schmithals* II 659.

habe.[493] Dafür spricht zunächst das Alter der Tradition. Auf ein hohes Alter hatte vor allem die auf jüdischer Sitte beruhende Umschreibung des Gottesnamens in V61 gewiesen. Eine vergleichbare Formulierung findet sich auch noch im (als bereits sekundär beurteilten) V62b. Die Synedriumstradition kann zweitens nicht selbständig gewesen sein; sie setzt mindestens die Verhaftung voraus.[494] Ferner lässt auch der Kontext erwarten, dass von Anfang an berichtet worden ist, was die jüdischen Führer, die die Verhaftung Jesu veranlasst haben, nach seiner Festnahme mit ihm taten. Es ist deshalb wahrscheinlich, dass von Anfang an ein Bericht darüber zur Passionsgeschichte gehörte.[495] Die kurze Bemerkung 15,1 wäre allzu knapp, um spannungsfrei von der Verhaftung zum Pilatusverhör zu führen.

Anderseits ist klar geworden, dass die Verhörszene zu der gegenwärtigen Form allmählich gewachsen ist.[496] Es ist zu vermuten, dass sich durch diese Entwicklung der Charakter eines offiziellen Verhörs vergrössert hat. Nicht unwesentlich hat dazu auch Mk beigetragen durch seine Einfügung von V53b. Dann hätte zu Beginn des Überlieferungsprozesses einfach ein inoffizielles Verhör vor dem Hohenpriester[497] (und eventuell einem Teil der Synedristen) gestanden. Damit wäre auch die Schwierigkeit erklärt, dass das Synedrium jetzt im Haus des Hohenpriesters zu tagen scheint.[498]

Erst in V66 wendet sich die Erzählung wieder Petrus zu, von dem in der Einleitung V54 schon die Rede gewesen ist. Es herrscht ziemliche Übereinstimmung, dass die Verschachtelung von Verhör und Verleugnung das Werk des Evangelisten ist.[499] Zu Recht wird dementsprechend auch der Genetivus absolutus in V66 als markinisch beurteilt.[500] Umstritten ist allerdings,

---

493 Es ist hier (noch) nach literarkritischen Gesichtspunkten zu überlegen. Die Problematik der historischen Beurteilung des Verhörs ist erst nachher zu behandeln. Historische Argumente sind deshalb hier zu vermeiden (mit *Schenke*, Christus 24).
494 Mit *Gnilka* II 277; *Pesch* II 424, 428.
495 Mit *Gnilka* II 277, 349; *Pesch* II 404; *Schweizer* 122; *Mohr*, Markus- und Johannespassion 275; *Schenke*, Christus 44.
496 *Strobel*, Stunde 14, vermutet, dass der jetzige Verhörsbericht durch Mk unter Verwendung vorgegebener Traditionen gestaltet worden ist. Er vermag dabei aber nicht zu erklären, in welchen Zusammenhängen die Überlieferungsstücke vormarkinisch gestanden haben. Die Annahme eines allmählichen Wachstums umgeht diese Schwierigkeit.
497 Ähnlich wie es Lk 22,54 und Joh 18,12-24 voraussetzen.
498 Der Versammlungsraum des Synedriums ist nicht identisch mit dem Haus des Hohenpriesters. Str-B I 1000, vgl. *Blinzler*, Prozess 166, *Gnilka* II 278, Anm. 14.
499 Vgl. oben S. 132.
500 Vgl. die Genetivi absoluti in 14,3.17.22.43;
mit *Cranfield* 446; *Gnilka* II 290; *Taylor* 572; *Dormeyer*, Passion 151; *Mohr*, Markus- und Johannespassion 278f; *Schenk*, Passionsbericht 218; *Schenke*, Christus 16;
gegen *Pesch* II 447.

ob die Verhörszene in die ursprüngliche Verleugnung eingefügt wurde,[501] oder ob umgekehrt der Synedriumsbericht nachträglich mit dem Versagen des Petrus umgeben wurde.[502] Da der Synedriumsbericht als alter Teil der Passionsgeschichte gesehen worden ist, kann geschlossen werden, dass er urspünglich ist und durch die Petrusverleugnung umrahmt worden ist.

Die These, dass die Petrusverleugnung darüber hinaus gar nicht zum ältesten Passionsbericht gehört habe,[503] ist sorgfältig zu prüfen. Denn ausser in V26-31 ist das Versagen des Petrus nirgends vorausgesetzt. Falls die obige Annahme berechtigt ist, dass eine alte Passionsgeschichte einmal mit der Gethsemaneszene begann,[504] ist es durchaus möglich, dass sie die Verleugnung durch Petrus auch noch nicht berichtete. Diese wäre dann gleichzeitig mit V26-31 und anderen Perikopen dazugekommen.[505] Sie wäre dann nach der Abführung Jesu zum Hohenpriester plaziert gewesen. Die Verschachtelung mit der Verhörszene ist erst durch Mk erfolgt. So ist es durchaus möglich, dass die Petrusverleugnung noch nicht zum alten Passionsbericht gehörte.

Die Erwähnung in V72, dass Petrus sich an die Voraussage seines Versagens erinnert hat, kann auf Mk zurückgehen.[506] Er hätte damit eine un-

---

501 *Schmithals* II 652; *Dormeyer*, Passion 150.
502 *Mohr*, Markus- und Johannespassion 279; *Klein*, Verleugnung 295; *Schenke*, Christus 22.
503 - Vormarkinisch eingefügt: *Dormeyer*, Passion 155; *Mohr*, Markus- und Johannespassion 276, 278.
   - Markinische Einfügung: *Schenke*, Christus 22.
   Vgl. *Jeremias*, Abendmahlsworte 90, der die "Petrusüberlieferung (Mk 14,26-42.53f.66-72)" nicht als Teil seines "Kurzberichts" betrachtet.
504 Vgl. oben S. 122.
505 Dies wäre denkbar im Zusammenhang mit einer Erweiterung der Passionsgeschichte hinter Mk 14,32 zurück. Es ist unwahrscheinlich, dass die Petrusverleugnung einmal eine unabhängige, selbständige Perikope gewesen ist, denn sie setzt die Verhaftung Jesu, die Flucht der Jünger und die Überführung zum Hohenpriester voraus.
   Mit *Gnilka* II 291; *Pesch* II 446; *Schweizer* 175f;
   gegen *Dormeyer*, Passion 155; *Klein*, Verleugnung 296; *Schenke*, Christus 22.
   Der These von *Klein*, Verleugnung 311, dass die Überlieferung von der Verleugnung des Petrus unhistorisch sei, kann ich deshalb nicht folgen. Dass sie nicht zum ältesten Passionsbericht gehört habe, besagt noch nichts über ihre Historizität. Das aus Lk 22,31 konstruierte andere Petrusbild (302-306) vermag nicht zu überzeugen.
506 ἀναμιμνήσκω könnte markinisch sein: Mt 0 Mk 2 Lk 0;
   mit *Gnilka* II 290f;
   gegen *Dewey*, Peter's Curse 102.
   Nach *Schenke*, Studien 413, ist umgekehrt 14,30 (red) von 14,72 abhängig.

übersehbare Verbindung der beiden Perikopen herstellen und den Grund für das Weinen des Petrus angeben wollen.

Hingegen ist es unwahrscheinlich, dass Mk eine Erweiterung von einer auf drei Verleugnungen vorgenommen hat. Dagegen spricht vor allem die kunstvolle Steigerung, die das erste Verleugnen nicht bloss wiederholt, sondern durch das Zufügen von neuen Elementen steigert. Ferner entspricht die Dreigliedrigkeit volkstümlicher Erzählweise, die deshalb durchaus schon vor Mk erwartet werden darf.[507]

2.10.2 Interpretation

V53 Am Anfang der Perikope wird berichtet, wie die Häschertruppe ihren Auftrag (V44) abschliesst, indem sie Jesus zum Hohenpriester abführt. Jetzt ist er endlich in der Hand seiner Gegner, und sie können ihre Pläne, wie sie z.B. in 14,1 genannt sind, ausführen. Es wird dann auch sogleich geschildert, wie sie sich alle versammeln. Von jetzt an werden sie die Handlung bestimmen.

V54 Petrus folgt Jesus nach, auf Distanz allerdings, aber er wagt sich doch bis in den Hof des Hohenpriesters hinein. Mk nennt kein Motiv für sein Handeln. Am ehesten wird an die grossartige Ankündigung von Petrus gedacht werden können, bereit zu sein, mit Jesus zu sterben (14,31). Ihre Grossartigkeit ist aber durch die Flucht aller Jünger (14,29.50), also auch des Petrus, und durch die "Nachfolge auf Distanz" beträchtlich reduziert. Dennoch erscheint Petrus als der Mutigste der Jünger und wagt sich besonders weit vor. So bereitet sich seine besonders grosse Niederlage vor. Das mit "Feuer" übersetzte Wort heisst genau genommen "Licht" (φῶς) und bereitet die spätere Erkennungsszene vor.

V55 Die Erzählung wendet sich wieder den Gegnern Jesu zu und stellt ihr Scheitern in dem Bemühen dar, Zeugenaussagen für ein Todesurteil zu finden. Ihr Scheitern zeigt die Unschuld Jesu: Sie lässt sich aus dem vergeblichen Bemühen, einen Anklagegrund zu finden, erschliessen. Das Erzählen des Tuns der jüdischen Führer wird zu einer Aussage über Jesus.

V56 Nun wird der Grund für den Misserfolg bei der Suche nach einer Anklage angegeben: Es handelt sich um Falschzeugen. Vor Gericht mussten die Zeugnisse genau überprüft werden, sogar nach den äusseren Umständen hatten die Richter zu fragen, wo, wann und in welcher Situation etwas gehört oder gesehen worden war. Dabei wurden die Zeugen einzeln befragt.

---

507 Mit *Gnilka* II 290, 292.

Ein Zeugnis war nur gültig, wenn es mit einem anderen bis in die letzten Details übereinstimmte.[508]

Den Gegnern Jesu wird zugebilligt, mit Mitteln des Rechts gegen ihren Feind vorzugehen. Sie verwerfen die Falschzeugnisse.

VS7 Dieser Vers ist die Einleitung zum Zitat eines Falschzeugnisses. Es soll eines dieser Falschzeugnisse genannt werden. Das ist eigentlich erstaunlich, denn diese falschen Zeugenaussagen sind im Grunde genommen ohne Bedeutung, weil sie nicht der Wahrheit entsprechen. Es ist deshalb zu vermuten, dass die Passionsgeschichte dem nun folgenden Zeugenwort auch eine positive Bedeutung zumisst.[509]

VS8 Das Tempelwort ist innerhalb des Erzählzusammenhangs als Beschuldigung Jesu gedacht, sich gegen den Tempel ausgesprochen zu haben und seine Zerstörung zu beabsichtigen. Damit wäre für die jüdische Behörde Anlass gegeben einzuschreiten, denn sie hatte die Aufsicht über den Tempel.[510] Eventuell enthält das Tempelwort auf dieser Ebene zwischen den Zeilen auch noch einen Messiasanspruch, denn vom Messias konnte erwartet werden, dass er einen neuen Tempel baue.[511] Dann würde Jesus mit dem Tempelwort beanspruchen, der Messias zu sein, der den neuen Tempel baut. Das könnte innerhalb der Erzählung der Grund für die Frage des Hohenpriesters V61 sein.[512]

Nun geht aber das zitierte Tempelwort weit über eine Beschuldigung der Tempelzerstörung hinaus. Erstens ist auch noch von seinem Wiederaufbau die Rede, was allenfalls im Zusammenhang des Verhörs als verdeckter Messiasanspruch verstanden werden kann. Dann ist aber zweitens die Gegenüberstellung von "mit Händen gemacht" und "nicht mit Händen gemacht" zu beachten.[513] Sie weist darauf hin, dass das Tempelwort eigentlich in einer übertragenen Bedeutung zu verstehen sei.

Ferner ist auch noch die Zeitangabe "in drei Tagen" zu berücksichtigen. Eine ähnliche Angabe bezeichnet in den Leidensankündigungen 8,31; 9,31;

508 Str-B I 1002.
509 Gegen *Pesch* II 433.
510 *Blinzler*, Prozess 149. Verstösse gegen die Ordnung des Tempels wurden sehr schwer geahndet (*Blinzler*, Prozess 147; *Lane* 534; vgl. Jer 26,1-19).
511 *Pesch* II 434f; *Mohr*, Markus- und Johannespassion 267; vgl. Str-B I 1004f; *Juel*, Messiah and Temple 198-204.
512 Die Hohepriesterfrage ist auch sonst innerhalb des Evangliums nicht überraschend. 10,48 und 11,28 haben sie vorbreitet (*Hengel*, Probleme 238).
513 Sie wird manchmal als typisch für hellenistisches Denken und daher als sekundär angesehen (vgl. oben S. 136).

10,34 die Zeit zwischen der Kreuzigung und der Auferstehung.[514] Es ist daher naheliegend, den neuen, "nicht mit Händen" gemachten Tempel im Zusammenhang mit der Auferstehung zu verstehen.[515] Die "Zerstörung" des alten Tempels wäre dann in Verbindung mit dem Tod Jesu zu sehen. Das wird bestätigt durch 15,38, wo erzählt wird, dass der Tempelvorhang nach dem Tod Jesu in zwei Stücke zerrissen sei.[516] Der Tempel ist aber nicht im Todesjahr Jesu zerstört worden, sondern erst beim jüdischen Aufstand im Jahre 70. Falls es richtig ist, die "Zerstörung", von der in 14,58 die Rede ist, mit dem Kreuzestod Jesu zu verbinden, ist auch "Zerstörung" als Bild zu verstehen. Es ist damit eine Kritik des jüdischen Konzepts des Tempels.[517] "Mit Händen gemacht" weist ebenfalls in diese Richtung. Die Verwendung dieses Ausdrucks im NT bezeichnet das äusserliche Werk der Menschenhände im Gegensatz zu dem, was Gott tut.[518]

Der Tempel ist im Mk-Evangelium der Ort der Gegenwart Gottes: Dort wird er angebetet (Mk 11,17), dort werden ihm Opfer dargebracht (vgl. Mk 12,33), er ist das Ziel der Wallfahrten, so auch des Passafests in dessen Rahmen die Passionsgeschichte erzählt ist (Mk 14,1f). Im Tempel werden theologische Fragen disputiert (Mk 11,27) und Jesus lehrte dort (Mk 12,35; 14,49). Der Tempel ist somit der Ort, wo Gott anwesend ist, wo sein Volk sich versammelt zur Anbetung und zum Feiern, wo es unterrichtet wird

---

514 Vgl. 1.Kor 15,4.
515 Mit *Gnilka* II 280; *Nineham* 407; *Juel*, Messiah and Temple 143f; *Schenke*, Christus 36; *Senior*, Passion 92f;
    Schweizer 176 und *Cranfield* 442 deuten "drei Tage" als "kurze Zeit" und sehen keinen Zusammenhang mit der Auferstehung. Das scheint mir aber wegen der oben genannten Stellen nicht dem Verständnis von Mk zu entsprechen.
    In Joh 2,21 wird der "nicht mit Händen gemachte" Tempel auf den Leib des Auferstandenen gedeutet. Es scheint dort ein ähnliches Verständnis dieses Tempelwortes zugrundezuliegen. Paulus bezeichnet die Gemeinde einerseits als Leib Christi (z.B. 1.Kor 12,27), andererseits als Tempel Gottes (1.Kor 3,16). Leib und Tempel sind damit auch bei ihm in einen mindestens indirekten Zusammenhang gebracht, obwohl der Vorstellungskreis sonst ein anderer ist. Es wäre zu überlegen, ob und wie die paulinischen Gedanken mit Mk 14,58 und Joh 2,21 in Verbindung gebracht werden können.
516 15,38 ist die dritte Stelle im Mk-Evangelium neben 14,58 und der Wiederholung davon als Spott in 15,29, wo für "Tempel" das Wort ναός steht. Es ist daher gerechtfertigt, diese Verse miteinander in Beziehung zu setzen.
517 Vgl. *Gnilka* II 280; *Schweizer* 180.
518 Vgl. 2.Kor 5,1; Eph 2,11; Kol 2,11; Hebr 9,11.24. Besonders bemerkenswert sind Apg 7,48 und 17,24, wo das Wort wiederum im Zusammenhang mit dem Tempel steht: "Gott ... wohnt nicht in Tempeln, die mit Händen gemacht sind." (17,24);
    vgl. *Pesch* II 434.

über ihn und ihm seine Opfer darbringt. Im Tempel wird Versöhnung gegeben. Das Ende dieses Konzepts[519] wird im Tempelwort verkündigt. Jesu Tod ist sein Ende. In diesem Sinn ist der Tempel "zerstört" und wird ersetzt. Der "neue Tempel" ist durch die Auferweckung Jesu errichtet. Im Auferstandenen ist Gott gegenwärtig und ist erfahrbar (oder lernbar), wer er ist. Das beruht aber nicht auf einer Leistung der Menschen, sondern allein auf Gottes Handeln in Jesus Christus ("nicht mit Händen gemacht"). Es ist damit sein Geschenk.

Für die Passionsgeschichte ist der zweite Teil das Entscheidende an diesem Tempelwort. So hat es durchaus eine positive Bedeutung. Im Zusammenhang des geschilderten Verhörs ist jedoch vor allem der erste Teil betont und nicht in seiner übertragenen Bedeutung verstanden. Er wird als Drohung gegen den Tempel aufgefasst und Jesus zur Last gelegt.

Der Vorwurf, den die Bezeichnung "Falschzeugen" gegen die Vorbringer dieses Tempelworts erhebt, ist darin zu suchen, dass sie Jesus einer Absicht verdächtigen, die er nie gehabt hat, indem sie eine an sich richtige Aussage, die durchaus von Jesus stammen kann, verdrehen und daher völlig falsch verstehen.[520] Es ist aber zu betonen, dass im geschilderten Zusammenhang aufgrund dieser missverstandenen Aussagen keine Anklage gegen Jesus vorgebracht werden kann.

V59 Die Aussage, dass die Zeugnisse nicht gleich gewesen seien, überrascht hier, weil zuvor das angegeben war, was die Zeugen übereinstimmend ausgesagt hatten. Der Leser wird das wohl so zu verstehen haben, dass V58 die gemeinsamen Aussagen der Falschzeugen darstellt, während sie sich bei den äusseren Umständen in Widersprüche verstrickten.

Im Scheitern des Versuchs, Jesus mit Hilfe von Falschzeugen anzuklagen, leuchtet seine Unschuld auf. Diese erscheint umso bedeutsamer, je mehr man bedenkt, dass eine gute Instruktion der Falschzeugen ausreichen würde, um eine Verurteilung zu bewirken. Die Unschuld Jesu ist hier von solchem Gewicht, dass sie sich ohne Verteidigung den falschen Anschuldigungen gegenüber durchsetzt. Auch das (Tempel-)Wort Jesu scheint eine Kraft zu haben, die grobe Verdrehung zwar nicht verhindert, aber doch entlarvt.

Die Verse 57-59 sind vermutlich nachträglich in den bestehenden Text eingefügt worden. Dieser Zusatz macht das Handeln der Synedristen verständlich. Es wird gezeigt, wie sie in ihrer Befangenheit Jesus nur noch

---

519 Da das Konzept zur Diskussion steht, ist das Wort durch die Zerstörung der Tempelgebäude im Jahre 70 nicht sinnlos geworden. Möglicherweise behielt der Tempel bis dahin für die Christen eine Bedeutung als "Bethaus für alle Völker" nach Mk 11,17 bzw. Jes 56,7 (*Hengel*, Atonement 52, 56f).

520 Eine andere Interpretation schlägt *Lührmann*, Christologie und Zerstörung des Tempels 466-469 vor.

falsch verstehen können und wie Jesus in ihren Augen gefährlich wird. Die Einfügung macht damit das Geschehen klarer.

V60 Die erste Frage des Hohenpriesters bezieht sich zurück auf die Befragung der Falschzeugen. Es ist vorausgesetzt, dass sich Jesus gegenüber den falschen Anschuldigungen nicht verteidigt hat. Der Hohepriester fragt nun nach dem Grund des Schweigens Jesu.

Die Bemerkung, dass der Hohepriester aufsteht und in die Mitte tritt, kann auf Kenntnis der Verhandlungspraxis des Synedriums beruhen. Die Mitglieder des Rates pflegten im Halbkreis zu sitzen, der Angeklagte sass ihnen gegenüber in der Mitte des Halbkreises. Wenn an diese Anordnung gedacht ist, wäre vorausgesetzt, dass das Synedrium in seinem ordentlichen Versammlungsraum zusammengekommen war. Der Hohepriester konnte als Präsident des Synedriums in die Verhandlungen eingreifen.[521]

V61a Dass Jesus auf diese Frage mit Schweigen reagieren kann und nicht zu antworten braucht, zeigt nochmals, wie unberechtigt die falschen Anschuldigungen gegen ihn sind. Sein Schweigen macht gleichzeitig auch deutlich, dass er sich nicht selbst verteidigt. Der Menschensohn ist "ausgeliefert" und setzt sich nicht gegen das zur Wehr, was die Menschen mit ihm tun wollen.

Ob man das Schweigen Jesu als Anspielung auf Jes 53,7 oder Ps 38,14-16; 39,9f verstehen soll, muss fraglich bleiben.

V61b Nachdem es nicht möglich gewesen ist, Jesus etwas Schuldhaftes vorzuwerfen, fordert ihn der Hohepriester mit seiner zweiten Frage zu einem Bekenntnis heraus. Und zwar wird Jesus hier nicht aufgefordert, sich zu bestimmten Taten zu bekennen (also eine Geschichte zu erzählen), wie es im Schuldbekenntnis (vor Gericht) üblich wäre, sondern er soll sich zu zwei Titeln bekennen. Die Einführung der Titel hier ermöglicht oder verlangt eine einfache Ja/Nein-Antwort. Differenzierungen sind nicht vorgesehen. Es wird nicht damit gerechnet, dass der Angeklagte eine Geschichte zu erzählen hätte. Es ist vielmehr unausgesprochen vorausgesetzt, dass alle wissen, wie diese Titel zu verstehen sind.

Der Messiastitel spricht Jesus auf gewisse Aufgaben hin an. Der Messias ist der Gesalbte Gottes, sein Beauftragter zur Errichtung des messianischen Reiches. Der Titel bezeichnet das Amt. Die Frage des Hohenpriesters zielt darauf, ob Jesus beansprucht, diese Aufgaben zu erfüllen.

---

521 *Blinzler*, Prozess 148; vgl. *Pesch* II 435.

Der Sohnestitel spricht Jesus auf seine besondere Stellung vor dem Vater an. Der Sohn ist dem Vater so nahe, wie sonst niemand. Es ist gefragt, ob Jesus beanspruche, vor Gott in einer einmaligen Stellung zu sein.[522]

Die Titel ermöglichen damit, Gott mit der Geschichte Jesu von Nazareth zu verbinden. Die Geschichte Jesu wird durch diese Titel die Geschichte des Messias und des Sohnes Gottes.

Die Frage des Hohenpriesters erkundigt sich danach, ob Jesus den Anspruch erhebt, dass angesichts seines Weges, der ihn als Gefangenen vor das Synedrium geführt hat, so von Gott zu sprechen sei, dass ihm dieser Weg von Gott als einmaliger Auftrag gegeben worden ist. Eine Bejahung dieses Anspruchs ist gleichzeitig eine Anschuldigung des Synedriums, weil es ihm das Recht abspricht, so von Gott zu sprechen, dass die Verhaftung Jesu als Tat zum Schutz seines Hauses und zur Verteidigung seiner Ehre erscheint.

V62 Mit seiner Antwort erhebt Jesus Anspruch auf diese beiden Titel. Das bedeutet, dass davon ausgegangen wird, dass zum Verständnis seiner Geschichte das Reden von Gott wesentlich ist. Die bejahten Titel leiten dazu an, wie von Gott gesprochen werden kann.

Die Geschichte leitet anderseits dazu an, wie die Titel zu verstehen sind. Es wird nicht zufällig sein, dass zum ersten Mal innerhalb der Passionsgeschichte die Verhörperikope gleich zwei Hoheitstitel für Jesus gebraucht.[523] Es kann deshalb davon ausgegangen werden, das die Verhörsituation mehr als der zufällige Rahmen ist, in dem die Hoheitstitel ausgesprochen und bekannt werden. Die Erniedrigung in die Position des Angeklagten und bald auch Verurteilten gehört wesentlich zu der Art, wie Jesus der Messias und der Sohn Gottes ist. Gerade dem Gefangenem stehen diese Titel zu. Nicht obwohl er erniedrigt ist, kann er sie beanspruchen, sondern seine Messianität und Gottessohnschaft werden erst in der Erniedrigung richtig deutlich. Die Gegensätze zwischen den sogenannten Hoheitstiteln und der Erniedrigung Jesu scheinen in der Passionsgeschichte von zentraler Bedeutung zu sein.[524]

Darin zeigt sich das grosse Gewicht des Faktischen. Ohne das konkrete Geschehen der Erniedrigung kann es keine rechte Erkenntnis geben, wer Jesus ist, und kein rechtes Wissen, wie von Gott zu sprechen ist. Die Titel allein vermögen das nicht zu vermitteln.

Das Faktische bekommt dadurch seine Würde als Ort, an dem Gott wahrgenommen und erkannt werden kann. Das Reden von Gott bekommt so

522 *Marcus*, Mark 14,61 130, 139f vermutet, dass "Sohn Gottes" den Messiastitel präzisiere und ergänze. Es sei verstanden worden als Teilhabe an der Gottheit Gottes ("as participation in God's lordship").
523 Auch im Aufbau des ganzen Evangeliums ist 14,61f neben 1,1f und 8,29 eine der Kernstellen.
524 Vgl. oben S. 71, vgl. unten zu 14,65; 15,2-15.16-20.26.27-32.

eine gewisse Objektivität: Das Faktische ist vorgegeben und kann nicht beliebig verändert werden. Es ist so von Gott zu reden, dass das vorgegebene Faktische nicht übergangen wird.

Der Anspruch Jesu auf die beiden Titel ist ergänzt durch ein Menschensohnwort. Dieses ist eine Kombination von zwei Zitaten aus Ps 110,1 und Dan 7,13. Beide AT-Stellen dienen dazu, die Hoheit des Menschensohns darzustellen. Den Synedristen wird mit dem Ausdruck ὄψεσθε (ihr werdet sehen) angesagt, dass sie die Herrlichkeit Jesu sehen werden. Sie werden sehen, was sie jetzt (noch) nicht wahrnehmen. Die Hoheit Jesu ist verborgen durch die Erniedrigung, in der er als Angeklagter vor Gericht steht. Diese Ansage des künftigen Sehens schliesst ein, dass die Zeit der Verborgenheit einmal zu Ende sein wird und dann die Hoheit Jesu offensichtlich ist. Dann werden auch die Synedristen sehen, wer Jesus ist. Das Menschensohnwort ist die Ansage an die Synedristen, dass sie ein-sehen werden, was sie jetzt falsch machen. Es desavouiert das Synedrium.

Den Synedristen wird nicht vorgeworfen, dass sie Jesus nicht richtig sehen. Das tun ja nicht einmal die Jünger. Vorgehalten wird ihnen vielmehr, dass sie jetzt gar nicht sehen *wollen*. Ihr Wahrnehmungsvermögen ist blockiert durch ihren Entschluss, Jesus zu töten (14,1.55). Das Verhör ist zweckentfremdet und kann gar nicht mehr der Wahrnehmung von Schuld oder Unschuld dienen, sondern hat nur den Zweck, eine Begründung für den bereits gefassten Todesbeschluss (V55!) zu finden. Und dieses Vorgehen ist falsch.

Schwierig zu beantworten ist die Frage, auf welchen Zeitpunkt dieses Wort sich beziehe: Wann werden die Synedristen sehen? Während das Zitat aus Ps 110,1 eher an die Erhöhung denken lässt, ist vom Kommen mit den Wolken des Himmels (Dan 7,13) im Zusammenhang der Parusie die Rede. Beim Zitat aus Ps 110 ist zu beachten, dass durch das Partizip καθήμενον nicht der Vorgang der Erhöhung beschrieben wird, sondern der Zustand des Erhöht-Seins. Das lässt darauf schliessen, dass das Wort vor allem die Erscheinung des Wiederkommenden im Blick hat, die die Hoheit Jesu offensichtlich machen wird.[525]

Im Zusammenhang des Verhörs bespricht dieses Menschensohnwort den Zusammenhang zwischen Hoheit und Erniedrigung.[526] Es stellt klar, dass die Erniedrigung nicht der Beweis der Niedrigkeit ist, wie es anscheinend die Synedristen verstehen. Für sie scheint die erniedrigende Lage des Angeklagten zu belegen, dass er weder Messias noch Sohn Gottes ist. Das Menschensohnwort spricht demgegenüber von der künftigen Hoheit des zur Rechten Gottes Sitzenden. Die Niedrigkeit wird dabei als Erniedrigung verstanden, die die Hoheit des Menschensohnes gerade verbürgt, keineswegs

---

525 Mit *Cranfield* 444f; anders *Schenke*, Christus 42f.
526 Auch das Menschensohnwort in 14,21 befasste sich mit dieser Thematik.

aufhebt. Aufgrund des Gesamtzusammenhangs muss vielmehr gesagt werden, dass die Erniedrigung die Hoheit vollendet.

Falls die Analyse richtig ist, dass V62b sekundär ist,[527] ist der Gedanke der Bestätigung des Anspruchs Jesu nachträglich eingefügt. Er erklärt, dass die Zeit, in der die Identität Jesu verborgen ist, begrenzt ist.

Der Einschub ist aber nicht so zu verstehen, dass der Anspruch Jesu erst zur Zeit des Offenbarwerdens des Menschensohnes wahr wird. Er ist vielmehr bereits in der Situation der Erniedrigung wahr. Die Hoheit Jesu ist auch dann wahr, wenn nur ihre Verborgenheit im Blick ist. Das Offenbarwerden des Menschensohns macht den Anspruch Jesu nicht wahrer, sondern macht ihn leichter erkennbar, als er es in der Situation der Verborgenheit ist.

V63f Der Anspruch Jesu auf die beiden Titel Messias und Gottessohn und das Menschensohnwort werden ihm als Gotteslästerung zur Last gelegt.

Nach dem Recht der Mischna, wie es im Traktat Sanhedrin am Ende des 2. Jahrhunderts niedergeschrieben wurde, war der Tatbestand der Blasphemie nur dann erfüllt, wenn der heilige Gottesname ausgesprochen worden ist.[528] Das ist im Bericht des Mk-Evangeliums jedoch nicht der Fall.[529] Es ist daher anzunehmen, dass Mk ein etwas breiteres Konzept des Begriffs hat. Das wird bestätigt durch die Verwendung der Worte βλασφημέω/βλασφημία in 2,7; 3,28f; 7,22; 15,29. Davon sei besonders 2,7 hervorgehoben, weil dort ebenfalls Jesus Gotteslästerung vorgeworfen wird, nachdem er einem Gelähmten die Vergebung seiner Sünden zugesprochen hatte. Der Vorwurf wird dort erhoben, weil Jesus etwas beansprucht (nämlich das Recht, Sünden zu vergeben), das nach traditioneller Auffassung nur Gott zustand.

Man versteht deshalb den Mk-Text am besten so, dass die ganze Antwort Jesu ihm als Gotteslästerung zur Last gelegt wird.[530]

Der Lästerer wahrt die Ehre Gottes nicht. In den Augen der Synedristen verletzen die Äusserungen von V62 Gottes Ehre, weil sie Gott auf unzulässige Art und Weise mit diesem Angeklagten und bald zum Tod Verurteilten in Verbindung bringen. Der zum Tod am Kreuz Bestimmte ist in ihren Augen der von Gott Verlassene und Bestrafte,[531] keinesfalls der von Gott Ge-

---

527 Vgl. oben S. 137.
528 "Der Lästerer ist erst schuldig, wenn er den Gottesnamen deutlich ausspricht." (Mischna Sanh VII 5a; zitiert nach *Blinzler*, Prozess 153; vgl. *Juel*, Messiah and Temple 97).
529 V61 ist kaum so zu verstehen: Der Vorwurf der Lästerung ist nicht Reaktion darauf, sondern auf die ganze Antwort Jesu. Mt und Lk haben es auch nicht so verstanden (mit *Juel*, Messiah and Temple 99; *Strobel*, Stunde 78).
530 Nach *Gnilka* II 283 ist es nur das Messiasbekenntnis Jesu; nach *Cranfield* 445; *Taylor* 569f das Wort vom Sitzen zur Rechten Gottes.
531 Vgl. Gal 3,13.

salbte, für den der Platz zu seiner Rechten bestimmt wäre. Die Verbindung der Niedrigkeit des Angeklagten mit Gott verletze die hohe Ehre Gottes. Der Vorwurf ist, dass die Aussagen von V62 falsch von Gott sprechen.

Dem Synedrium wird zugesprochen, dass ihm an der Sache Gottes gelegen ist und es aus religiösen Gründen handelt. Es bemüht sich, die Heiligkeit und Reinheit Gottes zu bewahren: Die Gotteslästerung soll verhindert, der Lästerer bestraft werden.

Dieses Vorgehen ist der Versuch, Gott seinen Platz zuzuweisen. Die Menschen legen fest, wo und wie von Gott zu sprechen sei und welche Bereiche der Wirklichkeit nichts mit ihm gemeinsam haben. Gott erhält seinen Platz sozusagen "über" dieser Welt, und die Niedrigkeiten dieser Welt sind fern von ihm. Diese Haltung des Menschen ist der Versuch, über Gott zu verfügen. Damit macht er es sich selbst aber unmöglich, wahrzunehmen, wie Gott sich ihm zuwendet.

Die Synedristen sind mit Eifer an dieser ihrer vermeintlichen Aufgabe. Sie sind sogar bereit, um schneller ans Ziel zu gelangen, die Rechtmässigkeit zu verletzen: Ihr Urteil steht schon lange fest; sie organisieren Falschzeugen und gegen die berichtete Durchführung des Verfahrens sind noch weitere Einwände zu machen.[532]

Doch in ihrem Eifer sind sie verblendet und können nicht erkennen, dass ihr Gefangener der Gesalbte Gottes ist, der sich in ihm so stark erniedrigt und den Menschen zugewandt hat. Sie wollen die Heiligkeit Gottes vor menschlicher Verunreinigung freihalten und halten so Gott fern von dieser Welt. Sie erkennen nicht, dass Gott sich in Jesus allem Menschlichen zugewandt hat.

Die ritualisierte Geste der Kleiderzerreissens soll das Entsetzen über die gehörte Lästerung zum Ausdruck bringen.[533] Damit ist ein Tatbestand gefunden, der zum Todesurteil führt. Die (als Frage formulierte) Feststellung, dass keine Zeugen mehr gebraucht werden, weist auf die erste Hälfte des Berichts mit den erfolglosen Zeugenverhören zurück. Diese scheinen nun sachlich abgeschlossen: Die vor den Synedristen gemachten Aussagen werden Jesus zur Last gelegt. Man glaubt daher nicht mehr auf Zeugen angewiesen zu sein.

"Sie verurteilten ihn, des Todes schuldig zu sein" (κατέκριναν αὐτὸν ἔνοχον εἶναι θανάτου) ist eine eigenartige Formulierung für den Entscheid der Synedristen. Weil er sich deutlich unterscheidet von der vergleichbaren Formulierung in 10,33 (κατακρινοῦσιν αὐτὸν θανάτῳ: sie werden ihn zum Tode verurteilen), ist wohl hier eher an einen Schuldspruch als an ein förmliches Todes-

---

532 Vgl. *Gnilka* II 284f; *Blinzler*, Prozess 197-199.
533 *Juel*, Messiah and Temple 97; vgl. *Gnilka* II 282.

urteil zu denken.[534] Dafür spricht auch, dass das Pilatusverhör angefügt wird, ohne dass etwas gesagt würde, warum ein weiteres Verfahren stattfinden müsse.[535]

Die Perikope stellt das Verhör so dar, dass hier ein Unschuldiger verurteilt worden ist. Besonders V55-59 liessen die Unschuld Jesu immer wieder deutlich werden. Die Art und Weise, wie die Synedristen die Ehre Gottes zu verteidigen suchen, ist fehl am Platz. "Lästerung vermeiden" kann demnach nicht mehr heissen, dass alles menschlich Niedrige von Gott ferngehalten wird.[536] Vielmehr wird man umgekehrt Gottes Ehre dort nicht gerecht, wo man beim Reden vom Gekreuzigten Gott nicht zur Sprache bringt.[537] Der Gekreuzigte ist zur Norm des Redens von Gott geworden.

Gottes Ehre ist nun nicht mehr durch die Ausrottung eines Lästerers zu verteidigen, sondern durch das Zeugnis, das die Geschichte des Leidens Jesu erzählt und dabei von Gott spricht.[538]

V65 In der anschliessenden Spottszene wird beschrieben, wie Jesus misshandelt, verachtet und verspottet wird. Der Verurteilte hat bereits kein Recht mehr, man kann mit ihm tun, was man will. Sein Selbstanspruch hat neben der Verurteilung auch zur Verachtung und Verhöhnung geführt. Er wird wegen dessen verspottet, was er ist. Weil er beansprucht hat, einen besonderen Auftrag von Gott zu haben, wird er jetzt als Prophet verspottet, der mit verbundenen Augen offenbaren soll, wer ihn schlägt. Sein Auftrag wird karikiert.

Die Spötter haben ihr Urteil über den Anspruch Jesu gefällt: Sie können in ihm nicht den Gesalbten Gottes sehen. Deshalb scheint ihnen eine Verhöhnung durchaus am Platz zu sein.

Die Verspottung widerlegt für sie den Anspruch Jesu nochmals und bestätigt so ihr subjektives Urteil: Wäre er der Messias, liesse er sich nicht so verspotten. Die Selbsterniedrigung des Gesalbten Gottes ist ganz miss-

---

534 Mit *Cranfield* 445; *Pesch* II 440f; *Taylor* 644f;
  gegen *Gnilka* II 283; *Blinzler*, Prozess 185.
535 Anders Joh 18,29-32.
536 Der Ausgang der Geschichte Jesu hat zu dieser Klarheit geführt. Im Leiden Jesu sind die Niedrigen und das Niedrige ein für alle mal in Gottes Nähe gekommen. Eine Trennung könnte nur noch unter Missachtung dieser Geschichte postuliert werden.
537 Vgl. unten zu 15,29, wo das Wort βλασφημέω (lästern) wieder vorkommt.
538 Der Gegenwartsbezug wird häufig darin gesehen, dass die Christen ebenso unerschrocken wie Jesus Zeugnis ablegen sollen. Das wird mit der Verschachtelung von Verhör und Verleugnung begründet, die Bekenntnis und Verleugnung einander gegenüberstelle (*Gnilka* II 287, 295). Demgegenüber ist hier die Übertragung in die Gegenwart so versucht worden, dass die Christen nicht an den Platz Jesu zu stehen kommen, sondern ihm gegenüber bleiben.

verstanden: In ihr wird nicht die Zuwendung Gottes zu allem Niedrigen erkannt, sondern sie erscheint für die Synedristen und ihre Diener die Entlarvung eines Hochstaplers zu sein. Das Evangelium verkündet auf diese Weise
die Tiefe der Selbsterniedrigung Gottes.

Im Fortgang der Erzählung wird darauf zu achten sein, welche Möglichkeiten der Reaktion es auf die Erniedrigung Jesu noch gibt. Bis jetzt sind
zwei in den Blick gekommen: der Glaube einerseits und Ablehung und Spott
andererseits.

V66 Die Erzählung wendet sich jetzt wieder Petrus zu, indem zuerst an das
in V54 Gesagte erinnert wird. Dieser Anschluss an V54 lässt das Verhör
und die Verleugnung gleichzeitig werden.

Durch die Verschachtelung von Verhör und Verleugnung hebt Mk hervor,
dass sich der Weg Jesu radikal von dem der Jünger unterscheidet. Während
Jesus sich in der Not bewährt, kommt auf seiten der Jünger sogar die
Nachfolge "auf Distanz" zu Ende. Der Hauptjünger versagt in der Gefahr.
Alle Nachfolge hört auf. Damit ist die Voraussetzung zur neuen Nachfolge,
von der 14,28 sprach, gegeben. Nur Jesus bewährt sich auf seinem Weg. So
erwirbt er die Möglichkeit, die Gefallenen zur neuen Nachfolge zu rufen.

V67 Eine Skalvin spricht Petrus auf sein Zusammensein mit Jesus an. Petrus
wird aufgefordert, zu seiner Geschichte Stellung zu nehmen. Dabei ist erwartet, dass er sich mit ihr identifiziert, d.h. dass er sein Zusammensein
mit Jesus bekennt. Dann könnte diese Geschichte dazu verwendet werden,
seine Identität zu bestimmen: Er ist mit Jesus gewesen, also ist er einer
seiner Anhänger. Seine Geschichte ist hier als gewollte Geschichte[539] verstanden, die Rückschlüsse auf die Überzeugungen des Petrus zulässt.

V68 Mit einer ausweichenden Antwort distanziert sich Petrus von seiner
Geschichte. Er täuscht vor, nicht zu verstehen, was die Magd meint. Auch
räumlich gesehen distanziert er sich und weicht aus: Er geht hinaus in den
Vorhof. Er will jetzt nicht als Anhänger Jesu gelten.

Die Erwähnung des ersten Hahnenschreis[540] macht es für den Leser voll-
ends klar, was in dieser Perikope erzählt wird: dass sich die Vorhersage
Jesu von 14,30 erfüllt. Zugleich steigert sich durch die Erwähnung des ersten Hahnenschreis die Spannung der Erzählung.

V69 Zum zweiten Mal versucht die Magd, jetzt zu den Dabeistehenden gewandt, die Identität des Petrus als Anhänger Jesu festzulegen.

---

539 Im Gegensatz zur erlittenen Geschichte.
540 Vgl. oben S. 133.

V70 Darauf reagiert Petrus mit der zweiten Weigerung, sich dazu zu bekennen. Kurz darauf äussern sich die Umstehenden: Petrus wird nochmals auf
seine Geschichte angesprochen: Der Satz "Wahrhaftig gehörst du zu ihnen"
stellt die Behauptung auf, dass Petrus mit Jesus und den Jüngern gewesen
sei. Auf diese Geschichte soll Petrus festgelegt werden. Im Gegensatz zu
den Äusserungen der Magd wird hier eine Begründung angeführt, und zwar
wiederum eine geschichtliche Begründung: Petrus sei ein Galiläer. Dieser
Identifikation kann sich Petrus nicht entziehen. Denn seine Sprache bestätigt seine Herkunft. Dadurch wird seine geschichtliche Zugehörigkeit zu Jesus zwar nicht bewiesen, aber doch wahrscheinlicher.

V71 Auf diese begründete Identifizierung des Petrus folgt der vehementeste
Distanzierungsversuch. Petrus will sich von seiner Geschichte lossagen. Er
tut dies durch die Behauptung, dass er Jesus nicht kenne, die er mit Fluchen und Schwören bekräftigt. Er will eine andere Identität haben als die
eines Anhängers Jesu.

Von der Ansage der Verleugnung 14,26-31 her ist dazu zu ergänzen, dass
sich Petrus durch sein Vertrauen auf seine Stärke, dass er sogar bereit sei,
mit Jesus zu sterben, aus eigener Initiative in diese unbequeme Situation hin-
einmanöveriert hat, in der er so tief fällt.

Das Angesprochenwerden auf die Zugehörigkeit zu Jesus wird für die
Hörer bzw. Leser des Evangelium zu einem Anknüpfungspunkt für den Gegenwartsbezug. Auch sie werden daraufhin angesprochen: in einer Verfol-
gungssituation z.B. vor Gericht, in Spötteleien oder in weltanschaulichen
Diskussionen. Dabei wird immer wieder erfahren, dass das Angesprochenwerden auf die Zugehörigkeit zu Jesus unangenehm sein kann, und auch das
eigene Versagen wird schmerzhaft erlebbar.

Wenn Christen den Herrn verleugnen, bestreiten sie die grundlegende
und ausschliessliche Bedeutung, die der Auferstandene für sie hat. Wenn
sich z.B. Verfolgte vor Gericht zwingen lassen, den römischen Staatsgott-
heiten Weihrauch zu opfern, leugnen sie die Ausschliesslichkeit, mit der
Jesus ihr Herr ist. Sie stellen damit mindestens teilweise in Abrede, was ihnen Jesus bedeutet hat.

Die Zugehörigkeit zu Jesus, auf die hin sie angesprochen werden, hat
auch hier eine geschichtliche Dimension. Bezieht sie sich bei Petrus auf die
Gemeinschaft mit Jesus, die sich aus dem gemeinsamen Unterwegs-Sein ergeben hat, so kommt bei den Christen ihre frühere Erkenntnis des Auferstandenen, ihr dementsprechendes Bekenntnis und ihre Zugehörigkeit zur
christlichen Gemeinde in Blick. Wenn sie Jesus verleugnen, so sagen sie
sich auch von dieser ihrer Geschichte los.

Die Erzählung der Verleugnung des Petrus dient dem Leser als Warnung,
die ihn mahnt, sich nicht durch Unachtsamkeit dazu verleiten zu lassen, Je-

sus zu verleugnen. Denjenigen, der gefallen ist, führt dieser Bericht zur
Reue über sein Verhalten und dann zum Trost, dass Petrus trotz seines Fallens ein Jünger Jesu geblieben ist.[541]

V72 Als Abschluss der Perikope wird nun der zweite Hahnenschrei berichtet. Darauf erinnert sich Petrus an die Vorhersage Jesu, die sich nun genau
erfüllt hat. Mk wird das so verstanden haben, dass der Hahnenschrei, der
unmittelbar auf die dritte Verleugnung folgte (εὐθύς), in Petrus die Erinnerung an das Wort Jesu wachrief. Dadurch konnte ihm bewusst werden, was
er eigentlich getan hatte. So konnte auch der Kreis von stets neuem Angriff
und neuer Verleugnung unterbrochen werden. Das Wort Jesu befreit Petrus
aus diesem circulus vitiosus, indem es ihn zur Erkenntnis und zur Reue
führt: Er beginnt zu weinen.

Es ist erstaunlich, dass diese Geschichte hier endet und das Thema im
Mk-Evangelium nicht mehr aufgenommen wird.[542] In 16,7 wird vielmehr Petrus ausdrücklich neben den Jüngern erwähnt. Für Mk hat Petrus trotz der
Verleugnung nicht aufgehört, ein Jünger Jesu zu sein.

V72 ist deshalb nicht als negativer Schluss der Perikope anzusehen. Negativ wäre es, wenn die Perikope mit V71 enden würde. Dann wäre Petrus
noch immer in seinem Teufelskreis gefangen und wäre weiter einer, der Jesus verleugnet. Die Erinnerung an die Vorhersage Jesu hat ihn nach Mk jedoch daraus befreit und ihm die Möglichkeit gegeben, diesen Weg zu verlassen und zu bereuen.

2.10.3 Historische Beurteilung

Über die historischen Aspekte des Prozesses Jesu vor dem Synedrium ist
schon viel debattiert worden.[543] Vielfach stand dabei mehr oder weniger im
Hintergrund die Frage, wer schuld sei am Tode Jesu.[544]

---

541 Vgl. unten zu 16,7, ferner 2.Tim 2,13; jedoch auch Hebr 6,4-6; 10,26-31;
2.Petr 2,20; ferner *Schenke*, Christus 21f;
Dass die Schwachheit des "stärksten" Jüngers nicht verheimlicht wird,
ist eine Wohltat für jeden, der um seine eigene Schwachheit weiss. Er
kann nun auch sie zur Sprache bringen und braucht sie nicht mehr
durch angebliche Stärke zu überspielen.

542 Anders als Joh 21,15-23.

543 Zur neueren Diskussion siehe *Kümmel*, Jesusforschung 375-419,
528-533.

544 *Kümmel*, Jesusforschung 377.
Dass *Lapide* schon im Titel seines Buches "Wer war schuld an Jesu
Tod?" die Schuldfrage in den Vordergrund rückt, ist aufgrund der Leidensgeschichte des jüdischen Volkes verständlich, lenkt aber die Aufmerksamkeit auf eine Frage, die den Evangelien fernliegt. Immerhin betont er in seiner achten Antwort auf die Schuldfrage, dass in "ernstgemeinte(r) Nachfolge Christi" (120) gesagt werden kann, dass Jesus für
die Sünden aller gestorben sei (120-122).

Von der Passionsgeschichte, wie sie im Mk-Evangelium steht, herkommend ist dazu zu sagen, dass sie an dieser Frage nicht interessiert ist.[545] Sie will zeigen, wie es zur Hinrichtung Jesu gekommen ist und will darin gleichzeitig die Grösse Jesu aufleuchten lassen. Es hat sich aus unserer Exegese nicht ergeben, dass sie einen Teil der beteiligten Personen beschuldigt und die Integrität anderer betont. Man hat vielmehr den Eindruck, dass Jesus gegenüber alle versagen, angefangen bei den Jüngern, die ihn alle verlassen und von denen einer ihn verrät und ein anderer ihn verleugnet, über die Synedristen und ihre Diener zu Pilatus und seinen Soldaten. Ihnen alle wäre dieses und jenes vorzuwerfen; der Bericht des Mk tut das nicht, wohl gerade deshalb, weil er immer wieder betont, dass es so kommen musste. Es kann daher in dieser historischen Beurteilung des Prozesses auch nicht darum gehen, die einen zu be- und noch weniger andere zu entschuldigen.

Ferner ist zu beachten, dass die Passionsgeschichte kein Protokoll der Verhandlungen des Synedriums oder vor Pilatus bietet. Ihr Ziel ist auch nicht, eine juristisch exakte Zusammenfassung davon zu geben. So wird z.B. nirgends begründet, weshalb Jesus noch vor Pilatus geführt wurde, noch wird erklärt, welches das Verhältnis von jüdischem und römischem Verhör sei.[546] Es geht der Passionsgeschichte vielmehr darum aufzuzeigen, dass Jesu Grösse erst in seiner Verurteilung richtig erkannt werden kann. Protokollartige Detailangaben sollten daher nicht erwartet werden. Hingegen ist es möglich, die historische Frage, ob ein Verhör vor dem Synedrium stattgefunden hat, zu stellen und zu überprüfen, welchen Charakter diese Versammlung hatte.

Diese These wird bestätigt, wenn man die Berichte der Evangelien miteinander vergleicht. Der synoptische Vergleich hat eine Reihe von Unterschieden gezeigt.[547] Die Evangelien sagen aber gemeinsam aus, dass Jesus nach seiner Verhaftung zuerst zur jüdischen Obrigkeit gebracht und nachher an Pilatus ausgeliefert worden ist. Die Synoptiker berichten übereinstimmend, dass er in der Zwischenzeit vom Synedrium verhört wurde und dieses beschloss, ihn an Pilatus auszuliefern und seine Hinrichtung zu beantragen, ferner, dass im Verhör Jesu Stellungnahme zu den Titeln "Christus" und "Sohn Gottes" ausschlaggebend für den Ausgang war. Joh berichtet nichts von einem solchen Verhör, erzählt aber, dass Jesus nach der Befragung durch Hannas zum Hohenpriester Kajaphas geführt wurde, ohne zu erwähnen, was dort geschah. Es ist denkbar, dass er dabei an ein ähnliches Verhör gedacht hat.

Zuerst ist nach dem Charakter dieser Verhandlung vor den Synedristen zu fragen. Ist dabei ein offizieller Prozess gemeint, oder soll von einer in-

---

545 *Schweizer* 178.
546 Genaue Aussagen darüber können deshalb nicht aus dem Mk-Evangelium gefolgert werden, sondern müssen auf anderen Quellen beruhen.
547 Vgl. oben S. 133f, obwohl dort nicht ganz alle aufgezählt sind.

formellen Befragung zur Begründung der Anklagen vor Pilatus gesprochen werden? Die Formulierung des Urteils bei Mk ist eher als Schuldspruch denn als formelles Todesurteil verstanden worden.[548] In der Analyse ist vermutet worden, dass der offizielle Charakter der Verhandlung durch den Evangelisten gesteigert worden ist.[549] Es ist daher historisch gesehen eher nach einer informellen Befragung Jesu als einem rechtmässigen Prozess zu fragen.

Eine solche Befragung Jesu durch die oberste jüdische Behörde, das Synedrium, oder Teile davon ist aus folgenden Gründen wahrscheinlich:
- Den Texten liegt alte Tradition zugrunde.[550]
- Aus der Haltung Jesu zum Tempel musste sich ein Konflikt mit dem offiziellen Judentum ergeben.
- Der Selbstanspruch Jesu forderte eine Reaktion heraus.
- Aktivitäten und ein Beschluss der jüdischen Obrigkeit vor der Auslieferung an Pilatus sind wahrscheinlich.[551]

Der Haupteinwand gegen die Historizität eines Verhörs vor dem Synedrium geht von den Unregelmässigkeiten aus, die festgestellt werden können, falls man die Verhandlung als ordentlichen Prozess versteht und mit dem Mischna Traktat Sanhedrin vergleicht. Nach diesem Recht dürfte beispielsweise ein Prozess in Kapitalsachen weder nachts noch an einem Feiertag stattfinden, auch dürfte eine Verurteilung nicht unmittelbar im Anschluss an die Verhandlungen, sondern erst am folgenden Tag stattfinden.[552]

Das Gewicht dieses Einwandes ist allerdings gering, da hier nicht nach einem offiziellen Prozess gefragt wird und weil ferner unklar ist, wieweit der Traktat Sanhedrin, der im 2. Jahrhundert niedergeschrieben worden ist, zur Zeit Jesu schon Gültigkeit hatte.[553] Vor allem aber ist durch neuere Untersuchungen dargelegt worden, dass auch die Rechtstradition der Pharisäer, der die Mischna entstammt, bei Vergehen des "Verführers" oder Pseudopropheten ein weitaus strengeres Vorgehen vorsah, als es die Mischna für die anderen Verbrechen angibt.[554] Damit braucht der sofortige Todesbeschluss nicht gegen die Geschichtlichkeit eines Verhörs durch die Synedristen zu sprechen. Eine Befragung Jesu durch die Synedristen ist historisch wahrscheinlich.[555]

---

548 Vgl. oben S. 148f.
549 Vgl. oben S. 134.
550 Vgl. oben S. 137f.
551 Mit Gnilka II 287.
552 *Klostermann* 154f; *Schmithals* II 658f; vgl. *Lapide*, Wer war schuld 65f.
553 Vgl. als meines Wissens neuesten Beitrag zu dieser Frage *Strobel*, Stunde 46-61, der von der Einheit von sadduzäischem und pharisäischem Strafrecht bei Spezialverfahren ausgeht.
554 *Strobel*, Stunde 55-61.
555 *Cranfield* 440; *Gnilka* II 287; *Pesch* II 418; *Schweizer* 179f; *Taylor* 570; vgl. *Strobel*, Stunde 81-86; *Winter*, Trial 56f.

Eine zweite grundlegende Frage ist das Zusammenspielen von jüdischer und römischer Gerichtsbarkeit. Die ersten drei Evangelien erklären nicht viel dazu, sie berichten bloss je von einem Verhör Jesu. Nur Mk verwendet im Zusammenhang mit demjenigen vor dem Synedrium den Fachausdruck der Gerichtssprache für "verurteilen" (καταχρίνω).[556] Es wird auch nicht angegeben, warum noch ein zweites Verhör vor Pilatus berichtet wird. Nur Joh 18,31 erklärt dazu etwas ausführlicher, dass es den Juden nicht erlaubt war, ein Todesurteil zu vollziehen.

Es gibt eine Reihe von Versuchen, aufgrund der Evangelien und anderer Quellen, die Kompetenz der beiden Gerichte näher zu bestimmen. Dabei wurden unterschiedliche Ansichten geäussert:

- Nach Blinzler z.B. konnte das Synedrium Jesus zwar zum Tod verurteilen, aber dieses Urteil nicht vollziehen. Es musste den Fall zur Bestätigung und Vollstreckung an den römischen Prokurator weiterleiten.[557]
- Nach Winter ist Jesus nach seiner Verhaftung durch römische Soldaten und die Tempelpolizei und einer Befragung im Haus des Hohenpriesters vor Pilatus geführt und durch diesen zum Tod verurteilt worden.[558]
- Nach Bammel war Jesus durch das Synedrium zum Tode verurteilt worden. Pilatus hat die Vollstreckung dieses Urteils erlaubt und angeordnet, und Jesus ist anschliessend durch die jüdischen Behörden gekreuzigt worden.[559]

Allen diesen Darstellungen ist gemeinsam, dass an der Verurteilung und Hinrichtung Jesu sowohl Juden als auch Römer irgendwie beteiligt waren. Fast unbestritten ist, dass die Hinrichtung durch die Römer erfolgte, da Kreuzigung eine römische Tötungsart war.[560] Meistens wird ferner angenommen, dass den Juden die Kapitalgerichtsbarkeit entzogen war und sie deshalb gezwungen waren, den Fall Jesu vor den römischen Statthalter zu bringen.[561] Daraus kann geschlossen werden, dass die Beratungen der jüdischen Behörden mit dem Beschluss endeten, Jesus vor Pilatus zu bringen und seine Hinrichtung zu beantragen.[562]

---

556 Vgl. oben S. 148f.
557 *Blinzler*, Prozess 229, 232f. 246f.
558 *Winter*, Trial 67, 42, 56f, 192.
559 *Bammel*, Trial before Pilate 427, 431, 435, 445.
560 Mit *Anderson* 327; *Nineham* 403; *Schweizer* 177f; *Blinzler*, Prozess 359; *Winter*, Trial 96.
561 Mit *Gnilka* II 286; *Schweizer* 179; *Betz*, Probleme 642; *Blinzler*, Prozess 229, 244; *Strobel*, Stunde 21;
 gegen *Cranfield* 439; *Winter*, Trial 18, 109, 127;
 vgl. *Bammel*, Trial before Pilate 435, 438.
562 *Cranfield* 440; *Gnilka* II 287; *Pesch* II 418, 440f; *Schweizer* 179; *Taylor* 570;
 vgl. *Winter*, Trial 56f; *Strobel* 81-86.

Es ist drittens noch nach den Gründen zu fragen, die die jüdischen Behörden bewogen haben, auf die Hinrichtung Jesu hinzuwirken. Die Motive der Römer werden im Zusammenhang mit der nächsten Perikope behandelt werden.

Das Mk-Evangelium nennt als Schuld Jesu, derentwegen er verurteilt worden ist, "Gotteslästerung". Es ist bereits deutlich geworden, dass Mk dies nicht im Sinn der späteren Mischna verstand.[563] Vielmehr soll gesagt werden, das der Selbstanspruch Jesu zu diesem Urteil geführt hat. Im Mk-Evangelium drückt Jesu Auftreten in Jerusalem vom Einzug an ein messianisches Selbstverständnis aus. Ins Gewicht fallen dürfte besonders auch Jesu Auftreten im Tempel in Jerusalem, die "Tempelreinigung", die den Priesterstand und die für den Tempelkult zuständigen Behörden provoziert hat. Die Priester gehörten mehrheitlich der sadduzäischen Richtung an.[564] Joh 11,48 gibt als weiteren Grund zur Verurteilung die Furcht vor einem Eingreifen der Römer an. Es kann erwogen werden, ob eine Einschüchterung durch Pilatus das Handeln der jüdischen Behörden beeinflusst hat.[565]

Verschiedene unterschiedliche Versuche, genau zu bestimmen, was den negativen Ausgang des Verhörs vor dem Synedrium bewirkt hat, dienen dazu, die Gründe der Verurteilung präziser zu erfassen, als es vom Mk-Text aus möglich wäre.[566] Sie bestätigen damit die allgemeinere Aussage, dass die jüdische Obrigkeit Jesus verworfen hat.

Dass die Erzählung vom Versagen des Petrus eine historische Grundlage hat, wird in der Regel befürwortet. Es ist schwer vorstellbar, dass ein Bericht, der so negativ verstanden werden kann, ohne historischen Anlass Petrus zugeschrieben worden wäre.[567]

---

563 Vgl. oben S. 147.

564 *Gnilka* II 286. Zur späteren Gegnerschaft der Sadduzäer gegen die Christen siehe *Josephus*, Ant 20,199f.

565 Vgl. *Winter*, Trial 57f, 204.

566 - Jesu explizites Bekenntnis zu seiner messianischen Würde wurde als Gotteslästerung verstanden (*Blinzler*, Prozess 188f).
    - Das Tempelwort (*Schweizer* 179f).
    - Jesus ist als "falscher Prophet" und "Verführer" verurteilt worden (*Jeremias*, Abendmahlsworte 73; ähnlich *Strobel*, Stunde 81-92).

567 Mit *Anderson* 332; *Gnilka* II 295; *Pesch* II 452; *Schweizer* 176; *Taylor* 575f; *Senior*, Passion 102;
    gegen *Klein*, Verleugnung 311.

2.11 Markus 15,1–15

1 Und sogleich in der Morgenfrühe, nachdem die Hohenpriester mit den Ältesten und Schriftgelehrten und dem ganzen Synedrium einen Beschluss gefasst hatten, fesselten sie Jesus und führten ihn ab und übergaben ihn Pilatus.

2 Und es befragte ihn Pilatus: "Bist du der König der Juden?" Er aber antwortet ihm und sagt: "Das sagst du."

3 Und die Hohenpriester beschuldigten ihn vieler Dinge.

4 Pilatus aber befragte ihn wiederum und sagte: "Antwortest du nichts? Siehe, wie vieler Dinge sie dich beschuldigen!"

5 Jesus aber sagte nichts mehr, so dass Pilatus sich wunderte.

6 Zum Fest liess er ihnen einen Gefangenen frei, den sie sich erbaten.

7 Es war der, der Barabbas hiess, mit den anderen Aufrührern gefesselt, die im Aufruhr einen Mord begangen hatten.

8 Und die Volksmenge zog hinauf und begann um das zu bitten, was er ihnen zu tun pflegte.

9 Und Pilatus antwortete ihnen und sagte: "Wollt ihr, dass ich euch den König der Juden freilasse?"

10 Denn er erkannte, dass die Hohenpriester ihn aus Neid überliefert hatten.

11 Aber die Hohenpriester reizten das Volk auf, dass er ihnen lieber Barabbas freiliesse.

12 Als aber Pilatus ihnen wiederum antwortete, sprach er: "Was wollt ihr nun, dass ich tue mit dem, den ihr den König der Juden nennt?"

13 Sie aber schrien wiederum: "Kreuzige ihn!"

14 Pilatus aber sagte zu ihnen: "Was hat er denn Böses getan?" Sie aber schrien umso mehr: "Kreuzige ihn!"

15 Weil Pilatus der Menge einen Gefallen tun wollte, liess er ihnen Barabbas frei, liess Jesus geisseln und übergab ihn, dass er gekreuzigt würde.

2.11.1 Analyse

Von allen Evangelien hat Mk den kürzesten Bericht über das Vehör vor Pilatus. Gegenüber Mk haben die anderen Berichte eine ganze Reihe von Zusätzen und auch viele kleine Abweichungen. Die folgende Tabelle zeigt die Unterschiede im Aufbau der Perikopen.

Mt	Mk	Lk	Joh
Übergabe an Pilatus	Übergabe	Übergabe	Übergabe
Ende des Judas			
Verhör vor Pilatus	Verhör	Verhör	Verhör
Vor Herodes			(Gespräche)

(Mt)	(Mk)	(Lk)	(Joh)
Nicht schuldig			
Jesus oder Barabbas?	J oder B?	J oder B?	J oder B?
(Traum der Frau)			Ecce homo
Verurteilung	Verurteilung	Verurteilung	Verurteilung
(Händewaschen)			

Die vier Berichte haben trotz allen Verschiedenheiten eine gemeinsame Grundhandlung: Jesus wird an Pilatus überliefert, von diesem befragt und zum Tode verurteilt, während Barabbas freigelassen wird. In einigen Details gibt es sogar wörtliche Übereinstimmung: So wird Jesus von Pilatus überall gefragt: σὺ εἶ ὁ βασιλεὺς τῶν Ἰουδαίων (Mk 15,2; Mt 27,11; Lk 23,3; Joh 18,33) worauf er antwortet: σὺ λέγεις (bei Joh erst nach einem Zwischengespräch und ergänzt mit ὅτι βασιλεύς εἰμι). Für die Übergabe Jesu an die Soldaten zur Kreuzigung steht überall die Verbform παρέδωκεν (Mk 15,15; Mt 27,26; Lk 23,25; Joh 19,16).

Diese Übereinstimmungen sind traditionsgeschichtlich bedeutsam. Besonders der Vergleich mit dem Joh-Evangelium weist darauf hin, dass es sich um den Kern der Perikope handelt, der alte Tradition enthält, auf dem die einzelnen verschiedenen Traditionslinien aufgebaut sind.[568]

συμβούλιον ποιέω[569] lässt sich auf zwei verschiedene Weisen verstehen: "einen Beschluss fassen" oder "eine Versammlung abhalten".[570] Aufgrund des Zusammenhangs ist die erste zu bevorzugen: Es wird nicht angegeben, welches das Thema der Versammlung wäre, hingegen lässt sich als Inhalt des Beschlusses verstehen, dass Jesus gebunden und abgeführt wird. Zudem ist bereits 14,53.55 von einer Versammlung des Hohen Rates die Rede, die nirgends als beendet erklärt wird. Im jetzigen Kontext erscheint 15,1 als Zusammenfassung und Abschluss der nächtlichen Verhandlung. Diese endet am frühen Morgen mit dem Beschluss, Jesus vor Pilatus zu bringen.[571]

Diese Verhältnisbestimmung zwischen 14,55-64 und 15,1 gilt m.E. auch für frühere Textstadien, da alle anderslautenden Thesen nicht zu überzeugen vermögen:

---

568 *Mohr*, Markus- und Johannespassion 289.
569 Textkritisch ist ποιήσαντες als ursprüngliche Lesart zu betrachten:
   - gegenüber ἑτοιμάσαντες ist es auch im östlichen Text vertreten,
   - gegenüber ἐποίησαν ist es besser bezeugt,
   - es ist lectio difficilior gegenüber ἑτοιμάσαντες, das glättet, indem es den Eindruck von zwei verschiedenen Ratsversammlungen vermeidet; mit *Cranfield* 448; gegen *Pesch* II 455.
570 *Gnilka* II 298; *Schenk*, Passionsbericht 242f; gegen *Mohr*, Markus- und Johannespassion 283.
571 Mit *Gnilka* II 275, 287, 298f; *Schweizer* 179; *Dormeyer*, Passion 175; *Schenk*, Passionsbericht 242f; *Strobel*, Stunde 77; gegen *Mohr*, Markus- und Johannespassion 283.

- Die Annahme, dass 14,55-64 eine sekundäre Dublette zu 15,1 sei, gebildet in Abhängigkeit von 15,2-15,[572] ist widerlegt durch die obige Analyse, die Teile von 14,55-64 als ursprünglich beurteilt hat.[573]
- Die Ansicht, dass 15,1b ursprünglicher Schluss der Synedriumsperikope war, den die markinische Redaktion wegen der Verschachtelung mit der Petrusverleugnung abgetrennt und mit 15,1a erweitert habe,[574] übersieht, dass die beiden Texte nicht nur durch die Petrusverleugnung, sondern auch durch die Spottszene 14,65 getrennt sind.[575]

Es ist deshalb anzunehmen, dass auch Teile aus 15,1a zum ursprünglichen Text gehören und dieser von Anfang an den Schluss der Synedriumsversammlung berichtete.[576]

Die beiden Verhörsberichte vor Pilatus und vor dem Synedrium sind miteinander vergleichbar. Direkt gegenübergestellt werden können eigentlich nur 14,60-62 mit 15,2-5. Dabei zeigen sich sowohl Ähnlichkeiten wie Verschiedenheiten. Das Schweigemotiv kommt in beiden Perikopen vor, wobei Jesus beiderorts gefragt wird: οὐκ ἀποκρίνῃ οὐδέν; Beidemal wird Jesus nach seinem Anspruch auf einen Titel befragt. Diese selbst sind aber verschieden: ὁ χριστός und ὁ υἱὸς τοῦ εὐλογητοῦ in der Synedriumsperikope steht ὁ βασιλεὺς τῶν Ἰουδαίων bei der Verhandlung vor Pilatus gegenüber. Ebenso sind die Antworten Jesu unterschiedlich: Das erste Mal ein bekennendes ἐγώ εἰμι und das zweite Mal ein ausweichendes σὺ λέγεις.

Die obigen Überlegungen und die Unterschiede, die dieser Vergleich zeigte, lassen eine direkte Abhängigkeit als unwahrscheinlich erscheinen. Hingegen ist mit einer gewissen gegenseitigen Beeinflussung zu rechnen.[577]

Die Aufzählung aller Fraktionen des Synedriums in V1 und dann erst noch die Nennung der Gesamtbehörde wirkt umständlich. Durch die Konstruktion mit μετά+Gen und die Nennung des Synedriums ist diese Aufzählung anders als diejenigen von 14,43.53.[578] Sie ist trotzdem auch auf Mk

---

572 *Klostermann* 155; *Schmithals* II 659f.
573 Mit *Gnilka* II 275; *Schweizer* 183f.
574 *Dormeyer*, Passion 174f; ähnlich *Lohmeyer* 334; *Schenk*, Passionsbericht 242f.
575 Auch der Vorschlag von *Schenk*, Passionsbericht 242f, Teile von V65 mit Teilen von 15,1 zu einem Ganzen zu verbinden, vermag nicht zu überzeugen, weil er den Redaktor Sätze seiner Tradition auseinanderreissen und zu je neuen Sätzen ergänzen lässt.
576 *Schenke*, Christus 52; *Gnilka* II 297.
577 Eine gegenseitige Beeinflussung halten für wahrscheinlich *Schweizer* 183f, *Dormeyer*, Passion 178f;
gegen *Mohr*, Markus- und Johannespassion 288f.
578 Sie ist mit 14,55 vergleichbar, wo zuerst die Hohenpriester und dann das Synedrium genannt werden.

zurückzuführen, der den offiziellen Charakter des Beschlusses (über-)betont.[579]

Mit V2 beginnt etwas unvermittelt bereits die Befragung durch Pilatus; Jesus ist offenbar angeklagt, "König der Juden" sein zu wollen.[580] Dieser Vers wird manchmal als sekundär betrachtet, weil er das Verhör unerwartet schnell eröffnet sein lässt und Anklagen erst im folgenden Vers vorgebracht würden.[581] Dem widerspricht jedoch, dass auch V3 nicht den Inhalt der Anklage angibt, sondern nur allgemein von Beschuldigungen spricht, die die bereits vorausgesetzte Hauptanklage unterstreichen sollen (vgl. Lk 23,2). Ohne V2 wäre kein einziger Anklagepunkt genannt. Der Titel "König der Juden" steht erst in V9 wieder. Dort ist er aber nicht als Anklagepunkt erkennbar, sondern setzt voraus, dass dieser Titel bereits als Inhalt der Anklagen bekannt ist. Ferner gehört V2 traditionsgeschichtlich zum Grundbestand der Perikope, wie er sich aus dem synoptischen Vergleich herauskristallisiert hat.

Die These, dass V2 zwar ursprünglich sei, jedoch weiter hinten gestanden habe,[582] löst das Problem auch nicht, da der Königstitel nach V3 bzw. V5 genau so unvermittelt wäre, wie er es an der jetzigen Stelle ist.

So ist es trotz des unvermittelten Charakters am wahrscheinlichsten, dass V2 von Anfang an an dieser Stelle der Perikope gestanden hat.[583] Dafür spricht auch, dass der Titel "König der Juden" kein üblicher christologischer Hoheitstitel ist.[584]

In V5 wird oft eine mehr oder weniger deutliche Anspielung auf Jes 53,7 gesehen. Damit soll das Schweigen Jesu als das des leidenden Gottesknechtes dargestellt werden.[585] Solche Aussagen sind mit Zurückhaltung zu betrachten. Denn es fehlt ein eindeutiger Bezug von Mk 15,5 auf Jes 53,7.

---

579 Mit *Gnilka* II 297; *Dormeyer*, Passion 174; *Mohr*, Markus- und Johannespassion 282; *Schenk*, Passionsbericht 242; *Schenke*, Christus 51f; gegen *Pesch* II 455.

580 15,26 bestätigt diesen Eindruck und nennt eindeutig den Anspruch auf diesen Königstitel als Schuld, um derentwillen Jesus verurteilt worden ist.

581 *Schmithals* II 671 (markinisch); *Schweizer* 183; *Dormeyer*, Passion 175f (beide: vormarkinisch).

582 *Mohr*, Markus- und Johannespassion 285f; *Schenke*, Christus 54.

583 Mit *Gnilka* II 297; *Lémonon*, Pilate 179.

584 Er kommt ausserhalb der Perikope über das Pilatusverhör und der darauf bezogenen Spottszenen und den Angaben über den Titulus nur noch Mt 2,2 vor.

585 *Klostermann* 155, 159; *Lohmeyer* 335; *Schmithals* II 673; *Schweizer* 185; *Mohr*, Markus- und Johannespassion 287; *Strobel*, Stunde 96.
    Cranfield 449 vermutet sogar: "It is not impossible, that Jesus himself may have had Isa LIII.7 in mind."

Wohl ist bei beiden Texten vom Schweigen die Rede, doch geschieht das mit ganz anderen Worten.[586] So ist es unmöglich mit Bestimmtheit festzustellen, dass der Autor des Mk-Textes an die Jes-Stelle gedacht hat.[587]

Nach V5 wird der Bericht unterbrochen zugunsten der Einführung der Passaamnestie. V5 kann aber nicht ein früheres Ende des Verhörberichts gewesen sein, denn die erzählte Handlung ist unabgeschlossen. Als letztes ist die Verwunderung des Pilatus erwähnt. Dieser hat eine weitere Initiative von irgendwelcher Seite zu folgen und letztlich erwartet man einen Entscheid des römischen Prokurators. V5 kann daher nicht ursprüngliches Ende gewesen sein.[588]

V6 nimmt ein neues Thema auf, das der Passaamnestie, von dem aus eine neue Initiative erfolgt, die das Verhör Jesu in eine neue Richtung lenkt und zu Ende führt. Der Entscheid des Pilatus in V15 ist bestimmt durch das Thema der Passaamnestie, nämlich durch die erfolgte Auswahl zwischen Jesus und Barabbas. Die Erzählung ist daher gezwungen, dieses Thema der Freilassung eines Gefangenen am Fest einzuführen und zu erläutern. Ohne einen Abbruch und Neuanfang im Ablauf der Erzählung an der einen oder anderen Stelle ist das wohl erzähltechnisch nicht möglich. Allerdings hätte das auch ohne einen solch abrupten Übergang erfolgen können.[589] So fällt auf, dass der Brauch der Passaamnestie erklärt wird, bevor das Volk dementsprechend zu bitten beginnt. Ganz ähnlich wird auch Barabbas vorgestellt, bevor er im Gang der Erzählung genannt wird.[590]

Diese ergänzenden Erklärungen für diejenigen, die den Brauch dieser Amnestie nicht kennen, sind in V6f zusammengefasst. Sie bringen Informationen, die für den Fortgang der Erzählung wichtig sind. Weil ihre Stellung den Erzählablauf unterbricht, sind dafür unterschiedliche literarkritische Vorschläge gemacht worden. So ist vermutet worden, dass die Verurteilung Jesu und die Freilassung des Barabbas ursprünglich zwei verschiedene Überlieferungen waren, die erst sekundär miteinander verbunden wurden.[591] Diese Hypothese beachtet nicht genügend, dass die Verurteilung Jesu durch Pilatus und die Freilassung des Barabbas nicht nur lose miteinander, sondern in V9-15 stets eng miteinander verbunden sind. Sie ist ferner gezwungen, einen verlorengegangenen ursprünglichen Schluss der Pilatus-Perikope

---

586 Jes 53,7: "... und tat seinen Mund nicht auf ... verstummt"; Mk 15,5: "Jesus aber sagte nichts mehr ...".

587 Es fällt auf, dass gerade Lk, der diese Jes-Stelle gekannt hat (Apg 8,32f), im Pilatusverhör Jesu Schweigen nicht besonders erwähnt.

588 Zur Hypothese, dass die Barabbas-Szene einen ursprünglichen Schluss des Verhörs, der die Verurteilung Jesu durch Pilatus berichtete, verdrängt habe, vgl. unten auf dieser Seite.

589 Siehe Joh 18,38-40.

590 *Mohr*, Markus- und Johannespassion 292.

591 *Schweizer* 183; *Schenk*, Passionsbericht 249; *Schenke*, Christus 49; gegen *Mohr*, Markus- und Johannespassion 296f.

zu postulieren und auch eine ursprüngliche Fassung der Barabbas-Szene, in der Freilassung oder Verurteilung Jesu nicht zur Debatte stand, und die deshalb anders gelautet haben muss. Diese Hypothese schafft dadurch mehr Probleme als sie löst. Die ursprüngliche Zusammengehörigkeit der beiden Szenen ist deshalb wahrscheinlicher.[592]

Auch die Vermutung, dass nur ein Teil der Verse 6–15 ursprünglich sei und in anderer Reihenfolge gestanden habe,[593] vermag das Problem nicht recht zu lösen. Denn abgesehen davon, dass die Annahme von Umstellungen stets auch neue Schwierigkeiten schafft, wird V6 meist in seiner Stellung als ursprünglich verstanden. Damit bleibt die Unterbrechung des Erzählablaufs bestehen.

V6f sind in ihrer Stellung und Funktion mit 14,44 zu vergleichen. 14,44 hatte an gleicher Stelle im Erzählablauf eine analoge Funktion: Er bereitet das Folgende vor. Schon dort ist aus diesem Vorbereitungscharakter nicht auf einen literarischen Einschub geschlossen worden. Wären es nachträgliche Ergänzungen, so wären sie wohl anders plaziert worden, nämlich nach dem Geschehen, das sie erklären, also hier nach V8 bzw. V11.[594] Solche Ergänzungen sind z.B. das Schriftzitat in 14,27, die Erinnerung an das Jesuswort in 14,72 oder auch 15,10.25.[595] Die Stellung von 15,6f steigert im Unterschied zu diesen nachträglichen Ergänzungen die Spannung der Erzählung gerade dadurch, dass sie durch die Unterbrechung des Ablaufs das Folgende hinauszögert. So ist es durchaus möglich, dass V6f ursprünglich sind.

In V8 geht nun die Handlung weiter: Das Volk kommt vor Pilatus und beginnt, um die Freilassung eines Gefangenen zu bitten. Da das Volk in V9 bereits vorausgesetzt ist, jedoch in V6f nicht genannt wird, ist es unwahrscheinlich, dass V8 Mk zuzuschreiben ist:[596] Die Erzählung verlangt, dass das Volk eingeführt wird; V9 kann nicht zu den Synedristen gesprochen sein.

In V9 werden die beiden vorher unabhängigen Themen der Verurteilung Jesu und der Freilassung des Barabbas miteinander verbunden, indem Pilatus dem Volk Jesus als Freizulassenden vorschlägt. Diese enge Verbindung bleibt bis zum Ende der Perikope bestehen.

Anders als V6f hat nun V10 den Charakter einer nachträglichen Ergänzung. Die Handlung geht nicht weiter, sondern es wird das Verhalten des Pilatus im Vers davor erklärt. V10 könnte daher nachträglich in den bereits

---

592 Mit *Pesch* II 459f; *Schmithals* II 676; *Taylor* 577.
593 *Mohr*, Markus- und Johannespassion 301: Mk 15,6.9.11.7.(12).13.(15); *Dormeyer*, Passion 185: Mk 15,6.11.7.15.
594 Bei der Umstellungshypothese ist postuliert worden, dass V7 ursprünglich nach V11 gestanden habe.
595 Vgl. unten auf dieser Seite bzw. S. 139f und 184.
596 Gegen *Dormeyer*, Passion 181; *Mohr*, Markus- und Johannespassion 292.

bestehenden Text eingefügt sein. Dafür spricht auch das zweimalige Vorkommen von οἱ ἀρχιερεῖς am Ende dieses Verses und gleich zu Beginn des nächsten.[597]

Von V11 an sind auch die Hohenpriester wieder am Geschehen beteiligt und die beiden vorerst getrennten Handlungen sind jetzt ganz ineinander verwoben. In V12 kommt wie schon in V9 wieder der Titel "König der Juden" vor, der jetzt einfach zur Bezeichnung Jesu dient.

2.11.2 Interpretation

V1 In wenigen Worten wird die Handlung geschildert. Es wird nicht erwähnt, wer Pilatus ist, wo er sich aufhält, noch aus welchen Gründen die jüdische Obrigkeit Jesus an ihn ausliefert. Die Erzählung ist hier knapp. Die (ersten) Leser kannten offenbar die Verhältnisse, so dass diese kurzen Angaben für sie genügten.[598]

Die Ausführlichkeit, mit der die Hohenpriester, Ältesten und Schriftgelehrten und dann erst noch das ganze Synedrium aufgezählt werden, fällt auf. Hier wird unterstrichen, dass Jesus nicht bloss von einigen des Volkes verworfen wird, sondern dass es sich um einen offiziellen Beschluss der Behörden handelt. Die offiziellen Vertreter des Volkes Gottes lehnen den von Gott Gesandten ab. Der Widerstand gegen Jesus hat damit umfassenden Charakter, er ist total.

Dementsprechend ist Pilatus als Vertreter der Weltmacht Rom und des Kaisers als des Weltherrschers zu verstehen.[599]

Für die Auslieferung an Pilatus steht wieder das Verb παραδίδωμι. Es steht nochmals im rückblickenden V10 und dann wieder im letzten Satz der Perikope (V15) für die Preisgabe an die Soldaten zur Kreuzigung. Damit kommt das Übergebenwerden Jesu zu Ende. Das Verb kommt nachher in der Passionsgeschichte nicht mehr vor.

Bis hierher steht es als Motto über dem ganzen Passionsgeschehen.[600] Es fasst die ganze Handlung zusammen. Das passivum divinum lehrt darin Gottes Wirken zu sehen. Die stete Wiederholung dieser Vokabel zeigt, dass an der einen "Auslieferung" Jesu viele einzelne "Auslieferer" beteiligt sind, hier in V1 die jüdische Behörde und in V15 Pilatus. Bei allen diesen einzelnen

---

597 Mit *Gnilka* II 298; *Lohmeyer* 338; *Schweizer* 185; *Mohr*, Markus- und Johannespassion 293; *Schenk*, Passionsbericht 249 (alle: markinischer Zusatz); *Dormeyer*, Passion 182 (vormarkinisch); *Lémonon*, Pilate 181.

598 Mit *Hengel*, Entstehungszeit 13.

599 Diese Funktion des Pilatus war offenbar den ersten Lesern so vertraut, dass sie nicht eigens erwähnt zu werden brauchte. Mt bezeichnet Pilatus ausdrücklich und oft als Statthalter (ἡγεμών: 27,2.11.14.15.21.27; 28,14). Auch im Joh wird die dem Pilatus verliehene Machtstellung hervorgehoben (19,10f).

600 Siehe die genauen Angaben über das Vorkommen S. 46.

Handlungen ist Gott zur Sprache zu bringen, und zwar so, dass es dem passivum divinum der Leidensankündigungen entspricht. D.h. hier, dass sich im Handeln des Synedriums und später des Pilatus der Weg vollendet, der Jesus von seinem Vater vorgezeichnet war.

Dass Jesus für die Übergabe gefesselt wird, unterstreicht die Gefährlichkeit des Vergehens, dessen er beschuldigt wird.[601]

V2 Die Erzählung kommt gleich zum Wesentlichen, zum Hauptpunkt der Anklage. Jesus ist angeklagt, der "König der Juden" zu sein. Damit ist die Messias-Erwartung des AT angesprochen. Ausgehend von der Nathanverheissung (2.Sam 7) wurde ein König wie David erwartet, der Israel aus der Hand aller Feinde rettet.[602] Durch die Wahl dieses Titels wird der Messiasanspruch Jesu, wie er sich in 14,61f gezeigt hat, ganz politisch ausgelegt und für den Nichtjuden Pilatus verständlich und bedeutungsvoll gemacht.[603] Die Anklage lautet demnach darauf, dass Jesus den Kaiser als Weltherrscher nicht anerkenne, sondern sich selbst zum Herrscher machen wolle. Jesus wird Rebellion und Hochverrat vorgeworfen.[604] So ist sein Messiasanspruch abgewandelt und politisch greifbar geworden.

Der Konflikt mit der politischen Gewalt hat als Ursache ein falsch verstandenes Selbstbewusstsein Jesu. Jesus wird unterstellt, dass er Gottes Anspruch auf eine unangebrachte Weise vertrete, nämlich so, dass die Herrschaft Gottes dem irdischen Herrscher seinen Platz streitig mache. Jesus wird verdächtigt, Gottes Herrschaft für alle sichtbar ausüben zu wollen, so dass es neben ihm keine anderen Regierenden mehr geben könne.

Dieser unterstellte Machtanspruch erscheint als politisch gefährlich: Jesus wird verdächtigt, eine sichtbare Machtausübung anzustreben. Er beanspruche, von Gott dazu beauftragt zu sein. Gottes Herrschaft manifestiere sich nur in seinem Regieren.

An dieser Unterschiebung ist falsch, dass Jesus Gottes Herrschaft in der Art und Weise ausüben wolle, wie ein König oder ein Kaiser herrscht. Eine solche Herrschaft beansprucht Jesus nicht. Gerade die Passionsgeschichte macht deutlich, dass die Herrschaft Gottes anderer Art ist. Gott offenbart sich nicht dort, wo sich Macht manifestiert, etwa in der Gewalt des Pilatus oder der Soldaten. Von Gott ist vielmehr angesichts der Ohnmacht Jesu als Gefangener von Synedrium und Pilatus zu sprechen. Gottes Herrschaft ist

---

601 Auch Joh erwähnt, dass Jesus gefesselt wurde, allerdings im Zusammenhang der Verhaftung (18,12).

602 Vgl. Jes 9,2-7; 11,1-10; Am 9,11-15.

603 Der Titel lautet im rein jüdischen Gebrauch "König von Israel" (vgl. Mk 15,32; *Gnilka* II 299; *Pesch* II 457).

604 Mit *Gnilka* II 299f; *Pesch* II 457; *Senior*, Passion 108; *Strobel*, Stunde 95. Vor und während des jüdischen Kriegs liessen sich Führer der Zeloten mit βασιλεύς (König) anreden und erhoben messianische Ansprüche (Belege bei *Gnilka* II 299; *Pesch* II 457, Anm. 9; *Hengel*, Zeloten 296-307).

verborgen, nicht offensichtlich. Er ist in der Schwachheit mächtig, nicht in der Machtdemonstration.[605]

Diese Art der Machtausübung Gottes betrifft allerdings auch einen weltlichen Herrscher. Sie unterläuft totale Machtansprüche. Das zeigt sich am deutlichsten in der Machtlosigkeit des Staates der Auferweckungsbotschaft gegenüber: Die staatliche Gewalt vermag Jesus umzubringen, Gott aber vermag, ihn aufzuerwecken. Der Staat kann die Ausbreitung der Kunde des Ostergeschehens nicht unterbinden.

Weltliche Herrschaft ist nichts Absolutes, sondern hat stets als Gegenüber die Herrschaft Gottes, die verborgen und ohnmächtig, aber gerade so unüberwindbar ist.

Pilatus, der Statthalter der Weltherrschers versagt Jesus gegenüber in der Ausübung seiner Macht. Er versäumt es, die Anschuldigungen gegen Jesus zu prüfen, wie es seiner Aufgabe entsprechen würde. Die Gewalt, die er anwenden lässt, ist deshalb ungerechtfertigt. Jesus wird willkürlich, aufgrund von unterstellten Ansprüchen verurteilt. Nichts geschieht, das dieses Unrecht verhindern würde. In Jesus Christus lässt Gott diese Willkür über sich ergehen und trägt sie.

Nicht Jesus selbst gebraucht den Titel "König der Juden", sondern er wird an ihn herangetragen. Jesus weicht aus: "Das sagst du!" Diese Antwort ist nicht so klar bejahend wie das "Ich bin es" von 14,62. Es ist kein eindeutiges Ja.[606] Die politische Greifbarkeit des Anspruchs Jesu wird damit abgelehnt, die Besonderheit Jesu jedoch bejaht. In dem Jesu zur Last gelegten Titel steckt also eine gewisse Wahrheit.

Vom Messias wurde erwartet, dass er das Volk aus der Not der politischen Unabhängigkeit befreie. Ähnlich wie die charismatischen Führer bei der Entstehung des Königtums soll der Messiaskönig das Volk sammeln und in die Selbständigkeit führen.

Die Pilatusszene und die Passionsgeschichte zeigen, dass Jesus nicht in diesem Sinne ein Führer ist. Anstatt das Volk zu sammeln und seine Stimme gegen das Unrecht zu erheben, schweigt er, verzichtet auf jegliche Verteidigung (V4f) und lässt das Unrecht mit sich geschehen. Trotz dieser Beschreibung wird von Jesus doch auch ausgesagt, dass er der König sei. Sein Auftrag ist jedoch nicht der Kampf, sondern das Leiden. Sein Einsatz gegen das Unrecht besteht gerade darin, dass er es erduldet und alles erträgt, was die Menschen ihm antun. So wird deren Bosheit nicht mit Gewalt bekämpft - woraus immer wieder neues Unrecht entsteht -, sondern sie wird

---

605 Vgl. 1.Kor 1,25.
606 Mit *Gnilka* II 300; *Klostermann* 159; *Lohmeyer* 335; *Schweizer* 184f; *Taylor* 579; *Blinzler*, Prozess 279f; *Senior*, Passion 109;
gegen *Schmithals* II 671; *Betz*, Probleme 644; *Dormeyer*, Passion 176, *Mohr*, Markus- und Johannespassion 285; *Strobel*, Stunde 95;
anders *Pesch* II 457.

vom Messias selbst getragen und so überwunden. Um das Heil geht es auch
bei seinem Königtum. Doch ist seine Aufgabe nicht, das Volk anzuleiten,
sein Heil zu erkämpfen, sondern in seinem Leiden das Unrecht seines Volkes (und der Welt) zu tragen. Barabbas ist ein Beispiel dafür, wie dieses
Leiden einem anderen zugute kommt.

In dieser Darstellung des Königtums Jesu sind die Menschen davon befreit, unter Anleitung des Messias sich die Rettung selbst erarbeiten zu
müssen. Nicht das eigene Tun zählt, sondern das Handeln Gottes. Die vom
Messias erwartete Hilfe und Rettung wird damit von nun an zum Geschenk,
das Gott den Menschen durch Jesus Christus gibt. Sie muss jetzt aber neu
umschrieben werden, da die alten Vorstellungen ungenügend sind. Das Passionsgeschehen zeigt deutlich, dass das vom Messias zu erwartende Heil
nicht in der politischen Unabhängigkeit Israels unter einem neuen Nachfol-
ger Davids besteht. Es ist vielmehr darin zu suchen, dass das Leiden in dieser Welt in ein neues Licht gerückt wird, dadurch dass der Messias Gottes
selbst leidet. Die Not kann nicht länger als Zeichen der Gottverlassenheit
verstanden werden, denn Gott wird gerade im Leiden Jesu besonders deutlich erkennbar. Die Nähe Gottes zu dieser Welt zeigt sich am klarsten in
der Passion Jesu. Gott ist nicht fern von den Ungerechtigkeiten dieser
Welt. Damit verliert das Leiden in dieser Welt den Charakter des Letztgül-
tigen und wird zu etwas Vorläufigem, aus dem Gottes Macht Neues schaffen kann.[607]

V3 Zur Hauptanschuldigung kommen jetzt noch weitere Anklagen dazu. Es
werden weitere Dinge aufgezählt, die Jesus belasten und seine Schuld bestätigen sollen.

V4 Anscheinend antwortet Jesus nichts auf diese Vorwürfe und wird von
Pilatus deshalb nach seinem Schweigen befragt. Jesus ist damit als derjenige beschrieben, der das Unrecht, das an ihm geschieht, erträgt, ohne auch
nur zu versuchen, sich zu verteidigen. Nicht einmal gegen die an ihm verüb-
ten Untaten erhebt er seine Stimme.

V5 Sogar die Chance, die ihm Pilatus mit seiner Frage geboten hat, lässt er
ungenutzt. Jesus schweigt. Weder bekennt er sich schuldig noch versucht
er, sich von jedem Verdacht zu befreien. Er erscheint in dieser Perikope als
einer, der einfach mit sich geschehen lässt, was die anderen mit ihm tun
wollen. Er unternimmt keinen Versuch, sein Geschick irgendwie selbst zu
beeinflussen. Die Passionsgeschichte will das als "aktives" Schweigen verstanden wissen. Es ist Ausdruck von Ruhe und Gelassenheit. Jesus will sei-

---

607 Vgl. Röm 8,18; 2.Kor 4,17f. Damit wird der Bericht über das Leiden Jesu
    zu einer Wohltat, die die Furcht, das Leiden könnte Zeichen der Gott-
    verlassenheit sein, überwindet.

nen Auftrag erfüllen (vgl. 14,8.21.25.27). Deshalb erträgt er das Ausgeliefertsein "in die Hände der Sünder" (14,41) und erduldet das Unrecht, das ihm angetan wird.[608]

Es geschieht, was geschehen muss. Jesus muss dies alles erleiden, weil es dem Auftrag, den er von seinem Vater hat, entspricht. So kann und muss er dem Geschehen seinen Lauf lassen. Am Schweigen Jesu zeigt die Passionsgeschichte seinen Gehorsam.

Das Staunen des Pilatus verdeutlicht die Besonderheit dieses Verhaltens Jesu. Es passt nicht recht in diese Welt hinein, wo jeder sich zu wehren versucht, ganz besonders dann, wenn er zu Unrecht beschuldigt wird. Jesus wird als der gekennzeichnet, der dem von Gott erhaltenen Auftrag gehorsam ist, und darum von den Menschen dieser Welt in seinem Verhalten nicht verstanden werden kann.

V6 Dieser Vers bringt die Erklärung des Brauchs der Passaamnestie und ist damit der Einstieg in die Barabbas-Episode. Das Volk hat das (ungeschriebene?) Recht, aus Anlass des Festes die Freilassung eines bestimmten Gefangenen zu erbitten.

Dieser Brauch bedeutet, dass ausnahmsweise für einen Einzelnen Gnade vor Recht ergeht. Einmal im Jahr wird für ein Individuum das Gesetz, das sonst zum Urteil und zur Verurteilung führt, ausser Kraft gesetzt und die Schuld des Betreffenden als ungeschehen betrachtet. Dass es um die Streichung einer Schuld geht, ist daran ersichtlich, dass ein "Gefangener" - d.h. ein mit guten Gründen Festgehaltener - freigelassen wird. Noch deutlicher wird das im nächsten Vers, wo die Schuld (Beteiligung an einem Mord) ausdrücklich genannt wird. In diesem jeweils konkreten Fall wird das geltende Recht nicht angewandt. Die Begnadigung eines Einzelnen ist im Grunde genommen unge-recht, weil dem geltenden Recht nicht Genüge getan wird.

V7 Bereits jetzt wird der Kandidat dafür vorgestellt. Barabbas wird als Rebell beschrieben, der im Rahmen eines kleineren oder grösseren Aufruhrs,[609] bei dem jemand umgebracht wurde, mit anderen, die am Mord beteiligt waren, verhaftet worden ist. Er ist damit wie Jesus eines politischen Vergehens angeklagt.

V8 Nun wird geschildert, wie das Volk kommt und wünscht, dass auch diesmal wie immer ein Gefangener freigelassen wird. Die Formulierung, dass das Volk um diese Freilassung zu *bitten* hat, zeigt nochmals, dass das der Ausnahmefall ist. Das Volk hat keinen Anspruch darauf, dass Gnade vor

---

608 Es braucht auch gar nichts mehr gesagt zu werden: Unschuld und Königtum Jesu sind sichtbar für den, der sie zu sehen vermag.

609 Hier ist ein Bezug hergestellt zur (uns nicht genau bekannten) jüdischen Zeitgeschichte (mit *Pesch* II 461).

Recht ergeht. Ob das geschieht, hängt ganz vom Prokurator ab. Er hat die
Vollmacht, an einem konkreten Punkt das Recht einzuschränken und es
nicht anzuwenden.

Die Reihenfolge im aktuellen Text, dass zuerst Barabbas vorgestellt wird
und erst dann vom Volk die Rede ist, bewirkt die Vorstellung, dass die
Leute, wenn sie kommen, bereits wissen, wen sie freibitten wollen, nämlich
Barabbas.[610] Es ist nicht vorausgesetzt, dass es die gleichen Leute sind wie
die, die Jesus in Mk 11,1-10 bejubeln und vor denen sich die Hohenpriester in
14,2 fürchten. Von einem Stimmungsumschwung des Volkes in V11-13 kann
deshalb nicht die Rede sein.[611]

Die Barabbas-Szene hat damit bis jetzt nichts mit der Verurteilung Jesu
durch Pilatus zu tun. Zwei unterschiedliche Anliegen werden anscheinend
zufällig zur gleichen Zeit an Pilatus herangetragen.

V9 Erst Pilatus verknüpft beides miteinander, indem er dem Volk als neuen
Kandidaten Jesus zur Freilassung vorschlägt. Jetzt stehen Jesus und Barabbas einander gegenüber, das Volk muss jetzt tun, was es gar nicht wollte,
nämlich zwischen den beiden wählen.

Auf der Ebene des erzählten Geschehens hat Pilatus mit diesem Schritt
Jesus schuldig gesprochen, indem er ihn neben den Zeloten stellt, dessen
Schuld für ihn unzweifelhaft feststeht. Sein Erstaunen in V5 und seine Frage nach einer Untat Jesu in V14 erwecken den Eindruck, dass Pilatus Jesus
eigentlich nicht schuldig sprechen wollte. Durch seinen taktischen Schritt,
die beiden an ihn herangetragenen Anliegen miteinander zu verbinden, hat er
den Schuldspruch ohne zu wollen gefällt.[612]

Während die Juden zur Verurteilung Jesu ein Verhör durchführten und
lange nach einem ausreichenden Grund zu suchen hatten, stellt die Passionsgeschichte die Verurteilung Jesu durch den Vertreter des Weltherrschers als im Handumdrehen geschehen dar, ohne dass jemand genau realisiert, was eigentlich geschieht. Damit wird ausgesagt, dass die Juden ganz
anders auf Jesus reagieren als die Heiden. Die jüdischen Führer unterneh-
men in ihrer Feindschaft grosse Anstrengungen, um Jesus zu beseitigen,
und Pilatus nimmt sich nicht einmal die Mühe, genau hinzusehen und abzu-
klären, was geschieht.[613] Für ihn ist es eine Bagatelle, an der er jedoch im
weiteren Verlauf der Erzählung beinahe seine Autorität einbüsst, indem er
plötzlich das ganze Volk gegen sich hat. Für die Juden dagegen hat die Ehre
Gottes auf dem Spiel gestanden.[614]

---

610 Mit *Cranfield* 450; *Pesch* II 463f; *Blinzler*, Prozess 306. Nach *Gnilka* II
    302 ist die Volksmenge bei ihrem Kommen unentschlossen.
611 Mit *Schmithals* II 675.
612 Mit *Pesch* II 466f.
613 Vgl. 1.Kor 1,23.
614 Vgl. den Vorwurf der Gotteslästerung in 14,64.

Der taktische Schritt von Pilatus besteht darin, dass er dem Wunsch des Volkes scheinbar zustimmt, einen Gefangenen freizulassen. Aber es ist nur eine scheinbare Zustimmung: Das Volk möchte, dass wieder einmal Gnade vor Recht ergehe, und das will Pilatus in unserer Perikope nicht gewähren.[615] Darum schlägt er Jesus zur Freilassung vor, den er ohnehin für unschuldig hält. Jesu Freilassung wäre aber keine Begnadigung und das Recht müsste dazu nicht aufgehoben werden, sondern sie wäre gerade die Erfüllung des Rechts, weil Jesus in den Augen des Pilatus unschuldig ist.

Der römische Prokurator erscheint hier in einem höchst zwiespältigen Licht. Er will das Volk täuschen und seinen Wunsch scheinbar erfüllen. Er ist aber nicht bereit, Gnade vor Recht ergehen zu lassen. Vielmehr scheint er darauf bedacht, das Recht einzuhalten. Gegenüber Jesus hat er allerdings keine Bedenken, das Recht zu beugen, wenn er den in seinen Augen Unschuldigen dem Verurteilten gleichstellt.

In diesem Vers greift Pilatus nochmals die gleich zu Beginn der Perikope als Anklagegrund genannte Bezeichnung "König der Juden" auf. Dem Leser wird damit verdeutlicht, dass das für Pilatus immer noch die Hauptanklage ist, dass also die in V3 genannten Anschuldigungen Jesus nicht stärker belasten konnten. Dass Pilatus den Titel in dieser Form wiederholt und ihn nicht zu "euer König" abwandelt, wie es der Situation entsprechen würde, ist leicht ironisch erzählt. Anscheinend hält er das nicht für einen starken Affront gegen Rom und sieht deshalb darin keinen ausreichenden Grund für eine Verurteilung.[616] Damit ist noch einmal betont, dass Jesus ohne zureichenden Grund vor Gericht steht.

V10 Der nächste Vers bestätigt diese Interpretation. Jetzt wird der eigentliche Grund angegeben, weswegen Jesus vor Pilatus gebracht worden ist. Aus Neid hat die jüdische Obrigkeit Jesus dem Pilatus ausgeliefert. Das bedeutet, dass Jesus nichts getan oder gesagt hat, das eine rechtmässige Anklage zur Folge haben müsste, und somit unschuldig vor Gericht steht. Der Grund dafür, dass er jetzt vor dem Richter steht, liegt vielmehr in den Herzen der Hohenpriester: Neid. Diese Bezeichnung überrascht etwas. Bisher hat die Passionsgeschichte und das Mk-Evangelium die Hohenpriester nicht als auf Jesus neidisch geschildert. Ihre feste Entschlossenheit, Jesus zu vernichten, ist deutlich geworden (14,1f.10f), ferner die Vorwürfe bezüglich Jesu Stellung zum Tempel (14,58) und die Verurteilung wegen Gotteslästerung (14,63f). Am deutlichsten auf Neid verweist weiter vorne 11,18, wo gesagt wird, dass die Hohenpriester und Schriftgelehrten Jesus fürchteten, weil er beim Volk Anklang fand.

Der Begriff "Neid" soll hier wohl in erster Linie deutlich machen, dass

---

615 Mit *Pesch* II 464.
616 Vgl. *Gnilka* II 302.

die Anklagen, die 15,2f gegen Jesus vorgebracht worden sind, nicht ehrlich gemeint sind.

Pilatus wird eine beschränkt richtige Erkenntnis Jesu zugesprochen. Er ist überzeugt, dass die politische Anklage eine Unterstellung ist und dass Jesu Anspruch anders zu verstehen wäre. Es ist wohl nicht gemeint, dass er darüber hinaus den Titel "König der Juden" in seinem positiven Sinn begreift. Deshalb ist nur von einer beschränkt richtigen Erkenntnis Jesu gesprochen worden.

V11 Auf der Ebene des erzählten Geschehens haben die Hohenpriester den taktischen Schritt des Pilatus in V9 durchschaut und versuchen ihn zu ihren Gunsten auszunützen. Die Gleichstellung von Jesus und Barabbas hat bewirkt, dass nur einer von ihnen freigelassen und der andere verurteilt wird. Grundsätzlich wäre ursprünglich die Freilassung von beiden zu erwarten gewesen: die des Barabbas wegen der Passaamnestie und die von Jesus wegen seiner Unschuld. Der taktische Schritt des Pilatus hat das verunmöglicht, und das nützen die Hohenpriester aus. Sie bestärken die Volksmenge in ihrer wohl als ursprünglich vorgestellten Absicht, die Freilassung des Barabbas zu erwirken, weil das zwangsläufig die Verurteilung Jesu zur Folge haben muss, falls Pilatus nicht von seiner Nebeneinanderstellung der beiden wieder abweicht.

Die aufwieglerischen Worte der Hohenpriester sollen das Volk überzeugen, dass nur Barabbas verdient, freigelassen zu werden. Jesus hingegen werde zu Recht bestraft.

Die Worte der Hohenpriester führen das Volk bewusst irre. Sie zeichnen ein falsches Bild von Jesus, das ein Wahrnehmen seiner Unschuld und seines wahren Anspruchs stark behindert. Das Volk wird für das richtige Erkennen blind gemacht und durch das (falsche) Wort von der Wahrheit ausgeschlossen.

Jesus ist jetzt ganz zum Spielball der Menschen geworden. Indem sie ihn benützen, versuchen verschiedene Menschen ihr persönliches Ziel zu erreichen. Die Hohenpriester wollen ihn um jeden Preis beseitigen und Pilatus glaubt Jesus für seine Zwecke benützen zu können und so das jüdische Volk zu täuschen um zu verhindern, dass für Barabbas Gnade vor Recht ergeht. Jesus ist unbeteiligt dabei und erhebt seine Stimme nicht gegen das, was mit ihm geschieht. Was 14,41 angekündigt ist, erfüllt sich jetzt: Jesus ist in die Hände der Sünder ausgeliefert und sie verfahren nach ihrem Gutdünken mit ihm.

V12 Die Erzählung ist hier sehr knapp. Stillschweigend ist vorausgesetzt, dass das Volk den von den Hohenpriestern unterstützten Wunsch nach Freilassung des Barabbas auch ausgesprochen hat. Darauf antwortet nun

Pilatus, was er dann mit Jesus tun solle. Diese Frage deutet an, dass Pilatus diese Bitte erfüllen will und soll gleichzeitig das Volk darauf hinweisen, dass Jesus unschuldig und deshalb der Freizulassende ist. Sie ist in jeder Hinsicht grotesk und unangebracht. Der Richter kann doch nicht das Volk fragen, was er mit einem Angeklagten tun soll. Gerade um das selbst zu entscheiden, ist er ja Richter. Noch weniger kann er die Volksmenge darauf hinweisen, dass Jesus unschuldig ist. Das sollte er vielmehr sich selbst sagen und dementsprechend handeln! Pilatus ist hier als Gefangener seines eigenen Versuchs in V9, das Volk zu täuschen, geschildert. Der Vertreter des Weltherrschers, der über Jesus gerecht richten sollte, ist damit als unfähig beschrieben. Kommt er nicht einmal mit seinen eigenen taktischen Schritten zurecht, so ist von ihm ein gerechter Urteilsspruch schon gar nicht zu erwarten.

Die Aufgabe des Pilatus wäre, Jesus vor Neid und Missgunst seiner Gegner zu schützen. Stattdessen fragt er sie, was er mit ihm tun solle. In seinem Versagen wird er schuldig am Tod Jesu.

So wird bereits in diesem Vers betont, was später noch ausdrücklicher unterstrichen wird: Jesus ist unschuldig zum Tod verurteilt worden. Hingegen ist Pilatus durch seine Unfähigkeit, entsprechend seiner Stellung zu handeln, an Jesus schuldig geworden. Der Heide Pilatus verschuldet sich auf andere Weise an Jesus, als es im letzten Vers von den Juden beschrieben war. Sein Fehler ist, den Fall Jesu zu oberflächlich zu behandeln und den Dingen nicht auf den Grund zu gehen.

V13 Das Volk weiss, was Pilatus mit Jesus tun soll: Er soll gekreuzigt werden. Diese rasche und eindeutige Antwort überrascht etwas im Ablauf des Textes, weil die bisherigen Verse den Eindruck erweckten, die Menge habe eigentlich gar nichts gegen Jesus, sie sei lediglich gekommen, um Barabbas freizubitten. Die plötzliche Feindschaft des Volkes gegen Jesus ist wohl als Folge der in V11 erwähnten Aufhetzung gegen ihn zu verstehen.

Die Kreuzigung[617] ist die Strafe, die Barabbas zu erwarten hätte. Sie wird nun Jesus zugedacht. Damit ist der Absicht des Pilatus zugestimmt, dass nicht Gnade vor Recht ergehen soll. Der Ruf, Jesus zu kreuzigen, bewirkt, dass der Schuldige freigelassen und an seiner Stelle dem Unschuldigen die Strafe aufgebürdet wird. So wird die Verurteilung zwar ausgesprochen und vollzogen und der Schuldige kommt trotzdem frei. Das ist nicht eine Begnadigung im strengen Sinn des Wortes, dass eine Strafe ersatzlos gestrichen wird. Hier geht es darum, dass ein anderer stellvertretend die Strafe trägt und der Schuldige durch diesen Stellvertreter freikommt.

---

617 Die Kreuzesstrafe diente gemäss römischer Logik der Abschreckung. Das schreckliche Ende eines (mutmasslichen) Rebellen sollte andere von der Rebellion abhalten (*Hengel*, Crucifixion 65, 77, 80).

V14 Was bisher geschehen ist, wiederholt sich noch einmal in gesteigerter Form. Mit der Frage des Pilatus nach dem, was Jesus Böses getan habe, wird nochmals seine Unschuld hervorgehoben, denn diese Frage kann nur mit "nichts" beantwortet werden. Deshalb gibt die Volksmenge auch gar keine Antwort darauf, sondern fordert nur eindringlicher die Kreuzigung Jesu.

Das Volk ist wohl nur deshalb so interessiert an Jesu Tod, weil das die einzige Möglichkeit ist, den Barabbas freizubekommen. Das Ziel von Pilatus' taktischem Schritt (V9), dass nur einer freigelassen wird, ist akzeptiert worden.

V15 Es kommt so, wie es aufgrund der bisherigen Erzählung zu erwarten ist. Pilatus ist zu schwach, sich gegen das Volk durchzusetzen[618] und will deshalb, wie gefordert, den Barabbas freilassen. Er gibt dem Willen des Volkes nach. Da nur einer freigelassen werden soll, bedeutet das gleichzeitig, dass Jesus die Strafe des Barabbas tragen muss. So liefert er Jesus zur Geisselung[619] und Kreuzigung aus. Mit dem schon oft gebrauchten Wort "ausliefern" (παραδίδωμι) ruft uns die Erzählung in Erinnerung, dass es Gottes Auftrag an Jesus ist, der in all diesen Wirren zur Erfüllung kommt. Dieses Wort hat bereits in V1 gestanden, so dass es diese ganze Perikope sozusagen umrahmt.[620]

Es sind hier die Unfähigkeit des Pilatus, das Recht durchzusetzen, sowie der Fehler seines taktischen Schrittes in V9, den er nicht mehr rückgängig machen kann oder will, die Jesus ans Kreuz bringen. Sein Versagen und seine Schwachheit wird von den Hohenpriestern ausgenützt, um ihr Ziel, die Beseitigung Jesu durchzusetzen.

Indem in Pilatus der Weltherrscher und dadurch die Welt an Jesus versagt, können die Vertreter des jüdischen Volkes seine Hinrichtung erwirken. Heiden und Juden sind in je verschiedener Weise am Tod Jesu schuldig. Sie haben sich an Gott selbst vergangen, weil Jesus sein Gesalbter ist. Alle künftige Schuld von Menschen Gott gegenüber ist im Licht von Jesu Verurteilung und Tod zu sehen. Über allen Fehltritten von Menschen steht von nun an als Verheissung, dass Gott es sogar auf sich genommen hat, sich in Jesus Christus ein für allemal dem grösstmöglichen Angriff der Menschen auszusetzen: dem Versuch, ihn zu beseitigen. Damit wird das angefochtene Gewissen eines Menschen von der Angst entlastet, er könnte sich auf eine

---

618 Mit *Gnilka* II 302; anders *Pesch* II 466; *Schmithals* II 676.

619 Die Geisselung war für Provinzialen eine äusserst brutale Strafe, die oft allein schon zum Tod führen konnte (*Blinzler*, Prozess 321f). Sie war sozusagen Teil der Kreuzesstrafe (*Hengel*, Crucifixion 44). Bemerkenswerterweise berichtet auch hier die Passionsgeschichte ohne auszumalen.

620 Vgl. *Gnilka* II 298.

noch schlimmere Weise an Gott vergangen haben und daher von diesem unwiderruflich verworfen worden sein.

Jesus geschieht dabei grosses Unrecht. Er wird als Unschuldiger zum Tod verurteilt. Er wehrt sich nicht dagegen, sondern er trägt es. An Jesus ist deutlich geworden, wie schnell ein ganzes Rechtssystem durcheinandergeraten kann: Der Richter beugt sich dem Willen des Volkes, anstatt Recht zu sprechen; der Schuldige wird freigelassen und der Unschuldige verurteilt. Von diesem Un-Recht (was hier geschieht, ist das Gegenteil von dem, was "Recht" meint) ist Jesus als der Gesalbte Gottes ("König der Juden": Messiastitel) betroffen und damit der gerechte Gott selbst. Damit steht Gott hier auf der Seite der Unrecht Erduldenden und darunter Leidenden. Dort, wo Unrecht geschieht, ist immer wieder an Jesus Christus zu erinnern, da in ihm Gott selbst sich unter das Unrecht dieser Welt stellte und es trug. Damit ist nicht bewirkt worden, dass es kein Unrecht mehr gibt, aber es ist von Gott selbst getragen und überwunden worden. Gerade dort, wo Unrecht geschieht, ist daher von Jesus Christus zu sprechen, den Leidenden als Verheissung und Trost, und denen, die es ausüben als Warnung.

Jesus ist in unserer Perikope als derjenige dargestellt, der bereit ist, alles Unrecht auf sich laden zu lassen und es zu tragen, ohne sich dagegen aufzulehnen. Jetzt ist klar, was es bedeutet, in die Hände der Sünder ausgeliefert zu sein (14,41). Es bedeutet, das Unrecht, das sie dem Menschensohn antun, zu ertragen. Darin besteht für die Passionsgeschichte der Auftrag, den Jesus zu erfüllen hat. Das ist es auch, wozu er sich in Gethsemane durchringen musste.

Unsere Perikope stellt Jesu ungerechtes Leiden in einen Zusammenhang mit der Freilassung des Barabbas. Pilatus ist nur bereit gewesen, einen von beiden freizulassen. So fällt die Bestrafung, die Barabbas zugedacht gewesen ist, auf Jesus. Dieser wird dadurch zum Stellvertreter für jenen. Ohne einen "Ersatzmann" verurteilen zu können, hätte Pilatus den Zeloten kaum freigelassen. So kommt Jesu Leiden unmittelbar diesem zugut. Er ist als einer der vielen gezeichnet, für die Jesus seinen Weg ans Kreuz auf sich nimmt (ὑπὲρ πολλῶν: 14,24). In dem Gesalbten hat Gott selbst die Stellvertretung für den Schuldigen übernommen. Der Gesalbte Gottes trägt die Strafe, damit der Schuldige freikommt. Daher ist Gott fortan als derjenige zu beschreiben, der stellvertretend für schuldige Menschen Strafe getragen hat.

Das Thema der Stellvertretung ist bereits bei 14,35f einmal angeklungen, wo der Weg Jesu ans Kreuz als freiwillige Stellvertretung beschrieben wurde. Im Verhör vor Pilatus wird Jesus aber einfach dazu gezwungen, die Strafe des Barabbas zu tragen. Die Bedeutung dieses Erzählzuges ist noch zu erklären: Grundsätzlich besteht kein Widerspruch zum Gethsemane-Bericht, denn dort ist Jesus im Gespräch mit seinem Vater im Himmel gezeigt, während hier vor Pilatus eine ganz andere Situation herrscht. Die beiden Aussagen sind auf verschiedenen Ebenen gemacht und widersprechen sich daher nicht; vielmehr ist durch den Erzählzug des Schweigens Jesu vor Pilatus an die Freiwilligkeit seines Leidens angespielt. Jesus lässt alles mit sich geschehen, ohne sich zu verteidigen oder seine Stimme zum Protest zu erheben.

Dass Jesus hier gezwungen wird, Stellvertreter des Barabbas zu werden, dient der Beschreibung der Last, die Jesus zu tragen aufgeladen wird. Er trägt nicht nur Schuld und Strafe des Barabbas - darauf würde es sich beschränken, wenn er sich freiwillig als dessen Stellvertreter gemeldet hätte - sondern darüber hinaus die ganze Ungerechtigkeit der Welt, wie sie in Hass und Neid der Hohenpriester, im gegen Jesus aufgewiegelten Volk und in der Unfähigkeit des Pilatus zu einem gerechten Urteil deutlich wird.

2.11.3 Historische Beurteilung

Pontius Pilatus war von 26 - 36 n. Chr. Statthalter des römischen Kaisers in Judäa.[621] Er trug den Titel "praefectus" wie er für die Provinzialstatthalter vorgegeben war. Das belegt auch eine Inschrift. Er residierte in Cäsarea und begab sich jeweils an den Wallfahrtsfesten nach Jerusalem um Unruhen vorzubeugen. Das erklärt seine Anwesenheit in Jerusalem beim Prozess Jesu.

Von Philo wird Pilatus als brutaler Gewaltmensch beschrieben. Dieses Urteil wird aber dem Römer nicht ganz gerecht werden, sonst wäre er kaum während zehn Jahren an dieser Stelle belassen worden. Natürlich wusste er auf diesem schwierigen Posten mit Macht und Gewalt umzugehen.

Charakteristischer für seine Persönlichkeit war eine gewisse Unentschlossenheit und Schwachheit. In vielen Fällen verzichtete er darauf, den eigenen Standpunkt mit einiger Härte durchzusetzen. Die Beschreibung der Passionsgeschichte, dass er zunächst versucht, seinen eigenen Willen zu behaupten, dann aber vor der Hartnäckigkeit der jüdischen Volksmenge kapituliert, entspricht darin genau ausserbiblischen Berichten von anderen Auseinandersetzungen mit dem jüdischen Volk. Sie stimmt durchaus mit dem Bild, das die anderen Quellen von seiner Persönlichkeit geben, überein.

Es ist bereits bei der letzten Perikope darauf hingewiesen worden, dass in der Regel angenommen wird, den römischen Untertanenvölkern und so auch den Juden sei die Kapitalgerichtsbarkeit entzogen gewesen.[622] Damit wird deutlich, weshalb Jesus vor Pilatus gebracht wurde.[623] Es gilt als

---

621 Siehe zum Folgenden *Blinzler*, Prozess 260-273; *Strobel*, Stunde 99-110.
622 Vgl. oben S. 155.
623 Zur Kompetenz des Statthalters siehe *Strobel*, Stunde 106-115.

wahrscheinlich, dass der Statthalter einen eigenen Prozess durchgeführt und nicht bloss ein jüdisches Urteil übernommen hat.[624] So konnte er seine Machtposition am deutlichsten darstellen. Die römischen Gerichtsverhandlungen pflegten in der Regel gleich nach Sonnenaufgang zu beginnen.[625]

Die Anklage gegen Jesus war politisch: Auflehnung gegen die Macht des Kaisers wurde ihm vorgeworfen.[626] Damit war sein Messiasanspruch ins Politische übertragen. So wurde der Fall für Pilatus, den Statthalter des Kaisers, bedeutsam.

Schwieriger zu beurteilen ist die Frage der Passaamnestie. Es wird oft bezweifelt, dass es einen solchen Brauch gab, vor allem, weil eindeutige ausserbiblische Zeugnisse fehlten, die diese Sitte bestätigten.[627] Andere Forscher verweisen jedoch vor allem auf eine Stelle der Mischna (Pesachim VIII, 6a), die nur im Rahmen einer regelmässig geübten Passaamnestie voll verständlich werde, und daher den Brauch bestätige. Durch diesen Text, der, wenn er auch nicht zwingend auf den Brauch einer regelmässigen Freilassung eines Gefangenen hinweist, so doch zumindest so verstanden werden kann, kommt das Hauptargument der Skeptiker ins Wanken.

Es gibt also doch eine ausserbiblische Quelle, die möglicherweise auf diesen Brauch hinweist. Ferner ist auch darauf hinzuweisen, dass es in der antiken Welt mancherlei Festamnestien gab.[628] Innerhalb der römischen Rechtssprechung sind der Brauch der verpflichtenden acclamatio populi und die Möglichkeit, einen Prozess "niederzuschlagen", erwähnenswert als Hintergrund, auf dem eine Amnestie verständlich wird.[629]

Als weiteres Argument für die Sitte einer Passaamnestie ist die gemeinsame Überlieferung der Evangelien von der Freilassung des Barabbas mit ihren konkreten Angaben zu nennen.[630] Das Gewicht dieser Tradition wird sogar von den Gegnern einer regelmässigen Passaamnestie anerkannt, indem sie meistens die Vermutung äussern, die Freilassung des Barabbas sei ein Einzelfall einer Begnadigung gewesen, die eventuell nicht in direktem Zusammenhang mit dem Verhör Jesu gestanden habe.[631]

---

624 Mit *Gnilka* II 303f; *Blinzler*, Prozess 249, 342; *Strobel*, Stunde 136f; gegen *Bammel*, Trial before Pilate 434f, 445.
625 *Gnilka* II 299; *Pesch* II 456f; *Blinzler*, Prozess 255.
626 Mit *Gnilka* II 304; *Lohmeyer* 336; *Pesch* II 458; *Betz*, Probleme 642f; *Blinzler*, Prozess 248; *Lapide*, Wer war schuld 75; *Strobel*, Stunde 114, 116; *Winter*, Trial 69.
627 *Gnilka* 304; *Klostermann* 159; *Schweizer* 184; *Schenk*, Passionsbericht 246; *Winter*, Trial 134.
628 *Blinzler*, Prozess 302f; *Strobel*, Stunde 120f; vgl. *Pesch* II 462.
629 *Lohmeyer* 335; *Blinzler*, Prozess 303-305; *Strobel*, Stunde 124-126.
630 *Pesch* II 467; *Strobel*, Stunde 119.
631 *Gnilka* II 304; *Klostermann* 159; *Schweizer* 184; *Schenk*, Passionsbericht 246; vgl. *Winter*, Trial 138, 142f.

Aus allen diesen Gründen ist es m.E. durchaus möglich, dass die in den Evangelien gemachten Angaben über den Brauch einer Passaamnestie zuverlässige Informationen sind.[632]

Weniger genau bestimmbar scheinen mir die Details dieses Brauchs und des konkreten Falls der Freilassung des Barabbas zu sein. So kann m.E. kaum eindeutig belegt werden, dass die Rufe der Volksmenge als acclamatio populi zu verstehen sind, die juristisch für Pilatus absolut verpflichtend gewesen wäre.[633]

Aus diesen wenigen historischen Angaben wird deutlich, dass der Anteil der jüdischen Führer und des Pilatus am Tod Jesu verschieden ist. Der Kompromisslosigkeit, mit der die Hohenpriester mit allen ihnen zur Verfügung stehenden Mitteln versucht haben, Jesus zu beseitigen, steht die Schwäche und Unentschlossenheit des Pilatus gegenüber, der schliesslich vor der Entschlossenheit der ersteren kapituliert und Jesus kreuzigen lässt, obwohl er überzeugt ist, dass Jesus nichts getan hat, was diese Strafe nach sich ziehen müsste. Nur Pilatus weiss (mehr oder weniger), dass Jesus unschuldig ist. Die Vertreter des Judentums sind so verblendet, dass sie Jesu Schuldlosigkeit gar nicht realisieren können und ihr Ziel (mehr oder weniger) guten Glaubens verfolgen.

Diese Gegenüberstellung von Beharrlichkeit und Unschlüssigkeit birgt die Gefahr in sich, in erster Linie die erstere für den Ausgang des Verfahrens verantwortlich zu machen, weil sie scheinbar mehr ins Gewicht fällt. Demgegenüber muss betont werden, dass es sich um ein Zusammenwirken von beidem handelt: Ohne die Schwäche und Nachgiebigkeit des Pilatus hätten die Vertreter der Juden nie zum Ziel gelangen können. Diese verschiedenen Charaktereigenschaften der Hohenpriester und des Pilatus sind in allen Evangelien deutlich erkennbar. Ihre Betonung sollte nicht als Entlastung des Pilatus und Belastung der Juden missverstanden werden.[634]

---

632 Mit *Lohmeyer* 337 (vorsichtig); *Pesch* II 462, 467; *Schmithals* II 674 (vorsichtig); *Blinzler*, Prozess 305; *Senior*, Passion 110; *Strobel*, Stunde 127.

633 So *Pesch* II 466; *Strobel*, Stunde 124-126.

634 Die Tendenz der Betonung der Schuld der Juden unter gleichzeitiger Entlastung des Pilatus sollte nicht zu gross gesehen werden. So wird z.B. der Einschub V10 als diesem Zweck dienend verstanden (*Lohmeyer* 338; *Pesch* II 464). Das ist m.E. eine einseitige Beurteilung dieses Verses. Ich sehe nicht ein, weshalb das eine Entlastung des Pilatus sein soll. Wenn doch beschrieben wird, dass er das falsche Spiel, das die Juden mit ihm treiben, durchschaut, wirkt es erst recht belastend, dass er diesem Spiel nicht Einhalt gebieten kann. Hätte er die Motive der Hohenpriester nicht erkannt, hätte man noch entlastend sagen können, er habe guten Glaubens gehandelt. Nach V10 kann jedoch nur noch gesagt werden, dass er den an ihn gestellten Anforderungen als Prokurator nicht gewachsen war. Daher ist V10 auch für Pilatus belastend.

2.12 Markus 15,16–20a

16 Die Soldaten aber führten ihn ab in den Hof, das ist das Prätorium, und sie rufen die ganze Kohorte zusammen.

17 Und sie ziehen ihm einen Purpurmantel an und setzen ihm einen Dornenkranz auf, den sie geflochten hatten.

18 Und sie begannen, ihn zu grüssen: "Heil dir, König der Juden!"

19 Und sie schlugen ihn mit einem Rohrstock auf den Kopf und spien ihn an und beugten die Knie, um ihm zu huldigen.

20 Und als sie ihn verspottet hatten, zogen sie ihm den Purpurmantel aus und zogen ihm seine Kleider an.

2.12.1 Analyse

Für Mt ist der synoptische Vergleich am einfachsten: Der Mk-Text ist übernommen und etwas ausgebaut. Eine Verspottung vor Pilatus kennt auch Joh, allerdings vor der Verurteilung. Sie entspricht in ihrem Ablauf etwa derjenigen von Mk, ist aber unabhängig von ihr.[635] Lk hingegen kennt keine Verspottung Jesu anschliessend an das Verhör vor Pilatus, dafür eine vergleichbare Szene in seinem Sondergutstück "Jesus vor Herodes". Auch dort wird Jesus zum Spott ein anderes Kleid angezogen.

Aus diesem Vergleich wird deutlich, dass die Spottszenen verschieden plaziert, die einzelnen Motive jedoch sehr ähnlich sind.[636] Daraus kann gefolgert werden, dass bekannte Traditionen auf verschiedene Art und Weise verwendet wurden.[637]

Es lässt sich aber nicht ableiten, dass der ganze Abschnitt hier sekundär eingeschoben sei.[638] Es ist vielmehr festzuhalten, dass der Text in seinem Zusammenhang nicht störend wirkt und auch keine anderen Hinweise vorliegen, die ihn als sekundär kennzeichnen würden. Er kann nicht eine selbständige Einheit gewesen sein, da Jesus in ihr nicht eingeführt wird und sie die Anklage gegen ihn, "König der Juden" zu sein, zur Voraussetzung hat. Die Verspottung ist wesentlich auf diesem Anklagetitel aufgebaut. Die dazugehörenden Motive können deshalb nicht aus anderen Spottszenen stammen. So ist es wahrscheinlicher, dass der Grundbestand dieses Abschnitts von Anfang an in diesen Zusammenhang gehört hat.[639]

Durchaus möglich ist hingegen, dass die Perikope sekundäre Ergänzungen enthält. Das wird oft angenommen beim Relativsatz ὅ ἐστιν πραιτώριον

---

635 *Mohr,* Markus- und Johannespassion 307.

636 Ein ähnlicher Befund wird sich zu Mk 15,29–32.35f ergeben.

637 Vgl. *Schweizer* 187.

638 Gegen *Klostermann* 161; *Schmithals* II 677; *Dormeyer,* Passion 189f.

639 Mit *Gnilka* II 306; *Lohmeyer* 340; *Pesch* II 468; *Mohr,* Markus- und Johannespassion 306; *Schenke,* Christus 55.

in V16.[640] ὅ ἐστιν scheint eine markinische Erklärungs- oder Übersetzungs-
formel zu sein.[641] Das Wort αὐλή wird hier erläutert. πραιτώριον bezeichnet
als terminus technicus die Residenz des Statthalters.[642]

Purpurkleid und Kranz sind Insignien der hellenistischen Vasallenköni-
ge.[643] προσκυνέω ist terminus technicus der Königshuldigung und deutet
an, dass der Herrscher einer übermenschlichen Sphäre angehört.[644] Der
Spottgruss von V18 ist eine Abwandlung des lateinischen Grusses: Ave
Caesar, victor, imperator.[645]

In V19a kommt es zu einer Misshandlung Jesu. Weil in diesem Versteil
damit etwas Neues zur Sprache komme, wird er manchmal als sekundär betrachtet und dem Redaktor Mk zugeschrieben.[646] Dabei sollte jedoch nicht
ausser Acht gelassen werden, dass die beiden Motive auch sonst miteinander verbunden vorkommen.[647] Auch beim Dornenkranz von V17 spielt beides eine Rolle. Dort ist übrigens das Thema der Misshandlung bereits angeklungen, so dass es in V19a gar nicht mehr so neu ist. Daher könnte diese
Misshandlung durchaus von Anfang an zur Perikope gehört haben.[648]

2.12.2 Interpretation

V16 Das Todesurteil des Pilatus hat zur Folge, dass Jesus ohne Recht ist
und so ganz zum Spielball der Menschen wird. Die Soldaten führen ihn ab
und rufen ihre Kollegen für das Schauspiel zusammen,[649] das sie vorhaben.
Jesus ist hier der ganz Entrechtete, der wie ein Ding zum Spiel und zur Be-
lustigung benützt wird. Sein Körper, er selbst ist den Menschen in die Hände gegeben, um zutiefst erniedrigt zu werden.

---

640 *Gnilka* II 306; *Lohmeyer* 340; *Dormeyer*, Passion 187; *Mohr*, Markus- und
     Johannespassion 304; *Schenk*, Passionsbericht 250; *Schenke*, Christus
     55.
641 *Schenk*, Passionsbericht 250; vgl. 15,22.33.42 .
642 *Cranfield* 452; *Taylor* 585; *Dormeyer*, Passion 187.
     Hengel, Entstehungszeit 44, wertet diesen Latinismus als einen der Be-
     lege, die auf eine Herkunft des Mk-Evangeliums aus Rom hinweisen.
643 *Dormeyer*, Passion 187.
644 *Gnilka* II 308; *Dormeyer*, Passion 188; vgl. *Lohmeyer* 340 .
645 *Cranfield* 453; *Gnilka* II 307; *Klostermann* 162; *Lohmeyer* 340; *Schwei-
     zer* 187; *Taylor* 586; *Blinzler*, Prozess 327.
646 *Gnilka* II 306; *Dormeyer*, Passion 189;
     gegen *Schenk*, Passionsbericht 252, der diesen Versteil mehr als Ver-
     spottung denn als Misshandlung versteht.
647 Mk 14,65, wo nicht nur beides vorkommt, sondern sogar ineinander ver-
     woben ist, indem die Schläge auf den Kopf die Voraussetzung des spöt-
     tischen "prophezeie!" sind.
648 Mit *Pesch* II 469; *Mohr*, Markus- und Johannespassion 304.
649 Mit *Gnilka* II 307; *Lohmeyer* 340.

V17 In diesem Spiel wird Jesus mit den Zeichen eines Königs ausgestattet: Purpurmantel (hier ist wohl einfach ein roter Soldatenmantel gemeint)[650] und Kranz. Dass es um eine Verspottung geht, zeigt der Kranz: Er ist aus einem Dorngewächs hergestellt. Es wird auf die Hauptanklage in 15,2 Bezug genommen, wo Jesus beschuldigt wird, "König der Juden" zu sein, was auch zu seiner Verurteilung geführt hat. Dem menschlichen Auge scheint es lächerlich zu sein, dass dieser Verurteilte König sein will. Das reizt zum Spott.

Jesus wird als wehrloser und ausgelachter König dargestellt. Hat die letzte Perikope angedeutet, dass Jesus in irgendeiner Weise doch König ist, so wird jetzt sein Königtum näher beschrieben. Es besteht in der Wehr- und Rechtlosigkeit.[651] Er ist der König mit dem Dornenkranz: Er selbst hat zu leiden unter seinem Königtum.

V18 Das Spiel geht weiter und steigert sich. Jesus wird wie ein König gegrüsst und angesprochen. Aber es ist nicht so gemeint. Seine Wehrlosigkeit wird immer deutlicher.

V19 Die Steigerung geht noch weiter: Es kommt zur Misshandlung Jesu, indem er geschlagen wird. Seine "Krone" soll ihm Schmerzen bereiten; unter seinem "Königtum" soll er leiden. Das Anspucken drückt aufs deutlichste die Verachtung aus, die ihm entgegengebracht wird. Dazu werden Gesten gebraucht, die genau das Gegenteil davon ausdrücken. Das Niederfallen auf die Knie ist Zeichen für Verehrung, das Wort προσχυνέω (huldigen, verehren, anbeten) lässt ihre religiöse Ausrichtung deutlich werden.[652] Die gemimte Anbetung ist der Höhepunkt von Spott und Verachtung zugleich. Auch die Heiden haben eine Ahnung davon, wer Jesus ist. Er wird nicht verworfen, weil die Menschen überhaupt nicht wissen, wer er ist. Sie spüren sehr wohl seinen religiösen Anspruch. Dieser ist hier, im Gegensatz zum Verhör vor dem Synedrium nicht direkt angesprochen worden. Spott und Verachtung der Soldaten zeigen, dass er ihnen keineswegs verborgen geblieben ist, dass sie aber den Anspruch Jesu, so wie sie ihn ahnen, nicht akzeptieren können.

Thema und Grund der Spottszene ist die Diskrepanz zwischen dem Anspruch Jesu und seiner Wehr- und Rechtlosigkeit als einer, der zum Tod am Kreuz verurteilt ist. Für die Soldaten widerlegt dieses Ausgeliefert-Sein Jesu seinen Anspruch und lädt dazu ein, darüber zu lachen. Die Spötter scheinen genau zu wissen, wie jemand, der die Ansprüche Jesu zu Recht stellen könnte, aufzutreten hätte. Dadurch sind sie blockiert und können Jesus we-

---

650 *Cranfield* 453; *Gnilka* II 307; *Lohmeyer* 340; *Pesch* II 472; *Schweizer* 187.
651 Wer zu diesem König gehört, wird aus dem Streben nach weltlicher Grösse und Anerkennung befreit. Jesu Königtum wird so zu einer Wohltat, indem es die weltliche Rang- und Wertordnung unterläuft.
652 *Bauer-Aland* 1435; *Greeven*, ThWNT VI 764,6f.

der erkennen noch anerkennen. So bleibt nur der Spott. Das bedeutet, dass
Jesus nicht richtig erkannt werden kann, solange die menschlichen Vorstellungen über das Erscheinen eines Beauftragten Gottes und mit seiner Autorität Ausgerüsteten nicht abgetan sind.[653] Seine Demütigung und Erniedrigung hat so weit zu gehen, dass die Unangemessenheit dieser Vorstellungen deutlich wird und diese als Hindernisse auf dem Weg der Erkenntnis
Jesu überwunden werden.[654]

Für die menschlichen Vorstellungen über den Gesalbten Gottes und damit auch über Gott selbst bedeutet dies, dass sie an Jesus zu Fall kommen,
da sein Leidensweg sie widerlegt. Ihre Untauglichkeit zur Gotteserkenntnis
steht fortan klar fest. Alles Denken und Reden von Gott und seinem Wirken in unserer Welt hat daher künftig von Jesu Weg ans Kreuz auszugehen.
Dieses wird zum Kriterium der Wahrheit aller Gottesvorstellungen. Wo
Gott verkündigt werden will, muss daher von Jesus gesprochen werden. Dadurch ergibt sich auch ein Wandel in der Anbetung. Der Dornengekrönte
kann auf keinen Fall mehr das Objekt gemimter Anbetung sein, sondern er
ist echter Verehrung würdig. Gottes Herrlichkeit kann nur noch im Zusammenhang mit dieser tiefsten Erniedrigung gepriesen werden. So ist künftig
nicht nur in der Verkündigung, sondern auch im Lobpreis von der Erniedrigung Jesu auszugehen. Alle Anbetung, die Gottes Herrlichkeit und Ehre so
beschreibt, als ob er sich weder erniedrigen könnte noch sich erniedrigt
hätte, kann seit Jesu Verurteilung und Hinrichtung Gott nicht mehr dargebracht werden.

V20a Das Spiel geht zu Ende, die Verspottung ist vorbei - es folgt die Hinrichtung. Die Ablehnung, die in der Spottszene "bloss" spielerisch dargestellt wurde, wird zur handfesten Tat, die Jesus das Leben kostet. Es ist,
als sei die Verspottung zu wenig gewesen und müsse sie durch eine noch
stärkere Verwerfung fortgesetzt werden. Die Erniedrigung Jesu wird immer
grösser.

---

653 Vgl. Mk 8,33.
654 Vgl. Mk 15,39.

2.13 Markus 15,20b–32

20b Und sie führen ihn hinaus, um ihn zu kreuzigen.

21 Und sie zwingen einen, der vorübergeht, Simon von Kyrene, der vom Feld kommt, den Vater von Alexander und Rufus, dass er sein Kreuz trage.

22 Und sie bringen ihn zur Stätte Golgotha, das heisst übersetzt: Schädelstätte.

23 Und sie gaben ihm mit Myrrhe gewürzten Wein. Er aber nahm ihn nicht.

24 Und sie kreuzigen ihn und verteilen seine Kleider, indem sie den Würfel über sie werfen, wer was nehme.

25 Und es war die dritte Stunde, als sie ihn kreuzigten.

26 Und es war aufgeschrieben die Angabe seiner Schuld: Der König der Juden.

27 Und mit ihm kreuzigen sie zwei Räuber, einen zu seiner Rechten und einen zu seiner Linken.

29 Und die Vorübergehenden lästerten ihn, indem sie ihre Köpfe schüttelten und sagten: "Ha, der du den Tempel abbrechen und in drei Tagen aufbauen willst,

30 rette dich selbst und steig herunter vom Kreuz!"

31 Ebenso spotteten auch die Hohenpriester untereinander mit den Schriftgelehrten zusammen und sagten: "Andere hat er gerettet, sich selbst kann er nicht retten.

32 Der Christus, der König von Israel steige jetzt vom Kreuz herunter, dass wir es sehen und glauben!" Und die mit ihm gekreuzigt waren, schmähten ihn.

2.13.1 Analyse

Die Einteilung des Textes ist hier nicht ganz einfach. Eine Zäsur kann erst nach V32 gemacht werden: Erst mit der zweiten Erwähnung der συνεσταυρωμένοι, die Jesus verspotten, ist das Thema der Kreuzigung abgeschlossen. Nachher geht es um den Tod Jesu. Eine Trennung nach V32 ist möglich, da sich die folgenden Verse nicht mehr direkt auf das in V20–32 Berichtete beziehen.[655]

Dass der Kreuzigungsbericht 15,20b–41 auf vormarkinisch selbständiger Tradition beruhe,[656] scheint mir unwahrscheinlich zu sein. Vielmehr bestä-

---

655 Eine Unterteilung nach V32 haben auch *Schmithals* II 680; *Lohmeyer* 341 (als Grobeinteilung).
Cranfield 453; *Gnilka* II 310; *Taylor* 587; *Dormeyer*, Sinn 76; *Dormeyer*, Passion 191; *Mohr*, Markus- und Johannespassion 313; *Schenk*, Passionsbericht 13 und *Schenke*, Christus 83 fassen dagegen V20b(21)–41 als eine einzige Perikope auf. Die anderen Kommentare unterteilen in kleinere Perikopen (anders *Burchard*, Markus 15,34 2).
656 *Schreiber*, Kreuzigungsbericht 11–44.

tigt auch diese Perikope durch ihre Verweisbezüge das Vorhandensein einer zusammenhängenden vormarkinischen Passionstradition:
- weder Jesus noch die Soldaten werden neu genannt. Das Name Jesu steht in 15,15; die Soldaten treten in 15,16 auf.
- 15,26 verweist auf 15,2.
- 15,29 bezieht sich zurück auf 14,58.
- der Christus-Titel in V30 nimmt 14,61f auf.

Das Gewicht von V29 und V30 ist allerdings etwas geringer, da eine der Verspottungen redaktionelle Bildung sein könnte.[657] Immerhin verweisen die anderen Spottworte zusammen mit V26 auf die Verurteilung Jesu zurück. Kreuzigung und Verurteilung gehören demnach inhaltlich zusammen. Dass sie auch literarisch zusammengehören, belegt der Umstand, dass im Kreuzigungsbericht weder Jesus noch die Soldaten neu eingeführt werden. Damit widerspricht 15,20b-41 keineswegs der Annahme eines zusammenhängenden vormarkinischen Passionsberichts, sondern bestätigt vielmehr diese These.[658]

Joh weist von allen Evangelien die grössten Unterschiede zu Mk auf. Es ist niemand erwähnt, der Jesus das Kreuz trüge, auch von einem Betäubungstrank steht nichts. Dafür ist eine Beschwerde der Juden bei Pilatus wegen der Aufschrift an der Schuldtafel am Kreuz erzählt, auf die jedoch Pilatus nicht näher eingeht. Ferner werden Maria und der Lieblingsjünger einander zugeordnet; von einer Verspottung Jesu ist nicht die Rede. Die Ortsbezeichnungen Golgotha (mit der Übersetzung "Schädelstätte"), die Kreuzigung zwischen zwei anderen und die Verteilung der Kleider durch Würfeln sind demgegenüber einige Details, in denen Joh das gleiche berichtet wie die Synoptiker.

Lk steht Mk bereits wesentlich näher, hat aber auch einige Abweichungen. Zu seinem Sondergut gehören die Worte Jesu an die weinenden Frauen Jerusalems. Die Spottszene ist anders, jedoch unter Verwendung ähnlicher Motive gestaltet.

Mt ist Mk wiederum sehr ähnlich und weicht nur in Details ab. Am beachtenswertesten davon ist vielleicht, dass er die Zeitangabe der Kreuzigung nicht übernommen hat.[659]

V20b bezieht sich zurück auf V15. Wurde dort der Befehl zur Kreuzigung gegeben, so wird hier mit der Ausführung begonnen. Der nächste Vers (V21) berichtet eine Einzelheit vom Weg nach Golgotha. Simon muss Jesus das Kreuz tragen. Die Weglassung dieses Details würde den Zusammenhang der Erzählung nicht beeinträchtigen. Trotzdem wirkt es mit seinen konkreten Angaben über Herkunft und Söhne des Simon keineswegs als sekundärer

---

657 Vgl. unten S. 186f.
658 Mit *Gnilka* II 314.
659 Zum Stundenschema vgl. unten S. 185.

Einschub, sondern als alte Tradition.[660] Dass Mt und Lk die Namen der Söhne weglassen, weil sie ihnen wohl unbekannt und daher bedeutungslos waren, bestätigt diesen Eindruck. Die Wendung αἰρέω τὸν σταυρὸν αὐτοῦ stand bereits in 8,34. Die beiden Stellen weisen allerdings auch beträchtliche Unterschiede auf, da es dort darum geht, in freiwilliger Nachfolge das eigene "Kreuz" (im übertragenen Sinn) auf sich zu nehmen, Simon hier jedoch gezwungen wird, ein fremdes zu tragen.

Das aramäische Wort Golgo(l)tha V22 wird auf griechisch übersetzt. Die einleitende Formel ὅ ἐστιν könnte wieder auf Mk hinweisen wie in 15,16.[661] Mit "Golgotha" ist die Ortsangabe für den ganzen Kreuzigungsbericht gemacht.

V23 berichtet wieder ein durchaus weglassbares Detail. Es ist die erste versuchte Tränkung Jesu auf die in V36 eine zweite folgen wird, allerdings in anderem Zusammenhang. Der Vers wird manchmal als nachträgliche Einfügung betrachtet, weil in V23b als einziger Stelle der Kreuzigungsperikope von einem aktiven Tun Jesu (das Ablehnen des Betäubungstrankes) die Rede ist und V23 eine Dublette zu V36 sei.[662] Dies scheint mir eher unwahrscheinlich zu sein, da sich V23 nicht mit V36 stösst; denn dort ist der Kontext ganz anders. Ferner entspricht ein Betäubungstrank jüdischer Sitte.[663] Das Motiv ist als eine Erleichterung zu verstehen und kann deshalb auch nicht aus Ps 69,22 stammen.[664] Seine (durchaus weglassbaren Detailangaben) stören den Zusammenhang nicht, sondern treffen vielmehr mit ähnlichen Detailinformationen zusammen. Die Beobachtung, dass nur hier ein aktives Tun Jesu (besser wäre: Nicht-Tun) erwähnt ist, vermag demgegenüber auch zusammen mit dem Tempuswechsel hier nicht auf eine andere literarische Schicht zu weisen.[665]

Sehr kurz wird in V24 der eigentliche Akt der Kreuzigung erwähnt, worauf ausführlicher als fast wörtliches Zitat von Ps 22,19 die Kleiderverteilung beschrieben wird. Dieser Psalm wird in V34 nochmals an einer sehr betonten Stelle zitiert. Ferner befindet sich in V29 eine Anspielung auf Ps 22,8 (oder Klagelieder 2,15). Da in der Passionsgeschichte des Mk-Evangeli-

---

660 Mit *Gnilka* II 311; *Pesch* II 475; *Schweizer* 188; *Dormeyer*, Passion 191; *Mohr*, Markus- und Johannespassion 343;
gegen *Schenke*, Christus 91 (sekundär eingeschoben, aber trotzdem alte Tradition).

661 Mit *Taylor* 588; *Dormeyer*, Passion 192; *Mohr*, Markus- und Johannespassion 331; *Schenk*, Passionsbericht 18; *Senior*, Passion 116;
gegen *Gnilka* II 311; *Schweizer* 188f; *Schenke*, Christus 91.

662 Markinische Redaktion: *Gnilka* II 311f; *Schenk*, Passionsbericht 18 (nur V23b); *Schreiber*, Kreuzigungsbericht 90, 96f, 348;
vormarkinische Bearbeitung: *Mohr*, Markus- und Johannespassion 318f.

663 *Blinzler*, Prozess 365.

664 Vgl. jedoch Mt 27,34.

665 Mit *Schweizer* 188f; *Pesch* II 475; *Dormeyer*, Passion 193; *Schenke*, Christus 102.

ums Schriftzitate selten sind, fällt der doppelte oder dreifache Bezug auf Ps 22 besonders auf. Ein Teil der Ereignisse um die Kreuzigung wird mit den Worten dieses Psalms beschrieben. Die Frage, ob die Formulierung hier zum ursprünglichen Bestand der Passionsgeschichte gehört habe, ist wahrscheinlich zu bejahen. Denn das Psalmzitat ist kaum erst markinisch,[666] weil sich sonst die Zitation auf den LXX-Text beziehen würde. Sie bezieht sich jedoch auf die aramäische Fassung des Psalms.[667] Damit ist sie als alt erwiesen. Da die Kleiderverteilung ferner historischem Brauch entspricht,[668] ist sie wohl bereits im ursprünglichen Passionsbericht erzählt gewesen.[669]

Die Zeitangabe der Kreuzigung in V25 folgt im Nachhinein. Sie steht nach dem Ereignis und wiederholt dieses nochmals. Deshalb lässt sich vermuten, dass sie nachträglich dazugekommen ist.[670] Aus dem doppelten Vorkommen des Wortes "kreuzigen" (σταυρόω) ist auch auf zwei Quellen geschlossen worden,[671] die ineinandergefügt seien.[672] Zur Begründung dieser These wird ferner auf den Gebrauch des praesens historicum in der einen[673] und auf die apokalyptisch alttestamentliche Ausrichtung der anderen Quelle verwiesen.[674]

Es ist jedoch zu beachten, dass die Kreuzigung das einzige Geschehen ist, das "doppelt" erzählt ist.[675] Demgegenüber kommt eine grosse Anzahl von

---

666 So *Dormeyer*, Passion 193f; *Senior*, Passion 117.

667 In V34 wird auch der *aramäische* Text von Ps 22,2 zitiert; vor allem fehlt ein Bezug auf LXX Ps 21,17 ("sie durchbohrten mir Hände und Füsse"). Dies alles weist darauf hin, dass Ps 22 eben nicht in der LXX-Fassung, sondern aramäisch vorgelegen hat (*Gese*, Ps 22 14; gegen *Schenk*, Passionsbericht 32f).

668 Vgl. Anm. 731.

669 Mit *Gnilka* II 312; *Mohr*, Markus- und Johannespassion 343; *Schenk*, Passionsbericht 24 (gehört zu seiner sogenannten Simon-Tradition); *Schenke*, Christus 102f.

670 Mit: markinische Redaktion: *Schmithals* II 682, 684; *Dormeyer*, Passion 194; *Mohr*, Markus- und Johannespassion 330; vormarkinische Bearbeitung: *Gnilka* II 312; *Schenke*, Christus 92; nachmarkinische Bearbeitung: *Blinzler*, Prozess 420; gegen *Schweizer* 188; *Pesch* II 482.

671 *Schenk*, Passionsbericht 16-18; *Schreiber*, Kreuzigungsbericht 58, 348f.

672 Nach *Schreiber*, Kreuzigungsbericht 97, 170 zwei Kreuzigungstraditionen; einerseits Mk 15,20b.21.22a.24.27 und Mk 15,25f.29a.32c.33.34a.37f andererseits.
     Nach *Schenk*, Passionsbericht 272f hat Mk in seiner Passionsdarstellung zwei durchlaufende Traditionsstränge ineinander verarbeitet.

673 *Schenk*, Passionsbericht 17; *Schreiber*, Kreuzigungsbericht 89.

674 *Schreiber*, Kreuzigungsbericht 170.

675 Bei den Tränkungen V23 und V36 handelt es sich nicht um wirkliche Wiederholungen (vgl. oben S. 183). Eher könnte noch an die beiden Schreie V34 und V37 gedacht werden. *Schreiber* teilt jedoch weder Tränkungen noch Rufe auf die beiden Traditionen auf (Kreuzigungsbericht 65-67, 348), so auch *Schenk*, Passionsbericht 18f.

Erzählzügen nur einmal vor und widerstrebt so der Spaltung in zwei Quellen.[676] Von besonderem Gewicht ist dabei, dass das Sterben Jesu nur einmal berichtet ist (V37), denn dieses "Hauptdatum" wäre doch in jeder Quelle zu erwarten. Des weiteren ist fraglich, ob der Gebrauch des volkstümlichen praesens historicum literarkritische Quellenscheidungen zu begründen vermag.[677]

Auch wenn V25 nicht der markinischen Redaktion zugeschrieben werden kann, liegt es näher, diese "Wiederholung" auf einen vormarkinischen Redaktor zurückzuführen, als sogleich auf zwei Quellen zu schliessen.[678]

Ursprung und damit auch Bedeutung dieser Zeitangabe V25 sind unklar. Man versucht sie als apokalyptisches Stundenschema zu verstehen, vor allem ausgehend von V33f. Der Drei-Stunden-Rhythmus wäre dann Zeichen eines von Gott bestimmten eschatologischen Geschehens.[679] Ferner ist versucht worden, den Ursprung dieser Zeitangaben in einer urchristlichen Passionsliturgie zu sehen.[680]

Beide Varianten vermögen nicht ganz zu überzeugen, die erste, weil genaue Belege für ein Drei-Stunden-Schema fehlen,[681] die zweite vor allem, weil die sechste Stunde keine traditionelle Gebetszeit ist.[682]

Klar ist, dass V25 im Zusammenhang mit den Zeitangaben von V33f zu interpretieren ist.

Die Angabe der Schuld am titulus in V26 bezieht sich auf die Hauptanklage in V2 zurück.

Auch nur eine kurze Angabe von Begleitumständen ist die Erwähnung der gleichzeitigen Kreuzigung von zwei "Räubern" (V27). Weil auf sie später noch Bezug genommen wird (V32 setzt voraus, dass bereits von den συνεσταυρωμένοι die Rede gewesen ist), ist sie etwas stärker im Zusammenhang verwurzelt. Diese beiden Verse werden zu Recht meist als ursprünglich betrachtet.[683]

---

676 Weg zum Kreuz/ Simon von Kyrene/ Name Golgotha/ Schuldtafel/ Kreuzigung von zwei weiteren Personen (V32c ist keine Dublette zu V27, sondern setzt diesen Vers voraus)/ Finsternis/ Sterben Jesu/ Zerreissen des Vorhangs.

677 *Gnilka* II 349; *Dormeyer*, Passion 18f.

678 Mit *Schweizer* 188; trotz *Schreiber*, Kreuzigungsbericht 31f, 353.

679 *Gnilka* II 317; *Schenk*, Passionbericht 37-39.

680 *Schmithals* II 682; *Trocmé*, Passion 79-82.

681 Die bei *Schenk*, Passionsbericht 38f angeführten Stellen enthalten nirgends einen Drei-Stunden-*Rhythmus*.

682 *Gnilka* II 317; vgl. unten S. 282.

683 *Gnilka* II 312; *Schweizer* 188, 191; *Taylor* 650 (V26); *Mohr*, Markus- und Johannespassion 343, 345f; *Dormeyer*, Passion 194-196; *Schenke*, Christus 102;
gegen *Schmithals* II 683 (V26).

Bemerkenswert ist hier noch, dass der Schriftverweis in V28 - übrigens auf Jes 53! - aus textkritischen Gründen eindeutig als sekundär bezeichnet werden kann.[684]

Die Erzählung ist bis hierher in einem etwas holzschnittartigen Stil gehalten, indem jeder Vers ein neues Detail beifügt, das durchaus auch weglassbar wäre, ohne den Zusammenhang zu unterbrechen. So könnte theoretisch bei V21, 22b, 23, 24b, 25, 26 und 27 überlegt werden, ob sie erst nachträglich dazugekommen sind.

Beim Bericht der Kreuzigung Jesu wird der Wille zu einer grossen Zurückhaltung deutlich. Das wird der Hauptgrund für den holzschnittartigen Erzählstil sein. Sekundäre Ergänzungen sind durchaus möglich, haben aber wohl nicht in dem oben angegebenen grösstmöglichen Rahmen stattgefunden.[685]

Für die Lästerungen wechselt der Erzählstil und wird etwas ausführlicher. Nach einer Einleitung (V29a), die als Anspielung an Ps 22,8 (oder auch Ps 109,25 oder Klagelieder 2,15) verstanden werden kann (Schütteln der Köpfe), folgt eine erste Verspottung durch die "Dabeistehenden", die am angeblichen Tempelwort Jesu von 14,58 anknüpft (V29b.30).

Die zweite Lästerung (V31.32a) ist den Hohenpriestern und Schriftgelehrten zugeschrieben. Der Spott bezieht sich hier auf die Titel, die in den beiden Verhören wichtig waren: ὁ χριστός (14,61) und ὁ βασιλεύς (15,2).[686] Einige Gedanken der ersten Verspottung werden hier wieder aufgenommen: Jesus soll vom Kreuz heruntersteigen und soll sich so selbst retten. Wegen dieser Wiederholung wird oft eine der beiden kleinen Szenen als sekundär aus der anderen entstanden beurteilt. Dabei werden beide sowohl als älter wie als Nachbildung bezeichnet.[687]

Unklarheit herrscht auch darüber, ob zum ursprünglichen Bericht der Kreuzigung Jesu bereits eine eventuell nur kleine Erwähnung einer Verspottung gehörte oder ob alle nachträglich in verschiedenen Etappen dazu-

---

684 Mit *Taylor* 591.

685 *Schreiber*, Kreuzigungsbericht 47 mahnt in diesem Zusammenhang, "bei allen Urteilen die grösste Vorsicht walten zu lassen".

686 "König der Juden"(im Munde der Heiden) ist hier umgewandelt in "König von Israel", das den jüdischen Sprechern entspricht (mit *Gnilka* II 321; *Pesch* II 488; *Dormeyer*, Passion 198; *Schenk*, Passionsbericht 53; *Schenke*, Christus 93).

687 - V29b.30 später entstanden: *Gnilka* II 312; *Schmithals* II 683 (nur V32 ist alt); *Schenke*, Christus 93; *Dormeyer*, Passion 196f (*Schmithals* und *Dormeyer*: markinisch).
   - V31.32a später entstanden: *Klostermann* 165; *Schweizer* 191f; *Mohr*, Markus- und Johannespassion 317; *Schenk*, Passionsbericht 20 (ausser *Klostermann* alle: markinisch).
Nach *Schreiber*, Kreuzigungsbericht 64, 349f gehen V29b-32a insgesamt auf den Evangelisten zurück.

gekommen sind.[688] Das erste scheint wahrscheinlicher zu sein. Denn wären alle Verspottungen sekundär, dann wären sie wohl nach V35 zu stehen gekommen, wo das Thema der Verhöhnung bereits vorgegeben gewesen wäre. Ferner weisen die markinischen Hapaxlegomena συνεσταυρωμένος und ὀνειδίζω in V32b auf den gleichen Sachverhalt. Auch die Weglassung der Ältesten bei der Aufzählung der Gegner Jesu entspricht gerade nicht den späteren Typisierungen, sondern weist auf ursprüngliche Traditionsstücke hin.[689]

Die erste Verspottung V29b.30 nimmt das Tempelwort aus 14,58 wieder auf und gebraucht dabei wieder das für Mk untypische Wort ναός. Sie wird deshalb auf den gleichen vormarkinischen Redaktor zurückzuführen sein, der auch 14,57-59 einfügte.[690]

Das Wort ὁμοίως der zweiten Verspottung bezieht sich auf die erste Spottszene zurück. Diese ist deshalb wohl später entstanden, d.h. markinischen Ursprungs. Darauf weist auch das Auftreten der für Mk typischen Gegner Jesu, der Hohenpriester und Schriftgelehrten.[691]

2.13.2 Interpretation

V20b Nach der Verspottung wird der Befehl des Pilatus vollzogen: Jesus wird zur Kreuzigung abgeführt. Der Verurteilte wird aus der Stadt und damit aus der Gemeinschaft hinausgestossen.[692]

V21 Dass gerade Simon zu diesem Dienst gezwungen wird, ist als zufälliges Handeln der Soldaten dargestellt. Das τίς (irgendeiner) bedeutet, dass er nicht ausgewählt worden war, sondern dass wahllos irgend jemand zu dieser Aufgabe verpflichtet wurde. Die Bemerkung, dass Simon vom Felde

---

688 Eine grössere oder kleinere Erwähnung der Verspottung Jesu an dieser Stelle halten für ursprünglich: *Gnilka* II 312; *Pesch* II 482; *Schweizer* 191; *Dormeyer*, Passion 198; *Schenk*, Passionsbericht 20f; *Schenke*, Christus 92-94; *Schreiber*, Kreuzigungsbericht 64;
gegen *Mohr*, Markus- und Johannespassion 349.
689 So halten *Dormeyer*, Passion 197 und *Schenke*, Christus 93 nur die Erwähnung der γραμματεῖς für redaktionell in V31.32a, *Gnilka* II 312 darüber hinaus noch den ἵνα-Satz, *Schmithals* II 683f darüber hinaus den ganzen V32a.
690 Vgl. oben S. 134f.
Als vormarkinische Bildung werden V29b.30 auch von *Gnilka* II 312 und *Schenke*, Christus 93 beurteilt.
691 Mit *Schweizer* 191f; *Mohr*, Markus- und Johannespassion 317; *Schenk*, Passionsbericht 20.
692 *Gnilka* II 315; *Schenk*, Passionsbericht 25; vgl. Hebr 13,11f.

kam,[693] besagt, dass er seinerseits rein zufällig zugegen war. Er ist weder ein Schaulustiger noch ein Sympathisant Jesu.

Die beiden Söhne werden wohl genannt, weil sie den ersten Lesern bekannt waren.[694] Durch die Nennung des Namens ihres Vaters wird die Qualität der Überlieferung für die Leser verbürgt.

Die Wendung "das Kreuz tragen" steht mit den gleichen Worten auch in Mk 8,34. Das überrascht, weil es hier anscheinend um etwas ganz anderes geht. Während 8,34 dazu auffordert, freiwillig das eigene Kreuz zu nehmen und Jesus nachzufolgen, wird hier einer dazu gezwungen, ein fremdes Kreuz ein Stück weit, bis zum Richtplatz zu schleppen. Ist das wirklich die Nachfolge, zu der 8,34 aufgerufen hat?[695] Simon ist der letzte, der solche "Nach-Folge" leisten kann. Nach Jesu Tod und Auferstehung ist das in dieser Form nicht mehr möglich.

Soll hier die Stelle 8,34 ergänzt und präzisiert werden? Wenn ja, in welchem Sinne? Ein Zusammenhang der beiden Stellen scheint wahrscheinlich zu sein, denn sie sind durch den sonst im Mk-Evangelium nicht mehr vorkommenden Ausdruck "das Kreuz tragen" miteinander verbunden. Vielleicht kommt hier nochmals das Versagen der Jünger zur Sprache: Nur noch ein Fremder ist da, der (gezwungenermassen) Jesus folgt, von denen, die urspünglich in die Nachfolge gerufen waren, ist keiner mehr zu sehen. Ein anderer tut den Dienst, zu dem die Jünger gerufen waren.

V21 wäre dann eine Mahnung an die Leser, in der Nachfolge doch nicht nachlässig zu werden, sondern freiwillig die Lasten zu tragen, die die Zugehörigkeit zu Jesus mit sich bringt.

Auf indirekte Weise wird in diesem Vers die Erniedrigung Jesu beschrieben. Jesus ist zu schwach, sein Kreuz zu tragen.[696] Er bringt die physische Kraft dazu nicht auf. Es kann als zusätzliche Demütigung verstanden werden, dass er diesen seinen letzten Gang nicht selbständig, sozusagen aufrecht und stolz gehen kann, sondern dass er hier auf Hilfe angewiesen ist.

---

693 Es heisst nicht, dass Simon von der Feld*arbeit* kam. Darum kann dieser Vers nicht für die Datierungsfrage der Kreuzigung als gewichtiges Argument verwendet werden (mit *Cranfield* 454; *Klostermann* 163; *Pesch* II 477; *Senior*, Passion 116). Ferner ist nicht gesagt, dass Simon ein Jude war und sich an die jüdischen Gesetze zu halten gehabt hätte (*Cranfield* 454; *Schenk*, Passionsbericht 26), vgl. oben S. 62.

694 Mit *Cranfield* 454; *Gnilka* II 315; *Lohmeyer* 342; *Schweizer* 188; *Schmithals* II 685; *Taylor* 588; *Senior*, Passion 116.
Es kann daher angenommen werden, dass sie Christen waren und dass wohl auch Simon Christ geworden ist (*Gnilka* II 315).

695 So *Gnilka* II 315; *Schweizer* 189; *Taylor* 588; *Senior*, Passion 116.

696 Normalerweise hatten die zur Kreuzigung Verurteilten den Querbalken selbst zu tragen (*Gnilka* II 315; *Klostermann* 163; *Taylor* 587; *Blinzler*, Prozess 360, 364f; *Schenk*, Passionsbericht 25).

Sogar die Hilfe, die er erhält, ist nochmals demütigend: Es ist keine freiwillig geleistete, sondern eine mit Waffengewalt erzwungene Unterstützung.[697] Alle seine Freunde, die ihm auf seinem Weg eigentlich beistehen sollten und das auch versprochen haben, sind nirgends zu sehen. Sie haben sich von ihm abgewandt und sich selbst in Sicherheit gebracht. So ist Jesus als einsam und zu Boden gedrückt geschildert. Er kann seinen Weg nicht mehr weitergehen und niemand ist da, der freiwillig bereit wäre, ihm zu helfen.

V22 Es folgt jetzt die Angabe des genauen Ortes, wo Jesus gekreuzigt wird. Damit ist das folgende Geschehen genau lokalisiert.

Dass diese Ortsbezeichnung übersetzt wird, lässt darauf schliessen, dass dem Namen auch eine symbolische Bedeutung zugemessen wurde. Möglicherweise wurde angenommen, der Name "Schädelstätte" drücke es bereits aus, dass es sich um einen Ort des Todes handle. Es könnte dadurch auch die Unreinheit des Ortes angedeutet sein.[698]

V23 Das Reichen eines Betäubungstranks ist ein damals geübter Brauch. Die Schmerzen des Verurteilten sollen dadurch etwas gelindert werden.[699] Jesus nimmt nichts davon. Er ist damit als der beschrieben, der dem Tod mit vollem Bewusstsein entgegengeht.[700] Es geht um die Möglichkeit, das Leiden zu ertragen. Der Betäubungstrank ist ein Ausweichen vor dem Leiden, eine Weigerung es voll auf sich zu nehmen. Jesus ist als der beschrieben, der das Unangenehmste durchleidet, ohne sich eine Erleichterung zu verschaffen. Später wird deutlich werden, dass das nicht als gesetzliches Vorbild, das es nachzuahmen gilt,[701] zu verstehen ist, sondern viel eher als die Tat, die es anderen erst ermöglicht, ihr Leiden zu ertragen.

V24 Mit auffallender Knappheit ist die Kreuzigung selbst beschrieben. Es steht allein das Verb σταυρόω (kreuzigen), keine Details des genaueren Ablaufs sind geschildert. Sie sind für die ursprünglichen Leser einerseits selbstverständlich - man wusste, wie Kreuzigungen vorgenommen wur-

---

697 Die Betonung dieser Demütigung unterscheidet die Synoptiker vom Joh-Evangelium, in welchem dieser Erzählzug fehlt.
698 *Cranfield* 455; *Gnilka* II 316; *Schenk*, Passionsbericht 30.
699 Dieser Brauch war bei den Juden bekannt, die sich dafür auf Spr 31,6 beriefen (*Pesch* II 478; *Blinzler*, Prozess 365).
700 Mit *Gnilka* II 316; *Schweizer* 190; *Taylor* 589.
701 Es wird gerade nicht das Vorbildhafte der Passion Jesu herausgearbeitet. Diese Darstellung Jesu als Vorbild würde auch V21 widersprechen, wo Jesus gerade nicht als Held dargestellt ist (gegen *Gnilka* II 312). Es ist fraglich, ob die Passion Jesu wirklich ein "Verhaltensmodell" ist (vgl. *Dormeyer* im Titel: "Die Passion Jesu als Verhaltensmodell").

den[702] - und andererseits nicht so wichtig. In diesen Details ist die Kreuzigung Jesu einfach eine unter den vielen, die im Römischen Reich vollzogen
wurden.[703] Ihre herausragende Bedeutung liegt nicht an der Art der Hinrichtung, die Jesus erleiden musste, sondern daran, dass es der Gesalbte
Gottes ist, der umgebracht wird, also an seiner Person. Dass dieser gekreuzigt wurde, unterscheidet sein Kreuz von den anderen, und darauf legt die
Passionsgeschichte das Gewicht.[704]

Dass zur Schilderung der Kleiderverteilung die Worte aus Ps 22 gewählt
sind, ist beachtenswert. Dieser Sachverhalt ist als bewusste Tat des vormarkinischen Erzählers zu verstehen. Nicht in eigenen freien Worten hat er
formuliert, sondern er erzählt mit den Worten der Schrift. Dadurch stellt
er die Geschichte Jesu in einen Zusammenhang mit dem AT. Aus seinem
Nach-Denken dieser Geschichte hat sich ergeben, dass sie auf dem Hintergrund der Schrift gesehen werden muss.

Die Funktion dieses Schriftbezugs ist nicht einfach zu beschreiben. Sie
unterscheidet sich vom Schema Verheissung - Erfüllung, da Ps 22 nicht eine
Prophezeiung auf den Messias ist, sondern der Hilfeschrei eines Bedrängten
zu Gott, der (auch?) um seines Glaubens willen verspottet und misshandelt
wird.

Die Erfüllung der Schrift ist hier anders zu verstehen. In Jesus erfüllt
sich der Konflikt zwischen demjenigen, der zu Gott gehört, und seiner ihm
deswegen feindlichen Umwelt. Der Konflikt erfüllt sich insofern, als es bei
Jesus um den Höhepunkt dieser Auseinandersetzung geht, denn sie betrifft
jetzt den Gesalbten Gottes.[705]

Durch das Leiden Jesu wird dieser Konflikt grundsätzlich insofern verändert, als der Mensch, der sich zu Gott zählt, in seiner Bedrängnis sich nicht
mehr allein gelassen zu fühlen braucht. In Jesus Christus hat Gott diese
Auseinandersetzung zu seiner eigenen gemacht. Der "Gerechte" ist damit
davon befreit, diese Not auf sich allein zu nehmen; durch den Gesalbten
Gottes darf er wissen, dass das im Grunde genommen nicht mehr seine,
sondern eben Gottes Auseinandersetzung ist. Damit ist der so leidende
Mensch davon befreit, entweder mit seiner Kraft oder mit Gottes Hilfe den
Sieg zu erringen. Er kann dies getrost Gott überlassen, der diesen Konflikt
in Jesus Christus durchgestanden hat. Damit ist es ihm auch ermöglicht,
das Leiden zu ertragen, ohne ihm auf die eine oder andere Weise auszuweichen (vgl. zu V23).

---

702 Mit *Hengel*, Crucifixion 101, 105. Möglicherweise spielt auch noch mit,
   dass man nicht gern von diesem brutalen und als barbarisch geltenden
   Vorgang sprach (*Hengel*, Crucifixion 27, 39, 55, 89).
703 Vgl. dazu *Gnilka* II 319; *Blinzler*, Prozess 357-359.
704 Vgl. unten S. 275.
705 Der Messias ist der Gerechte par excellence (*Hengel*, Atonement 41).

Durch die Verwendung der Worte aus Ps 22 wird ein Gegenwartsbezug hergestellt zu allen, die in persönlicher Not diesen Psalm zu ihrem eigenen Gebet machen. Ihnen wird zugesprochen, dass ihre Not überwunden ist im Leiden Jesu und sie darum auch in ihrem Leiden nicht von Gott verlassen sind (vgl. Ps 22,2).

Das Zitieren der Psalmworte schafft ferner auch ein "Vorverständnis": Es verbindet die Erniedrigung Jesu mit dem Leiden, das andere vor ihm schon um ihrer Treue zu Gott willen erfahren haben, und macht es darum richtig verstehbar.

Die Formulierung der Kleiderverteilung mit den Worten des AT ist als nach-denkende und verstehende Tat des Erzählers zu verstehen, der damit die Geschichte Jesu nicht bloss erzählt, sondern darüber hinaus noch die grossen Zusammenhänge aufzeigt, in denen sie zu sehen ist.

Inhaltlich werden in diesem zweiten Teil des Verses Jesus sogar noch die Kleider genommen. Ohne irgend etwas zu haben, nackt, wird er aus dieser Welt hinausgestossen. Damit ist er als der beschrieben, der total abgelehnt ist.

Die Hinrichtung Jesu setzt das Urteil, das die Synedristen über Jesus gefällt haben und zu dem sich Pilatus überreden liess, in die Tat um. Es wird damit end-gültig. Bereits das Urteil des Hohen Rates ist als menschliche Selbstüberhebung über Gott verstanden worden: Es wies Gott seinen Platz zu, indem abgelehnt wurde, Gott angesichts des erniedrigten Gefangenen zur Sprache zu bringen. Die Hinrichtung Jesu verwirklicht diese Haltung bis in die letzten Konsequenzen.

Das Kreuz Jesu ist gleichzeitig Gottes Antwort auf diese Art von menschlicher Selbstüberhebung. Es ist einerseits deren Bestleistung. Sie betrifft hier nicht nur irgend einen Mitmenschen, sondern im Gesalbten Gottes Gott selbst. Das Kreuz Jesu ist der menschliche Versuch, sich bis über Gott zu erheben. Diese Haltung kann weder durch ein blosses Verbot noch durch ein machtvolles Zeichen[706] überwunden werden. Denn dadurch wird sie höchstens "vertagt", um sich später zu wiederholen. Um sie zu überwinden, muss ihr sozusagen die Grundlage entzogen werden, auf der sie wachsen kann. Das ist ein für allemal geschehen, indem ihr der Sieg entzogen wurde. Das, was sie als ihren grössten Sieg betrachtete, ihr Triumph über den Gekreuzigten, wurde zu Gottes Triumph. Dort, wo diese Form der Selbstüberhebung ihre Bestleistung bot, wurde sie von Gottes Macht überrundet. Damit ist sie grund-los und deshalb im Grunde genommen unmöglich geworden. Der Sieg über sie ist gerade nicht in der Auseinandersetzung mit ihr erkämpft worden, sondern dadurch entstanden, dass ihr Wirken erlitten wurde.

---

706 So in 15,30.32 gefordert, vgl. die Sprachenverwirrung beim Turmbau von Babel.

V25 Sozusagen als Nachtrag folgt die Zeitangabe der Kreuzigung Jesu. Sie ist im Zusammenhang mit den Zeitangaben in V33f zu sehen.[707] Geht es dort möglicherweise um Anfang und Ende der Dunkelheit,[708] so wäre es die Aufgabe dieses Verses, die Kreuzigung Jesu und den Beginn der Dunkelheit voneinander zu trennen.

Das hebt die Eigenständigkeit der Kreuzigung hervor. Es wird deutlich, dass diese in erster Linie als Handeln von Menschen zu verstehen ist und nicht vorschnell so beschrieben werden kann, als sei hier letzten Endes Gott der einzig Wirkende.

V26 Die Schuldtafel verkündigt öffentlich, wer Jesus ist: "Der König der Juden". Das ist der Titel des erwarteten Messias.[709] Dieser Anspruch, der Gesalbte des Herrn zu sein, war der Grund der Verurteilung durch das Synedrium und die Anklage vor Pilatus. So steht es jetzt offiziell auf der Schuldtafel als Vergehen Jesu.

Darüber hinaus sagt diese Tafel aber auch, dass Jesus dieser erwartete Retter ist. Und zwar gerade als der Gekreuzigte, wie er im Vers davor beschrieben ist. So ist er der von Gott Gesandte. Nicht obwohl er hingerichtet ist, sondern gerade weil ihm auf diese schmähliche Weise das Leben genommen wurde.[710]

Diese Aussage über Jesus steht wohl nicht zufällig nur an dieser Stelle innerhalb des Evangeliums, wo auch von seinem schmählichen Tod die Rede ist. Über das Königtum Jesu kann nur im Zusammenhang mit seiner Verurteilung und Kreuzigung die Rede sein und umgekehrt muss im Zusammenhang der Kreuzigung von Gottes Gesalbtem gesprochen werden.

Darin zeigt sich die Einmaligkeit des Kreuzes Jesu. Seine Kreuzigung ist von den unzähligen anderen der Antike dadurch unterschieden, dass im Zusammenhang mit dem Tod Jesu vom Gesalbten Gottes gesprochen werden muss. Darum ist dieses Kreuz für den christlichen Glauben von so grundsätzlicher Bedeutung.

Im Zusammenkommen von Hoheitsaussage und Erniedrigung liegt auch das Unerhörte der christlichen Botschaft. Eine solche Aussage hatten die ersten Hörer/Leser des Passionsberichts noch nie gehört. Für jüdische Ohren war die Vorstellung eines gekreuzigten Messias undenkbar. Dtn 21,23 spielte dabei eine nicht geringe Rolle. Dieser Vers hatte wohl auch verhin-

---

707 Ihr literarischer Nachtragscharakter (vgl. oben S. 184) berechtigt dazu, sie stärker mit V33f in Zusammenhang zu bringen als mit V24.

708 Vgl. unten S. 201, 205f.

709 Genau genommen heisst der Titel "König von Israel" wie es die Hohenpriester und Schriftgelehrten in V32 formulieren. "König der Juden" ist die Formulierung des Nicht-Juden Pilatus (*Pesch* II 488; *Schenk*, Passionsbericht 40), vgl. oben S. 164.

710 *Schenk*, Passionsbericht 40 versteht den titulus bloss als Verhöhnung.

dert, dass das Kreuz zu einem Symbol des jüdischen Leidens geworden ist –
trotz der vielen durch die Römer gekreuzigten Juden. So konnte auch ein
Gekreuzigter nicht als Messias akzeptiert werden.[711] Es kann vermutet
werden, dass auch darum auf die Kreuzigung Jesu hingearbeitet wurde, damit so sein Messiasanspruch widerlegt werde.[712]

Auch für römische Ohren musste der Bericht vom Kreuzestod des Mes-
sias/Gottessohns ungewohnt tönen. Denn die Römer wandten die Kreuzesstrafe bei niederen Schichten an. Besonders oft waren Sklaven davon
betroffen.[713] Ein "Gottessohn", der sich aus solch peinlicher Situation nicht
selbst helfen konnte, musste als Unsinn gelten.[714] Dass der Bericht vom
Tod Jesu so aufgenommen wurde, zeigen beispielsweise die Spöttereien des
Celsus.[715]

Die Aussage von Pls 1.Kor 1,23, dass die Botschaft vom Tod des Christus
"den Juden ein Ärgernis und den Griechen eine Torheit" sei, bestätigt, wie
das Evangelium von damaligen Hörern verstanden werden konnte. Die Passionsgeschichte *erzählt* diese anstössige Botschaft. Auf diese Weise wird
der Ursprung dieses unerhörten Berichts deutlich, ohne dass er dadurch logisch erklärt wird.

Durch die Erwähnung der Schuldtafel mit dem Messiastitel stellt die
Passionsgeschichte die alttestamentlichen Verheissungen und die daraus re-
sultierenden Messiasvorstellungen in ein neues Licht: Der Gekreuzigte wird
als der Gesalbte Gottes (= Messias) verkündigt. Eine in die Zukunft gerich-
tete Erwartung eines kommenden Retters kann es nicht mehr geben, da sie
im Kreuz als unzeitgemäss erklärt ist. Sie hat sich deshalb künftig stets am
Gekreuzigten zu orientieren. Ebenso ist jede Vorstellung eines heldenhaften
Messias unzeitgemäss; auch sie hat sich fortan am Gekreuzigten neu zu
orientieren.

V27 Jesus ist nicht der einzige, der damals gekreuzigt wurde. Auch andere
hatten dieselben Todesqualen durchzustehen. Soweit geht seine Erniedrigung, dass er unter die Verbrecher[716] gezählt und wie einer von ihnen be-

---

711 *Hengel*, Crucifixion 107f.
712 *Hengel*, Atonement 43.
713 *Hengel*, Crucifixion 72–82 (Belege), 110.
714 *Hengel*, Crucifixion 83.
715 *Hengel*, Atonement 43; vgl. oben Anm. 341.
716 Mit λῃσταί werden wohl nicht gewöhnliche Räuber, sondern Aufrührer,
    Zeloten gemeint sein (*Lohmeyer* 343; *Pesch* II 485; *Schenk*, Passionsbe-
    richt 34).

straft wird. In dieser Erniedrigung besteht seine Königswürde (V26). Schärfere Gegensätze könnten kaum gezeichnet werden.[717]

Bibelkundige Leser des Evangeliums fanden diese tiefste Erniedrigung Jesu im AT vorgezeichnet. Deshalb wurde später V28 als Zitat aus Jes 53,12 eingefügt. Der textkritisch festzustellende sekundäre Charakter dieses Schriftbezugs macht deutlich, wie im Nach-Denken der Leidensgeschichte Jesu neue Zusammenhänge zum AT entdeckt wurden.

V29f Jesus wird verspottet mit Gesten und Worten. Sein angebliches Tempelwort aus dem Verhör vor dem Synedrium wird wieder aufgenommen als Zeichen des von ihm erhobenen Vollmachtsanspruchs. Diesen jetzt mit einer Machttat, nämlich dem Herabsteigen vom Kreuz zu legitimieren, wird Jesus aufgefordert. Die Zeichenforderung (Mk 8,10-13) wiederholt sich auf zugespitzte Weise. Jetzt scheint die letzte Möglichkeit zu sein, noch ein Zeichen der Vollmacht zu geben, und das Herabsteigen vom Kreuz erscheint als eine der wenigen verbleibenden Möglichkeiten. Damit wird der zwingende und einengende Charakter der Zeichenforderung deutlich. Sie ist ein Gesetz, das seine Ansprüche stellt. Wer auf sie eingeht, anerkennt damit die Rechtmässigkeit der Forderung und ordnet sich ihr unter.[718]

Jesus hat sich der Zeichenforderung nicht unterstellt und sie nicht erfüllt.[719] Dadurch ist er ihrer Gesetzmässigkeit nicht verfallen. Vielmehr ist gerade sein Tod am Kreuz zum Zeichen dafür geworden, auf welche Weise er der Gesalbte Gottes ist, nämlich im Ertragen der tiefsten Erniedrigung. Durch dieses Zeichen des Kreuzes wird jede Zeichenforderung, die ja immer auf der Suche nach Machttaten und Erweisen von besonderer

---

717 Mit *Gnilka* II 318. Beides ist untrennbar miteinander verbunden. Die Aussage der Perikope ist m.E. gerade nicht, "dass Jesus *nicht* als Verbrecher, sondern nach Gottes Willen und Zulassung gekreuzigt worden ist als leidender Gerechter" (*Schenk*, Passionsbericht 36; Hervorhebung von mir). Da wird die Wirklichkeit des Kreuzes verharmlost und auf eine Wahrheit verwiesen, die dahinter liege. Das Kreuz ist damit nicht mehr der Ort, an dem erkannt werden kann, wer Jesus ist. Gerade darin, dass Jesus *als* Verbrecher gekreuzigt wird, besteht seine Messianität.

718 Vgl. zur Zeichenforderung *Weder*, Kreuz 151f, 154.

719 Ob man mit *Schreiber*, Kreuzigungsbericht 194-211 formulieren kann, dass genau das *Gegenteil* geschieht von dem, was die Spötter fordern, ist fraglich. Ihre Forderungen werden vielmehr nicht erfüllt bzw. es geschieht *anderes* als sie erwarten (V33f: Dunkelheit und Rufen Jesu).
Die darauf aufgebaute Auslegung *Schreibers*, die von καταβαίνω auf ἀναβαίνω schliesst und dies ohne nähere Begründung in seiner kultischen Bedeutung interpretiert und so zur Auslegung kommt, Jesus werde "im Augenblick (s)eines Todes ... herrlich erhöht" (206), vermag deshalb nicht zu überzeugen.
Viel wichtiger ist der Erzählzug, dass zwar anderes *geschieht,* die Spötter das jedoch nicht wahrnehmen. Nur ein einziger sieht es (V39).

Herrlichkeit ist, in ihrer ganzen Unangemessenheit offenbar. Wer gelernt hat, das Zeichen des Kreuzes zu verstehen, kann deshalb keine Zeichenforderung mehr stellen.

Diese Verspottung, hier verbunden mit der Zeichenforderung, wird als Lästerung bezeichnet. Dieses Wort steht hier etwas überraschend und ist daher genauer zu betrachten. Von einer Lästerung ist innerhalb der Passionsgeschichte nur noch in der hier bereits angeklungenen Verhörszene vor dem Synedrium die Rede. Dort wird Jesus wegen Gotteslästerung verurteilt; jetzt werden die, die den Gekreuzigten verspotten, als Lästerer bezeichnet. Lästerung kann als Angriff auf Gottes Ehre und Heiligkeit verstanden werden.[720] Davor wollten die Synedristen Gott schützen und verurteilten Jesus. Angesichts des gekreuzigten Jesus muss nun aber neu verstanden werden, was Lästerung ist. Vielleicht könnte man es so sagen: Derjenige, der nicht Gottes Ehre und Heiligkeit mit dem Gekreuzigten in Verbindung setzen kann, der lästert. Oder etwas schärfer formuliert: Wer nicht im Gekreuzigten Gottes Gottheit erkennt, der lästert. Inskünftig kann nur noch am gekreuzigten Jesus abgelesen werden, wer Gott ist.

Damit ist dem einzelnen geschichtlichen Geschehen der Kreuzigung grundsätzliche Bedeutung zugeschrieben zur Beantwortung der Frage, wer Gott sei. Diese Frage kann nicht mehr von allgemeingültigen Regeln oder Offenbarungen aus angegangen werden, sondern sie kann nur noch ausgehend vom Leben und vor allem vom Sterben Jesu beantwortet werden. Gott ist so stark damit verbunden, dass Spöttereien darüber zur Gotteslästerung werden. Diese enge Verbindung beruht darauf, dass es Gott gefiel, in genau diesem Geschehen zu zeigen, wer er ist.

Die Geschichte Jesu erhält grundlegende Bedeutung für den Glauben. Sie wird zu seiner Grundlage. Denn in dieser Geschichte wird Gott erkennbar. Durch sie kann gewusst werden, wer Gott ist. Das Erzählen der Geschichte Jesu wird damit zur Verkündigung des Evangeliums. Die Leidensgeschichte ist nicht erzählt um blosser Information willen, sondern um Gott erkennbar zu machen.

V31 Diesem Spott der zufällig Dabeistehenden schliesst sich derjenige der ursprünglichen Gegner Jesu (14,1) an, der Hohenpriester und Schriftgelehrten, wobei die Ältesten hier nicht genannt sind. Interessant ist die Bemerkung, dass sie den Spott untereinander äussern. Er wird nicht wie in der ersten Verspottung (29f) Jesus vorgehalten. Jesus ist hier nicht mehr als der verspottete König beschrieben, sondern viel eher als der missverstandene. Es wird eine Haltung gezeigt, die nicht zum Glauben finden kann, obwohl sie das in ihrem Sinn möchte (V32).

---

720 Vgl. *Beyer*, ThWNT I 620,43–45; 621,49.

Der Spott baut zuerst darauf auf, dass die Macht Jesu eingeschränkt sei: "Sich selbst kann er nicht retten." Hätte man von seinen Heilungen her noch annehmen können, er habe unbeschränkte Vollmacht über alles, so werde jetzt an seinem Tod deutlich, dass er das nicht habe. Das rücke die Person Jesu und auch die früheren Heilungen in ein anderes Licht.[721] Das könnte nur rückgängig gemacht werden, durch eine Selbstrettung vom Kreuz herab. Diese wird damit zum Kriterium der Beurteilung Jesu gemacht. Das ist das Vorgehen der Zeichenforderung. Sie verlangt ein Zeichen, an dem die Vollmacht Jesu gemessen werden kann.

Beachtenswert ist, dass auch die Gegner Jesu Positives über ihn aussagen: "Anderen hat er geholfen." Die guten Taten Jesu sind so offensichtlich, dass auch seine Gegner sie wahrnehmen und zugeben. Anhänger und Gegner Jesu sind sich darin einig, dass Jesus Gutes getan hat. Diese Beobachtung ist unbestritten.

Es ist nicht diese Beobachtung und Wahrnehmung Jesu, in der sich seine Gegner und Freunde unterscheiden, sondern der Weg auf dem es von der Beobachtung zum Urteil kommt. Für die Spötter heisst es: anderen hat er geholfen – sich kann er nicht helfen – also ist seine Macht doch begrenzt. Sah es zuerst so aus, als helfe er in unbeschränkter göttlicher Vollmacht, so belehrt sein Ende, dass dieser Eindruck falsch war. Deshalb verdient er Spott.

Für den Erzähler ergeben sich aus der Beobachtung andere Folgen: anderen hat er geholfen — sich selbst hilft er nicht - darin zeigt sich seine Grösse, dass er seine Macht nur braucht, um anderen zu helfen.

Die Spötter sind im Denken der Zeichenforderung gefangen. Sie wollen sehen, ob Jesus sich selbst helfen kann. Dass er sich selbst helfen will, gehört zu den Voraussetzungen ihres Denksystems. Die Frage, ob Jesus sich überhaupt helfen wolle, taucht in ihren Überlegungen gar nicht auf. Dass sich Jesus nicht in der Weise legitimiert, wie sie es erwarten, berechtigt in ihren Augen zum Spott.

Für den Glauben hingegen, ist der Sachverhalt, dass Jesus sich nicht vom Kreuz befreit, nicht eine Frage seiner Macht, sondern seines Willens und Gehorsams. An manchen Punkten ist beobachtbar gewesen, dass Jesus den Weg ans Kreuz gesucht und gewollt hat (z.B. 14,7f.18.21.25.27.41f). Daraus ergibt sich klar: Jesus will sich selbst nicht helfen.

Seine Geschichte ist hier als Einheit verstanden, während sie in den Augen der Spötter einen Bruch aufweist, der ihn als Hochstapler entlarvt.

V32 In diesem Vers tritt die Zeichenforderung noch klarer zutage. Von Jesus wird erwartet, dass er vom Kreuz heruntersteige. Daran soll erkannt werden, dass er "der Christus, der König von Israel" sei. Diese beiden Titel,

---

721 Auch hier soll an der Geschichte abgelesen werden, wer Jesus ist!

die Grund von Anklage und Verurteilung Jesu waren, werden hier wieder aufgenommen. Es wird ein Kontrast gespannt zwischen Jesu Anspruch auf diese Titel und seiner Hilflosigkeit am Kreuz. Dieser wird als Zeichen dafür gewertet, dass Jesus zu Unrecht einen solchen Anspruch erhoben hatte.[722] Es ist das Kreuz, das anscheinend den Weg versperrt, dass Jesus als der Gesalbte Gottes erkannt werden kann. Darum verlangt die Zeichenforderung nach der Aufhebung des Kreuzes, was den Weg zum Glauben freigeben würde. Nach der bisherigen Darstellung ist jedoch der Sachverhalt genau umgekehrt: Erst in der Hilflosigkeit des Verurteilten und Gekreuzigten kann erkannt werden, dass und vor allem wie Jesus der Gesalbte Gottes ist. Die hier beschriebene falsche Einstellung hat bereits ihre vorgefasste Meinung darüber, wer der Gesalbte Gottes sei, und weigert sich daher, das am Kreuz abzulesen. So kann sie sich am Kreuz nur ärgern.

Der Zusammenhang zwischen Sehen und Glauben, den die Spötter postulieren, ist damit nicht bestritten, sondern ins rechte Licht gerückt.[723] Die Zeichenforderung schreibt deutlich vor, was sie sehen will. Sie verlangt nach einem Legitimierungszeichen. Dieses braucht nicht in einem sachlichen Zusammenhang mit dem Anspruch zu stehen, den sie bei Erfüllung dieses Zeichens anzunehmen gewillt ist. Es handelt sich hier um konditioniertes Sehen. Die Zeichenforderung will etwas genau Bestimmtes sehen und wird dadurch blind für alles andere, was es zu sehen gäbe.

Ins rechte Licht gerückt ist jedoch das Sehen nicht Bedingung, sondern Möglichkeit für das Glauben. Erst das Sehen ermöglicht es zu erkennen, wie Jesus "der Christus" und "der König von Israel" ist. Erst das Sehen kann die Beschränktheit der menschlichen Vorstellungen und Möglichkeiten sprengen und frei machen um aufzunehmen, wie sich Gott im Gekreuzigten zu erkennen gibt. Wer nicht sieht, bleibt auf seine eigenen, menschlichen Ideen und Einbildungen begrenzt und ist dem Glauben, der nicht menschliche Möglichkeit, sondern Gottes Geschenk ist, verschlossen.[724] Es ist dabei ein offenes, unkonditioniertes Sehen gemeint, das bereit ist, das aufzunehmen, was ihm gezeigt wird.[725]

Die Schmähungen der beiden Mitgekreuzigten runden diese Spottszene ab. Jesus ist als der von allen im Spott Angegriffene gezeigt. Seine Einsamkeit, die bereits in den Szenen davor deutlich geworden ist, ist nochmals

---

722 Mit *Pesch* II 488.

723 Der Bezug auf das Sichtbare ist nicht Zeichen von "Glaubensschwachheit" (*Schreiber*, Kreuzigungsbericht 205, Anm. 3), sondern hat neben seinen Gefahren grundsätzlich positive Bedeutung (vgl. V39).

724 Vgl. *Mostert*, Scriptura 72-77, der im Blick auf die Schriftauslegung Luthers die Öffnung und Überwindung des sensus proprius darstellt.

725 Vgl. zum Zusammenhang Sehen - Glauben: Joh 1,14; 6,30; 20,8.24-31; ferner, *Michel*, Sehen und glauben 23-28, 43-52.

grösser geworden. Er ist nicht nur einsam und verlassen, sondern in seiner Einsamkeit und Verlassenheit von allen verachtet.

Das allmähliche Anwachsen der Spottszene zu ihrer jetzigen Form zeigt, dass im Laufe der Überlieferung reflektiert worden ist über die Ablehnung Jesu. Je mehr ihre Gründe verstanden wurden, desto ausführlicher wurde die Verspottung Jesu erzählt.

Bei einer Kreuzigung wird ein Mensch zu einem blossen Objekt gemacht. Sein Menschsein wird ihm geraubt, er wird zum Ding, mit dem man nach Belieben umspringen kann. Zug vor die Stadt und Kreuzigung sind darauf angelegt, dem Hinzurichtenden seine Ehre zu nehmen.[726] Er wird ent-menschlicht. Je mehr das geschieht, desto weiter wird er von Gott entfernt. Er ist immer weniger Gottes Geschöpf, das sein Ebenbild trägt.

In der Kreuzigung und Verspottung Jesu, dem Gesalbten Gottes, wird Gott selbst diesen Weg in die Gottlosigkeit geführt. Dadurch kommt ein neues Licht sowohl auf Gott als auch auf das Leiden. Das Leiden kann jetzt nicht mehr Zeichen der Gottverlassenheit sein, da Gott selbst diesen Weg geführt wurde. In Jesus Christus ist Gott dem Leidenden nahe. Dadurch hat das Leiden eine neue Bedeutung, es hat seine schlimme Spitze der Gottverlassenheit verloren.[727]

Für unser Wissen von Gott heisst das, dass seine Gottheit in einem Bereich deutlich geworden ist, der ihr bisher anscheinend entzogen war. Und zwar ist es genau der Bereich, der ihr diametral entgegensteht, derjenige der Gottlosigkeit. Dass sich Gott selbst da als stark erweist, bedeutet einen umfassenden Sieg. Er ist Herr über die ganze Welt, es kann keine gottlosen Orte mehr geben, die ihm entzogen sind.

2.13.3 Historische Beurteilung

Die Kreuzigung Jesu ist das am besten bezeugte Datum seines Lebens. Neben den Evangelien wird sie auch in der Apostelgeschichte, den meisten der Briefe bis hin zur Apokalypse erwähnt. Dazu kommt noch eine Reihe von ausserbiblischen Quellen.[728] Angesichts dieser guten Bezeugung sind Zweifel an der Historizität der Kreuzigung nicht möglich.[729]

Durch diesen Befund werden auch die Begleitumstände, die normalerweise zu einer Kreuzigung gehören, wahrscheinlich. Dazu gehören das Schleppen des Kreuzes durch die Stadt,[730] die Kleiderverteilung[731] und die

---

726 *Blinzler*, Prozess 359.
727 Vgl. dazu 2.Kor 4,7-12; Gal 6,17; Kol 1,24; 2.Tim 2,10-12.
728 Vgl. dazu *Blinzler*, Prozess 39-57.
729 "Der Tod Jesu von Nazareth am Kreuz von Golgota ist das unbestrittenste Datum seines Lebens" (*Gnilka* II 326).
730 Mit *Gnilka* II 326; *Blinzler*, Prozess 360.
731 Mit *Gnilka* II 326; *Pesch* II 480; *Blinzler*, Prozess 368f;
    gegen *Schweizer* 189.

Schuldtafel.[732] Deren Inhalt weist darauf hin, dass bei der Verurteilung Jesu messianische Ansprüche eine Rolle spielten. Die für jüdische Ohren so unerhörte Rede vom *Tod* des Messias hat hier ihre Wurzeln.[733] Dass zum Schleppen des Kreuzes wenigstens für einen Teil des Weges ein Passant gezwungen wurde, ist durchaus glaubhaft, da durch die Nennung seines und vor allem der Namen der Söhne eine direkte Traditionslinie bis zu den Lesern hergestellt ist.[734] Bei der Angabe der Schuld auf der Tafel stimmt Mk mit den anderen Evangelien in der Hauptaussage, dass Jesus als "König der Juden" hingerichtet wurde, überein. Das entspricht ferner der Situation und ist daher als durchaus wahrscheinlich zu betrachten.[735]

Dass ein Gekreuzigter, der einen solchen Anspruch erhob, verspottet wurde, ist fast selbstverständlich. Bei Jesus, dessen klägliches Ende seinen Selbstanspruch zu widerlegen schien, lud die Situation sogar noch dazu ein.[736] Die spöttische Aufforderung zur Selbstrettung legte sich nahe.

---

732 Mit *Gnilka* II 326; *Pesch* II 484; *Schweizer* 189; *Blinzler*, Prozess 362.
733 Vgl. *Hengel*, Atonement 40f, 43.
734 Mit *Pesch* II 477, 480; *Schweizer* 188; *Blinzler*, Prozess 363, Anm. 32.
735 Mit *Pesch* II 484f; *Schweizer* 189; *Blinzler*, Prozess 367f; vgl. *Bammel*, titulus 363f.
736 Mit *Gnilka* II 327; *Pesch* II 489f; *Schweizer* 191.

2.14 Markus 15,33–41

33 Und als die sechste Stunde angebrochen war, kam eine Dunkelheit über das ganze Land bis zur neunten Stunde.

34 Und in der neunten Stunde rief Jesus mit lauter Stimme: "Eloi, eloi lema sabachthani", das heisst übersetzt: Mein Gott, mein Gott, warum hast du mich verlassen?

35 Und als einige der Dabeistehenden das hörten, sagten sie: "Siehe, er ruft den Elia!"

36 Und einer lief und füllte einen Schwamm mit Weinessig, steckte ihn auf einen Rohrstock und tränkte ihn, indem er sagte: "Lasst, wir wollen sehen, ob Elia kommt ihn herunterzunehmen."

37 Aber Jesus stiess einen lauten Schrei aus und verschied.

38 Und der Vorhang im Tempel zerriss in zwei Teile von oben bis unten.

39 Als der Hauptmann, der ihm gegenüber dabeistand, sah, dass er auf diese Weise verschied, sagte er: "Wahrhaftig, dieser Mensch war Gottes Sohn."

40 Es schauten aber auch Frauen aus der Ferne zu, unter ihnen auch Maria Magdalena und Maria die Mutter von Jakobus dem Kleinen und von Joses, und Salome,

41 die, als er in Galiläa war, ihm nachfolgten und ihm dienten, und viele andere, die mit ihm heraufgezogen waren nach Jerusalem.

2.14.1 Analyse

Im synoptischen Vergleich ist wie üblich Mt am nächsten zu Mk. Auffallend bei ihm ist nur die längere Liste von besonderen Ereignissen beim Tod Jesu (Erdbeben, Totenauferweckungen, Erscheinungen), auf die beim Bekenntnis des Hauptmanns nochmals Bezug genommen wird.

Beim Vergleich mit Lk fällt zuerst auf, dass das letzte Wort Jesu (neben zwei weiteren Worten vom Kreuz) hier anders lautet ("Vater, in deine Hände befehle ich meinen Geist.") und der bei Mt/Mk davon abhängige Spott mit der Tränkung fehlt. Ferner lautet das Bekenntnis des Hauptmanns, dass Jesus ein "gerechter Mann" gewesen ist.

Der Bericht des Joh weicht stark von den Synoptikern ab und ist viel kürzer. Die Tränkung Jesu ist ganz anders geschildert. Das letzte Wort lautet hier: "Es ist vollbracht."

Die Analyse der Perikope geht am zweckmässigsten von einer Verhältnisbestimmung der beiden Erwähnungen eines lauten Schreis Jesu in V34 und V37 aus. Insbesondere ist dabei zu überlegen, ob ursprünglich nur einer der beiden Schreie überliefert worden sei, nämlich der wortlose von V37.

V34 wäre dann nachträglich dazugekommen als Ausfüllung des wortlosen Schreis.[737]

Dagegen spricht aber zunächst die Stellung dieser angeblich sekundären Ergänzung. V34 ist so weit vom Ruf in V37 entfernt, dass er nicht als dessen Artikulation verstanden werden kann.[738] Es müsste dann diese Stellung durch eine neue Hypothese zu erklären gesucht werden. Demgegenüber weist die aramäische Zitation vielmehr auf ein hohes Alter. Ferner ist zu beachten, dass der Inhalt des Gebetes Jesu – obwohl der Beginn des Ps 22 zitiert wird – schwer verständlich oder sogar anstössig war und daher im Laufe der Überlieferung geändert wurde.[739] Aus diesen Gründen ist eine sekundäre Bildung von V34 unwahrscheinlich. Das aramäische Gebet Jesu gehört vielmehr zur ursprünglichen Passionstradition.[740] Die griechische Übersetzung wird hier wieder mit der Formel ὅ ἐστιν (μεθερμηνευόμενον) eingeleitet, die in V22 als markinisch beurteilt worden ist und auch hier als Beginn der redaktionellen Übersetzung zu verstehen ist.[741]

Die Zeitangaben in V33 schaffen zusammen mit denen von V25 und 34[742] eine Dreistundengliederung des Todestages Jesu. V33 ist das Zentrum dieser Tageseinteilung. Ohne ihn wäre es nicht möglich, von einem Rhythmus im Zeitablauf zu sprechen.

Dabei ist zu beachten, dass diese Zeitangaben innerhalb von V33 noch keineswegs den Gedanken an einen Dreistunden-Rhythmus wecken. Ihre Aufgabe ist hier vielmehr, die "Dunkelheit" einzugrenzen: Sie markieren Anfang und Ende davon. Erst bezogen auf den Zusammenhang gliedern sie den Todestag Jesu in gleiche Zeitabschnitte.

Diese "Doppelfunktion"[743] wird auch in der Interpretation zu beachten sein: Die Erwähnung der Dunkelheit teilt gleichzeitig den Tagesablauf ein.

Die neunte Stunde ist sowohl am Ende von V33 wie am Anfang von V34 genannt. Diese störende Repetition fällt sehr auf und ist wahrscheinlich li-

---

737 *Schweizer* 193; *Schenk*, Passionsbericht 18f; *Schreiber*, Kreuzigungsbericht 65-67, 350.

738 Mit *Mohr*, Markus- und Johannespassion 326; *Schenke*, Christus 96; vgl. Lk 23,46 (hier sind die letzten Worte Jesu dem einen Todesschrei beigegeben).

739 Siehe oben S. 200 den Vergleich mit Lk und Joh.

740 Mit *Cranfield* 458; *Taylor* 593f; *Dormeyer*, Passion 200f; *Mohr*, Markus- und Johannespassion 325f (der aber V37a für redaktionell hält: 327); *Schenke*, Christus 96. Möglicherweise liegt hier der Anlass, weitere Begebenheiten mit den Worten von Ps 22 zu erzählen.

741 Vgl. oben S. 177f; mit *Taylor* 593; *Dormeyer*, Passion 201; *Mohr*, Markus- und Johannespassion 325.

742 Und eventuell auch 15,1.42; gegen *Schreiber*, Kreuzigungsbericht 330.

743 Die häufige Bezeichnung "Stundenschema" vermag nur *einen* Aspekt dieser Zeitangaben zu benennen.

terarkritisch zu erklären. Am naheliegendsten ist dabei, V33 als sekundär zu bezeichnen und davon auszugehen, dass er einer gegebenen Tradition vorangestellt worden ist. Das Umgekehrte ist unwahrscheinlich, da dann wohl der harte Übergang vermieden worden wäre. Diese Hypothese deckt sich mit dem obigen Befund, dass V34 alt sei. Da das σκότος kein markinisches Theologumenon ist,[744] ist am wahrscheinlichsten, dass V33 bereits vormarkinisch eingefügt worden ist.[745]

Das Wort σκότος kommt im Mk-Evangelium nur hier in V33 vor, der Wortstamm nochmals in 13,24 (σκοτίζομαι in apokalyptischem Zusammenhang). Daher ist anzunehmen, dass die Dunkelheit von V33 im Sinne der prophetisch-apokalyptischen Tradition als Gerichtszeichen zu verstehen ist.[746] Vergleichbar sind ferner die in der rabbinischen Literatur berichteten wunderbaren Ereignisse beim Tod von Rabbinen.[747] Dabei ist aber zu beachten, dass diese zeitlich später einzuordnen sind und vor allem, dass es sich dort um Begleitumstände des Todes handelt, während hier merkwürdigerweise die Finsternis vor dem Tod Jesu beginnt und sogar wieder aufhört.

V35f werden manchmal als uneinheitlich beurteilt: Die V36a berichtete versuchte Tränkung Jesu sei ursprünglich einem Soldaten zugeschrieben gewesen, die Worte von V35.36b könnten aber nur von einem Juden gesprochen sein.[748] Berücksichtigt man, dass es Lk 23,36 die römischen Soldaten sind, die Jesus Weinessig bringen, ferner dass die Spottszenen früher bereits als verschiedene Motive verbindend verstanden werden konnten,[749] so ist diese Hypothese nicht auszuschliessen. Unwahrscheinlich scheint mir je-

---

744 Mt 7 Mk 1 Lk 4.
745 Mit *Gnilka* II 312; *Schenke*, Christus 95f, 141; *Taylor* 593;
gegen *Schmithals* II 694 (markinisch).
Nach *Mohr*, Markus- und Johannespassion 342 bzw. 329 stammt V33 von einem vormarkinischen Bearbeiter, die Zeitangabe in V34 von Mk selbst. *Dormeyer*, Passion 199f hält V33 und V34a für redaktionell. *Schreiber*, Kreuzigungsbericht 57f erkennt in beiden Versen alte Tradition.
746 Vgl. unten Anm. 766. Mt nennt mehrere solcher Zeichen.
747 Str-B I 1040f.
748 *Gnilka* II 312; *Taylor* 595; *Mohr*, Markus- und Johannespassion 319f; *Schenke*, Christus 98f;
gegen *Pesch* II 496.
Dormeyer, Passion 201f, *Schenk*, Passionsbericht 19 und *Schreiber*, Kreuzigungsbericht 69 halten V35f insgesamt für markinisch. Dann hätte Mk die Spannung innerhalb dieser Verse selbst geschaffen.
Die Gekünsteltheit des Missverständnisses ist als bewusstes, spottendes Missverstehen zu begreifen und darf nicht zum Hauptgrund werden, V35f für sekundär zu erklären (so *Gnilka* II 312), mit *Brower*, Elijah 86; vgl. unten S. 209f.
749 Vgl. oben S. 137, 177.

doch der Vorschlag zu sein, die Tränkung sei ursprünglich von Ps 69,22 her als Quälung zu verstehen.[750] Die sprachlichen Anklänge sind zu gering und vor allem bezeichnet ὄξος den Posca genannten Weinessig, der ein beliebtes durstlöschendes Volksgetränk war,[751] dessen Darreichung kaum als Quälung verstanden werden konnte.[752]

Auf die nur kurze Erwähnung des Todes Jesu in V37 folgen zwei Verse, die Auswirkungen dieses Todes berichten: das Zerreissen des Tempelvorhangs (V38) und das Bekenntnis des Hauptmanns (V39). Ihr Verhältnis zueinander und zu V37 ist unklar. V38 unterbricht den Zusammenhang, indem er das Geschehen auf der Hinrichtungsstätte verlässt und eines im Tempel berichtet. V39 kehrt wieder nach Golgotha zurück und erzählt, was Jesu Tod beim Kommandanten des Hinrichtungstrupps auslöst. Auch V40f spielen an der Hinrichtungsstätte.[753] Die Unterbrechung des Zusammenhangs lässt es als wahrscheinlich erscheinen, dass V38 nachträglich eingeschoben worden ist. Am naheliegendsten ist es dabei, V38 auch dem vormarkinischen Redaktor zuzuschreiben, der bereits in 14,57-59 und 15,29 Sätze zum Tempel eingefügt hat.[754]

In V39 überrascht der Inhalt des Bekenntnisses des heidnischen Hauptmanns. Dieser bezeichnet wie der christliche Glaube Jesus als Sohn Gottes. Auffallend ist aber, dass dieser Titel hier ohne den bestimmten Artikel steht, was im christlichen Reden von Jesus eher die Ausnahme ist.[755] Im Mk-Evangelium steht es so nur noch 1,1, wo die Weglassung des Artikels durch die Häufung der Genetiv-Appositionen bewirkt sein könnte.[756] Auffallend ist auch die Vergangenheitsform (ἦν), die sich ebenfalls vom christlichen Bekenntnis zum Auferstandenen unterscheidet. Aufgrund dieser Beobachtungen und weil diese Worte von einem Heiden[757] gesprochen sind, von dem nirgends auch nur angedeutet ist, dass er Christ geworden sei,

---

750 So *Gnilka* II 312; *Klostermann* 167; *Mohr*, Markus- und Johannespassion 319; *Schenke*, Christus 108.
751 *Cranfield* 459; *Bauer–Aland* 1164.
752 Mit *Lohmeyer* 346 (vorsichtig); *Burchard*, Mk 15,34 9.
753 Da V40 sehr wahrscheinlich traditionell ist (vgl. unten S. 204) unterbricht V38 auf jeden Fall den Zusammenhang. Das wäre auch dann der Fall, wenn sich V39 als sekundär erweisen sollte.
754 Vgl. oben S. 134f und 187;
mit *Gnilka* II 312f; *Mohr*, Markus- und Johannespassion 339; *Schenke*, Christus 100f;
gegen *Schmithals* II 694f (markinisch); *Dormeyer*, Passion 205 (traditionell); *Schreiber*, Kreuzigungsbericht 170 (traditionell);
755 Vgl. Joh 10,36; 19,7 gegenüber 1,34.49; 3,18; 5,25; 11,4.27; 20,31.
756 In 5,7 kann bei der Vokativ-Form kein Artikel stehen.
757 Der Gedanke einer Gottes- oder Göttersohnschaft war im Griechentum und Hellenismus nicht unbekannt (*Michel*, Theologisches Begriffslexikon zum Neuen Testament II 1166f). Es ist daher nicht unwesentlich, dass diese Bezeichnung in V39 als Aussage eines Heiden dargestellt ist.

kann die Aussage von V39 noch nicht als volles christliches Bekenntnis zu Jesus verstanden werden.[758] Trotzdem wird diese mit dem christlichen Bekenntnis fast identische Aussage innerhalb der Passionsgeschichte (und des Evangeliums) ihr besonderes Gewicht haben.

Falls diese Interpretation richtig ist, kann V39 nicht mehr mit dem Hinweis, dass eine rein christliche Aussage über Jesus vorliege, der Redaktion des Mk zugeschrieben werden.[759] Es ist vielmehr zu beachten, dass der Hauptmann in V44 vorausgesetzt ist und dass ein ähnlicher Titel Jesu bereits 14,61b genannt ist. Ferner ist der schlechte Anschluss an V37 zu beachten: Er wird verständlich, durch die Annahme, dass V38 einen vorgegebenen Zusammenhang unterbreche. Wird er hingegen Mk zugeschrieben, so wirft das neue Fragen auf.[760] Dann gehört aber V39 zur alten Passionstradition.[761]

V40 bringt die erste von drei Aufzählungen von Frauennamen im Zusammenhang von Tod und Auferstehung Jesu (vgl. 15,47 und 16,1). Diese drei Aufzählungen sind nicht identisch, sondern weichen voneinander ab, vor allem in der näheren Identifikation der zweiten Maria. Das lässt vermuten, dass Mk je verschiedene Namensangaben vorgefunden hat, die er nicht miteinander in Einklang brachte.[762] Dass beim Tod Jesu auch alle anderen Evangelien Frauen erwähnen, die zugegen gewesen seien - wobei Mt und Joh wiederum je etwas andere Namen angeben, Lk dagegen keine Namen nennt - lässt darauf schliessen, dass von Anfang an die Namen einiger Frauen, die bei Kreuzigung und Tod Jesu zugegen gewesen sind, in der Über-

---

758 Mit *Schmithals* II 693; *Pesch* II 500; *Burchard* Mk 15,34 11; *Johnson*, Mark 15.39 13f;
gegen *Gnilka* II 325; *Schweizer* 195; *Dormeyer*, Sinn 88; *Schenke*, Christus 108f.
In Lk 23,47 ist dieser Sachverhalt bereits von der Formulierung her deutlich.

759 So *Gnilka* II 313; *Schmithals* II 692 (!); *Schweizer* 193f; *Dormeyer*, Passion 206.

760 Trotz *Gnilka* II 313, der Mk eine solche Formulierung zutraut.

761 Mit *Schenke*, Christus 102f (ohne οὕτως); ähnlich *Schenk*, Passionsbericht 21-23.
Mohr, Markus- und Johannespassion 340f hält V38 und V39 für vormarkinisch.

762 Einige Forscher vermuten, die "Maria des Jakob des Kleinen und des Joses Mutter" (15,40) sei ein Ausgleich zwischen der "Maria des Jakob" (16,1) und der "Maria des Joses" (15,47) (*Schweizer* 198; *Dormeyer*, Passion 207; *Schenke*, Christus 101; gegen *Mohr*, Markus- und Johannespassion 332f). Demgegenüber ist kritisch zu fragen, ob dieser Ausgleich von einem Bearbeiter nicht wesentlich einfacher hätte gemacht werden können etwa durch eine Umwandlung von "Joses" in "Jakob" oder umgekehrt (vgl. auch Mt 27,56.61; 28,1).
Nach *Pesch* II 505-507 sind hier *vier* Frauen vorgestellt.

lieferung genannt waren.[763] In V41 stehen einige im Mk-Evangelium wichtige Vokabeln.[764] Dieser Vers könnte daher ein markinischer Zusatz zur vorgelegenen Frauenliste sein.[765]

2.14.2 Interpretation

V33 Dunkelheit ist vom AT her als Zeichen des Gerichts zu verstehen. So kündigten die Propheten den Tag des Herrn an. Er werde nicht Licht, sondern Finsternis sein.[766] Darauf aufbauend ist die Dunkelheit zu einem apokalyptischen Zeichen geworden, das das Ende dieser Welt anzeigt. So ist davon auch Mk 13,24 die Rede. In solchem Zusammenhang wird auch die Dunkelheit dieses Verses zu verstehen sein.

Das Leiden Jesu wird dadurch in Beziehung gesetzt zum Jüngsten Gericht und zum Ende der Welt. In der Passion Jesu wird beides teilweise vorweggenommen; der Tod Jesu hat eschatologische Dimensionen.[767]

Es ist jedoch zu auffallend, dass die Dunkelheit durch die Zeitangaben begrenzt ist. Ihr Beginn ist einige Stunden nach der Kreuzigung. Die Interpretation sollte daher keinen engen Zusammenhang herstellen zwischen Kreuzigung und Dunkelheit. Die Finsternis ist nicht hervorgerufen durch die Hinrichtung Jesu.[768] Sie wird erst deutlich nach der Kreuzigung geschickt.

Desgleichen markiert die "neunte Stunde" das Ende der Dunkelheit. Die Finsternis des Gerichts ist also nicht das Ende, sondern sie geht zu Ende. So wie Gott das Gericht schickt, so nimmt er es wieder zurück.

---

763 Mit *Gnilka* II 314; *Blinzler*, Prozess 413; *Dormeyer*, Passion 207 (Der Name der zweiten Maria ist später geändert worden); *Mohr*, Markus- und Johannespassion 334.

764 ἀκολουθέω   Mt 25   Mk 18   Lk 17
    διακονέω   Mt 6   Mk 5   Lk 8
    Γαλιλαία   Mt 16   Mk 12   Lk 13.

765 Mit *Gnilka* II 313; *Dormeyer*, Passion 208; *Mohr*, Markus- und Johannespassion 331.
   Nach *Schenk*, Passionsbericht 23f und *Schenke*, Christus 101f sind V40f insgesamt redaktionell.

766 Vgl. vor allem Am 8,9; ferner Jes 5,30; 47,5; Jer 23,12; Ez 32,8; Joel 2,2; Am 5,18.20; Zeph 1,15; *Schreiber*, Kreuzigungsbericht 143-147.

767 Mit *Gnilka* II 321; *Schniewind* 201; *Schweizer* 194; *Mohr*, Markus- und Johannespassion 342f; *Schenk*, Passionsbericht 42f; gegen *Schmithals* II 694.

768 Diesen Eindruck erweckt z.B. die Interpretation von *Schreiber*, Kreuzigungsbericht 154f, die Dunkelheit sei als Gericht wegen der Hinrichtung Jesu zu verstehen. Ein ähnlicher Zusammenhang ist auch postuliert, wenn die Finsternis als Zeichen der Trauer des Himmels über die Kreuzigung Jesu verstanden wird (so *Schmithals* II 694; vgl. *Klostermann* 166).
   Hier werden die Zeitangaben, die Kreuzigung und Dunkelheit deutlich voneinander trennen, zu wenig beachtet.

Aus den Zeitangaben von V25.33 ergibt sich eine Regelmässigkeit. Das Geschehen spielt sich einem Dreistunden-Rhythmus ab. Dadurch wird ausgedrückt, dass Gott alles wohlgeordnet lenkt und die Zeiten bestimmt. Vor allem zur Endzeit wurde gesagt, dass sich alles in geordnetem Zeitablauf abspielt.[769]

Es ist nicht explizit gesagt, weshalb Gott die Dunkelheit schickt und weshalb er sie zu Ende gehen lässt. Beides ist als seine freie Tat beschrieben, für die keine Gründe genannt werden. Es gefiel Gott, das Zeichen des Gerichts zu beenden und das Licht wieder aufstrahlen zu lassen. Das ist ein freier Akt seiner Gnade.[770]

Das Gericht gilt dem ganzen Land (ἐφ' ὅλην τὴν γῆν). Im Gericht sucht Gott die Menschen um ihrer Missetaten willen heim und giesst seinen Zorn über sie aus.[771]

Beachtenswert ist hier, dass Gottes Zorn nicht das Letzte ist, sondern dass die Dunkelheit wieder zu Ende geht. Durch die zweimalige Nennung der neunten Stunde sind V33 und V34 eng miteinander verbunden. Das Ende der Dunkelheit fällt zeitlich mit dem Verzweiflungsschrei Jesu (und seinem Tod, der wohl nicht viel später zu denken ist) zusammen. Es ist aber gerade nicht so formuliert, dass der Hilfeschrei das Ende der Dunkelheit bewirkt, weder direkt noch indirekt. Dieses bleibt eine freie Tat Gottes.

V34 Im Blick auf Jesus ist die Dunkelheit als Zeichen verstanden, dass er von Gott verlassen ist. Damit ist das Gericht der Dunkelheit so beschrieben, dass es auch Jesus gilt.[772] Es besteht darin, dass er von Gott verlassen ist. Die Verbindung zum Vater, in dessen Auftrag Jesus den Weg ans Kreuz angetreten hatte und an den er sich im Gebet von Gethsemane gewandt hat, diese Verbindung ist nach dem Zeugnis dieses Verses abgebrochen. Das Schlimme daran ist, dass Jesus aus Gehorsam zum Auftrag des Vaters den Weg gegangen ist, der ihn nach der Auseinandersetzung mit der ganzen Welt in die Gottverlassenheit geführt hat. Damit ist Jesus als ganz im Leeren stehend geschildert.

---

769 Mit *Gnilka* II 317; *Dormeyer*, Passion 213; ähnlich *Schweizer* 190; gegen *Schmithals* II 682, der das Stundenschema auf eine liturgische Begehung des Karfreitags zurückführt.
770 Vgl. Jes 9,2; 49,9; 58,10.
771 Diese allgemeine Bedeutung des Gerichts ist m.E. auch hier beizubehalten. Es ist eine Verengung, wenn diese Dunkelheit ausschliesslich als Gottes Reaktion auf Kreuzigung und/oder Verspottung Jesu verstanden wird (vgl. oben Anm. 768). Das Handeln von Juden und Heiden an Jesus ist als Höhepunkt der allgemeinen Auflehnung der Menschen gegen Gott zu verstehen. Das Gericht sucht nicht nur den Höhepunkt, sondern die ganze grundsätzlich falsche Einstellung heim.
772 Dass Jesus Gottes Gericht erleidet, hatte auch schon das Wort "Kelch" in 14,36 gesagt (vgl. oben S. 103, 110).

Ohne diese Verbindung zu Gott verliert auch sein Auftrag seinen Sinn: Der Weg Jesu, wie er beschrieben worden ist, hat seine Bedeutung darin, dass Jesus sich von seinem Vater gesandt weiss und ihm gehorsam ist. Ist Jesus aber von Gott verlassen, dann fällt damit auch diese Bedeutung dahin. Der Weg Jesu wird fraglich und verliert seinen Sinn. Die Gottverlassenheit führt in die Verzweiflung. Das löst die Frage nach dem Warum aus.

Diese Frage nach dem Grund der Gottverlassenheit ist in V34 gestellt. Sie ist so formuliert, dass sie nach vorne gerichtet ist: wozu? zu welchem Zweck?[773] An Gott gerichtet ist es die Frage nach dem Sinn von Gottes Handeln im Kreuz. Es ist unklar geworden, wie angesichts des am Kreuz Sterbenden von Gott gesprochen werden kann. Kann die Aussage, dass Gottes Gesalbter am Kreuz in Dunkelheit und Finsternis stirbt, sinnvoll sein? Diese Frage macht deutlich, dass das Reden von Gott durch das Kreuzesgeschehen in neue Dimensionen geführt wird, die das bisher Bekannte übersteigen.

Beachtenswert ist, dass die Frage der Gottverlassenheit an Gott gerichtet wird. Darin drückt sich die Überzeugung aus, dass nur Gott selbst die theologische Rede in neue Dimensionen führen kann. Kein anderer als Gott selbst kann die gestellte Frage beantworten.

Die Anrufung des (fernen) Gottes in diesem Zusammenhang belegt, dass die Frage wirklich als Frage, als Bitte um eine Antwort zu verstehen ist und keinesfalls auch eine Trennung des Beters von Gott beinhaltet.[774] Dadurch wird jedoch der Charakter der Verzweiflung nicht gemildert.[775]

Die Meinung, der "laute Schrei" (es sei nur einer erzählt) sei ein Gerichtsruf des sich am Kreuz offenbarenden Weltenrichters[776] kann nur unter den Annahme entstehen, das Psalmzitat als Inhalt des Schreis sei sekundär.[777] Sie bringt zweitens eine Unklarheit in die Erzählung hinein, indem fraglich wird, ob das Gerichtzeichen der Dunkelheit (noch) von Gott

---

773 Mit *Schmithals* II 697;
gegen *Pesch* II 495f.

774 Vgl. *Schweizer* 194: "Im Rufe Jesu ist in ausserordentlicher Prägnanz zusammengefasst, dass er in radikalster Einsamkeit des Leidens, die als Verlassensein nicht von Menschen, sondern von Gott durchlebt werden muss, doch zugleich Gott wider alle Erfahrung, die ihn als Abwesenden, den Beter im Stich Lassenden erfährt, noch immer als 'meinen' Gott reklamiert und nicht loslässt" (ähnlich *Schenk*, Passionsbericht 56).

775 Gegen *Schmithals* II 696; *Schenke*, Christus 108. Jesus ist hier keineswegs "im Einklang mit Gott" (*Schenke*) geschildert, sondern er richtet eine ihm unbeantwortbar gewordene Frage an seinen Vater. Er betet Worte der Verzweiflung.
Vgl. *Cranfield* 458; *Taylor* 594.

776 *Schreiber*, Kreuzigungsbericht 131, 159.

777 *Schreiber*, Kreuzigungsbericht 65-67; vgl. oben S. 200f.

geschickt sei, oder ob sich darin bereits das Richteramt des Gekreuzigten kundtut. Die Frage, wer als Richter gedacht sei, ist bei dieser Interpretation nicht mehr einfach zu beantworten.

Ferner wird vorausgesetzt, dass die angebliche Ergänzung aus Ps 22 den Schrei bereits völlig falsch verstanden hat.[778] Ein so frühes und so gravierendes Missverständnis bedürfte aber einer überzeugenden Begründung.[779] Ferner ist der verzweifelte Hilferuf bereits in den Leidenspsalmen vorgegeben.[780]

Wesentlich für das Verständnis der Frage nach der Gottverlassenheit ist ferner, dass der Hilfeschrei mit Worten des Ps 22 formuliert ist. Das bedeutet zunächst, dass das, was Jesus erlebt, nicht eine grundsätzlich neue Erfahrung ist. Sie knüpft vielmehr an dem an, was andere auch schon erlebt haben: dass sie sich von Gott verlassen fühlten und seine Gegenwart nicht mehr erfahren konnten. Bis hierher wird der Psalm zitiert, bis hierher werden die alten Erfahrungen aufgenommen.[781] Neu ist jetzt, dass diese Erfahrung vom Gesalbten Gottes ausgesagt ist. Nicht irgendein Mensch erfährt die Gottverlassenheit, sondern der Messias, der in einer besonderen Verbindung zu Gott steht, der in einer einmaligen Weise ihn als "Abba" (14,36) anreden kann. In ihm stellt sich sozusagen Gott selbst an die Stelle des Menschen und trägt Gottverlassenheit und Gericht selbst. Damit tritt Gott selbst an die Stelle, wo normalerweise Menschen unter Gottes Gericht stehen, und trägt sein eigenes Gericht selbst.

Das prophetisch-apokalyptische Zeichen der Dunkelheit gibt dem Geschehen eine eschatologische und damit endgültige Dimension. Gottes Verhältnis zum schuldigen Menschen kann daher künftig nicht mehr unter dem Stichwort des "Richters" so beschrieben werden, dass Menschen dem Zorn Gottes ausgeliefert werden, und dass Gott sich von ihnen abwendet und sie damit

---

778 Nach *Schreiber*, Kreuzigungsbericht 158f, 176 handelt es sich allerdings nicht um ein Missverständnis, sondern um eine Paradoxie, die zu jeder Kreuzestheologie gehöre. Damit kann aber der Widerspruch zwischen Gerichtsruf und Verzweiflungsschrei nicht überbrückt werden, weil beides je in einen eigenen Kontext gehört.

779 Weder V34 noch V37 geben Hinweise, dass in ihnen die machtvollen Aspekte der Göttlichkeit Jesu besprochen werden.

780 Auch in Ps 22: V2.3.6. Vgl. Ps 31,23; 34,7; 69,4; 102,2.6; 116,1.

781 Weiter wird nicht zitiert. Es ist m.E. fragwürdig, auch die weiteren Erfahrungen, die in diesem Psalm ihren Niederschlag gefunden haben, (Hilfe von Gott, neues Vertrauen) hier als präsent vorauszusetzen, ohne dass irgend ein Hinweis dafür vorliegt.
Mit *Steichele*, Sohn 264, der in den Bezugnahmen auf Ps 22 die "abgrundtiefe Not Jesu" ausgedrückt findet, vgl. 258.
Gegen *Pesch* II 494, der meint, Jesus habe den ganzen Psalm zu beten begonnen; *Gnilka* II 321f, für den die Wende des Psalms auch präsent ist; *Dormeyer*, Passion 212.

aus seiner Gegenwart verstösst.[782] Gottes Richten ist zwar nicht abge-schafft,[783] aber der Mensch im Gericht nicht alleingelassen. Das führt in die gesuchte neue Dimension des Redens von Gott. So ist künftig Gott als der zu beschreiben, der sich im Gekreuzigten neben die schuldigen und gottverlas-senen Menschen gestellt hat und durch diesen seinen Gesalbten den Sündern weiterhin seine Gegenwart schenkt.

Vielleicht liegt hier für den Leser der Passionsgeschichte auch eine Ant-wort auf die Warum-Frage. Diese ist bereits als nach vorn gerichtet, als Frage nach dem Ziel beschrieben worden. Dann könnte die Antwort etwa so sein, dass die Gottverlassenheit Jesu zur Folge hat, dass künftig der schul-dige Mensch nicht mehr aus der Gegenwart Gottes verstossen wird.

Von hier aus kann nochmals auf den oben bereits erwähnten Zusammen-hang zwischen dem Ende der Dunkelheit und dem Schrei Jesu eingegangen werden. Die Dunkelheit ist als Zeichen des Gerichts verstanden worden, dass Gott die schuldigen Menschen von sich weist. Demgegenüber hat sich aus der Beschreibung von Jesu Leiden ergeben, dass Gott künftig den schuldigen Menschen nicht mehr aus seiner Gegenwart verstösst, sondern sich gerade auch ihm zuwendet. Dann kann aber die Dunkelheit als Zeichen der Trennung nicht fortbestehen. Dass ausdrücklich auch das Ende der Dunkelheit erzählt worden ist, bestätigt diese Interpretation.[784]

Durch das Leiden Jesu ist das Ende der Dunkelheit ermöglicht, aber nicht bewirkt. Es bleibt freie Tat von Gottes Gnade; die Gottverlassenheit Jesu hat jedoch die Voraussetzungen dazu geschaffen.

V35 Der Verzweiflungsschrei Jesu wird böswillig missverstanden und spöt-tisch als Hilferuf an Elia umgedeutet. Das Missverständnis des ελωι als Hilferuf an Elia ist gekünstelt. Der klangliche Unterschied ist so gross, dass Verwechslungen unwahrscheinlich sind.[785] Es muss als bewusstes Missverstehen verstanden werden,[786] was durchaus in den Rahmen der bis-herigen Spottszenen passt, wo es auch um Karikierungen von Äusserungen Jesu ging. Die Volksfrömmigkeit pflegte später in allerlei Notsituationen Hilfe von Elia zu erwarten.[787] Obwohl sich Jesus nicht so geäussert hat, wird sein Ruf auf einem Hintergrund ähnlich dieser Vorstellungswelt

---

782 "Nicht mein Volk": Hos 1,9.

783 Mk 12,40; vgl. Rö 2,1-10; 1.Kor 3,13; Jak 2,13; 3,1; 1.Petr 4,17; Apk 20,11-15; vgl. jedoch auch Joh 3,18; 5,24.

784 Vgl. *Hengel*, Atonement 42.

785 אֱלֹהִי bzw. אֱלָהִי ist nicht mit אֵלִיָּהוּ oder אֵלִיָּה zu verwechseln (*Mohr*, Markus- und Johannespassion 320), mit *Pesch* II 495.

786 Mit *Gnilka* II 322; *Pesch* II 495; *Schmithals* II 698; *Schweizer* 193f; *Mohr*, Markus- und Johannespassion 320f.

787 *Schreiber*, Kreuzigungsbericht 179f; Str-B IV.2, 769-779.

gedeutet.[788] Damit wird die Situation Jesu so verstanden, als ob er kurz vor seinem Scheitern stünde und sich als letzte Möglichkeit jetzt noch an Elia wenden würde. Dass Jesus auf schmähliche Art hingerichtet ist, wird zusammen mit seiner Äusserung der Gottverlassenheit als Folge eines Handelns verstanden, mit dem Gott nichts mehr zu tun hat. Darum ergibt sich die Möglichkeit zu denken, dass Gott durch seinen Beauftragten Elia in dieses scheinbar "autonome" Geschehen eingreift und es zum Guten wendet, indem er Jesus rettet.

Die Passionsgeschichte hat jedoch das Geschehen der Kreuzigung anders sehen gelernt: Es spielen sich dabei keine "autonomen" Ereignisse ab, mit denen Gott nichts zu tun hat. Im Gegenteil, der Weg ans Kreuz ist als Auftrag Gottes an Jesus und als von ihm so gewollt geschildert worden. Das Kreuz Jesu ist also keineswegs ein Geschehen, mit dem Gott nichts zu tun hat.

Hinter dem Eliabild der Volksfrömmigkeit steht auch ein Gottesbild, das nicht mit dem Kreuz Jesu zusammengebracht werden kann. Elia erscheint dabei als Vorbild des Handelns Gottes in der Geschichte: Gott hilft dem, der in der Not ist. Er erscheint ausschliesslich als der, der Unangenehmes beseitigt. Dass Gott auch dort handelt, wo Jesus am Kreuz leidet, ohne dass ihm geholfen wird, ist undenkbar. Deshalb legt sich der im Spott formulierte Gedanke nahe, dass Gott durch den Hilferuf an Elia nun auch ins Geschehen einbezogen werden soll. Die Passionsgeschichte stellt demgegenüber gerade das Kreuz als Kriterium für die Angemessenheit von Gottesvorstellungen dar: Gott handelt anders, als es den menschlichen Gedankengängen entspricht.

V36 Das Handeln Gottes durch seinen Beauftragten ist in der Sicht der Spötter vorbestimmt. Was es zu sehen gäbe (ἰδεῖν) ist klar: Dass Jesus vom Kreuz heruntergeholt wird. Die Zeichenforderung meldet sich hier wieder zu Wort, die genau vorschreibt, was sie sehen will. Damit schränkt sie Gott in seiner Handlungsfreiheit ein und sucht sich so seiner zu bemächtigen.

Durch die Tränkung mit Weinessig wird das ganze ins Lächerliche gezogen. Denn auf diese kleine menschliche Mithilfe wäre wohl der göttliche Nothelfer Elia nicht angewiesen, er vermöchte doch von sich aus zur rechten Zeit da zu sein. Immerhin zeigt diese versuchte kurze Lebensverlängerung Jesu den Spöttern deutlich, dass Gott mit dem Kreuz Jesu nichts zu tun hat, denn er hat niemanden gesandt, diesem Jesus zu helfen. Damit sind sie in ihrer falschen Meinung bestärkt.

---

788 Mit *Gnilka* II 322f; *Pesch* II 496; *Schmithals* II 698f; *Schweizer* 194; gegen *Schreiber*, Kreuzigungsbericht 181–193, dessen Interpetation davon ausgeht, dass V35f ganz markinisch ist.

Möglicherweise[789] ist die Tränkung ursprünglich ohne Zusammenhang mit dem gekünstelten Elia-Missverständnis erzählt gewesen. Sie könnte auch so bereits als Ausdruck des Spottes zu verstehen sein.[790]

V37 Nichts Aussergewöhnliches geschieht. Kein Elia kommt.[791] Keine wunderbare Antwort Gottes auf Jesu Verzweiflungsschrei. Jesu Weg ans Kreuz führt bis zum Tod, er geht nicht vorher zu Ende. Der Auftrag Gottes kostet ihn das Leben.

Jesus stirbt mit einem "lauten Schrei". So ist bereits das Rufen in V34 bezeichnet worden. Jesus stirbt mit einem zweiten solchen Schrei: An der Situation der Gottverlassenheit hat sich nichts geändert.[792] Jesus stirbt als von Gott Gerichteter und Verlassener. So weit führt sein Auftrag. Er ist gehorsam bis zum Tod am Kreuz.[793]

Die einzige Antwort, die Jesus erhält auf sein Gethsemane-Gebet und seinen Verzweiflungsschrei ist der "normale" Ablauf des Geschehens: Alles nimmt seinen von Jesu Gegnern geplanten Gang. Jesus muss seinen Auftrag durchstehen bis zum Tod. Der Tod am Kreuz ist Abschluss, Ende und zugleich Höhepunkt seiner von Gott erhaltenen Aufgabe.

Ziel und Inhalt des Auftrags Jesu ist demnach, die Feindschaft der Menschen und die Gottverlassenheit bis zu ihrem Höhepunkt zu ertragen. Der Höhepunkt von beidem ist das Kreuz. Die Feindschaft der Menschen erreicht ihr Maximum bei der Hinrichtung; die Gottverlassenheit steigert sich bis zum Tod am Fluchholz.

Hier ist der besondere Akzent zu sehen, den das Mk-Evangelium beim Erzählen der Passionsgeschichte setzt. Es betont (gefolgt von Mt) die Gottverlassenheit Jesu viel stärker als Lk oder gar Joh, die je ein ganz anderes letztes Wort Jesu überliefern. Das letzte Wort Jesu im Mk-Evangelium ist die verzweifelte Frage, warum ihn Gott verlassen habe in V34, die der laute wortlose Schrei von V37 sozusagen nochmals wiederholt.

Der Höhepunkt der Verlassenheit ist zugleich auch als Endpunkt zu verstehen. Im Tod Jesu kommt sein Leiden an den Menschen zum Abschluss, weil ihm nichts Neues mehr angetan werden kann. Über das Ende der Gott-

---

789 Vgl. oben S. 202f.
790 Ähnlich wie Lk 23,26f.
791 Erst Josef von Arimathäa wird Jesus vom Kreuz nehmen, nachdem er gestorben ist (vgl. 15,46: καθαιρέω).
792 Gegen *Gnilka* II 323.
793 Vgl. Gal 3,13; vgl. Ps 88,6.11. Vgl. ferner Phil 2,8

verlassenheit ist nichts Genaues gesagt, sinnvollerweise lässt sich darüber erst im Zusammenhang der Auferstehung Jesu sprechen.[794]

Die Menschen können nichts Neues mehr tun. Aber auch eine Wiedergutmachung wäre unmöglich. Damit ist ihre Ablehnung des Gesalbten Gottes und dadurch ihre Feindschaft gegenüber Gott auch end-gültig geworden. Eine Umkehr ist undenkbar, sie sind in ihrer Haltung fixiert. Nur Gott kann eine Änderung schaffen, indem er sich dem Gottverlassenen und Abgelehnten erneut zuwendet und so durch ihn auch den ihn ablehnenden Menschen seine Gegenwart neu schenkt.[795]

Die Passionsgeschichte stellt Jesu Tod als einmaliges Sterben dar, das sich aus seinem besonderen Auftrag ergibt. Andere Kreuzigungen, z.B. die der beiden Mitgekreuzigten, haben eine andere Bedeutung, weil sie unterschiedlichen Situationen entspringen. Der Hinweis, so wie Jesus sich verhalten habe, sollten auch wir im Elend uns verhalten,[796] steht in Gefahr, die Einmaligkeit des Kreuzes Jesu zu verwischen und es nur noch als Modell zu sehen.

V38 Der wichtigste Vorhang im Tempel ist derjenige, der das Allerheiligste vom Heiligen abtrennt (Ex 26,31–33; 40,20–28). Seine Aufgabe ist es, Scheidewand zu sein zwischen dem Heiligen und dem Allerheiligsten (Ex 26,33) und so die Bundeslade mit der Deckplatte im Allerheiligsten zu "verhüllen" (Ex 40,21). Diese Verhüllung ist notwendig um der Unreinheit der Menschen willen. Gottes Heiligkeit würde sie sonst vernichten, denn sie verurteilt und richtet den Schuldigen.[797] Deshalb ist genau vorgeschrieben, wer sich wann ins Allerheiligste begeben darf. Nur dem Hohenpriester ist dies genau einmal im Jahr erlaubt, wobei er eine Reihe von präzis beschriebenen Opfern darzubringen hat (Versöhnungsfest; Lev 16). Sonst durfte sich kein Mensch Gottes Heiligkeit nähern. Der Vorhang vor dem Allerheiligsten hat damit den Zweck, Gottes Heiligkeit zu verhüllen und dadurch die schuldigen Menschen zu schützen.

---

794 Das Aufzeigen des apokalyptischen Horizonts der Kreuzigungsperikope (V33f.38; vgl. Mk 13,24, mit *Gnilka* II 312f, 314; *Senior*, Passion 122; vgl. oben S. 202, 205) weist zu Recht darauf hin, dass Jesu Tod zum Beginn einer neuen Zeit gehört.

795 Vgl. *Ebeling*, Gebet 98: "Der Schuld ist darum nur ein einziges gewachsen: Vergebung. ...wiedergutmachen kann man nur Schaden, nicht Schuld. Keine Strafe kann Schuld wirklich sühnen. Wahre Sühne, d.h. Versöhnung, kommt nur durch Vergebung."

796 "Dazu hat Gott seinen Sohn verlassen, damit wir dessen Kreuz auf uns nehmen und in Anerkennung des Gerichtes Gottes an Gottes Gnade appellieren; denn nur wer sich dem Gericht beugt, begreift und ergreift in Wahrheit die Gnade. Nur wer mit Jesus sein Elend vor Gott bejaht, findet das Heil" (*Schmithals* II 697).

797 Lev 16,2; Jes 6,5.

Ein anderer Vorhang befindet sich am Eingang des Tempels (Ex 26,36f; 40,33). Weil er keine kultische Bedeutung hat, wird meist – wohl zu Recht – angenommen, dass καταπέτασμα hier den oben beschriebenen inneren Vorhang meint.[798]

Der Vorhang zerreisst "von oben bis unten". Das bedeutet wohl, dass er ganz, vollständig auseinandergerissen ist. Er ist damit zerstört.[799] Ist das die Zerstörung des Tempels, die Jesus nach 14,58; 15,29 angesagt haben soll? Da überall zur Bezeichnung des Tempels das griechische Wort ναός steht, sind diese Verse im Zusammenhang zu lesen. Jetzt kann auch präzisiert werden, was "Zerstörung" meint. Es ist nicht eine Destruktion des Gebäudes gemeint,[800] wie es Jesus in Verhör und Spott zur Last gelegt wird. Zerstört ist auf jeden Fall die Funktion dieses Vorhangs, der Gottes Heiligkeit zu verhüllen und die unreinen Menschen dadurch zu schützen hatte. Beachtenswert ist, dass dieses Zerreissen des Vorhangs als Gottes Tat zu verstehen ist. Damit sagt die Passionsgeschichte, dass Gott seine Beziehung zu den Menschen selbst neu definiert hat. Sie ist nun so zu verstehen, dass keine Scheidewand mehr nötig ist. Gottes Heiligkeit vernichtet den Sünder nicht mehr, sondern er kann in Gottes Gegenwart am Leben bleiben.

Die Aussage über das Zerreissen des Vorhangs steht unmittelbar hinter der Erwähnung des Todes Jesu. Diese Stellung ist beachtenswert, weil dadurch der normale Erzählablauf gestört wird. Das Zeugnis vom Geschehen auf Golgotha wird ergänzt, was ein vertieftes Verständnis der Bedeutung des Todes Jesu möglich macht. Deshalb kann angenommen werden, die Passionsgeschichte wolle damit auf einen Zusammenhang zwischen Tod Jesu und neuer Darstellung der Heiligkeit Gottes hinweisen: Nach Jesu Tod ist Gottes Heiligkeit nicht mehr so zu verstehen, dass sie den unreinen Menschen vernichtet, sondern durch den Gekreuzigten ist ihm Gottes Gegenwart neu geschenkt.[801] Dem Kreuzestod Jesu werden so Folgen zugesprochen: Er bewirkt ein neues Verhältnis Gottes zu den Menschen. Weil sich

---

798 Mit *Cranfield* 459f; *Gnilka* II 324; *Taylor* 596; *Schneider*, ThWNT III 631,29-31; *Schreiber*, Kreuzigungsbericht 163; *Senior*, Passion 126; Str-B I 1045;
   gegen *Lohmeyer* 347; *Schmithals* II 695;
   vgl. Hebr 9,1-15.

799 Im Stamm σχι- kann auch das Element der Zerstörung enthalten sein: Mk 2,21.

800 Manchmal wird das Zerreissen des Vorhangs auch als Beginn der Zerstörung des Gebäudes verstanden (*Gnilka* II 323f; *Lohmeyer* 347). Solange nur der Vorhang zerrissen ist, bleibt das Gebäude noch intakt und eine Reparatur ist leicht zu bewerkstelligen. Deshalb scheint mir der funktionale Aspekt des Vorhangs wichtiger zu sein.

801 Fast die gleiche Aussage hat sich oben bei der Auslegung von V34 ergeben. Stand es dort im Zusammenhang seines Erleidens der Gottverlassenheit, so hier in demjenigen seines Todes. Dass beides eng zusammenhört ist bei V37 festgestellt worden.

Jesus stellvertretend dem Gericht Gottes unterzogen hat, vernichtet Gottes
Heiligkeit fortan den schuldigen Menschen nicht mehr. Weil das Gericht
Gottes bereits ergangen ist, brauchen fortan die Menschen nicht mehr
durch einen Vorhang vor Gottes Heiligkeit geschützt zu werden. Deshalb
wird dieser überflüssig. Das Thema der "Versöhnung" ist auch in diesem
Vers präsent, ohne dass das Wort selbst vorkommt.[802]

Von Gottes Heiligkeit und Gottes Gegenwart unter den Menschen kann
daher nicht mehr ausgehend vom Tempel und seinem Allerheiligsten gesprochen werden. Vielmehr hat sich neu alles Reden davon auf das Kreuz
Jesu Christi zu beziehen.

Zu V38 werden ganz unterschiedliche Verstehensmöglichkeiten vorgeschlagen; teilweise stehen sie im Widerspruch zueinander, teilweise betonen
sie verschiedene Aspekte. Einige wichtige sollen hier noch erwähnt werden.

Oft wird das Zerreissen des Vorhangs ähnlich wie die obige Interpretation als eine Profanisierung des Tempels und dadurch als Ende der kultischen
Funktion und so als Ende des Tempels überhaupt verstanden.[803] Ferner
wird darin eine Öffnung des Zugangs zu Gott, auch für Nicht-Priester und
sogar für Heiden gesehen.[804]

Dann wird das Auseinanderreissen des Vorhangs auch als Ausdruck der
Trauer des Tempels wegen des Todes Jesu aufgefasst.[805] Es wird darin
aber auch ein Gerichtszeichen gesehen, das Gottes Zorn über die Gegner Jesu anzeigt und eventuell dadurch sogar die Zerstörung des Tempels in Aussicht stellt.[806] Hier ist die verhüllende Funktion des Vorhangs nach altte-
stamentlichem Verständnis zu wenig berücksichtigt.

Falls die obige Analyse[807] zutrifft, ist V38 nachträglich an diese Stelle
gesetzt worden. Dieser Einschub entstammt der Einsicht in die grosse Bedeutung des Sterbens Jesu für die Begegnungsmöglichkeiten Gott-Mensch.

V39 Vom Hauptmann, der die Hinrichtung der drei zum Tode Verurteilten
zu überwachen hatte, wird ein Bekenntnis zu Jesus berichtet. Es ist bereits
oben gezeigt worden, dass das nicht das spätere christliche Bekenntnis zu
Jesus ist; aber er bezeugt doch, dass der Tod Jesu kein gewöhnliches Sterben war, sondern ihn auszeichnete als einen, der in einer besonderen Ver-

---

802 *Hengel*, Atonement 42. Der Tempel kann nach Jesu Tod nicht mehr der
   Ort der Versöhnung sein (Versöhnungsfest). Er bekommt eine neue
   Funktion als Bethaus aller Völker (vgl. oben Anm. 519).
803 *Lohmeyer* 347; *Schenk*, Passionsbericht 47; *Schreiber*, Kreuzigungsbericht 167-169; *Senior*, Passion 128;
   gegen *Pesch* II 499.
804 *Taylor* 596; *Schweizer* 195.
805 *Schmithals* II 695.
806 (Meist auf den äusseren Vorhang bezogen:) *Klostermann* 167; *Lohmeyer*
   347; *Pesch* 498.
807 Vgl. oben S. 203.

bindung zum Bereich des Göttlichen stand und deshalb gemäss der Vorstellungswelt eines Heiden als Gottessohn bezeichnet werden kann.[808]
Das ist wohl alles, was ein Heide in diesem Zeitpunkt der Erzählung sagen
kann. Innerhalb des Mk-Evangeliums ist diese eine der wenigen Stellen, wo
Jesus als Sohn Gottes bezeichnet ist,[809] und hat deshalb ein besonderes
Gewicht, auch wenn hier (noch) nicht das volle christliche Bekenntnis ausgesprochen wird. Insbesondere wird dadurch verdeutlicht, dass die Gottessohnschaft Jesu nicht ohne das Kreuz verstanden werden kann.

Die Art und Weise des Sterbens Jesu bewirkt beim Hauptmann diese Einsicht. Das Zerreissen des Tempelvorhangs ist nicht miteinzubeziehen, denn
das Mk-Evangelium stellt sich kaum vor, dass er auf irgendeine Weise
Kenntnis von diesem Geschehen an einem anderen Ort hatte. Es heisst lediglich, dass er sah, dass Jesus "so starb".[810] Nun ist das Sterben Jesu nicht
isoliert zu betrachten. Es steht in einem Kontext. Auf der Ebene des erzählten Geschehens kann angenommen werden, dass der Hauptmann als
Kommandant des Hinrichtungstrupps mindestens von der Abführung Jesu
aus dem Prätorium an als anwesend gedacht ist. Der Kontext des Sterbens
Jesu beinhaltet für ihn demnach mindestens den Zug durch die Stadt mit
Simon als Kreuzträger, die Kreuzigung, die verschiedenen Verspottungen
und der Verlassenheitsschrei. Vor allem aus den Spottszenen ergibt sich
klar, dass Jesus einen religiösen Anspruch stellte und deswegen verspottet
und zu beseitigen versucht wurde. Ähnliches konnte auch dem titulus ent-
nommen werden. Inwiefern dieser Anspruch mit politischen Motiven durchsetzt war und überhaupt sein genauer Inhalt darf wohl kaum als klar vorausgesetzt werden. Jesu Sterben in diesem Kontext hat im Hauptmann die Überzeugung geweckt, dass der Anspruch, um dessentwillen Jesus verspottet und
hingerichtet wurde, zu Recht bestand.

Das Geschehen und der Anspruch Jesu stehen in einer Wechselbeziehung
und machen sich so gegenseitig verständlich. Durch das Geschehen wird
dem Hauptmann klar, in welchem Sinn Jesus ein Gottessohn war. Durch den
Anspruch Jesu werden die besonderen Umstände der Kreuzigung verständlich. Anspruch (= Wort) Jesu und faktisches Geschehen ermöglichen miteinander die Erkenntnis des Hauptmanns.

Das Thema des Sehens ist bereits oben in den Spottszenen angeklungen.[811] Zur Diskussion steht die Frage, ob das, was sichtbar an Jesus
geschieht, diesen Anspruch bestätigt oder widerlegt. Für die Gegner Jesu ist

---

808 Vgl. oben S. 203f.
809 Vgl. Mk 1,1.11; 9,7; 14,61; ferner 3,11; 5,7.
810 Diese Formulierung schliesst m.E. aus, dass der Centurio in einer Art
    visionären Schau mehr sah, als andere; gegen *Schreiber*, Kreuzigungsbe-
    richt 213 "er sieht förmlich, dem Gekreuzigten genau gegenüberstehend,
    dessen Erhöhung".
811 Mk 15,32.36.

letzteres der Fall, weil sie etwas Bestimmtes, von ihnen Vorgeschriebenes sehen wollen, und zwar etwas Wunderbares, das durch seine Mächtigkeit ihre Skepsis überwinden würde. Für den Hauptmann scheint das erstere zuzutreffen, was ihn dann zu seinem "heidnischen" Bekenntnis zu Jesus führt. Das Sehen bestätigt und modifiziert hier den Anspruch Jesu.

Der Hauptmann sieht nichts anderes als alle anderen Anwesenden auch. Alle beobachten das gleiche Geschehen. Der Hauptmann jedoch versteht es anders. Das liegt aber nicht am Geschehen selbst, dass es sich ihm anders darstellte. Dieses ist für alle gleich. Der Unterschied ist im Wahrnehmen der verschiedenen Personen zu suchen. Während die Spötter als auf ein konditioniertes Sehen eingeengt dargestellt sind, ist der Hauptmann anscheinend frei von solcher Verengung. Für ihn widersprechen Leiden und Sterben nicht von vornherein der Zugehörigkeit zum Bereich des Göttlichen. Somit ist er imstande, den Weg, den Jesus geht, in seine Vorstellungen zu integrieren. Als Jesus diesen Weg bis ans Ende, zum Tod, gegangen ist, kann er seine Vorstellungen formulieren.

V40 Einige Frauen, von denen drei mit Namen genannt werden, haben von ferne zugeschaut. Ihr Schauen ist anders als das des Hauptmanns. Es geschieht aus der Ferne und es ist dafür ein anderes Wort verwendet ($\vartheta\epsilon\omega\rho\acute{\epsilon}\omega$). Es ist nicht das Schauen, das schon jetzt zum Verständndis führt. Die Frauen sind als Zeugen verstanden, die beobachtet haben, was mit Jesus geschehen ist.[812] So wird vorbereitet, dass sie die ersten Zeugen der Auferstehung sind. Das Verstehen wird erst später zu ihren Beobachtungen hinzukommen. Ihre Namen sind teilweise genannt; sie stehen für die Überprüfbarkeit des Zeugnisses der Passionsgeschichte.

V41 Diese Frauen sind schon lange mit Jesus unterwegs gewesen. Von Galiläa an sind sie ihm nachgefolgt und haben ihm gedient. Sie haben also nicht bloss die Kreuzigung beobachtet, sondern könnten Auskunft geben über das ganze Evangelium und die Ereignisse bezeugen.

Treu sind sie Jesus nachgefolgt und zur Seite gestanden und sind bis zum Schluss anwesend, als die Jünger schon lange Jesus verlassen und die Nachfolge aufgegeben haben. Auch wenn sie jetzt die Bedeutung des Geschehenen (noch) nicht so wie der Hauptmann erkennen können, ist die Möglichkeit dazu offen. Den davongelaufenen Jüngern gegenüber sind sie in einem Vorteil. Da diese nicht einmal beobachten konnten, was mit Jesus geschehen ist, sind sie noch weit davon entfernt, die Bedeutung davon begreifen zu können.

---

812 *Schmithals* II 700; *Pesch* II 504.

2.14.3 Historische Beurteilung

Dass als Zeugen des Todes Jesu (und später auch seiner Bestattung) keine
Jünger genannt sind, dafür aber die im gesamten Evangelium sonst unbe-
deutenden Frauen in der Nachfolge,[813] trägt zur Glaubwürdigkeit dieser Information bei. Die Unterschiede der Namenlisten 15,40.47; 16,1 haben diese
ferner als auf alter Tradition beruhend erwiesen. Es ist deshalb wahrscheinlich, dass auch Frauen Jesus nachfolgten und bei Tod und Begräbnis
zugegen waren.[814]

Wenn V39 alte Tradition ist,[815] geht er möglicherweise auf eine Äusserung eines römischen Offiziers zurück. Dafür spricht auch, dass er wegen
des noch nicht christlichen Inhalts nicht auf das aus der Märtyrerliteratur
bekannte Motiv "Bekehrung des Henkers" zurückzuführen ist.

---

813 Im Gegensatz zu Lk 8,2f erwähnt Mk sonst keine Frauen, die Jesus folgen.
814 Mit *Gnilka* II 327; *Pesch* II 508.
815 Vgl. oben S. 203f.

2.15 Markus 15,42–47

42 Und als es schon Abend wurde, denn es war Rüsttag, das ist der Tag vor
dem Sabbat,

43 kam Josef von Arimathäa, ein angesehener Ratsherr, der selbst auch das
Reich Gottes erwartete, und wagte es, hineinzugehen vor Pilatus und um
den Leib Jesu zu bitten.

44 Pilatus aber wunderte sich, dass er schon gestorben war, und liess den
Hauptmann rufen und fragte ihn, ob er schon lange gestorben sei.

45 Und nachdem er es vom Hauptmann erfahren hatte, schenkte er den
Leichnam dem Josef.

46 Und er kaufte ein Leinentuch, nahm ihn herab, wickelte ihn in das Leinentuch und legte ihn in ein Grab, das in Fels gehauen war, und wälzte
einen Stein vor den Eingang des Grabes.

47 Maria Magdalena und die Maria des Joses sahen, wo er hingelegt war.

2.15.1 Analyse

Der Bericht des Mt ist an zwei Stellen kürzer als der des Mk, dem er sonst
recht ähnlich ist. Es fehlen die Angabe, dass es Rüsttag sei,[816] und die
Nachfrage beim Hauptmann bezüglich des Todes Jesu. Ferner ist Josef nicht
als Ratsherr, sondern als ein reicher Jünger Jesu vorgestellt.

Bei Lk ist Josef wieder ausdrücklich als Ratsherr bezeichnet. Sozusagen
als Entschuldigung wird extra erwähnt, dass er das Handeln des Rates gegen Jesus nicht gebilligt habe.

Auch im Joh-Evangelium bittet Josef von Arimathäa (wie bei Mt ist er
als Jünger Jesu vorgestellt) bei Pilatus um den Leichnam Jesu und ist für
das Begräbnis besorgt. Er wird darin unterstützt von Nikodemus. Joseph
von Arimathäa ist fest in der evangelischen Tradition verankert.

Der Beginn des Satzes V42f wirkt überladen und weist wohl Ergänzungen
auf: ὀψίας γενομένης ist bereits 14,17 als redaktionelle Wendung beurteilt
worden[817] und wird es auch hier sein.[818] Auch die Erklärung zu
παρασκευή[819] mit dem bereits bekannten ὅ ἐστιν ist so zu beurteilen.[820]

---

816 Dies lässt sich bloss aus 27,62 erschliessen.

817 Vgl. oben S. 65.

818 Mit *Gnilka* II 331; *Schmithals* II 702; *Dormeyer*, Passion 216; *Schenk*,
Passionsbericht 255; *Mohr*, Markus- und Johannespassion 352f.

819 παρασκευή selbst ist traditionell: mit *Gnilka* II 331; *Schenk*, Passionsbericht 255; *Dormeyer*, Passion 216; Mohr, Markus- und Johannespassion
352f; gegen *Klostermann* 169.

820 Vgl. oben S. 177f;
mit *Gnilka* II 331; *Dormeyer*, Passion 216; *Schenk*, Passionsbericht 255;
Mohr, Markus- und Johannespassion 353.

Die Vorstellung des Josef von Arimathäa als Ratsherr V43 und die Motivation seines Handelns in einem Relativsatz erklären, warum ausgerechnet
ein Ratsherr bereit war, sich um den Leichnam Jesu zu kümmern. Dies hebt
sich ab von der sonst recht pauschalen Darstellung, die Mk noch verstärkt
hat, dass das gesamte offizielle Judentum zu den Gegnern Jesu gehörte. Da
die Angaben über diesen Ratsherr den späteren verallgemeinernden Tenden-
zen widersprechen, werden sie von Anfang an zur Tradition gehört
haben.[821]

Der Fortgang der Erzählung verlangt eine Reaktion des Pilatus. V44f
können daher nicht insgesamt der markinischen Redaktion entstammen. Zumindest dass Pilatus den Leichnam dem Josef gab, musste doch gesagt
werden.[822] Ob auch das Staunen des Pilatus und die Vergewisserung durch
die Auskunft des Pilatus zur ursprünglichen Tradition gehört, ist schwieriger zu entscheiden. M.E. ist auch dieser Erzählzug nicht sekundär eingefügt, da der Text durchaus einheitlich ist.[823] Auch die Wiederholung des
Namens Josefs in V45b spricht dagegen, dass dieser Vers einmal direkt an
V43 angeschlossen hätte. Die Verse fügen auch keinen neuen Gedanken
ein.[824] Ferner enthalten sie (neben anderen) einige für Mk untypische Wörter.[825] Aus diesen Gründen beurteile ich auch V44.45a als Tradition.[826]

δωρέω und πτῶμα sind Fachausdrücke der amtlichen Sprache für die
Übergabe eines Leichnams an Angehörige oder Bekannte eines Hingerichteten.[827]

Relativ ausführlich werden die einzelnen Handlungen des Pilatus bei Kreuz-
abnahme und Grablegung geschildert. Es sind einige seltene Worte dabei ge-

---

821 Mit *Mohr*, Markus- und Johannespassion 354.
822 Mit *Gnilka* II 331; *Mohr*, Markus- und Johannespassion 356;
   gegen *Klostermann* 169; *Schenk*, Passionsbericht 257; *Dormeyer*, Passion
   217, der V44f einem "deuteromarzinischen Glossator" zuschreibt.
   Mt und Joh berichten ebenfalls eine Reaktion des Pilatus, nur Lk lässt
   sie weg. Bei ihm empfindet man an dieser Stelle eine Lücke.
823 Mit *Schmithals* II 705.
824 Pilatus staunt schon in V5; der Hauptmann ist in V39 erwähnt und der
   Tod Jesu in V37 berichtet.
825 ϑαυμάζω   Mt 7   Mk 4   Lk 13
    ϑνήσκω   Mt 1   Mk 1   Lk 2;
    vgl. jedoch:
    ἐπερωτάω   Mt 8   Mk 25 Lk 17
    προσκαλέομαι   Mt 6   Mk 9   Lk 4.
826 Gegen *Gnilka* II 331; *Schweizer* 200, der allerdings die andere Möglichkeit auch offen lässt.
   Dass die Seitenreferenten diese Verse weglassen, schwächt die These,
   sie seien aus apologetischen Gründen entstanden. Wenn sie für die Verteidigung des Glaubens wichtig wären, wären sie übernommen worden.
827 *Klostermann* 350; vgl. *Gnilka* II 333.

braucht, das spricht für Tradition.[828] V47 erwähnt zwei Frauen, die die Grab-legung beobachtet haben. Das ist in Verbindung mit den beiden Listen von je drei Frauennamen (15,40f; 16,1) zu sehen. Bereits oben ist gezeigt worden, dass die Unterschiede in den Namen eher auf Tradition als Redaktion schlies-sen lassen.[829] Bezeichnenderweise ist von den drei Namen in 16,1 hier nur ge-rade einer genannt, Maria Magdalena. Das weist erneut darauf hin, dass nicht erst Mk Grablegungs- und Osterbericht über die Frauennamen miteinander verbunden hat, da die Verknüpfung sonst wohl enger ausgefallen wäre.[830]

Die Perikope V42-47 gehört bereits vormarkinisch in den Rahmen einer Passionsgeschichte. Vor allem ist die Kreuzigung vorausgesetzt (V43: es müsste sonst begründet werden, warum Josef um den Leichnam zu bitten hat; V46: καθελών), ferner auch die Abwesenheit der Jünger. Auch die Frauen-namen weisen auf V40 zurück. V42-47 kann darum keine ursprünglich selb-ständige Erzählung gewesen sein, die Mk aufgenommen und angepasst hätte.[831]

2.15.2 Interpretation

V42 ἤδη ὀψίας γενομένης (als es schon Abend wurde) schliesst die Stundenan-gaben des Kreuzigungstages (15,1.25.33.34) ab. Er geht jetzt dem Ende zu und alles kommt zu seinem Abschluss.

Zugleich ist mit der nächsten Angabe über den Rüsttag zusammen ange-geben, dass nicht viel Zeit vorhanden ist, alle Begräbnisarbeiten auszufüh-ren. Denn bis zum Sabbatbeginn noch am Abend sollten diese abgeschlos-sen sein.[832] Es wird aber nirgends gesagt, dass dies möglich gewesen sei. Es ist anscheinend nicht wesentlich, zu klären, ob das Gesetz genau einge-halten werden konnte oder nicht.[833] Der Grund dafür könnte sein, dass das

---

828 *Dormeyer*, Passion 218 (ohne Stein vor Grab); Mohr, Markus- und Jo-
    hannespassion 356f.
    Schenk, Passionsbericht 257f hält V46a für redaktionell.
829 Vgl. oben S. 204f.
830 Mit *Gnilka* II 331f; *Pesch* II 511; *Blinzler*, Prozess 413f; *Mohr*, Markus-
    und Johannespassion 357f;
    gegen *Lohmeyer* 348; *Dormeyer*, Passion 219; *Schenk*, Passionsbericht
    258 (*Dormeyer* und *Schenk*: V47 ist markinisch).
831 Mit *Mohr*, Markus- und Johannespassion 357f;
    gegen *Schenk*, Passionsbericht 258.
832 Bestattungen am Sabbat waren verboten: Str-B IV.1, 593;
    vgl. jedoch *Blinzler*, Prozess 398f.
    Dass auf den Todestag ein Sabbat folgte, steht unabhängig von der Da-
    tumsfrage des Todestages fest; vgl. oben S. 63.
833 Die Perikope will deshalb m.E. nicht sagen, dass Josef gezwungen war,
    auf jeden Fall gewisse Gebote zu übertreten und so "in die Ausweglo-
    sigkeit des Unglaubens" gerate. Das müsste doch irgendwie deutlich
    werden (gegen *Schreiber*, Bestattung 144-150; Zitat: 146).

Begräbnis als "gute Tat" angesehen ist (14,7), die ja nach dem Mk-Evangelium an einem Sabbat nicht verboten ist (3,4).[834]

V43 Josef von Arimathäa[835] wird als βουλευτής (Ratsherr) bezeichnet. Dadurch wird er als Mitglied des Synedriums, des wichtigsten Rates, vorgestellt.[836] Seine Stellung als "angesehener Ratsherr" ermöglicht es ihm, es zu "wagen", zu Pilatus zu gehen und um den Leichnam Jesu zu bitten. Angehörige oder Freunde eines Hingerichteten durften sich nur mit besonderer Erlaubnis des Prokurators um die Bestattung des Leichnams kümmern.[837]

Nachdem in 14,64 gesagt war, dass alle (πάντες) Ratsmitglieder Jesus zum Tod verurteilt haben, ist überraschend, dass ausgerechnet ein Synedrist sich für Jesus einsetzt. Das πάντες ist nach Mk daher wohl im Sinne von "überwältigender Mehrheit" zu verstehen.

Dass sich Josef von dieser unterscheidet wird durch den Nebensatz über seine Erwartung des Reiches Gottes angezeigt. Diese ist zugleich als Motivation für seinen Einsatz zugunsten Jesu zu verstehen. Es ist nicht genauer dargestellt, wie Erwartung des Reiches Gottes und das Begräbnis Jesu zusammenhängen. Die Erwartung des Reichs Gottes wird man ganz allgemein als Hoffnung auf eine Neuerung verstehen können, wobei sie sich sowohl auf den religiösen wie den politischen Bereich beziehen mag. Eine Beziehung zum Begräbnis Jesu entsteht, wenn Jesus als Erneuerer angesehen wird, der Veränderungen gebracht hätte, wenn er nicht hingerichtet worden wäre. Die Motivation zur Bestattung Jesu lässt sich im Zusammenhang hier als Trauer über die verpasste Chance verstehen.[838]

Gottes Reich und Jesus sind da in einen gewisssen, allerdings losen Zusammenhang gebracht.

---

834 Weil die Perikope m.E. nicht an der Frage der Gesetzeserfüllung interessiert ist, scheint mir die Tat Josefs nicht in erster Linie aufgrund von Dtn 21,22f als Tat des Gesetzesgehorsams verstanden werden zu können. Es müsste ihm sonst wie "den Juden" in Joh 19,31 am Schicksal aller drei Gekreuzigten gelegen sein; mit *Gnilka* II 332 gegen *Klostermann* 169; *Pesch* II 512; *Schreiber*, Bestattung 146. Abwegig ist auch die darauf aufbauende Vermutung von *Brown*, Burial 238f, 242 dass ein Synedrist, der dem Todesurteil zugestimmt habe ("alle"), und nur aus Gesetzesgehorsam für die Bestattung Jesu besorgt war, dem Gekreuzigten nur ein unehrenhaftes Begräbnis gewährt habe.

835 Arimathäa wird vermutlich Ramathajim (1.Sam 1,1) sein (*Cranfield* 461; *Gnilka* II 332; *Klostermann* 169; *Pesch* II 512; *Blinzler*, Prozess 392).

836 Mit *Cranfield* 462; *Lohmeyer* 350; *Pesch* II 513; *Schmithals* II 703. Lk 23,51 hat es eindeutig so verstanden und sucht ihn für das Handeln des Hohen Rates zu entschuldigen.

837 Vgl. unten S. 223.

838 Sie ist vergleichbar der Vergangenheitsform im Bekenntnis des heidnischen Hauptmanns V39, der vielleicht nicht zufällig in den folgenden Versen noch einmal erwähnt wird.

V44 Erst hier wird explizit festgestellt, dass Jesus überraschend rasch gestorben ist. Normalerweise hatten Gekreuzigte zwei oder mehr Tage zu leiden und auf den Tod zu warten. Im Vergleich dazu ist für Jesus die Leidenszeit am Kreuz als erstaunlich kurz beschrieben. Für antike Leser musste das wohl nicht besonders unterstrichen werden, sie konnten es aus den Angaben über Kreuzigung und Tod Jesu erschliessen. Das mag der Grund sein, weshalb im Kreuzigungsbericht nicht explizit davon die Rede ist.

Das Mk-Evangelium berichtet als einziges vom Staunen des Pilatus über den raschen Tod Jesu und seine Vergewisserung beim Hauptmann des Exekutionskommandos. Das Thema dieses Verses ist, wie unerwartet schnell Jesus gestorben ist: darüber verwundert sich Pilatus und erkundigt sich deshalb nach dem genauen Zeitpunkt des Todes Jesu.[839] Dass der Tod so schnell erfolgt, ist ein wunderbarer Zug am Sterben Jesu und weist so auf dessen besondere Bedeutung.[840]

V45 Nachdem der Tod Jesu offiziell bestätigt ist, schenkt Pilatus dem Josef den Leichnam, damit er seinen Liebesdienst an Jesus tun kann. Normalerweise blieben die Leichname der Gekreuzigten noch einige Tage am Kreuz hängen, Vögeln und Tieren zum Frass ausgesetzt. Ein schickliches Begräbnis wurde ihnen verweigert.[841] Das galt bei den Juden als grosse Schande, denn sie legten Gewicht darauf, dass jeder Verstorbene bestattet wurde.[842]

V46 Deshalb zählte die Bestattung zu den sogenannten Liebeswerken.[843] Dass auch hier von diesem Verständnis auszugehen ist, zeigt 14,6-8. Die Tat des Josef ist ein Liebesdienst an Jesus.

Sogar noch im Tod bleibt die Besonderheit Jesu irgendwie sichtbar: Überraschend schnell ist der Tod eingetreten; unüblicherweise wird der Gekreuzigte bestattet. Auch der Tod vermag Jesu einmalige Identität nicht zu verdecken. Sein ein für allemal getanes Werk hat sozusagen ein wahrnehmbares Echo.

Nach Jesu Tod hat sich zuerst ein Heide zu ihm als "Gottessohn" bekannt und nun tut ihm ein vornehmer Jude einen Liebesdienst. Das sind beschei-

---

839 Es ist fraglich, ob V44f vor allem eine apologetische Funktion habe gegenüber der Scheintodhypothese (so *Gnilka* II 333; *Pesch* II 514; *Schweizer* 200; gegen *Schenk*, Passionsbericht 257). Dann würde doch wohl mehr das Faktum und weniger der Zeitpunkt des Todes Jesu im Zentrum stehen. Vgl. oben S. 219.
840 Mit *Gnilka* II 333.
    Die anderen Evangelien (besonders Mt und Joh) berichten mehr Wunderbares bei der Kreuzigung und dem Sterben Jesu. Vielleicht wird deshalb dann dieser Erzählzug hier weggelassen.
841 *Pesch* II 513f.
842 Z.B. Ps 79,2; *Blinzler*, Prozess 389.
843 Str-B IV.1, 578-607.

dene menschliche Versuche, Jesus zu "rehabilitieren". Sie zeigen, dass man sich zu ihm auch anders verhalten kann, als Obrigkeit, Masse und Jünger es getan haben. Doch sie vermögen nichts zu ändern. Jesus ist hingerichtet; den Tod zu überwinden, sind Menschen nicht in der Lage. Sie können bloss den Leichnam bestatten. Weiter reichen ihre Möglichkeiten nicht. Die ausführliche Aufzählung der Handlungen des Josef lässt nur seine Ohnmacht deutlich werden. Er vermag nur zu bestatten: dadurch entsteht nicht Neues. Das Schliessen des Grabes ist das Letzte, was er tun kann.

V47 Die Frauen, die zuschauen, wo Jesus bestattet wird, halten ihm Treue. Im Gegensatz zu den Jüngern stehen sie zu ihm, allerdings ohnmächtig und unfähig, etwas zu tun. Auch sie wollen ihm noch einen Liebesdienst erweisen (16,6), kommen jetzt aber nicht dazu. Doch ihre Treue und ihr beabsichtigtes Tun können ebenfalls nicht über Tod und Grab Jesu hinausführen.

2.15.3 Historische Beurteilung

Dass die Bestattung Jesu weder von einem der Jünger noch von einem Anhänger aus Galiläa, sondern durch den in den Evangelien sonst unbekannten Josef von Arimathäa vorgenommen wird, spricht für die historische Zuverlässigkeit dieser Angabe.[844] Denn wäre die Tradition der Bestattung Jesu erst später geschaffen worden, so wäre sie wohl nicht einer sonst unbekannten Person zugeschrieben worden. Auch die unabhängige Parallelüberlieferung im Joh[845] lässt es als sehr wahrscheinlich erscheinen, dass ein Josef aus Arimathäa um die Bestattung Jesu besorgt war.[846]

Angehörige oder Freunde eines Hingerichteten, die diesen bestatten wollten, hatten stets beim Prokurator um den Leichnam zu bitten. So entspricht der Gang des Josef zu Pilatus den normalen Gegebenheiten.[847]

Ob der Ort des Grabes Jesu den ersten Christen bekannt war, ist umstritten und kann nicht bloss von dieser Perikope aus, sondern nur im Zusammenhang mit den Osterberichten beurteilt werden.

---

844 Mit *Cranfield* 461; *Gnilka* II 336; *Pesch* II 517; *Schweizer* 199.
845 Mit *Mohr*, Markus- und Johannespassion 364.
846 Vgl. ferner 1.Kor 15,4.
847 *Blinzler*, Prozess 385-387.

2.16 Markus 16,1-8

1 Als der Sabbat vergangen war, kauften Maria aus Magdala und die Maria des Jakobus und Salome wohlriechende Öle, um hinzugehen und ihn zu salben.

2 Und sehr früh, am ersten Tag der Woche gehen sie zum Grab, als die Sonne aufgeht.

3 Und sie sagten zueinander: "Wer wird uns den Stein von der Tür des Grabes wegwälzen?"

4 Und als sie aufblicken, schauen sie, dass der Stein weggewälzt ist. Denn der war sehr gross.

5 Und nachdem sie ins Grab hineingegangen waren, sahen sie einen Jüngling zur Rechten sitzen, bekleidet mit einem weissen Gewand und sie erschraken sehr.

6 Er aber sagt zu ihnen: "Erschreckt nicht! Jesus sucht ihr, den Nazarener, den Gekreuzigten. Er ist auferweckt worden. Er ist nicht hier. Siehe, der Ort, wo sie ihn hingelegt hatten.

7 Aber geht hin, sagt seinen Jüngern und Petrus: 'Er geht euch voran nach Galiläa, dort werdet ihr ihn sehen, wie er euch gesagt hat.'"

8 Und sie gingen hinaus und flohen vom Grab, denn Zittern und Entsetzen hatte sie erfasst. Und sie sagten niemandem etwas, denn sie fürchteten sich.

2.16.1 Analyse

Bei einem Vergleich mit den anderen Evangelien fällt als erstes auf, dass Mk als einziges Evangelium keine Erscheinung des Auferstandenen berichtet. Dieser sehr auffällige Sachverhalt ist zunächst einfach einmal festzuhalten, im Laufe der Auslegung ist er dann zu würdigen und soll zu verstehen gesucht werden.

Bei Mt wollen die Frauen einfach das Grab sehen, die Salbungsabsicht fehlt. Dafür ist von einem Erdbeben, einem Engel, der den Stein wegwälzt und vom Tiefschlaf der Wachsoldaten berichtet. Die Rede des Engels ist gleich wie bei Mk, allerdings führen dann die Frauen ihren Auftrag anders als bei Mk auch aus.

Im Lk-Evangelium begegnen den Frauen zwei Engel im leeren Grab, die sie an Jesu Voraussagen seiner Auferstehung erinnern, aber nichts über ein Vorausgehen Jesu nach Galiläa ankündigen. Auch hier berichten die Frauen das Geschehen den Jüngern, die es allerdings nicht glauben.

Joh berichtet zunächst nur kurz, dass Maria Magdalena am Grab den weggewälzten Stein findet und dann Petrus und dem Lieblingsjünger ihren Verdacht auf Leichendiebstahl mitteilt. Etwas später ist dann geschildert, wie Jesus der Maria erscheint.

Als Besonderheit des Mk-Evangeliums ergibt sich aus diesem Vergleich nicht nur das Fehlen eines Erscheinungsberichts, sondern darüber hinaus der erstaunliche Abschluss mit der Furcht der Frauen, die den Jüngern gar nicht ausrichten, dass Jesus auferstanden ist.

Das führt zur Frage, ob das Mk-Evangelium wirklich mit 16,8 zu Ende geht. Es ist aber kein anderer Abschluss überliefert; die beiden bekannten "Enden" sind aus textkritischen Gründen als sekundäre Ergänzungen zu bezeichnen.[848]

Eine andere Frage ist, ob 16,8 wirklich der Schluss des Mk-Evangeliums sei, oder ob das ursprüngliche Ende verlorengegangen,[849] oder ob das Werk nicht vollendet worden sei.[850] Diese und ähnliche Hypothesen sind aber unwahrscheinlich, da sie mehr neue Fragen aufwerfen als sie lösen. Es ist demgegenüber zu beachten, dass V8 durchaus ein Schluss sein kann: Dadurch dass die Frauen ihren Auftrag nicht ausführen, kommt die erzählte Handlung zum Abschluss und es ist nichts Weiteres mehr zu erwarten.[851]

Von den Frauen, die in V1 genannt werden, ist nur Maria Magdalena in der Grablegungsszene erwähnt gewesen. Salome war schon in 15,40 genannt, eventuell auch die Maria des Jakobus, falls damit die Mutter des Jakobus gemeint sein kann. Dieser Sachverhalt spricht gegen eine redaktionelle Abfassung von V1, denn dann wären die Listen besser aufeinander abgestimmt. V1 gehört zur Tradition.[852]

Die Bezeichnung des ersten Wochentags in V2 ist ein Hebraismus und deshalb wohl ebenfalls alt.[853] Ob die Erwähnung der aufgehenden Sonne eine markinische Formulierung sei, die ältere Tradition abändert,[854] muss fraglich bleiben, da vom Sonnenaufgang im Mk-Evangelium sonst nur noch in ganz anderem Kontext in 4,6 die Rede ist.[855]

Die Bemerkung über die Grösse des Steins in V4 hinkt nach; sie wäre eigentlich nach V3 zu erwarten. Das mag ein Hinweis sein, dass sie sekundär in den Text eingefügt worden ist.[856] Sie weist auf die Grösse des Wunders, das geschehen ist.

---

848 Mit *Gnilka* II 350; *Klostermann* 172; *Lohmeyer* 358f; *Pesch* I 43; *Schweizer* 207, 211; *Mohr*, Markus- und Johannespassion 365.
849 *Klostermann* 172; *Schweizer* 202f; *Taylor* 609f.
850 *Cranfield* 471.
851 Mit *Lohmeyer* 360; *Pesch* II 519, vgl. *Pesch* I 46; Mohr, Markus- und Johannespassion 367f; *Schenk*, Passionsbericht 270; *Senior*, Passion 135f.
852 Mit *Mohr*, Markus- und Johannespassion 376; *Schenk*, Passionsbericht 259f (nur Namen und Salbungsabsicht der Frauen).
853 Mit *Gnilka* II 341; *Schweizer* 205; *Mohr*, Markus- und Johannespassion 378; *Schenk*, Passionsbericht 261.
854 So *Mohr*, Markus- und Johannespassion 377; *Schenk*, Passionsbericht 260f.
855 Mit *Dormeyer*, Passion 222.
856 Mit *Dormeyer*, Passion 223 (markinisch).

Eine ähnliche Funktion hat auch die Frage der Frauen in V3 gehabt. Es ist unwahrscheinlich, dass dieser wie V4b sekundär eingefügt ist; dann wären doch die Nachträge beieinander plaziert worden. Ausserdem setzt ihn V4b voraus. V3 ist traditionell.[857]

Dass V6 der markinischen Redaktion entspringe,[858] ist unwahrscheinlich, denn der Aufbau der Perikope verlangt an dieser Stelle eine Ankündigung der Auferstehung. Dass sie ohne einen Hinweis darauf überliefert worden wäre,[859] ist kaum anzunehmen. Ferner ist der Hinweis auf den Gekreuzigten untypisch für Mk. V6 ist deshalb ursprüngliche Tradition.[860]

Der Hypothese, dass die ursprüngliche Perikope weder von einem Engel noch vom leeren Grab gewusst habe und dass demgegenüber der junge Mann (wie derjenige von 14,50f) Petrus sei als erster Zeuge einer Ostererscheinung,[861] wird man schwerlich zustimmen können.[862] Denn sie setzt eine Zuteilung einzelner Worte auf verschiedene Schichten voraus, die nicht nur bei V5 unwahrscheinlich ist.

V7 bezieht sich auf den als sekundär beurteilten Vers 14,28 zurück, der hier ziemlich wörtlich aufgenommen und um den Gedanken des Sehens erweitert ist. 14,28 ist in 16,7 vorausgesetzt: καθὼς εἶπεν ὑμῖν. Dieser Bezug auf eine frühere Stelle der Passionsgeschichte könnte jünger als diese selbst sein. Dann wäre V7 markinisch.[863] Der Vers setzt voraus, dass die (ersten) Erscheinungen in Galiläa stattgefunden haben.[864]

V8 schliesst die Ostergeschichte ab. Dieser Abschluss gehört zur Tradition. Dass V8a darüber hinaus noch (markinische) Ergänzungen enthalte,[865] ist eher unwahrscheinlich, denn V8 ist durchaus einheitlich, weil das

---

857 Mit *Gnilka* II 338; *Mohr*, Markus- und Johannespassion 378;
    gegen *Dormeyer*, Passion 222; *Schenk*, Passionsbericht 262f.
858 *Mohr*, Markus- und Johannespassion 374.
859 Nach *Mohr*, Markus- und Johannespassion 370 folgte in der vormarki-
    nischen Tradition V8a unmittelbar auf V5.
860 Mit *Schweizer* 201; *Schenk*, Passionsbericht 265 (ohne V6a).
861 *Schenk*, Passionsbericht 263f, 266, 268.
862 Mit *Gnilka* II 338; *Gourgues*, Symbolisme 675; *Lindemann*, Osterbot-
    schaft 304.
863 Mit *Gnilka* II 338f (seine Vermutung, dass dadurch die Erwähnung einer
    ersten Erscheinung vor Petrus verdrängt worden sei, ist jedoch unbe-
    gründet); *Schmithals* II 708f; *Schweizer* 201 (vorsichtig); *Mohr*, Markus-
    und Johannespassion 374f (zusammen mit V6); *Schenk*, Passionsbericht
    268f (grösstenteils);
    gegen *Cranfield* 467f; *Pesch* II 520f; *Dormeyer*, Passion 225 (der auch V7
    der durch den sekundären Redaktor gestalteten Grundtradition zu-
    schreibt); *Lindemann*, Osterbotschaft 308 (ausser καθὼς εἶπεν ὑμῖν).
864 Vgl. dazu *Schweizer* 201.
865 *Schenk*, Passionsbericht 269f schreibt nur gerade das Fluchtmotiv der
    Tradition zu und setzt dieses ins Praesens historicum. Alles andere ist
    markinische Redaktion.

Fluchtmotiv implizit auch schon die Angst und eventuell auch das Schweigen enthält. Letzteres ist vom im Mk-Evangelium so betonten (und meist übertretenen) Schweige*befehl* zu unterscheiden.[866]

Zum Ende der vormarkinischen Passionsgeschichte

Es stehen grundsätzlich drei verschiedene Möglichkeiten zur Diskussion:
a) Die Passionsgeschichte endete mit 15,47.
b) 16,8 war auch das Ende der vormarkinischen Passionsgeschichte.
c) In der vormarkinischen Passionsgeschichte folgten auf 16,8 noch Erscheinungsberichte, die entweder bewusst weggelassen wurden oder an anderen Stellen des Mk-Evangeliums untergebracht worden sind.

Dass bei der Möglichkeit a) Mk 15,47 das Ende der vormarkinischen Passionsgeschichte sei, ist ausgeschlossen, da 16,1-8 nicht eine selbständige Perikope gewesen ist, die erst Mk an die Begräbnisszene angefügt hätte. 16,1-8 setzt vielmehr das Begräbnis Jesu an einem Rüsttag voraus.[867]

Zu überlegen ist noch, ob 15,47 das Ende einer Vorstufe zur Passionsgeschichte gewesen sei. Dann hätte der Passionsbericht ursprünglich mit 15,47 geendet und ein vormarkinischer Redaktor wäre für das Anfügen des Osterberichts verantwortlich.[868] Diese Vermutung ist aber abzulehnen, da 15,42-47 durch verschiedene Hinweise die Osterperikope vorbereitet.[869] Es ist deshalb anzunehmen, dass der Passionsbericht von Anfang an mit der Ostergeschichte verbunden gewesen war.[870]

Der Vorschlag c) nimmt an, dass das Finden des leeren Grabes nicht der Abschluss der vormarkinischen Passionsgeschichte war, sondern dass darauf noch Erscheinungsberichte folgten, die Mk aus bestimmten Gründen wegge-

---

866 Mit *Dormeyer*, Passion 227f (der V8b allerdings einem nachmarkinischen Glossator zuschreibt);
gegen *Gnilka* II 338f; *Mohr*, Markus- und Johannespassion 370f.
867 Mit *Pesch* II 12, 519 und den in Anm. 870 genannten Autoren.
868 So *Dormeyer*, Passion 221, 229, der allerdings 229 vermutet, dieser "Bericht (habe) mit dem urchristlichen Ruf Ἰησοῦς ἠγέρθη geschlossen".
869 V46: der Stein vor dem Grab.
V47: die Frauen, die sich den *Ort* des Geschehens merken.
Dass von den drei in 16,1 genannten Frauen nur gerade ein Name auch in 15,47 steht, weist den Gedanken ab, ein vormarkinischer Redaktor hätte V47 geschaffen, um dann den Osterbericht anfügen zu können. Die Verbindung von Passionsbericht und Ostergeschichte geht nicht erst auf einen vormarkinischen Redaktor zurück.
Mit *Pesch* II 511.
870 Mit *Gnilka* II 331f, 339, 349; *Schweizer* 122; *Mohr*, Markus- und Johannespassion 357f; *Schenk*, Passionsbericht 270 (für seine Praes.-hist.-Schicht);
Taylor 659 vermutet, 16,1-8 habe einen älteren Osterbericht verdrängt.

lassen[871] oder bereits in die Geschichte des vorösterlichen Jesus eingebaut habe.[872]

Alle diese Vorschläge stehen vor dem Problem, dass sie Mk in Widerspruch setzen müssen zu hypothetischen Texten, was gerade bei Mk, der oft als "konservativer Redaktor" gilt,[873] besonders problematisch ist und so die Schwierigkeiten, die die Annahme von verlorenen, verdrängten oder verschobenen Texten ohnehin schon bietet, noch vergrössert. Sind diese zum Teil recht komplizierten Vorschläge schon aus diesen allgemeinen Überlegungen eher unwahrscheinlich, so kommt noch hinzu, dass innerhalb des Traditionsstoffs keine Hinweise auf folgende Erscheinungsberichte zu finden sind. Die einzigen Verse, die solche Berichte erwarten lassen (14,28; 16,7), entstammen wahrscheinlich gerade nicht der ursprünglichen Tradition, sondern sind sekundär eingefügt. Es ist nun ganz unwahrscheinlich, dass Mk einerseits den Hinweis 16,7 auf Erscheinungsberichte eingefügt hat und gleichzeitig ebensolche Erzählungen entfernt hat. Naheliegender ist doch, dass der ihm vorliegende Bericht keine Begegnungen mit dem Auferstandenen enthielt und Mk gerade wegen des Fehlens solcher Perikopen wenigstens einen Hinweis auf solche Berichte eingefügt hat.[874]

Die Annahme b), dass schon die vormarkinische Passionsgeschichte mit 16,8 endete, bleibt daher am wahrscheinlichsten.[875] Dass die Erzählung mit dem verängstigten Schweigen der Frauen schliesst, ist daher von Mk aus der Tradition übernommen worden.

2.16.2 Interpretation

V1 Mit dem Sonnenuntergang geht der Sabbat zu Ende; der Kauf der Öle ist wohl am Abend gleich nach Sabbatende gedacht.[876]

Aus der Salbungsabsicht braucht nicht auf eine unvollständige und provisorische Bestattung geschlossen zu werden, da eine Salbung der Toten nicht vorgeschrieben war und selten erfolgte.[877] Es wird so zu verstehen sein, dass der Kopf des Leichnams gesalbt oder die wohlriechenden Öle

---

871 *Mohr*, Markus- und Johannespassion 380–382.
872 *Schmithals* II 715–717, 750–752.
873 *Pesch* I 22f; vgl. *Gnilka* II 361; *Schmithals* II 752.
874 Die Aussage, dass die Passionsgeschichte im Aufbau analog sei zum Bekenntnis 1.Kor 15,1–3 (*Ernst* 8f, 482, vgl. 485, 487, 490), ist von daher zu relativieren. Die Passionsgeschichte kennt gerade keinen Erscheinungsbericht, während 1.Kor 15,5 und dann vor allem die (paulinische) Fortsetzung V6–8 sich auf Erscheinungen beruft.
875 Mit *Gnilka* II 339, 349; *Pesch* II 12.
876 Mit *Cranfield* 463; *Gnilka* II 340; *Lohmeyer* 352; *Pesch* II 520; *Schmithals* II 709; *Schweizer* 201; *Taylor* 603.
877 *Cranfield* 464; *Gnilka* II 340;
gegen *Schweizer* 201; *Schenk*, Passionsbericht 261.

über den eingehüllten Körper ausgegossen werden sollten, um so den Verwesungsgeruch zu neutralisieren.[878]

Eine Salbung am "dritten Tag" (d.h. nach etwa anderthalb Tagen) ist ungewöhnlich.[879] Sie ist hier einfach auf den frühesten denkbaren Zeitpunkt angesetzt.[880]

Im Zusammenhang der Passionsgeschichte berichtete 14,3-9 von einer (vorweggenommenen) Totensalbung Jesu. Die beiden Perikopen stehen nicht in Konkurrenz zueinander, da die Salbung von 14,3-9 das Ausbreiten von wohlriechenden Düften im Grab nicht ausschliesst. Es sind auch andere griechische Worte gewählt.[881]

16,1-8 schildert im Vergleich zu 14,3-9 die Situation, da man Jesus nicht mehr hat (14,7). Der Liebesdienst, den die Frauen tun wollen, ist hier gar nicht mehr möglich, da Jesus auferstanden ist ("er ist nicht hier"). Die wohlriechenden Öle können nicht mehr für Jesus verwendet werden; ihr Ertrag könnte jetzt den Armen zugut kommen. Dafür hören die Frauen, die Jesus nicht mehr salben können, die Auferstehungsbotschaft. Gottes grosse Tat ist jetzt das Wichtigste. Sein Handeln hat die geplante Aktivität der Frauen zu Ende gebracht, noch bevor sie damit recht beginnen konnten. Dafür erhalten sie den Auftrag, die Auferstehungsbotschaft weiterzutragen. Das ist der Dienst, der jetzt für Jesus getan werden kann (vgl. 14,9).

V2 Nach 15,47 kennen die Frauen den Ort des Grabes Jesu. Die Erwähnung der aufgehenden Sonne ist möglicherweise auch bildhaft zu verstehen.[882]

V3 Das Gespräch der Frauen unterwegs erinnert an die Begräbnisperikope (15,46) und bereitet zugleich die Grösse des zu berichtenden Wunders vor.[883]

Die Sorge der Frauen ist angesichts der Tat Gottes (von der sie noch nichts wissen) fehl am Platz. Sie zeigt, wie unerwartet diese Tat Gottes ist.

---

878 *Blinzler*, Prozess 399f; *Schenk*, Passionsbericht 261f.
  Auch in 14,3 wird nicht der ganze Körper gesalbt.
879 *Gnilka* II 340; *Klostermann* 170; *Pesch* II 529f; *Schmithals* II 709; *Schweizer* 201; *Craig*, Historicity 210 findet daran nichts Unwahrscheinliches.
880 Eine Salbung am Sabbat war nur gestattet, wenn dem Toten kein Glied gerührt wurde. Auch das Kaufen von Salben war nicht erlaubt (Str-B II 52f; *Pesch* II 529f; *Schmithals* II 709).
881 14,3: καταχέω,
  14,8: μυρίζω,
  16,1: ἀλείφω,
  mit *Cranfield* 464; *Dormeyer*, Passion 233;
  gegen *Schmithals* II 709.
882 So *Gnilka* II 341; *Mohr*, Markus- und Johannespassion 377.
883 Mit *Gnilka* II 338; *Pesch* II 531; *Dormeyer*, Passion 222.

Die Frauen verstehen Jesus als Prophet und Märtyrer und ordnen ihn so in ihr religiöses Weltbild ein.[884] Doch in bezug auf den Kreuzestod Jesu wird nun ganz anders von Gott zu sprechen sein, als die Frauen das jetzt annehmen.

V4 Anhand einer Äusserlichkeit wird zuerst von der Auferstehungsbotschaft gesprochen: Der Stein vor dem Grab ist weg. Die passive Formulierung weist auf das Handeln Gottes. Die Auferstehung selbst ist nicht beschrieben. Gottes Wundertat ist der direkten Beobachtung entzogen;[885] sie hat jedoch sichtbare Spuren hinterlassen:[886] Das Grab ist geöffnet.

Schon dass im Fortgang der Perikope dieser weggewälzte Stein nicht mehr erwähnt wird, sondern die Botschaft des Engels an die Frauen im Zentrum steht, zeigt, dass diese äussere Spur des Handelns Gottes eine untergeordnete Bedeutung hat. Sie ist nicht das Wichtigste. Das ist auch verständlich, denn dass das Grab geöffnet ist, könnte auch manche andere Ursache haben als das Osterwunder Gottes. Dass der weggewälzte Stein auf Gottes Tun weist, ergibt sich nur aus dem Zusammenhang der .Perikope. Die Spur allein reicht nicht aus, um das Geschehene zu erfassen.

Trotzdem ist bedenkenswert, dass es nicht "spur"-los Ostern geworden ist. Die Passionsgeschichte weist damit erneut auf die Nähe Gottes zu dieser Welt, indem sie dem Wunder Gottes Folgen in der Wirklichkeit dieser Welt zuschreibt, ohne dadurch Gott auf die Wirklichkeit dieser Welt beschränken zu wollen.

V5 Auch die Beschreibung des Engels als Jüngling[887] passt in diesen Zusammenhang. Sie weist auf die sichtbare, geheimnisvolle Anwesenheit einer anderen Wirklichkeit in dieser Welt. Durch diese Beschreibung wird das Geheimnishafte daran nicht aufgelöst, sondern gerade hervorgehoben: Es ist ein junger Mann und ist doch keiner.[888] Die "andere" Welt ist zwar durchaus sicht- und wahrnehmbar, aber sie ist mit den Begriffen (Wörtern, Kategorien) der Wirklichkeit dieser Welt gerade nicht erfassbar.

Dass ein Sichtbar-Werden dieser anderen Welt Schrecken und Furcht auslöst, ist in der Bibel immer wieder so beschrieben worden.[889] Erschreckend ist das Ungewöhnliche und Geheimnishafte daran.

---

884 *Schmithals* II 710.

885 Mit *Gnilka* II 341; *Schmithals* II 711; *Schweizer* 205.

886 *Cranfield* 470 spricht von "the token, the traces of God's direct intervention"; vgl. *Weder*, Hermeneutik 418.
   Vgl. zur Vorstellung eines "historischen Randes" *Hempelmann*, Auferstehung 11.

887 Vgl. Lk 24,4.23; 2.Makk 3,26.33f.

888 Vgl. einen ähnlichen Zug in der Metaphertheorie: *Weder*, Hermeneutik 185f.

889 Z.B. Jes 6,5; Lk 1,12.29; 2,9.

V6 Dazu gehört auch die erste Aufforderung des "Jünglings", dass sich die Frauen nicht fürchten sollen.[890]

Die Engelrede knüpft an bei dem, was die Frauen tun: "Ihr sucht Jesus" und nimmt dann Bezug auf die Geschichte Jesu, indem sie ihn als den Nazarener und Gekreuzigten charakterisiert. Bis hierher bewegt sich die Rede im Rahmen dessen, das geschehen ist bzw. geschieht. Dann wird dem in der Vergangenheitsform gegenübergestellt, was Gott inzwischen getan hat, wovon die Frauen aber trotz dem weggewälzten Stein noch nichts wissen können. Auch hier weist die passive Formulierung auf Gott hin. Er hat Jesus auferweckt.

Die Auferweckung Jesu bedeutet zunächst, dass die Gottverlassenheit zu Ende gegangen ist. Jesus ist nicht der von Gott Verlassene geblieben, sondern ist aus dem Tod zu neuem Leben erweckt worden, wie es für das Eschaton angekündigt ist. Der Weg Jesu ist damit zu seinem Ende gelangt: Der Gesalbte Gottes ist von Gott aus dem Tod und der Gottverlassenheit errettet worden. Er wird nun zur Rechten Gottes sitzen (14,62).[891]

Damit kommt ein neues Licht auf seinen ganzen Weg. Der Spott seiner Gegner und der Soldaten ist damit endgültig widerlegt; in der Frage, wie Gott zur Sprache zu bringen sei, ist Jesus gegenüber den Synedristen recht gegeben. Wer auf die Osterbotschaft hört, kann die Geschichte Jesu richtig verstehen.

Mit einem einzigen Wort wird von der Auferweckung gesprochen. Darauf wird sofort wieder auf weitere "Spuren" dessen, was sich ereignet hat, ohne dass es jemand sah, gewiesen: Der Gekreuzigte ist nicht mehr im Grab; der Platz, an dem er gelegen hat, ist leer. Das leere Grab ist wie der weggewälzte Stein eine äussere Spur des Osterwunders, das ohne die Botschaft der Auferstehung auch ganz anders verstanden werden könnte.

Von der Tat Gottes ist damit im Zusammenhang mit der Wirklichkeit dieser Welt gesprochen. Die Erkenntnis Gottes knüpft an die Geschichte Jesu an, zu der in einem weiteren Sinn auch die Absicht der Frauen gezählt werden kann, ihn zu salben. Diese Rede wird abgeschlossen durch den Hinweis auf die wahrnehmbare Tatsache des leeren Grabes. Gott wird zur Sprache gebracht in Verbindung mit der Wirklichkeit dieser Welt. Die Rede von Gott geht aber über diese Wirklichkeit hinaus. Das Osterwunder wird nicht aus dem weggewälzten Stein oder dem leeren Grab und auch nicht aus der Geschichte Jesu erschlossen. Es wird angesagt.[892] Ohne dieses Wort von der Auferstehung wäre die ganze Engelrede nur banale Feststellung.

---

890 Vgl. Lk 1,13.30; 2,10; Apk 1,17.

891 "Auferweckung" ist ein eschatologisches Geschehen (*Lohmeyer* 358) und bedeutet mehr als die "Rechtfertigung dessen, auf den es zu hören gilt" (*Pesch* II 541).

892 Mit *Pesch* II 533; *Lindemann*, Osterbotschaft 305f.

Die Frage, ob die Rede von Gott auf dieses Verbundensein mit der Wirklichkeit dieser Welt angewiesen ist, ob hier mit anderen Worten also eine
grundsätzliche Verbindung sichtbar ist oder ob sie hier bloss zufälliger Natur
ist, wird hier im Zusammenhang der Exegese nicht zu stellen sein; es genügt
hier, den Sachverhalt festzustellen und auf die grundsätzliche Frage hinzuweisen.[893]

V7 Die Osterbotschaft ist hier mit einem Auftrag verbunden. Sie soll den
Jüngern ausgerichtet werden, wiederum verbunden mit der (allerdings indi-
rekten) Aufforderung, nach Galiläa zu gehen.

Die Botschaft der Auferstehung erscheint hier nicht als blosse Mitteilung, die einfach festzustellen ist, sondern ihr wird eine konkrete Bedeutung zugeschrieben. Für die Frauen bedeutet sie zunächst, dass ihre Absicht
einer Salbung unmöglich geworden ist und sie auf den Weg zu den Jüngern
geschickt werden. Für die Jünger bedeutet sie, dass sie durch die Osterbotschaft sich in Bewegung setzen sollen nach Galiläa,[894] wo sie den Auferstandenen sehen werden. Diejenigen, die Jesus verlassen haben, werden
durch sein Vorangehen wieder gesammelt und in Dienst genommen. Die Auferstehung Jesu öffnet ihnen neue Wege.

Dieser Vers schreibt der Osterbotschaft Konsequenzen innerhalb der
Wirklichkeit dieser Welt zu. Die Rede von Gott ist dadurch noch einmal mit
der Rede von dieser Welt verbunden.

Alle Aktivität ist Jesus zugeschrieben. Er "geht voran" nach Galiläa, wie
ein Hirt seiner Herde vorangeht,[895] und die Jünger folgen ihm nach. Seine
Auferstehung ruft die Jünger erneut in die Nachfolge, so wie sie zu Beginn
des Evangeliums ebenfalls in Galiläa vom irdischen Jesus gerufen wurden,
ihm zu folgen.

Auch in dieser neuen Sammlung der Jünger wird die Begegnung mit Jesus
von Gewicht sein: "Dort werdet ihr ihn sehen." Die Osterperikope kündet
Erscheinungen des Auferstandenen an - erstaunlicherweise ohne nachher
eine solche zu berichten. Dem Thema des Sehens ist schon mehrmals Gewicht verliehen worden.[896] Da das Mk-Evangelium von keiner Erscheinung
berichtet, kann nicht genau gesagt werden, was für eine Art des Sehens hier

---

893 Vgl. unten S. 245-255.
894 Dass dadurch die Jüngerflucht nach Galiläa nachträglich entschuldigt
    werden soll, ist unwahrscheinlich, da Mk das Versagen der Jünger be-
    sonders betont und ihre Flucht aus 14,50 sowieso bekannt ist (mit
    Mohr, Markus- und Johannespassion 376).
895 Vgl. zu 14,28.
896 Vgl. 14,62; 15,32.36.39.40.47.

gemeint ist. Es ist dafür das gleiche Wort in der gleichen Verbform gebraucht wie 14,62.[897] Vielleicht kann anknüpfend an den dortigen Zusammenhang, wo den Gegnern Jesu angekündigt wird, dass sie ein-sehen werden, was sie jetzt nicht sehen wollen, gesagt werden, dass es sich dabei um
ein Sehen handeln muss, das im Gegensatz zu den vorher behandelten Stellen überzeugend und ganz eindeutig ist.[898]

Die Botschaft an die Jünger nimmt die Ankündigung Jesu wieder auf. Darauf verweisen auch die letzten Worte. Jetzt ist wahr geworden, was dort verheissen ist. Das frühere Wort Jesu wird damit als wahr bezeichnet.

Die besondere Erwähnung des Petrus entspricht der besonderen Rolle,
die er sich in 14,26-31 zugeschrieben hat.[899] Er hat seine Treue zu Jesus ab-
gehoben von der der übrigen Jünger (V29). Er ist dann besonders tief gefallen (14,66-72). Durch diese Erwähnung wird er erneut zum Jüngerkreis gezählt. Seine Reue (14,72) ist echt gewesen, sein Versagen vergeben.[900] Er

---

897 ὄψεσθε, vgl. 13,26: ὄψονται.
   Daraus kann aber nicht geschlossen werden, dass auch 16,7 die Parusie
   ankündige (*Lohmeyer* 356f), denn die Wendung "ihn sehen" ist nicht auf
   die Wiederkunft beschränkt (siehe Joh 20,18.25.29; 1.Kor 9,1) und in Mk
   13 ist Galiläa nicht erwähnt. Auch das Präsens προάγει (in 14,28 noch
   Futur) weist auf etwas, das jetzt geschieht. Mit *Cranfield* 468f; *Gnilka*
   II 343; *Pesch* II 540; *Schmithals* II 716; *Schweizer* 202; *Taylor* 608;
   Schenk, Passionsbericht 271.
898 Die in der Einleitung (S. 8) gestellte Frage, ob das Ostergeschehen zur
   Geschichte Jesu oder zu derjenigen des Glaubens gehöre, ist zu präzisieren. Es ist zu differenzieren zwischen der Tat Gottes an Jesus und
   den Begegnungen mit dem Auferstandenen. Gerade das Mk-Evangelium,
   das keine Erscheinungsberichte kennt, legt diese Unterscheidung nahe.
   Die Auferweckung Jesu - oder genauer: ihre wahrnehmbaren "Spuren" -
   werden als Abschluss der Geschichte Jesu berichtet und sind demnach
   dieser Geschichte zuzuordnen. Sie haben teil an der Verborgenheit der
   Wahrheit dieser Geschichte und lösen Furcht und Zittern aus (V8),
   nicht Glauben. Dieser entsteht vielmehr erst durch das angekündigte
   "Sehen" des Auferstandenen. Damit beginnt bei Mk die nicht mehr erzählte Geschichte des Glaubens.
   Der oft recht pauschal gebrauchte Begriff "Ostergeschehen" umgeht
   diese Differenzierung und verhilft daher nicht immer zu mehr Klarheit.
899 Mit *Cranfield* 467; *Schweizer* 206; *Taylor* 607;
   gegen *Klostermann* 171; *Pesch* II 534, der die Erwähnung von Petrus auf
   seine besondere Rolle als erster Auferstehungszeuge bezieht.
   Hengel, Probleme 254f stellt die Vermutung auf, dass die besondere
   Hervorhebung des Petrus im ganzen Mk-Evangelium auf die Herkunft
   der Tradition aus dem Umkreis von Petrus weise.
900 Die Nennung des Petrus und der anderen Jünger, die auf andere Weise
   versagt haben, setzt die Lösung der Frage ihrer Schuld voraus. Auch hier
   klingt das Thema der Versöhnung wieder an (vgl. oben S. 82f; mit *Hengel*, Crucifixion 195-198).

bleibt ein Jünger Jesu.[901] Judas wird demgegenüber nicht mehr erwähnt. Seine Trennung von Jesus ist endgültig.

Im Zusammenhang der ganzen Perikope bespricht V7 die Bedeutung, die das Ostergeschehen für die Frauen und die Jünger hat. Er stellt klar, dass die Auferweckung nicht einfach zur Kenntnis zu nehmen ist, sondern dass von dieser Tat Gottes ein Ruf ausgeht, der den Weg der Frauen und Jünger veändert und sie zur Begegnung mit dem Auferstandenen führt.

Wenn V7 sekundär ist, wie es in der obigen Analyse vermutet worden ist, dann entspringt er der Reflexion darüber, was Ostern ausgelöst hat und welche Bedeutung diesem Geschehen zukommt.

V8 Erstaunlicherweise nehmen die Frauen die Rede des Jünglings nicht zur Kenntnis. Weder folgen sie der Aufforderung, sich nicht zu fürchten, noch freuen sie sich an der Auferstehungsbotschaft noch richten sie die aufgetragene Mitteilung den Jüngern aus. Sie fliehen vielmehr in Furcht und sagen niemandem etwas. Die Botschaft ist zwar gehört, aber nicht verstanden. Die Trägheit, das Osterwunder zu begreifen, passt zu mancher ähnlichen Schilderung des Mk-Evangeliums.[902] Dass das "Fleisch schwach ist" (14,38), gilt nicht nur dem Gebot Jesu gegenüber, sondern bewahrheitet sich auch dort, wo es ums Verstehen der grossen Taten Gottes geht.

Diese Schilderung passt auch durchaus zu den Überlegungen zu den vorausgehenden Versen. Diese beliessen das leere Grab im Rahmen des Mehrdeutigen, das ganz verschieden verstanden werden kann. Durch das Wort des Engels wurde es zwar eindeutig zu einer Spur der Auferstehung Jesu; gleichzeitig verwies aber die Ankündigung des "Sehens" in Galiläa darauf, dass das alles entscheidende Ereignis weder die Entdeckung des leeren Grabes noch die Worte des Engels sind, sondern die Begegnung mit dem Auferstandenen selbst. Erst diese wird alle menschliche Verstehensschwachheit überwinden und alles eindeutig machen.

In diesem Zusammenhang gesehen ist es nicht mehr erstaunlich, sondern passt in den Rahmen der bisherigen Schilderungen, dass der grosse Durchbruch in dieser Perikope noch nicht geschieht, sondern erst angezeigt ist.

Jetzt, wo nicht mehr das Schweigen, sondern das Reden geboten ist, schweigen die Frauen, so wie früher die Aufforderungen, niemandem etwas zu sagen, durchbrochen wurden. Daran zeigt der Bericht nochmals die Trägheit der Menschen, auf das einzugehen, was ihnen gesagt ist.

---

901 Die Passionsgeschichte zeigt den *Weg,* auf dem Petrus ein Auferstehungszeuge *wird.* Innerhalb des Evangeliums beginnt dieser Weg bereits 1,16f mit der Berufung.

902 Vgl. das sogenannte Jüngerunverständnis.
   Schottroff, Maria Magdalena 20 bezeichnet das Schweigen der Frauen als tiefstes Jüngerversagen.

Bemerkenswert bleibt aber doch, dass das Evangelium damit schliesst, ohne dass eine Erscheinung des Auferstandenen geschildert ist. Es ist davon auszugehen, dass dieser Schluss so beabsichtigt ist.[903]

Es ist bereits darauf hingewiesen worden, dass das Osterwunder selbst nicht beschrieben werden kann, nur seine "Spuren", wie der weggerollte Stein oder das leere Grab. Die Möglichkeit, das Geschehene zu berichten, stösst an Grenzen. Das Wichtigste ist nicht mehr mitteilbar, sondern im Glauben zu ergreifen.[904] Was über Jesus *gesagt* werden kann, ist darum mit der Auferstehungsbotschaft zu Ende. Auch Berichte über Erscheinungen können daran nichts ändern; sie vermöchten das Ostergeheimnis auch nur anzudeuten. Ausgesprochen werden kann hingegen die Geschichte des Irdischen, und diese bleibt auch nach Ostern wesentlich. Jesus ist auch nach der Auferstehung als "der Nazarener, der Gekreuzigte" (V6) charakterisiert. Damit bleibt seine Geschichte wichtig, denn in ihr wird seine Identität sichtbar. Das Fehlen von Erscheinungsberichten ist deshalb nicht als Mangel zu verstehen; das Evangelium kann mit 16,8 enden.[905]

Es nimmt damit auch die Situation des Lesers/Hörers auf, der Jesus auch nicht sieht, sondern nur die Botschaft der Auferstehung hört und weiss, dass es Erscheinungen gegeben hat, ohne das selbst zu erleben.[906] Er ist wie die Frauen und die Jünger darauf angewiesen, dass auch seine Schwachheit im Begreifen geschenkweise überwunden und für ihn alles eindeutig wird.

Das Ende der Perikope mit Furcht und Schweigen verdeutlicht noch einmal diese "Begriffsstutzigkeit"[907] des Menschen und betont damit, dass die Einsicht in alles, was in der Geschichte Jesu sichtbar geworden ist, nicht machbar ist, sondern geschenkt wird.

2.16.3 Historische Beurteilung

Es ist bei der historischen Beurteilung davon auszugehen, dass in dieser Perikope (und auch sonst im NT) nicht die Auferstehung selbst beschrieben

---

903 Mit *Mohr*, Markus- und Johannespassion 369; *Hooker*, Message 121.
904 *Schenke*, Markusevangelium 143 versucht diesen Sachverhalt mit der Unterscheidung von "erzählte(r)" und "besprochene(r) Welt" zu beschreiben.
905 Mit *Ernst* 498.
906 Vgl. Joh 20,29: "Selig sind, die nicht sehen und doch glauben!"
    Lindemann, Osterbericht 315 kommt aufgrund anderer Überlegungen zu einem ähnlichen Ergebnis.
907 *Gnilka* II 345; vgl. *Schweizer* 206.
    Dass die Botschaft den Jüngern nicht ausgerichtet wird, passt zur gesamten Theologie des Mk-Evangeliums und kann deshalb nicht als Bestreitung der Führungsrolle der Jerusalemer Gemeinde (so *Mohr*, Markus- und Johannespassion 373) verstanden werden. Weitere m.E. unzutreffende Erklärungsversuche siehe bei *Schweizer*, Christologie 93-98.

ist. Diese ist vielmehr allen menschlichen Blicken entzogen, so auch denen des Historikers.[908] Worüber es keine Zeugnisse gibt, darüber kann auch der Historiker nichts sagen.

Nun sind aber der Auferstehung "Spuren" in der Wirklichkeit dieser Welt zugeschrieben: in dieser Perikope vor allem das leere Grab und bloss indirekt die Erscheinungen. Und dazu können historische Überlegungen angestellt werden.[909]

Allerdings muss klar bleiben, dass die Spuren innerhalb der Texte nicht die Funktion von Beweisen haben.[910] Sie sind vielmehr mehrdeutig. Die historische Beurteilung des leeren Grabes wird deshalb auch nicht zu einem Beweis für (oder gegen?) die Auferstehung werden können, der alle Fragen klärt. Nach allen Osterberichten werden für die Jünger alle Fragen erst durch die Begegnung mit dem Auferstandenen aufgehoben. Ähnliches wird auch für den Historiker gelten.

Die historische Beurteilung hat also die Funktion einer "Spurensicherung", die versucht, die Spuren, die der Tat Gottes in der Wirklichkeit dieser Welt zugeschrieben werden, möglichst genau zu erfassen. Sie kann aber nicht zum Grund des Glaubens werden. Dem Glaubenden wird sie die Einsicht vertiefen, und der nicht Glaubende wird sie in sein Weltbild einzuordnen versuchen.

Für die Frage, ob es historisch wahrscheinlich ist, dass das Grab Jesu leer war, ist zunächst zu beachten, dass diese Tradition zwar allen Evangelien bekannt ist, aber bei Paulus nirgends explizit erwähnt ist.[911] So ist der Verdacht entstanden, es handle sich dabei um eine relativ späte Tradition, die vor allem aus apologetischen Gründen entstanden sei. Das ist aber unwahrscheinlich, da sie die ihr zugeschriebene Funktion nicht erfüllt:

- Sie hat nicht das Ziel, die Auferstehung zu *beweisen*.
- Das Zeugnis von Frauen hatte damals keine bindende Kraft. Als Zeugen wären deshalb wohl Männer und kaum nur zwei Frauen genannt worden.[912]
- Das leere Grab könnte auch andere Ursachen haben.[913]

---

908 Vgl. *Schmithals* II 707, 711 der deshalb allerdings auf historische Überlegungen weitgehend verzichten zu können glaubt. Zur Kritik dieses Verzichtes vgl. unten S. 251.
909 Auf die historische Fragestellung ist deshalb gerade nicht zu verzichten.
910 Einzige Ausnahme ist eventuell Joh 20,8; vgl. jedoch *Hempelmann*, Auferstehung 25, 78, Anm. 62.
911 Ausser vielleicht implizit enthalten in 1.Kor 15: *Cranfield* 466; *Taylor* 606; *Hempelmann*, Auferstehung 22.
912 Mit *Cranfield* 463f; *Schweizer* 204; *Hempelmann*, Auferstehung 24f.
913 Vgl. Mt 28,11-15.

Es ist aus diesen Gründen unwahrscheinlich, dass 16,1-8 eine spät entstandene apologetische Tradition ist.[914]

Der Hinweis Oberlinners, dass die Bericht nicht nur von einem leeren, sondern von einem *geöffneten* leeren Grab erzählen führt eine neue Unterscheidung ein.[915] Sie macht nochmals deutlich, dass der Osterbericht weder die Auferstehung beschreiben noch beweisen will. Die historische Fragestellung wird dadurch insofern präzisiert, als nicht einfach gefragt wird, ob das Grab leer gewesen sei, sondern genauer, ob die Jerusalemer Christen ein offenes, leeres Grab als Grab Jesu gekannt hatten.

Beachtet man jedoch, dass es anscheinend zwar ungewöhnlich, aber nicht undenkbar war, dass ein Grab geöffnet werde,[916] so scheint aber diese Unterscheidung nicht grundsätzlich neue Überlegungen hervorzurufen. Die Argumentation, dass die Tradition vom geöffneten Grab im Zusammenhang der Verkündigung der Auferstehung *entstanden* sei, weil sie jetzt in diesem Kontext stehe,[917] vermag nicht zu überzeugen. Denn es werden nur die Möglichkeiten erwogen und verworfen, dass der Erzählzug vom offenen Grab durch das "Geschehen" der Auferstehung bedingt sein könnte oder dann als Beleg für die Tatsächlichkeit zu dienen hätte. Dabei wird übersehen, dass es sich um einen verschieden deutbaren Bericht, der eines klärenden Wortes bedarf (V6), handelt.

Die Annahme, dass den ersten Christen das leere Grab bekannt war, kann sich demgegenüber zusätzlich auf folgende Argumente stützen:
- Die Berichte von leeren Grab erscheinen nicht als Grund des Auferstehungsglaubens.[918]
- Das leere Grab ist in allen vier Evangelien in z.T. unterschiedlichen Zusammenhängen bekannt.
- Es fehlt jeglicher Hinweis, dass die Auferstehungsbotschaft anders als als Auferstehung des Leibes zu verstehen wäre. Ohne solche Hinweise wäre eine Verkündigung der Auferstehung Jesu in Jerusalem nicht möglich gewesen, wenn das Grab nicht als leer bekannt gewesen wäre.[919] Auferstehung heisst für jüdische Ohren immer Auferstehung des Leibes.[920]

---

914 *Lapide*, Auferstehung 15 meint sogar, dass die Erzählung vom leeren Grab den Glauben an die Auferstehung eher erschwert habe. Änlich *Broer*, "... auferstanden" 42.
915 *Oberlinner*, Verkündigung 175: "Der Osterglaube setzt *das leere Grab* voraus, *nicht* aber das *geöffnete Grab!*"
916 Mk 16,3; Joh 11,39; Str-B II 545. *Oberlinner*, Verkündigung 173 scheint an diese Möglichkeit nicht zu denken.
917 *Oberlinner*, Verkündigung 179-181.
918 Mit *Broer*, "... auferstanden" 52f.
919 Mit *Cranfield* 467; *Schweizer* 204; gegen *Pesch* II 538.
920 *Gnilka* II 342; *Taylor* 606.

- Auch die Gegner der Christen bestritten das leere Grab nicht, sondern deuteten es anders.[921]
- Es ist keine Verehrung des Grabes Jesu bekannt.[922]
- Die Frauen werden in der Mk-Perikope in ein zwiespältiges Licht gebracht. Es ist deshalb historisch wahrscheinlich, dass am Ostermorgen das leere Grab von einer oder mehreren Frauen entdeckt worden ist.[923]

---

921 *Gnilka* II 346; *von Campenhausen*, Ablauf 52; *Hempelmann*, Auferstehung 24; *Staudinger*, Glaubwürdigkeit 94.
922 *Gnilka* II 346, Anm.44.
923 Mit *Cranfield* 463, 466f; *Gnilka* II 346; *Schweizer* 204; *Craig*, Historicity 60;
    gegen *Pesch* II 536 ("kann nicht als historisch gesichert gelten").

3 Zusammenfassung und Ausblick:
Überlegungen zur Bedeutung der Geschichte für den Glauben

3.1 Glaube als Geschenk. Zur Verborgenheit der Wirklichkeit Gottes

Die Passionsgeschichte des Markus versteht den Glauben als Geschenk. Das richtige Verstehen des Leidens Jesu wird gegeben, es ist nicht machbar. Deutlichstes Beispiel dafür ist der Hauptmann unter dem Kreuz. Zaghaft, doch eindeutig zeichnet sich in seinem Bekenntnis richtiges Verständnis des Kreuzesgeschehens ab. Ihm sind sozusagen die Augen ein Stück weit geöffnet worden, dass er Jesus als "gewesenen Gottessohn" bezeichnen kann. Der Mensch kann nicht mit eigenen Mitteln zur rechten Gotteserkenntnis gelangen.[1] Er weiss nicht von sich aus, wie er im Blick auf die Geschichte Jesu von Gott reden soll. Dass die Passionsgeschichte angesichts des als brutal und barbarisch verstandenen Kreuzesgeschehens gerade so von Gott spricht, dass sie den Gekreuzigten als Gottes Sohn und seinen Messias bezeichnet, ist demnach nicht das Resultat menschlicher, d.h. theologischer Reflexion. Die Wahrheit dieser Erzählung kann deshalb nicht logisch deduzierbar oder psychologisch erklärbar sein. Ihre Grundlage ist vielmehr die geschenkte Einsicht, eben der Glaube, wie er sich beispielsweise im Bekenntnis des Centurio zu äussern beginnt. Diese Einsicht ist dann allerdings in sehr durchdachter Form als kunstvoll-dramatische Erzählung dargestellt.

Verschiedentlich wird in der Passionsgeschichte deutlich, in welche Verirrungen das Vertrauen auf die eigenen Möglichkeiten führen kann. Um Gott zu erkennen, ist der Mensch darauf angewiesen, dass ihm erstens gezeigt wird, wie er das tun soll, und dass er zweitens das Gezeigte auch verstehen kann.

Die Unmöglichkeit, von sich aus die wahren theologischen Bedeutungen zu erkennen, zeigt sich in der Passionsgeschichte z.B. bei der Salbung. Vor

---

1 Dem Ziel, die "rechte Gotteserkenntnis" zu bewahren, dient auch die Regel, dass Gotteslästerer bestraft werden sollen. Allerdings ist diese Regel problematisch, da ihre Anwendung darauf angewiesen ist, zu wissen, welches eine richtige Rede von Gott ist. Die Verurteilung Jesu ausgerechnet wegen Gotteslästerung verdeutlicht die Problematik dieses Gesetzes.
Problematisch ist auch die Idee, das falsche Reden von Gott durch Strafe und nicht durch Wahrheit zu entkräften.

der Rede Jesu wird die Bedeutung der Salbung als vorweggenommene To-
tensalbung nicht erkannt. Sie ist den Jüngern und sogar der Frau, die diese
Tat tut, verborgen. Erst die Rede Jesu macht sie verstehbar. Im Blick auf
Verhaftung und Verhöre wäre es ohne die Hoheitstitel (Menschensohn,
Christus, Sohn des Hochgelobten, König der Juden) nicht möglich, Gott zur
Sprache zu bringen. Die Titel leiten dazu an, wie von Gott zu sprechen ist.
Sie machen die theologische Bedeutung des Geschehens verstehbar. Ohne
den Einbezug der Situation der Erniedrigung könnten andererseits die Ho-
heitstitel nur falsch verstanden werden.

Gottes Wirken ist verborgen und nicht ausweisbar. Es gibt keine Methoden, durch die festgelegt würde, wo und wie von Gott zu reden sei. Es gibt
keine bestimmten Geschehnisse, bei denen dies zum voraus klar ist. Das
zeigt sich beispielsweise daran, dass das göttliche Tun als im menschlichen
verborgen erkannt worden ist: Judas wird verschiedentlich als "Auslieferer"
bezeichnet (14,42.44). Die Synedristen und Pilatus "liefern" Jesus "aus"
(15,1.15). Die Erzählung spricht einfach von einem menschlichen Handeln.
Nur von anderen Stellen her (14,21.42; vgl. 1.Kor 11,23; Röm 8,32) wird klar,
dass sich darin das göttliche "Ausliefern" vollzieht. Das göttliche Tun ist
im menschlichen enthalten, darin verborgen und deshalb nicht feststellbar.
Die Wirklichkeit Gottes ist nicht vorzeigbar oder ausweisbar; sie muss angesagt werden.[2]

Damit ist vermieden, dass Gott als einer der Faktoren dieser Welt erscheint. Dass von Gott gesprochen wird, scheint demnach weltlich, d.h. für
den blossen Geschehensablauf, nicht notwendig zu sein.[3] Eine Erzählung
der Geschichte Jesu, in der Gott nicht vorkommt (höchstens Gottesvorstellungen etwa der Synedristen, Jesu oder der Spötter) ist durchaus denkbar.
Die Darstellung der Passionsgeschichte lässt die Möglichkeit offen, dass sie
auch anders erzählt werden könnte.[4] Ihre Erzählweise wahrt ferner die
Weltlichkeit der Welt.[5] Dies ermöglicht, dass Gott überall zur Sprache gebracht werden kann. Das Reden von Gott braucht sich nicht zu beschränken
auf die Geschehnisse, die eine (vorläufig noch) unzureichende weltliche Erklärung haben. Von Gott kann auch dort gesprochen werden, wo weltlich
gesehen alles ganz einsichtig und "folgerichtig" zu sein scheint. Damit wird
es möglich, dort genauso auf Gottes Wirken hinzuweisen, wo Jesus in be-
wusstem Gehorsam seinen Weg ans Kreuz geht, wie dort, wo die Hohen-

---

2 Nicht unbedeutend ist in diesem Zusammenhang, dass in der Passionsgeschichte Gott nicht an grossartigen Wundertaten erkannt werden kann,
   sondern in der Schwachheit des Gekreuzigten. Gottes grosse Tat ist verborgen in der Niedrigkeit des Kreuzesgeschehens (mit *Senior*, Passion
   144-148).
3 Vgl. *Weder*, Hermeneutik 372f.
4 Eine gute Geschichte soll diese Möglichkeit zugestehen; vgl. oben S. 11.
5 Vgl. *Weder*, Hermeneutik 54-64, 422-425.

priester auf sehr eigenwillige Weise den Prozessverlauf beeinflussen und
schliesslich Jesu Tod am Kreuz verursachen. Gottes Wirken kann nicht nur
in der Gehorsamstat, sondern auch in derjenigen des Ungehorsams verborgen sein. Es ist deshalb unmöglich, mit einer Methode festlegen zu wollen,
wo von Gott zu sprechen sei.

Das Wort "verborgen"[6] beschreibt den Sachverhalt am klarsten. Was
verborgen ist, kann unter Umständen wahrnehmbar werden.[7] Die Verborgenheit von Gottes Wirken bedeutet keinesfalls Unsichtbarkeit der Wirklichkeit Gottes. Das würde die Möglichkeit ausschliessen, dass es zu einer
"Einsicht" in Gottes Wirken kommen kann. In diesem Zusammenhang ist
nochmals daran zu erinnern, dass der Weg Jesu fremd und unbegreiflich
ist.[8] Der schändliche Tod am Kreuz ist für den antiken Leser nur schwer
mit der Gottessohnschaft Jesu vereinbar.[9] Die Fremdheit der Geschichte
Jesu treibt die auch sonst vorkommende Verborgenheit Gottes auf die
Spitze.

Mit dem Begriff der Verborgenheit wird die These der prinzipiellen
Unerkennbarkeit Gottes bestritten. Er differenziert vielmehr und klärt, dass
etwas, das nicht vorzeigbar ist, unter Umständen doch wahrgenommen
werden kann; eine Möglichkeit, die jedoch nicht dem Menschen in die Hand
gegeben ist.

Gleichzeitig vermeidet dieser Begriff, dass die nicht gemachte Wahrnehmung auf ein individuelles Defizit des einzelnen Betrachters der Geschichte Jesu zurückgeführt werden müsste. Die Wahrnehmung bleibt aus, weil
Gottes Wirken verborgen ist. Grund dafür ist nicht ein intellektueller oder
anderer Mangel des Betrachters. Es wird gerade nicht von einer klaren Ma-
nifestation der Wirklichkeit Gottes ausgegangen, wie z.B. die Zeichenforde-
rungen sie verlangen.

Diese Verborgenheit von Gottes Wirklichkeit wird für den Ausleger der
Passionsgeschichte bei der Perikope über das Finden des Saals für das Passamahl erlebbar: Er weiss zunächst nicht, ob er von einem göttlichen Vorauswissen Jesu sprechen soll oder von einem verabredeten Zeichen. Erst aufgrund von gewissen Hinweisen kann er sich zum Urteil entschliessen, ob er
von einem Wunder sprechen will oder nicht.

Die wahrnehmbaren Spuren des Ostergeschehens allein (weggewälzter
Stein, leeres Grab) reichen bei den Frauen nicht aus, das Geschehene zu erfassen. Sogar das Wort des Engels vermag ihnen noch nicht die Augen zu
öffnen. Sie handeln zunächst gegen das Engelwort. Erst die in Aussicht gestellte Begegnung mit dem Auferstandenen wird zur Einsicht führen.

---

6 Vgl. *Iwand*, Theologie als Beruf 236-238; *Thielicke*, Geschichte 23f.
7 Vgl. dazu die Abschnitte 3.2 und 3.3.
8 Vgl. oben S. 96.
9 Der moderne Hörer ist sich solcher Schwierigkeiten nur weniger bewusst; das Evangelium ist ihm als "mythische" Erzählung wohl fremder.

Auch die wahre Bedeutung des Judaskusses ist verborgen. Nur wer informiert ist über die Absprache mit den Häschern, wird die Bedeutung des Begrüssungskusses von Anfang an erfasssen können. Damit beginnt die Schändung Jesu. Die Unausweisbarkeit Gottes hat teil an der Verborgenheit der Bedeutung von manchen Geschehnissen.

Richtiges Verständnis der Bedeutung Jesu entsteht innerhalb der markinischen Passionsgeschichte nur selten. Dem Hauptmann unter dem Kreuz wird die tiefste Einsicht bescheinigt. Bereits hier ist vorausgreifend darauf hinzuweisen, dass der Glaube stets auf Wahrnehmungen bezogen ist. Beim Hauptmann wird ausdrücklich hervorgehoben, dass seine Einsicht bei der Beobachtung des Sterbens Jesu entsteht. Das Missverständnis, seine Erkenntnis ergebe sich von selbst aus der Wahrnehmung des Sichtbaren ist dadurch abgewehrt, dass von all den "Dabeistehenden" nur gerade dieser eine Jesu einzigartige Gottverbundenheit erkennt.

Diese Erkenntnis ist nicht machbar, sondern wird geschenkt. Richtiges Verständnis der Person Jesu ist stets Geschenk.[10] Das zeigt sich indirekt auch darin, dass es als unmöglich dargestellt wird, aus eigener Kraft in der Nachfolge zu bleiben. Gerade Petrus, der seine Treue zu Jesus für stärker hält als die der anderen Jünger, wird der grösste Fall angesagt. Die Perikope 14,26-31 macht vor allem mit V28 deutlich, dass die Möglichkeit der Nachfolge und des Glaubens nicht in der eigenen Kraft besteht, sondern vom Auferstandenen ausgeht.

Aus der Beobachtung des Vorgegebenen entsteht demnach nicht von selbst der Glaube. Aus der Sichtbarkeit folgt auch das Missverständnis, nicht nur die Einsicht.[11] Gemäss dem Erzähler der Passionsgeschichte liegt anscheinend das Missverständnis sogar näher.

Daraus kann sich der Eindruck ergeben, ein Geschehen sei mehrdeutig. Die Geschichte des Leidens Jesu wird schon in der Bibel verschieden verstanden. Die Synedristen verstehen sie anders als der Hauptmann unter dem Kreuz und wieder anders als Petrus. Dass etwas verschieden verstanden wird, heisst aber noch nicht, dass es keine allgemein gültige Bedeutung habe, sondern dass diese mehr oder weniger stark verborgen, nicht für alle sichtbar ist. Es ist eine scheinbare Mehrdeutigkeit.[12]

Wenn aus der Geschichte Jesu das Verständnis folgt, ist das als Geschenk zu verstehen, das dem Menschen zuteil wird. Der Erzähler weiss, dass der Weg vom Irrtum zum Glauben dem Menschen nicht offen ist. Überall, wo eine Überwindung der Verirrung angesagt ist, geht diese gerade nicht vom Menschen aus. Es ist der auferstandene Herr, der die zerstreuten

---

10 *Weder*, Hermeneutik 130, 133 spricht im Anschluss an Fuchs von der "Stunde des Verstehens"; vgl. 415 das Stichwort "Erleuchtung"; *Stuhlmacher*, Bedeutung 143.

11 Mit *Hengel*, Probleme 236; *Iwand*, Theologie als Beruf 238.

12 Vgl. *Bockmühl*, Atheismus 63; *Michel*, Sehen und Glauben 49f.

Jünger wieder sammelt (14,28). Es ist das Sehen des Erhöhten und Kommenden, das die Synedristen zur Einsicht bringen wird (14,62). Es ist die verheissene Begegnung mit dem Auferstandenen, die die Augen öffnen wird (16,7). Das neue Verstehen der Geschichte Jesu geht von Gott oder dem Auferstandenen aus.

Die "Warum hast du mich verlassen ..."-Frage macht deutlich, dass das Reden von Gott durch das Kreuzesgeschehen in Dimensionen geführt wird, die alle menschlichen Verstehensmöglichkeiten übersteigen. Die Gebetsform der Frage – sie wird an Gott gerichtet – drückt aus, dass die Antwort darauf nur von Gott selbst zu erwarten ist.

Die geschenkte Einsicht, wie sie die Passionsgeschichte bezeugt, ist überraschender, ja ärgerlicher Natur. Denn Gott wird in Zusammenhänge gebracht, die gänzlich unerwartet sind. Er wird verbunden mit der schändlichsten aller damaligen Bestrafungen: dem Tod am Kreuz. Das löste und löst auch Ärger, Ablehnung und Spott aus.

Wenn aus der Geschichte Jesu Glaube entsteht, ist vom Wirken des Heiligen Geistes zu sprechen. Er bewirkt, dass Menschen die Möglichkeit, Gott zur Sprache zu bringen, wahrnehmen und sich ihm anvertrauen können. Wer wahrnimmt, der glaubt, und wer glaubt, der nimmt wahr. Es besteht eine Wechselwirkung zwischen der Wahrnehmung Gottes in der Geschichte und dem Glauben der Betrachtenden. Die Frage, ob das Sehen oder der Glaube das erste sei, entspricht dieser Wechselwirkung nicht. Es kann nicht gesagt werden, dass der Glaube Voraussetzung für das Sehen ist, denn das Sehen führt zum Glauben. Aber auch die umgekehrte Formulierung, dass das Sehen Voraussetzung des Glaubens ist, trifft den Sachverhalt nicht, denn der Glaube leitet das Sehen. Das Sehen ist also nicht der Anknüpfungspunkt, an dem der Glaube im Menschen seinen Anlass findet. Es gibt keinen solchen Ausgangspunkt, denn beides, Sehen und Glauben, ist von Gott gewirkt. Die Entstehung des Glaubens ist ein Geheimnis und uns nicht restlos durchsichtig. Die Rede vom Wirken des Heiligen Geistes löst dieses Geheimnis nicht auf, sondern hebt es hervor.[13] Der Glaube bildet sich nicht selbst an der Geschichte Jesu, sondern wird im Menschen gewirkt. Dabei bleibt der Glaube auf diese Geschichte bezogen.

Auf ähnliche Weise wäre auch von der nicht oder falsch gemachten Wahrnehmung, der fehlenden Einsicht zu sprechen. Es ist in diesem Zusammenhang auf den biblischen Begriff der Verstockung hinzuweisen (Jes 6,9f; Mk 4,12; Joh 12,39f). Es geht dabei um den Sachverhalt, dass etwas Sichtbares nicht gesehen und etwas Hörbares nicht gehört wird. Der Grund dafür liegt nach diesem Begriff ausdrücklich nicht im Gegenstand der

---

13 Vgl. *Iwand*, Glauben und Wissen 166, 189, 197; *Iwand*, Theologie als Beruf 241.

Wahrnehmung, sondern in der Person, die ihn nicht bemerkt. Es ist dabei nicht wirklich erklärt, warum sie ihn nicht bemerkt, jedoch ist der Sachverhalt metaphorisch als Blindheit und Taubheit festgestellt und bezeichnet. Der Unglaube ist letztlich ebenso ein Geheimnis wie der Glaube.

Der Glaube kann damit nicht als notwendiges Vorverständnis für das rechte Hören und Lesen der Passionsgeschichte bezeichnet werden. Ein fruchtbarer Umgang mit diesen Texten kann ohne diese Voraussetzung entstehen. Denn die Texte haben ja gerade zum Ziel, dass es bei ihrer Lektüre zur Erkenntnis Gottes kommt. Es wird hier vom Hörer und Leser nicht etwas verlangt, das er von sich aus nicht leisten kann.

Andererseits ist jedoch nicht zu bezweifeln, dass der Glaube das Lesen der Texte positiv beeinflusst, falls er bereits zu den Voraussetzungen zählt, die der Leser oder Hörer mitbringt. Er wird das Verstehen leiten. Die Texte ermöglichen auch das Gespräch zwischen dem Leser, der (schon) glaubt, und demjenigen, der (noch) nicht glaubt.

Bereits hier wird deutlich, dass Glauben und Erkennen nicht zwei sich gegenseitig ausschliessende Vorgänge sind, sondern zusammengehören. Es sei die Vermutung geäussert, dass sie sich gegenseitig bedingen.[14]

Diese Überlegungen entkräften den Verdacht, der Glaube sei in dem Sinn subjektiv, dass er nur für ein einzelnes Subjekt Gültigkeit habe. Was für einen einzelnen wahr wäre, brauchte dann nicht auch für andere zu gelten. Der Glaube ist zwar nicht eine Wahrheit, die logisch deduzierbar und beweisbar ist, sondern sie wird je einem einzelnen einsichtig gemacht. Doch werden nicht die Augen für je verschiedene Wahrheiten geöffnet, sondern stets für die eine Bedeutung der Person Jesu, die höchstens in je unterschiedlichem Mass erkannt und verstanden wird. Der Glaube ist keine unverbindliche, bloss subjektive Ansicht.

Weil es ein Geschenk ist, dass Menschen Gott erkennen und ihm vertrauen können, kann es auch keine Selbstsicherung der Glaubens geben. Der Akzent liegt dabei auf dem Wortteil "selbst". Eine solche Selbstsicherung wäre der Versuch, sich unter Verzicht auf die geschenkte Einsicht ein Wissen über Gott zu erarbeiten, also von der geschenkten Möglichkeit des Wahrnehmens abzusehen. Es gäbe folglich einen anderen Weg, Gott zu kennen. Dieser schiene sogar noch zuverlässiger zu sein, weil er dem Menschen ganz in die Hand gegeben wäre. Eine solche Selbstsicherung des Glaubens ist als Versuch des Menschen, sich selbst über Gott zu erheben, abzulehnen. Der Glaube bleibt etwas von aussen her, von Gott, in uns Bewirktes. Er bleibt etwas "Fremdes". Es ist nicht möglich, dahinter zurückzugehen und ihn zu "hinterfragen" bzw. ihn durch Fakten oder anderes abzusichern. Er

---

14 Vgl. unten 3.2; *Iwand*, Theologie als Beruf 250f.

wird nicht eine Funktion unserer selbst, sondern bleibt uns im Blick auf seine Herkunft fremd.[15]

Dies entspricht dem in der Einleitung festgestellten Sachverhalt, dass es keinen direkten Weg gibt zu den historischen Ereignissen und der darin gegebenen Offenbarung Gottes.[16] Es kann diesen Weg auch aus theologischen Gründen nicht geben. Er würde die Verborgenheit Gottes aufheben und Gott zu einem "Objekt" machen, das erfasst und erkannt werden kann. Gott geriete so in die "Hände der Menschen" (Mk 9,31; vgl. 14,31). Es entspricht vielmehr der Gottheit Gottes, dass er nicht mit menschlichen Mitteln erfasst werden kann. Unser Angewiesensein auf Quellen und Zeugen muss deshalb nicht bedauert werden. Es ist keineswegs ein Mangel, dass der Glaube sich nicht von Texten wie der Passionsgeschichte lösen kann. Darin spiegelt sich vielmehr, dass der Glaube nicht Menschenwerk ist, sondern "bloss" dankbar aufnehmen kann, was ihm gezeigt worden ist. Gott, der sich zu erkennen gibt, ist "im Himmel", während der glaubende Mensch "auf Erden" ist und bleibt.[17] Dieses Verhältnis bleibt gewahrt durch die Verborgenheit Gottes und unser bleibendes Angewiesensein auf die biblischen Zeugen.

3.2 Glauben und Sehen. Zur Geschichtsbezogenheit des Glaubens

Gemäss der Passionsgeschichte ist der (geschenkte) Glaube auf Wahrnehmungen bezogen. Was über Jesus ausgesagt wird, bleibt bezogen auf seine Geschichte. An dem, was wahrgenommen wird, gewinnt der Glaube seinen Inhalt.

Beim Bekenntnis des Hauptmanns unter dem Kreuz ist ausdrücklich festgehalten, dass diese Einsicht entstand, als der Hauptmann "sah, dass er auf diese Weise verschied". Der Sohnestitel allein genügt nicht, um Jesus zu beschreiben, denn er kann ganz verschieden verstanden werden. Erst aus der Geschichte wird deutlich, auf welche Weise Jesus Sohn Gottes ist: Seine Sohnschaft besteht in der Erniedrigung.

Hoheitstitel kamen sonst nur noch in den beiden Verhörsberichten (und in den dazugehörenden Spottszenen) vor. Darüber hinaus enthält noch der titulus am Kreuz einen weiteren Hoheitstitel. Das ist beachtenswert. Ohne die konkrete Situation der Erniedrigung können Messianität und Sohnschaft Jesu nur falsch verstanden werden. Der Glaube ist auf Wahrnehmungen angewiesen: Die Verspottung durch die Soldaten macht deutlich, dass Jesu

---

15 Vgl. *Iwand*, Glauben und Wissen 53f, 195; *Mostert*, Fides creatrix 244; *Weder*, Hermeneutik 366; *Weder*, Kreuz 245f.
16 Siehe oben S. 21f.
17 Vgl. oben S. 2f.

Königtum in seiner Wehr- und Rechtlosigkeit besteht. Die Erwähnung des
titulus hält fest, dass Jesus gerade als Gekreuzigter der König der Juden,
d.h. der Messias ist. Die Verwendung des Worts "lästern" in 15,29 erklärt,
dass neu am Hingerichteten abzulesen ist, wer Gott ist. Die Gethsemane-
Szene betont, dass es anders als durch Jesu "Gottverlassenheit" und Tod
nicht "möglich" gewesen wäre, zu der neuen Gottesbeziehung, wie z.B. der
Mahlbericht sie ankündigt, zu kommen. Aus diesem nicht "möglich" lässt
sich schliessen, dass zur Beschreibung, wer Gott ist, künftig die Erzählung
der Leidensgeschichte Jesu gehört. Denn ohne die Geschichte Jesu kann
Gott nicht mehr erkannt werden.

Der Text verweist auf die Geschichte Jesu, die dem Wort seinen Inhalt
gibt. Die grosse Bedeutung des Wortes bleibt dadurch gewahrt. Der Glaube
entsteht aus dem Wort,[18] jedoch nicht so, dass das Wort unmittelbar in die
Entscheidung führt und eine eigene Antwort verlangt, sondern so, dass das
Wort Wahrnehmungen zuspielt und so als Antwort das glaubende Bekenntnis (15,39) nahelegt. Das Wort fordert nicht, sondern spielt etwas zu und
legt den Glauben nahe. Das ist seine Wohltat.

Auch der Gebrauch des Titels "Menschensohn" weist in die gleiche Richtung. Er kommt im Zusammenhang von Leidensankündigungen vor. Das Reden vom *Leiden* des Menschensohns bringt die Würde des Titels und die
Schmach des Leidens zusammen. Die Hoheit des Menschensohns besteht in
seiner sichtbaren Erniedrigung.[19]

In Verbindung mit Wahrnehmungen wird es möglich, Gott zu erkennen
und ihn zur Sprache zu bringen. Die Passionsgeschichte spielt mit ihrem Erzählen dem Hörer/Leser die Möglichkeit zu, etwas über Gott zu erfahren.
Sie ist damit etwas anderes, als eine Theorie über Gott, die z.B. auf abstrakte Weise die Eigenschaften Gottes bespricht. Eine solche Theorie fordert auf zum Nachvollziehen der bereits gemachten Denkschritte. Die Passionsgeschichte demgegenüber verweist auf die Geschichte Jesu als den
Ort, wo zu erfahren ist, wer Gott ist. Damit gibt sie zu denken: Im Nach-
Denken entdeckt der Leser die Wohltaten, die davon ausgehen, dass Gott
sich in dieser Geschichte zu erkennen gibt. Sie gibt ihm den Gegenstand,
über den er sich Gedanken machen kann. Die Passionsgeschichte lässt damit
dem Hörer/Leser die Möglichkeit zukommen, sich seines Gottes zu freuen.
Sie befreit ihn vom Zwang, sich selbst sagen zu müssen, wer oder was Gott
ist. Die Erzählung bildet damit die Identität des Hörers.[20] Sie gibt ihm
Orientierung im Blick auf sein Fragen nach Gott und lässt in ihm das glaubende Bekenntnis entstehen. Dass Petrus nach seinem grossen Versagen
wieder ausdrücklich als Jünger bezeichnet wird (16,7) gibt dem Hörer Orien-

---

18 Röm 10,17; vgl. *Iwand*, Glauben und Wissen 167–173.
19 Vgl. Joh 3,14.
20 Vgl. oben S. 14.

tierung im Blick auf sein eigenes Versagen. Das glaubende Bekenntnis lässt ihn sich selbst verstehen als Menschen, der Vergebung braucht und findet.

Dass beim Kreuz (und der ganzen Geschichte Jesu) von Gott zu sprechen ist, führt in die gesuchte, dem Menschen nicht erreichbare Dimension des Redens von Gott. Das Beachtenswerte dabei ist, dass Gott im schmutzigen und barbarischen Geschehen einer Kreuzigung erkennbar werden soll. Hier liegt die Eigenart der Passionsgeschichte. Das Sehen ist nicht Bedingung für den Glauben, wie es die Spötter 15,32 meinen, sondern ermöglicht den Glauben. Die konkrete Wirklichkeit dieser Welt - Golgotha - wird damit zum Ort, an dem Gott erkannt werden kann. Es ist kein anderer Ort gegeben, an dem gelernt werden könnte, von Gott zu sprechen. Die Welt ist zu würdigen als Ort unserer Gotteserfahrungen.[21] Alles Reden von Gott hat daher auf diese Welt bezogen zu sein. Von Gott kann man nicht reden, ohne von der Wirklichkeit dieser Welt zu sprechen.

In der Wirklichkeit dieser Welt nimmt der Glaube wahr, wovon er spricht. Die Erniedrigung Jesu wird in seiner Geschichte deutlich. Seine Unschuld wird sichtbar im Scheitern der Bemühungen, Falschzeugen für ein Todesurteil zu finden. Sie ist damit wahrgenommen, nicht einfach postuliert. In der Einsamkeit Jesu kann der Glaube seine Einmaligkeit erkennen. An seinem Schweigen zeigt die Passionsgeschichte seinen Gehorsam. Pilatus nimmt das wahr und staunt. Ihm wird eine beschränkte richtige Erkenntnis Jesu zugeschrieben: Er nimmt seine Unschuld wahr. Allerdings führt bei ihm diese Er-kenntnis nicht zum Be-kenntnis und dem entsprechenden Handeln, sondern zur Verwerfung wider besseres Wissen.

Im Scheitern der Jünger und des Petrus, wie es 14,26-32 angesagt ist und dann auch eintrifft, wird erfahrbar, dass vor Gott nicht die eigene Stärke zählt, sondern eines jeden Schwachheit vor ihm offenbar wird. Am Sachverhalt, dass Judas auf einen Zu-fall warten muss (14,11), der sich dann auch einstellt, wird erlebbar, dass nicht der Mensch, sondern ein anderer als Herr der Geschichte zu bekennen ist.

Auch das Ostergeschehen ist in Beziehung gesetzt zur Wirklichkeit dieser Welt. Nach 16,1-8 ist es nicht "spur-los" Ostern geworden. Der weggewälzte Stein und das leere Grab weisen hin auf das, was Gott getan hat, wobei gerade nicht behauptet ist, dass aus diesen "Spuren" die Auferstehung Jesu erschlossen werden könnte. Sie halten lediglich fest, dass die Auferstehung nicht als wunderbares himmlisches Geschehen verstanden

---

21 Vgl. *Weder*, Hermeneutik 216-230.
Der von *Böttger*, König 81f, vgl. 91, 93 gebrauchte Ausdruck "Offenbarungsgeschehen" würdigt die Passionsgeschichte als Ort, an dem Gott erkannt werden kann (vgl. die Wendung "Offenbarungsgeschichte" bei *Mann*, Gott 11). Er verschleiert aber die Verborgenheit Gottes in dieser Geschichte und weckt den Eindruck, die Kenntnis Gottes sei an den Geschehnissen ablesbar.

werden kann, das die Wirklichkeit dieser Welt nicht betrifft. Das geschieht ebenfalls durch die verschiedenen Verbindungen, die den Osterbericht als zur Leidensgeschichte gehörend kennzeichnen. Dass alles Reden von Gott bezogen ist auf die Wirklichkeit dieser Welt, gilt auch für die Osterperikope.

Damit bekommt das faktische Geschehen innerhalb der theologischen Rede ein grosses Gewicht. Es wird zu einem der Faktoren, die das Reden von Gott leiten.[22] Dort, wo von Gott gesprochen wird, ist auch etwas in unserer Wirklichkeit wahrnehmbar. Dem "Wort vom Kreuz" entspricht in der Wirklichkeit dieser Welt das Kreuz. Ohne das Kreuz Jesu könnte es kein "Wort vom Kreuz" geben. Die Rede von Gott übergeht die geschichtliche Wirklichkeit nicht, sondern würdigt sie.[23] Darin konkretisiert sich die Wertschätzung des Kreuzesgeschehens als einer ein für allemal geschehenen Tat Gottes. Denn an dieser einmaligen Geschichte findet der Glaube stets von neuem die Bestätigung, dass er zu Recht auf Gottes Liebe zu den schuldbeladenen Menschen vertraut. Die Frage unseres Heils ist in der Geschichte Jesu ein für allemal entschieden.

Dadurch stellt der Glaube seinen Realitätsbezug sicher. Er braucht sich um den Vorwurf, er sei ein Produkt des Wunschdenkens, nicht zu kümmern.[24] Dieser Sachverhalt wird beispielsweise bei der christlichen Mahlfeier deutlich. Darin bezieht sich die Gemeinde zurück auf den Tod Jesu und sein letztes Mahl. Dort findet der Glaube einen Halt, der ihn vor dem Verdacht bewahrt, blosse Einbildung zu sein. Der Teilnehmer am Abendmahl lässt sich durch "Brot und Wein" etwas sagen. Zweifel an der Richtigkeit des Glaubens werden unter anderem durch den Bezug auf das Vergangene widerlegt. Dass das Evangelium eine Geschichte zu erzählen hat, ist bereits ein Argument, das für die Wahrheit seiner Verkündigung spricht. Der Bezug auf das Vergangene dient der Begründung und der Vergewisserung des Glaubens. Der Geschichtsbezug ist damit im Leben des Glaubens verwurzelt.

---

22 Ähnlich *Hengel,* Probleme 241: "Die Christologie kann aus dem Auferstehungsgeschehen - ganz gleich, wie man es deutet - *allein* nicht abgeleitet werden. Die Wurzel muss in Jesu Verhalten und Hinrichtung zu suchen sein."

23 Eine Scheidung von "theologischen" und "historischen" Sachverhalten ist gerade nicht möglich. Die Passionsgeschichte verbindet vielmehr beides miteinander. Vgl. dazu auf das ganze Evangelium bezogen *Hengel,* Probleme 233f und 236: "In Wirklichkeit besteht die 'theologische' Leistung des Evangelisten darin, dass er beides untrennbar miteinander verbindet, dass er predigt, indem er erzählt, dass er Geschichte schreibt und eben darin verkündigt."

24 Vgl. *Weder,* Kreuz 240.
Aus dem Erfahrungsbezug des Glaubens folgt die Erfahrungsbezogenheit christlicher Existenz (*Weder,* Kreuz 241f).

Das Geschehen wird nicht als eine Reihe von Fakten betrachtet, sondern in seinem Kontext gesehen: Der Kontext der Salbung, nämlich der bevorstehende Tod Jesu, macht diese zu einer guten Tat. Aus dem Kontext ergibt sich ihre Einmaligkeit, die nicht einfach wiederholbar ist. Das ganze Passionsgeschehen wird im Rahmen des Passafests betrachtet. Ohne den Kontext ist ein Ereignis nicht verstehbar. Es begegnet ja nicht als isoliertes Faktum, sondern steht eingebettet in einen Zusammenhang. Wenn der Kontext in der Bedeutungsfindung eine wichtige Rolle spielt, dann entspricht dies der Wirklichkeit dieser Welt, wo ein Geschehen stets in einen Zusammenhang eingebettet ist.

Voraussetzung für den Glauben ist damit eine konkrete Welterfahrung.[25] Der Glaube ist keine abstrakte denkerische Angelegenheit. Dem reinen Denken allein ist es vielmehr nicht möglich, Gott zu erkennen. Ohne Welterfahrung kann es auch keine Gotteserfahrung geben, oder anders formuliert: Alle Gotteserfahrung geschieht zugleich in Welterfahrung. Der Glaube wendet sich nicht von der Wirklichkeit dieser Welt ab (etwa um höheren Dingen zuzustreben), sondern er wird an die Welt verwiesen. So wird auch der Glaubende nicht aus der Welt hinausgenommen, sondern gerade umgekehrt in die Welt hinein gesandt.[26] Die Passionsgeschichte hat also durchaus eine Relevanz für die Lebenspraxis und -erfahrung des Hörers/Lesers. Er lernt dadurch beispielhaft, die Welt mit neuen Augen zu sehen. Brot und Wein werden in der Feier des Abendmahls gewürdigt, Zeichen von Jesu Leib und Blut zu sein. Die Wirklichkeit Gottes lässt die Realität dieser Welt nicht ausser acht, sondern gibt ihr eine neue Würde. Die Geschichte des Leidens Jesu wird zum Ort, an dem Gott sich zu erkennen gibt. Der Bericht ist deshalb nicht bloss "Material", auf das auch verzichtet werden könnte.

Die Salbungsperikope verweist den Hörer an die Armen, die "ihr immer bei euch habt, und wenn ihr wollt, könnt ihr ihnen Gutes tun". Das Sterben Jesu "für viele" sowie das Scheitern der Jünger und die Aussicht ihrer neuen Nachfolge bettet auch das eigene Scheitern des Lesers ein in den neuen Bund Gottes mit den Menschen. Der Hörer/Leser wird also nicht nur als Handelnder auf seine Lebens*praxis* angesprochen, sondern auch auf das, was ihm widerfährt. Es werden ihm "Funktionen der Daseinsorientierung" zugespielt.[27]

---

25 Hier zeigt sich nochmals, dass der Glaube keine Voraussetzung für das Lesen der Passionsgeschichte ist (vgl. oben S. 244). Ihre Erzählweise knüpft an anderen Voraussetzungen an, nämlich an den (Welt-)Erfahrungen der Leser. Auf diese Erfahrungen lässt sie ein neues Licht kommen und verändert dadurch die vom Leser mitgebrachten Voraussetzungen und Erlebnisse (vgl. *Ebeling*, Dogmatik II 317f). Solange ein Leser zu seinen Erfahrungen etwas vernehmen kann, bleibt das Verstehen möglich.
26 *Weder*, Kreuz 240-243.
27 Vgl. oben in der Einleitung S. 24-27.

Es ist hier noch einmal das Missverständnis abzuwehren, als ergebe sich der Glaube von selbst aus der Geschichte Jesu. Demgegenüber ist nochmals zu betonen, dass es ein Geschenk ist, wenn in der Geschichte Jesu Wahrnehmungen gemacht werden können, die dem Glauben Inhalt geben.

Es wird darum nicht möglich sein, zu beweisen, dass es sich bei den Berichten der Passionsgeschichte um Wahrnehmungen *Gottes* handelt. An der Nichtausweisbarkeit der Wirklichkeit Gottes muss festgehalten werden. Es wird deshalb z.B. nicht gelingen können, mit Hilfe des leeren Grabes den Beweis zu führen, dass Jesus auferstanden ist. Die Tatsächlichkeit des Berichteten vermag nicht die ganze Wahrheit der Passionsgeschichte zu beweisen. Der Tatsachenbezug ist deshalb nur eines der Wahrheitskriterien. Die Geschichte Jesu bleibt Hilfe und Möglichkeit für den Glauben, sie darf nicht zu seinem Beweis umfunktioniert werden. Wer jedoch das Geschenk des Glaubens erhält, wird auf diese Geschichte Jesu gewiesen und erfährt dieses Angewiesen-Sein als Wohltat.

Möglicherweise verweist auch das etwas überraschende Ende des Evangeliums bei 16,8 auf diesen Sachverhalt. Das Wesentlichste, die Begegnung mit dem Auferstandenen, die zur Einsicht führt, ist nicht mehr erzählt. Sie wird nicht auf solche Weise aussprechbar sein, dass nachher keine Fragen mehr bestehen. Die Erzählung kann nicht das vermitteln, was der Auferstandene den Jüngern gab. Der Glaube bleibt ein Geschenk. Er ist nicht übertragbar. Erzählbar jedoch ist die Geschichte Jesu, die auch nach Ostern wesentlich bleibt.[28] Durch sie wird der Glaube bezeugt.

Ähnliche Überlegungen lassen sich zum Tatbestand machen, dass die Auferstehung selbst nicht beschrieben ist. Sie ist möglicherweise nicht beschreibbar, sondern kann nur von dem geglaubt werden, dem die Augen geöffnet sind, die sichtbaren Spuren davon zu verstehen.

Der Glaube ist nicht in erster Linie an blossen "Tatsachen", auch nicht an Heilstatsachen interessiert, sondern an einer Person: Christus. Die Tatsachen sind für die Passionsgeschichte insofern von Bedeutung (oder ohne Bedeutung), als sie zum besseren Verständnis von Christus beitragen (bzw. nicht beitragen). Personen werden ohne Tatsachen nicht greifbar und sichtbar. Die geschichtlichen Wahrnehmungen, die die Passionsgeschichte ermög-

---

28 Die Geschichte Jesu bleibt für die Identität des Auferstandenen von zentraler Bedeutung. Auch nach der Auferstehung wird Jesus als "Nazarener" und "Gekreuzigter" charakterisiert (vgl. oben S. 235).
   Die neuerdings wieder verwendete Bezeichnung des Evangeliums als antike "Biographie", die stets auch relativiert wird (*Ernst* 395; *Cancik*, Gattung 98; *Schenke*, Markusevangelium 146f), versucht diesen Sachverhalt zu würdigen.

licht, dienen dem Zweck, die Identität Christi erfahrbar zu machen.[29] Hierin wird nochmals der zuspielende und gebende Charakter des ganzen Leidens-berichts deutlich. Der Text fordert nicht Zustimmung oder Kenntnisnahme, sondern spielt dem Leser etwas zu, das er von sich aus nicht wissen kann. Fremdes kann ihm wichtig werden.[30]

Vielleicht könnte man von hier aus eine Überlegung anstellen zum Vor-verständnis, das für das Lesen der Passionsgeschichte notwendig ist. Der Leser wird auf Welterfahrungen hin angesprochen. Seine eigenen Welter-fahrungen helfen ihm, die in der Passionsgeschichte geschilderten Vorgänge zu verstehen. Wenn Welterfahrungen zum Vorverständnis gehören, hat die-se Seite des Vorverständnisses keinen exklusiven Charakter. Welterfahrun-gen macht jedermann, der in der Welt lebt.

Die Rückfrage nach dem, was sich ereignet hat, erhält innerhalb der Exe-gese ihr Recht und ihren Sinn durch die Bedeutungsfaktoren "Geschehen" und "Kontext". Je mehr es gelingt, ein Ereignis wahrzunehmen, desto besser wird seine Bedeutung verstehbar. Daraus ergibt sich, dass es sinnvoll ist, die einzelnen Perikopen historisch zu beurteilen. Denn dies hilft der besse-ren und genaueren Wahrnehmung und fördert dadurch das Verständnis. Der Glaube braucht die historischen Fragestellungen nicht zu fürchten, sondern kann von ihnen neue Einsichten erwarten. Die Theologie wird darum um des Redens von Gott willen historischer Forschung gegenüber nicht desinteres-siert oder gleichgültig sein, sondern von ihren Ergebnissen lernen wollen.[31] Die Abschnitte "Historische Beurteilung" innerhalb der Exegese belegen, dass es grundsätzlich möglich ist, an die theologischen Texte historische Fragen zu stellen. Dabei wird erfahrbar, dass sich die theologische Rede auf ein Geschehen in seinem Kontext bezieht. Allerdings ist einzuschränken, dass die Quellenlage eine genaue Beurteilung oft unmöglich macht. Daher fehlt auch bei einigen Perikopen dieser Abschnitt "Historische Beurtei-lung".[32]

Dadurch, dass Gott wahrnehmbar gemacht wird in Verbindung mit der Wirklichkeit dieser Welt, wird die Gegenwart Gottes ausgesagt. Insbeson-

---

29 Das Einmalige und Besondere an Jesus wird aus seiner Geschichte deut-lich, vgl. oben S. 41f. Die Formulierung von *Limbeck* 11 vermag diese Be-deutung des Geschichtlichen nicht zu würdigen: "Trotz der historisieren-den Darstellung des Wirkens Jesu will Markus freilich nicht einfach das vergangene Wirken Jesu schildern, da auch für ihn von Anfang an das Wort des 'jungen Mannes' an die Frauen im Grab gilt: 'Ihr sucht Jesus von Nazareth, den Gekreuzigten. Er ist auferstanden!'"

30 Vgl. *Iwand*, Glauben und Wissen 176f; *Mostert*, Scriptura sacra 75, Anm. 36.

31 "Eine Unabhängigkeit der Theologie von historischen Fragen ist unmög-lich" (*Michel*, Gewissheitsproblem 357).

32 Sie fehlt bei den Perikopen Mk 14,1-2; 3-9; 17-21; 26-31 und 15,16-20a. Bei den anderen elf Perikopen war ein historische Beurteilung möglich.

dere wird von Geschehnissen ausgesagt, dass sie Gottes Willen entsprechen. So lehrt etwa 14,21 dass Gott will, dass Jesus in die Hände der Sünder ausgeliefert wird. In 14,36 kommt Gottes Wille explizit zur Sprache: "Aber nicht was ich will, sondern was du willst." Das Gethsemanegebet lehrt, dass es Gottes Plan entspricht und von Gott her nicht anders geschehen soll, als dass die Stunde nicht an Jesus vorübergeht. Diesem Gebet wird übrigens auch eine Wirkung zugeschrieben: Jesus geht seinen Weg wieder entschlossen. Auf diese Weise zum Beispiel verwirklicht sich Gottes Wille in der Welt, dass Menschen gestärkt werden, ihren Auftrag auszuführen.

Dadurch, dass beim Kreuz Jesu Gott erkennbar wird, wird es von allen anderen Kreuzen unterschieden, so auch von denen der beiden Mitgekreuzigten. Die theologische Rede hebt die Würde des Einzelnen nicht auf, sondern hebt die Einmaligkeit des konkreten Geschehens vielmehr hervor.

Die Ansage der Gegenwart Gottes ist als Wohltat für die Welt zu verstehen. Sie überlässt die Welt nicht sich selbst, sondern setzt sie in Beziehung zu Gott. Die Welt kann deshalb von Gott etwas erwarten, das sie sich selbst nicht sagen kann. Allerdings wird durch diese Ansage die Welt auch gestört in ihrer Annahme, sie sei nur für sich selbst da.

Es ist von hier aus zu überlegen, ob aus dieser Nähe Gottes zur Welt gefolgert werden muss, dass gewisse (oder alle ?) Ereignisse erst dann richtig verstanden sind, wenn sie mit Gott in Verbindung gebracht werden. Die Frage zielt darauf, verschiedene Deutungen (im Blick auf die Passionsgeschichte: Geschichtsbezüge) miteinander zu vergleichen. Sie kann an dieser Stelle noch nicht in ihrer ganzen Breite gesehen werden. Bereits hier ist jedoch festzuhalten, dass die Ansage der Nähe Gottes zur Welt ein theologisches Verständnis der Welt fordert. Wenn Gott dieser Welt so nahe ist, dann soll er auch zur Sprache kommen, wenn von dieser Welt die Rede ist.

Durch diese enge Verbundenheit mit der Geschichte Jesu ist das theologische Reden in einem gewissen Sinn festgelegt. Gott selbst hat sich festgelegt. Man kann von einer (relativen) Objektivität der Gotteserkenntnis sprechen.[33] Denn das Geschehene in seinem Kontext kann nicht mehr verändert werden.[34] Auch die dazu gehörenden Worte entspringen nicht einfach blosser Beliebigkeit. Das Wort über die Totensalbung wird durch den Kontext als angemessen erwiesen: Die Salbung geschieht kurz vor Jesu Tod. Der mehrfache Bezug auf das AT ist durch den Rahmen des jüdischen Passafests berechtigt. Wenn dadurch auch nicht einzelne Stellen direkt vorgegeben sind, so gehört doch das gesamte AT zum historischen Kontext des Leidens Jesu.

---

33 Die Worte der Falschzeugen werden in der Verhörperikope überprüft und verworfen. Eine Prüfung der theologischen Rede erscheint daher in einem begrenzten Sinn möglich zu sein.

34 Auch wenn seine Zukunft noch unabgeschlossen ist.

Wie und wo Gott erlebbar ist, kann sich das Individuum nicht selbst aussuchen, sondern es ist ihm anvertraut und vorgegeben. Die Wahrheit von Glaubensaussagen kann daher nicht im Glauben liegen, sondern ist in ihrem Gegenstand begründet. Dies wird deutlich in der Feier des Abendmahls: Um die Bedeutung Jesu darzustellen, greift die Gemeinde dabei zurück auf das Zeichen, das Jesus ihr gegeben hat.[35] Der Glaube bezieht sich auf das Vergangene, das Vor-gegebene, um sich zu artikulieren.

Der Bezug auf die Geschichte Jesu ist damit dem Glauben eine Hilfe. Sie hilft ihm, sich darzustellen. Der Öffentlichkeitscharakter des Glaubens hängt wesentlich mit seiner Bezogenheit auf öffentliche Ereignisse zusammen. Der Inhalt des Glaubens ist nicht geheim, kein apokalyptisches System, sondern öffentlich zugänglich. Er ist auch nicht in dem Sinn exklusiv, dass er hohes denkerisches Abstraktionsvermögen ("höhere Bildung") als Bedingung voraussetzt. Durch den Bezug auf die Geschichte Jesu ist er prinzipiell jedermann zugänglich und kann über sich Rechenschaft ablegen. Der Geschichtsbezug hat vermutlich wesentlich dazu beigetragen, dass sich das Christentum ausbreiten konnte. Er verhindert, dass der christliche Glaube zur Privatsache wird.[36]

Es dürfte klar sein, dass Gotteserkenntnis, die einem Menschen aufgrund seiner Wahrnehmung zukommt, stückwerkhaft ist. Es wird ihm dadurch nicht möglich, bei allen geschichtlichen Vorgängen von Gott zu sprechen. Dort, wo er nichts wahrnehmen kann, das ihm das Reden von Gott ermöglicht, kann er auch nichts sagen. Wir können nicht das Wesen Gottes "an sich" beschreiben, aber das erkennen, was wir zu unserem Heil wissen müssen.

Aus diesen Überlegungen ergibt sich, dass Glauben und Erkennen nicht zwei völlig verschiedene Vorgänge sind. Sie stehen vielmehr in Beziehung zueinander. Diese Beziehung ergibt sich aus ihrem gemeinsamen Bezug auf Wahrnehmungen. Es ist zu vermuten, dass die Frage, ob das Glauben oder das Erkennen zuerst sei, in eine falsche Richtung weist. Wohl zutreffender wäre es, wie beim Verhältnis von Glauben und Sehen auch hier von einer Wechselwirkung auszugehen: Es gibt keinen Glauben ohne Erkenntnis, denn wo Gott nicht erkannt ist, kann ihm auch nicht vertraut werden. Anderer-

---

35 *Stuhlmacher*, Herrenmahl 1 bezeichnet die Mahlfeier als wichtigste Gelegenheit, wo das "Evangelium ... erfahren und erlebt werden" kann. *Vischer* bezeichnet "(d)ie Eucharistie als Wahrnehmungsakt" (= Titel seines Aufsatzes, vgl. dort auch 321).
Interessanterweise werden in der Historik Traditionen (als Handlungsvorgaben) als eine Art "Vor-geschichte" bezeichnet (vgl. oben S. 15). In diesem Sinn könnte auch hier gesagt werden, dass sich in der "Tradition" der Mahlfeier abzeichnet, wie sich der Glaube auf die vergangene Geschichte Jesu bezieht.
36 Vgl. *Weder*, Hermeneutik 61f.

seits führt der Glaube zur Erkenntnis, die das Geglaubte verstehen will.[37] Eine Vorordnung des Erkennens würde den Sachverhalt verfälschen. Denn sie würde den Gedanken nahelegen, dass ein Mensch zuerst (durch seine eigene Intelligenz) Gott erkennt und ihm deshalb dann glaubt.

Eher wäre noch von der umgekehrten Ordnung auszugehen: dass ein Mensch, dem die Augen für bestimmte Geschehnisse geöffnet worden sind, auch noch mit seinem Intellekt durchdringen will, was ihm bereits einsichtig geworden ist, wobei der Intellekt an die Denkform seiner Zeit gebunden ist, d.h. dass er heute "geschichtlich" denkt. Ob dieser Sachverhalt allerdings dazu berechtigt, von einer Vorordnung des Glaubens vor das Erkennen zu sprechen,[38] muss fraglich bleiben.[39] Eine Unterscheidung der beiden Vorgänge bleibt jedoch sinnvoll. Denn der Glaube ist im Menschen gewirkt, im Unterschied zum Erkennen, bei dem der Mensch auch selber aktiv ist.[40]

Als Abschluss dieser Überlegungen soll zusammenfassend versucht werden, thesenartig die Bedeutung, die Mk der Geschichte des Leidens Jesu für den Glauben gibt, darzustellen. Es wäre auch zu überlegen, inwieweit diese Thesen von grundsätzlicher Bedeutung sind:

- Die Geschichte Jesu ist der Ort, wo es dem Glauben möglich gemacht ist, von Gott zu sprechen. Anhand dieser Geschichte kann gelernt werden, richtig von Gott zu reden.
- Durch die Geschichte lernt der Glaube die Person Jesu Christi kennen. Um Jesu willen ist er an der Geschichte interessiert. Es geht dem Glauben nicht um die Bedeutung von einzelnen Geschehnissen, sondern um die Bedeutung einer Person. Durch sie werden die Ereignisse zu einer Einheit zusammengehalten.
- Der Bezug auf die Geschichte Jesu hebt den Glauben über den Verdacht hinaus, in ihm komme bloss die individuelle Meinung des Glaubenden zur Sprache. Die Geschichte Jesu gibt der theologischen Rede eine gewisse Objektivität, die sie diskutierbar und überprüfbar macht.
- Aus dem Bezug auf die Geschichte Jesu bezieht der Glaube seine Gewissheit, wahr zu sein. Die einmalige Geschichte Jesu gibt dem Glauben eine "Grundlage".
- Der Bezug auf die Geschichte Jesu hindert den Glauben daran, eine Privatsache bzw. blosse Spekulation zu werden.
- Der Geschichtsbezug macht den Glauben mitteilbar.
- Der Geschichtsbezug wahrt die Externität des Heils.[41] Denn im Glauben kommt Fremdes, ja "An-stössiges" zur Sprache.

---

37 Credo ut intelligam.
38 *Iwand*, Glauben und Wissen 30f.
39 Vgl. dazu *Iwand*, Glauben und Wissen 27–44.
40 Vgl. *Iwand*, Glauben und Wissen 197; ferner *Weder*, Hermeneutik 78; *Marshall*, Jesus 82.
41 *Käsemann*, Problem 202; vgl. *Weder*, Hermeneutik 386f.

- Der Geschichtsbezug gibt dem Glauben die Möglichkeit zu selbstkriti-
scher Reflexion.[42]

3.3 Das Hinausgehen über das Faktische. Zum Geschichtsbezug des Glaubens

Die Passionsgeschichte geht auf mancherlei Weise über die einzelnen Fakten
hinaus. Z.B. durch die Einordnung in den grösseren Zusammenhang des
Passafestes oder durch die Herstellung eines Handlungsablaufs und vor allem auch durch ihr Reden von Gott. Es wäre aber ein Irrtum zu meinen, sie
unterscheide sich durch dieses Hinausgehen über das Faktische von einem
beispielsweise historischen Geschichtsbezug.[43] Das Charakteristische des
christlichen Geschichtsbezugs ist nicht im Dass dieses Hinausgehens, sondern in seinem Wie zu suchen. Die folgenden Überlegungen versuchen dieses Wie darzustellen. Es wird insbesondere zu entdecken gesucht, durch
welche Faktoren das Reden von Gott angesichts des Kreuzestodes Jesu geleitet ist.

Ein wichtiger Faktor, wie das Geschehen zu seiner theologischen Bedeutung kommt, ist die Sprache. Einem Ereignis wird ein Sinn zugesprochen. So
ist es das Wort Jesu, das die Verschwendung des Salböls zur guten Tat der
Totensalbung macht (14,8). Durch das Wort des Hohenpriesters, der Jesus
nach seiner Messianität und Gottessohnschaft befragt (14,61), und durch die
Antwort Jesu (14,62) wird es möglich, angesichts des Verhörs von Gott zu
sprechen. Das Tempelwort Jesu (14,58) kündet das Ende des alten Konzepts
des Tempels an und weist auf eine neue Art des Gottesdienstes. Das Menschensohnwort (14,62) stellt als Kombination von zwei AT-Zitaten der Erniedrigung Jesu im Verhör seine künftige Herrlichkeit gegenüber. Der Ausdruck "Stunde" (14,41) bringt wie andere apokalyptische Termini Gott zur
Sprache. Die Ankündigung Jesu (14,27) macht klar, dass die Flucht der Jünger als Irrewerden zu verstehen ist. Die diversen Ankündigungen schaffen
im Leser eine Art Vorverständnis, das ihm ermöglicht, das, was er nachher
vernimmt, zu verstehen. So bekommt der Wasserträger durch das Wort Jesu (14,13) eine eindeutige Bedeutung für die Jünger: diesem haben sie bis
zum Haus, wo er hineingeht, zu folgen.

Die Rolle der Sprache ist dabei besonders zu würdigen.[44] Dieser Bedeu-
tungszuspruch kann nur in Worten geschehen.[45] Dabei ist zu beachten,

---

42 Vgl. *Weder*, Hermeneutik 364.
43 Dieser geht in analoger Weise über die reine Tatsächlichkeit hinaus.
44 Sie beschränkt sich nicht darauf, dass das Vergangene durch Sprache
   vernehmbar wird.
45 Vgl. zur Bedeutung der Sprache *Mostert*, Sinn 57-74.

dass Wort und Geschehen sich gegenseitig erklären: Das Wort erhält seinen Sinn erst in der Verbindung mit dem Ereignis und dieses bekommt seine Bedeutung erst im Zusammenhang mit dem Wort. Aus dieser Verbundenheit entsteht eine neue Grösse, die vorher nicht war. Das Wort allein ist mehrdeutig und/oder kann bezweifelt werden.[46] Das Tempelwort wird ganz verschieden verstanden. Das Geschehen allein wird ebenfalls verschieden verstanden, weil seine Bedeutung verborgen ist. In der Verbindung von beidem wird das Geschehen durch das Wort nicht übergangen, sondern seine ganze Wahrheit wird erst so richtig deutlich.

Oft knüpft die Sprache dabei beim Wahrnehmbaren und Bekannten an: Die Rede des Engels im Grab knüpft an die Geschichte Jesu und das momentane Tun der Frauen an. Die Abendmahlsperikope stellt den neuen Bund nicht als schlechthin neuartig dar, sondern in Anknüpfung an den alten Bund, wie er im AT bezeugt ist.[47] Das Neue ereignet sich in Verbindung mit dem Altbekannten.[48] Das Abendmahl ist in den Rahmen eines Passamahls eingebettet. Der neuen Feier der Kirche kommt dadurch ein dem alten Fest vergleichbar grosses Gewicht zu.

Wort und Geschehen haben sich zu entsprechen, denn sie ergänzen einander. Sie dürfen also nicht im Widerspruch zueinander stehen. Wir glauben, weil Jesus gekreuzigt wurde, nicht obwohl er gekreuzigt wurde. Das Miteinander von Wort und Geschehen gehört zu der Art und Weise, wie Gott erkannt werden kann.

Durch die Beachtung dieser Worte wird grundsätzlich die ganze Leidensgeschichte Jesu zu einer Gotteserfahrung. Von Gott ist nicht nur dort zu sprechen, wo keine anderen Erkärungen mehr zur Verfügung stehen, sondern sein Name steht über allen Teilen der Passionsgeschichte. Damit wird Gott als der Herr der Geschichte bekannt und erneut das Missverständnis abgewehrt, er sei einfach ein Faktor der Geschichte neben anderen. Über allem menschlich anscheinend verständlichen Handeln der Schriftgelehrten und der Pharisäer steht der Satz, dass es Gottes Wille ist, dass Jesus - sein Sohn - in die Hände der Menschen ausgeliefert wird.

Im Zusammenhang mit dem Bedeutungsfaktor Sprache sind auch die AT-Zitate und die Schriftverweise besonders zu beachten. Das AT gibt Anleitung zum theologischen Reden. Der Anführung einer AT-Stelle in 14,27 lässt Gott erkennen als den, der den Hirten schlägt, d.h. Jesus seinen Gegnern preisgibt. Auch der allgemeine Verweis auf die Schrift in 14,21 ermöglicht, von Gott zu sprechen. Die Art und Weise und der Ort, wo Gott erkennbar wird, ist daher gegeben. Das AT hilft mit, die Sprachlosigkeit in

---

46 Möglicherweise differieren die Zeugen (14,57-59) auch deshalb, weil sie das Tempelwort Jesu verschieden verstanden haben.

47 Dadurch bleibt das AT weiterhin bedeutungsvoll.

48 Es erstaunt nicht, dass die Kirche den Begriff "Passa" für Ostern übernimmt.

Bezug auf Gott zu überwinden. Die Bezüge auf das AT sind dadurch nahegelegt, dass das Passionsgeschehen von Anfang an in Beziehung gesetzt ist zum Passafest. Wenn es von Bedeutung ist, dass das Leiden Jesu sich im Rahmen dieses wichtigen jüdischen Festes abspielt, ist zu erwarten, dass auch die heiligen jüdischen Schriften von Bedeutung sind für das Verständnis der Leidensgeschichte Jesu.

Freilich sind dadurch aber noch keine direkten AT-Stellen vorgegeben. Diese müssen zuerst entdeckt werden. Diese Entdeckung scheint immer wieder gemacht worden zu sein, dass das AT den Weg Jesu klärt und erhellt. Dafür spricht vor allem die Ergänzung der Erzählung durch alttestamentliche Worte (15,28 ist schon aus textkritischen Gründen eindeutig eine solche sekundäre Ergänzung).

Es ist überhaupt nicht so, dass der Bezug auf das AT irgendwie methodisch machbar wäre. Er ist nicht selbstverständlich vorgegeben, sondern kann nur entdeckt werden. Dafür spricht schon die Bedeutungsverschiebung, die eine AT-Stelle bei ihrer Zitierung in der Passionsgeschichte erfahren kann. In 14,27 hat sich das Hauptgewicht von den Schafen auf den Hirten verlagert. Und die Zerstreuung, die für die Schafe Schutz- und Wehrlosigkeit bedeutete, gibt in der Anwendung den Jüngern Sicherheit in ihrer Angst, auch verhaftet zu werden. Die Anwendung des AT ist teilweise überraschend. Der Schriftverweis in 14,49 verdankt sich der staunenden Feststellung, dass sich in dieser menschlich gesehen deplazierten Handlung die Schrift erfüllt.[49]

Durch die Zitate aus Ps 22 in Mk 15,24.(29.)34 wird einerseits klargemacht, dass das, was Jesus erlebt, an dem anknüpft, was Knechte Gottes immer schon erfahren haben: Dass die Treue zu Gott in die Bedrängnis von seiten der Menschen führen kann. Gleichzeitig wird dadurch ein "Lebensbezug zur Sache" hergestellt, weil beim Leser eigene oder gehörte Erfahrungen geweckt werden.

Die Passionsgeschichte führt aber grundsätzlich über eine blosse Wiederholung eines solchen Konflikts hinaus, indem ihn nun der Gesalbte Gottes selbst erfährt. Dadurch erfüllt sich sozusagen die Auseinandersetzung um den verachteten Gottesknecht, da sie in Jesus Gott selbst betrifft. So verändert sich aber die Konfliktsituation grundlegend, indem sich ein um des Evangeliums willen verachteter Jünger Jesu gerade darin in der Nachfolge seines Herrn weiss.

Mit der Beachtung der Sprache als einer der bedeutungsbildenden Faktoren wird der Bereich des Geschichtlichen teilweise überschritten. Durch die

---

49 Das von *Steichele*, Sohn 262 vorgeschlagene Schema Voraussage – Erfüllung vermag dem Sachverhalt nicht gerecht zu werden. Es übersieht, dass viele der verwendeten AT-Stellen gar nicht den Charakter von Voraussagen haben. Das Überraschende und Erstaunende am Schriftbezug geht dadurch verloren.

Verbindung von Wort und Geschehen entsteht – so ist oben gesagt worden – etwas Neues, das vorher nicht war. Die Sprache hilft, in der Geschichte Jesu Dinge zu sehen, die sonst nicht wahrgenommen würden. Dieses Angewiesensein auf Sprache gilt auch für den Hauptmann unter dem Kreuz. Er hat nicht nur den Tod Jesu gesehen, sondern auch seinen Anspruch vernommen, der auch ihm in sprachlicher Gestalt zugetragen wurde – selbst wenn dies nur durch den titulus und die Worte der Spötter geschieht.

Der Ausdruck "teilweise überschritten" will den Eindruck vermeiden, als gehe es hier um Bedeutungselemente, die nicht mehr jedermann zugänglich sind. Das Wort wird vielmehr in der Regel öffentlich ausgesprochen und ist für jedermann hörbar. Das Wort zur Salbung ist für alle hörbar gesagt. Die Verhandlung vor Pilatus ist öffentlich, die vor dem Synedrium vor einem grossen Gremium. Die Frage des Hohenpriesters ist innerhalb des Verhörs gestellt und für alle Synedristen verstehbar. Werden Worte aus dem AT beigezogen, kann auch darauf verwiesen werden, dass die Schrift jedermann zugänglich ist. Aber gerade beim sekundären Zuzug von AT-Zitaten (Mk 15,28!) ist doch das Wort nicht einfach geschichtlich gegeben, d.h. es wurde nicht im unmittelbaren Kontext des Geschehens genannt. In diesem Fall ist der Bereich des Geschichtlichen sicher verlassen.

Auch die Gewichtung, die z.B. dem Wort zur Salbung gegeben ist, gibt diesem Wort eine grössere Bedeutung als sie irgendeinem zufällig gefallenen Ausspruch zukäme. Auch durch die Gewichtung dieses Wortes wird der Bereich des Geschichtlichen in einem gewissen Sinn überschritten, jedoch nicht übergangen. Übergangen wäre die Geschichte erst, wenn das Geschehen in seinem Kontext kein wichtiger Bedeutungsfaktor mehr wäre. Dass das Faktische nicht übergangen wird, zeigt sich daran, dass der schändliche Tod am Kreuz nicht in einen Triumph umgewandelt wird,[50] sondern wesentlicher Bestandteil der Erzählung bleibt.

Ein zweiter, wichtiger Faktor im Hinausgehen über das Faktische ist der Einbezug der Zukunft. Diese wird hell erstrahlen lassen, was jetzt noch verborgen ist. Die Frage, ob die Hohenpriester oder Jesus richtig von Gott sprechen, wird durch die Zukunft eindeutig geklärt werden. Dieses klare Licht ist für diejenigen, die den Auferstandenen gesehen haben und denen die Augen für das richtige Sehen der Geschichte Jesu geöffnet wurden, schon Wirklichkeit geworden.

In 14,9 ist von der Zukunft als Zeit der Verkündigung des Evangeliums die Rede. Allerdings gibt das der Salbung nicht eine neue Bedeutung. Diese hat sie von dem in naher Zukunft liegenden Tod Jesu. Dieser wirft sein Licht auf Jesu ganzes Leben. Die Rede von der Zukunft bestätigt hier vielmehr die grundlegende Bedeutung, die Jesu Tod hat: Auch in der Zukunft

---

50 Vgl. zur Gnosis *Hengel*, Crucifixion 29.

wird durch das Erzählen von der vorweggenommenen Totensalbung von Jesu Sterben am Kreuz die Rede sein.

Auch die eschatologischen oder apokalyptischen Termini (14,41.62; 15,2.33)
beziehen (indirekt) die Zukunft mit ein. Sie sagen die endgültige Bedeutung
des Passionsgeschehens an. Die Zukunft wird demnach nichts mehr bringen,
das das Reden von Gott in eine ganz andere Richtung lenken müsste. Was
in der Geschichte Jesu über Gott gesehen werden kann, bleibt auch beim
Anbruch der Gottesherrschaft gültig.[51]

Das Passionsgeschehen erhält dadurch eine besondere Bedeutung. Es hat
Gott auf eine neue Weise erkennbar gemacht und ermöglichte einen "neuen"
Bund zwischen Gott und den Menschen. Diesem wird nun end-gültiges Gewicht zugeschrieben. Dadurch wird ausgesagt, dass das Leiden Jesu ein für
allemal geschehen ist.

Dass die Zukunft (Wiederkunft, Tischgemeinschaft) bereits angesagt und
damit in ihrer Bedeutung bekannt ist, verringert die Ungewissheit, die sonst
mit dem Bedeutungsfaktor Zukunft verbunden ist. Die Passionsgeschichte
geht davon aus, die Zukunft der Geschichte Jesu zu kennen (Verkündigung
des Evangeliums, Wiederkunft) und erwartet abgesehen davon kein grundsätzlich neues Licht auf die Geschichte Jesu mehr. Der Bedeutungsfaktor
Zukunft unterstreicht damit in erster Linie die grundlegende Heilsbedeutung der Geschichte Jesu.

Durch die Hinweise auf die Erscheinungen des Auferstandenen wird der
Bereich der jedermann zugänglichen Geschichte verlassen - dadurch, dass
diese Erscheinungen als das alles klärende Ereignis zwar angesagt, aber
bei Mk nicht erzählt werden.[52]

Das Charakteristische des Geschichtsbezugs des Glaubens ist, dass er
angesichts dieser Geschichte Jesu von Gott spricht.[53] Dies geschieht auf eine abschliessende Art und Weise. Es ist kein neues Reden von Gott mehr zu
erwarten.[54] Es spricht dem Leiden Jesu zu, ein für allemal "für uns" geschehen zu sein. Damit wird über das Faktische und auch über das Geschichtliche hinausgegangen, denn in der Geschichte kommt (heutzutage)
das Wort "Gott" nicht mehr vor. Es ist jedoch festzuhalten, dass dieses Hinausgehen über das Faktische die Bezogenheit auf Tatsachen nicht aufhebt.

---

51 Deshalb wird die Geschichte Jesu durch die eschatologischen Wendungen
   mit der letzten Zeit in Verbindung gesetzt.
52 In den anderen Evangelien sind sie zwar erzählt, jedoch als Erlebnisse,
   die nicht jedermann widerfuhren. Wer den Auferstandenen sah, glaubte
   nachher und bezeugte ihn. Das alles klärende Ereignis ist nicht im gleichen Mass öffentlich zugänglich, wie die übrige Geschichte Jesu. Das
   Zeugnis davon vermag im Gegensatz zum Ereignis selbst nicht die Un-
   klarheiten zu beseitigen. Der Glaube bleibt Geschenk.
53 Mit *Weder*, Hermeneutik 361, 382f.
54 Vgl. Hebr 1,2.

Das Geschehene bleibt der wichtigste Bedeutungsfaktor. Das Faktische wird gerade nicht übergangen, sondern gewürdigt.

Die Notwendigkeit, über das Faktische und Geschichtliche hinauszugehen, ist das Pendant der Unausweisbarkeit der Wirklichkeit Gottes. Wären alle Vorbedingungen für das theologische Reden in der Geschichte enthalten und ablesbar, könnten sie mit geeigneten Methoden namhaft gemacht werden. Dann wäre die theologische Rede demonstrierbar. Es hat sich jedoch gezeigt, dass das nicht der Fall ist. Dieser Sachverhalt kann nun besser verstanden werden. Dass die Wirklichkeit Gottes nicht abrufbar und vorzeigbar ist, hat seinen Grund darin, dass die theologische Rede ein Geschehen mit anderen Augen, sozusagen mit den Augen Gottes sieht.

Der Unterschied der Passionsgeschichte zu einer Auflistung von Fakten zeigt sich darin, dass sie das Erzählte versteht. Sie kann es dabei nur von Gott her betrachten. Ihre Absicht beschränkt sich nicht darauf, Informationen über Vergangenes zu vermitteln, sondern aufgrund der verstandenen Geschichte Jesu die Liebe Gottes zu "allen" sichtbar und glaubbar zu machen. Die in der Einleitung formulierte Einsicht, dass erst die verstandene Geschichte Jesu grundlegende Bedeutung für den Glauben hat,[55] findet hier eine erneute Bestätigung.

Die in der Einleitung gestellte Frage, ob die Passionsgeschichte über das hinausgehe,[56] was aufgrund menschlicher Einsicht zur Geschichte Jesu gesagt werden könne, lässt sich nun klar bejahen. Die Heilsbedeutung des Kreuzes, welche die ganze Darstellung prägt, wird nicht durch intellektuelle Akribie erkannt, sondern ist durch Gottes Geist gewirktes Verständnis. Das theologische Verstehen ist nicht logisch deduzierbar, sondern der menschlichen Begreifbarkeit entzogen. Seine Aussagen sind daher nicht einfach beweisbar, sondern haben zeugnishaften Charakter: sie bezeugen die geschenkte Einsicht.[57] Damit ist allerdings nicht gesagt, dass die Erzählung dadurch unverständlich oder gar unvernünftig würde. Sie wird aber in einem gewissen Sinn fremd, weil sie unerwartete Werturteile enthält. Dass die Kreuzigung positiv als Heilsgeschehen gewürdigt wird, wird bespielsweise einem Atheisten nicht von vornherein plausibel sein. Er wird aber dem Gang der Erzählung trotzdem folgen können.[58]

Dass die theologische Rede über das Faktische und das Geschichtliche hinausgeht, hat Folgen:
- Der Glaube beruht nicht auf möglichst genauen historischen Kenntnissen. Fehlende Gelegenheiten, sich genaue historische Kenntnisse zu erwerben, machen den Glauben nicht unmöglich. (Damit wird nicht ausgeschlossen,

---

55 Siehe oben S. 22.
56 Vgl. oben S. 2.
57 Vgl. unten S. 275f.
58 Vgl. oben S. 17.

dass sich historisches Wissen befruchtend auf den Glauben auswirken kann!)

- Der Glaube wird davon befreit, sich seine Wahrheit durch historische Überprüfung beweisen zu müssen. Eine Selbstsicherung des Glaubens wird unmöglich. Damit wird der Geschenkcharakter des Glaubens gewahrt.
- Es entsteht ein Raum der Freiheit, der die eigene Urteilsbildung ermöglicht (und auch erfordert). Die Heilsbotschaft in der Form der kerygmatischen Erzählung zwingt nicht zur Zustimmung, sondern lädt ein zu einem Entscheid, für den sie gute Gründe bereitstellt.[59] Damit hängt wesentlich der einladende Charakter des Evangeliums zusammen.
- Eine Auslegung, die sich wohl am Faktischen orientiert, aber nicht darauf beschränkt ist, kann auf neue Fragestellungen eingehen. Die Aktualität des Evangeliums könnte darin bestehen, dass es durch seine Verwurzelung in der Geschichte Jesu in neue Situationen hinein wieder Neues zu sagen hat.[60]

Das "Transzendieren" des Faktischen erscheint keineswegs als Übergang in einen unkontrollierten Subjektivismus, der nur noch Ansichten äussert. Es hat sich vielmehr gezeigt, dass dieses Reden geleitet ist. Es wird festgelegt in der Beziehung auf das AT, dann durch die Gewichtung der zur Leidensgeschichte gehörenden Worte Jesu und durch die Berücksichtigung der angesagten Zukunft. Diese Festgelegtheit ist allerdings nicht so zu verstehen, dass das Sprechen von Gott machbar würde; es ist vielmehr zu entdecken.

Es hat sich ein grundlegendes Angewiesen-Sein auf Sprache als Anrede gezeigt. Dieses besteht nicht nur darin, dass das Vergangene mittels Sprache weitergegeben wird, sondern hat seinen tieferen Grund darin, dass die Wirklichkeit Gottes nicht einfach an der Geschichte abgelesen werden kann, sondern verkündigt wird. Erst aufgrund solcher Ansage werden Wahrnehmungen gemacht, die dann das richtige Reden von Gott wiederum leiten.

Schon ganz allgemein kann nur durch Sprache ausgedrückt werden, was einem Erzähler über geschichtliche Vorgänge deutlich geworden ist. Im Evangelium hat die Sprache darüber hinaus die Funktion, von Gott zu reden oder präziser: Gott erkennbar zu machen anhand der Geschichte seines Sohnes Jesus von Nazareth. Das, was nicht jedermann ohne weiteres sichtbar ist, kommt zur Sprache in der Hoffnung, dass die Hörer dadurch zu eigenem Sehen angeleitet werden: dass sie selbst Gottes Wirken in der Geschichte Jesu wahrnehmen können. Die Sprache hat Anredefunktion.[61] Sie spricht Wohltaten zu und ist selbst eine Wohltat, indem sie über die Verborgenheit Gottes hinausführt.

---

59 Vgl. *Weder*, Hermeneutik 359–361; vgl. unten S. 273f.
60 Vgl. *Weder*, Hermeneutik 80, 396.
61 Vgl. dazu *Austin*, Things 1–11; *Weder*, Hermeneutik 156–173.

Der Vorwurf, dass Gott nur noch in der Sprache vorkomme,[62] ignoriert zunächst einmal den allgemeinen Sachverhalt, dass wir Wirklichkeit gleich welcher Art ohne Sprache nicht erfassen können. Darüber hinaus verkennt er auch das Ziel der Erzählung der Passionsgeschichte, die zum eigenen Wahrnehmen der Wirklichkeit Gottes in der Wirklichkeit dieser Welt anleitet. Gott wird ja gerade in Beziehung gesetzt zur Wirklichkeit dieser Welt. Diese Hilfestellung kann nur durch Sprache vermittelt werden. Die Sprache schliesst demnach die Wahrnehmung nicht aus, sondern ein.

Nach allen diesen Überlegungen ist die Sprachform der Erzählung nicht bloss die zufällige Art und Weise der Verkündigung der markinischen Passionsgeschichte. Sie scheint vielmehr dem Inhalt der Verkündigung – dem Evangelium – zu entsprechen. Dies gilt möglicherweise nicht nur für die Passionsgeschichte, sondern für die Evangelien insgesamt:

a) Sie entspricht ihm dadurch, dass sie nicht in der Art eines Beweises zur Zustimmung zwingt, sondern als Zeugnis zum eigenen Denken auffordert.

b) Die Erzählung macht die Wirklichkeit dieser Welt zum Wahrnehmungsraum, in dem Gott wahrgenommen und erkannt werden kann. Sie bringt Gott konkret, nicht abstrakt zur Sprache.

c) Die Erzählung mit ihrem Geschichtsbezug macht das Reden von Gott mitteilbar und begründbar.

d) Sie entspringt dem Sachverhalt, dass man Gottes Ehre nun dort gerecht wird, wo vom Gekreuzigten gesprochen wird.

e) Die ein für allemal geschehene Tat Jesu kann nur erzählt werden, entweder in kurzen Bekenntnisformeln (Aorist!) oder als Passionsbericht.

f) Die Sprachform der Erzählung stellt einen Gegenwartsbezug her. Sie verbindet die Gegenwart mit der Zeit der Vergangenheit, aus der sie berichtet. Das Vergangene kommt dabei als Vergangenes zur Sprache. Die Erzählung vermag Zeiten zu unterscheiden,[63] ist die Sprachform, die deutlich machen kann, dass damals die Verschwendung des Salböls am Platz war und die Pflicht des Almosengebens aufhob, ohne zu suggerieren, das sei eine Regel, die auch heute gelte.[64] Sie vermag zu zeigen, dass die wörtlich verstandene Nachfolge Grenzen hat, indem sie z.B. berichtet, wie Jesu allein beten will und die Jünger zu selbständigem Wachen und Beten auffordert, wobei diese versagen. Durch die Erzählung kann deutlich werden, welches Reden von Gott und welches Handeln heute am Platz ist. So macht sie klar,

---

62 *Michel*, Sehen und Glauben 16f, 21.

63 Vgl. *Roloff*, Kerygma 214f, 219, 273.

64 Die Formulierung von *Schenke*, Markusevangelium 144, "dass im Medium der Erzählung ... Jesus selbst den Leser an(spricht)", verdunkelt diesen Sachverhalt. Denn gerade die Erzählung vermag daran festzuhalten, dass z.B. die Ansage des Judasverrats auf den Jüngerkreis bezogen und so gerade nicht direkt zur Gemeinde gesagt ist.

dass das Reden von Gott seit der Passion Jesu nicht mehr am Gekreuzigten vorbeigehen darf.

g) Die Erzählung vermag aber auch Gemeinsamkeiten zwischen Vergangenheit und Gegenwart zu erhellen. So schaffen die Zitate aus Ps 22 einen Bezug zu denen, die in der Gegenwart diesen Psalm in persönlicher Not beten, und ändern dadurch das Gesicht des gegenwärtigen Leidens. Auf ähnliche Weise kann eine bedrängte Gemeinde aus den Prozess- und Spottszenen lernen, dass das Ausgeliefert-Sein an die Willkür der Mächtigen durchaus dem Herr-Sein Jesu entspricht und deshalb auch in der Gegenwart zum Weg seiner Gemeinde gehören kann.

Das Angewiesensein auf Sprache und das Hinausgehen über das Faktische zeigt sich auch dort, wo von der Sprache ein metaphorischer Gebrauch gemacht wird: Der Engel im Grab (16,5) ist als Jüngling geschildert und ist doch nicht einfach ein junger Mann. Die Wirklichkeit Gottes ist mit den Kategorien der Wirklichkeit dieser Welt nur unzureichend fassbar. Und doch wird durch die Beschreibung des jungen Mannes erkennbar gemacht, dass die Frauen einem Engel begegnen. Dies kann nur durch Sprache geschehen. Die Wahrheit, die in diesem jungen Mann verborgen ist, wird dabei angesagt.

Dass es neben dem theologischen auch andere Geschichtsbezüge gibt, ist in der markinischen Passionsgeschichte klar. Geschichte kann auch erzählt werden, ohne dass Gott erwähnt wird. Oft ist die Auslieferung Jesu auf solche Art berichtet: Dort, wo Judas als "Auslieferer" bezeichnet wird (14,11.42.44) oder wenn die Synedristen oder Pilatus Jesus ausliefern (15,1.15). Das Geschehen wird sozusagen auf einer anderen Ebene betrachtet als wenn das passivum divinum von der "Auslieferung" durch Gott spricht (14,21.41).

Auf zwei verschiedenen Ebenen wird auch vom Schlafen der Jünger in Gethsemane berichtet: 14,40 macht es verständlich durch die Erklärung, dass den Jüngern die Augen einfach zufielen; V37f.41 heben die Unentschuldbarkeit dieses Verhaltens hervor, das gegen die klaren Weisungen Jesu verstösst. Eine ganz untheologische Redeweise liegt vor in 14,1-2 im Planen der Gegner Jesu und auch in 15,21-23 im Bericht der Kreuzigung.

Diese Unterscheidung von verschiedenen Ebenen verhindert nochmals, dass Gott zu einem Faktor dieser Welt unter anderen Faktoren wird. Denn von dem Geschehen der Auslieferung kann auf diese Weise grundsätzlich auch gesprochen werden, ohne dass dabei von Gott gesprochen wird. Dass keine Motive genannt werden für die Tat des Judas bedeutet nicht, dass er keine hatte und einfach unter einem "magischen" Zwang handelte. Dass seine Absichten nicht berichtet werden, zeigt, dass das Hauptinteresse der theologischen Betrachtung (im Unterschied etwa zu einer psychologischen) gilt. Auf diese Weise wird Judas auch nicht schlecht gemacht.[65]

Ein wichtiger anderer Geschichtsbezug ist der historische. Nach seiner Funktion ist nun noch zu fragen. Er will von Gott nicht sprechen und verfährt deshalb nach dem Leitsatz "etsi deus non daretur". Der Gottesgedanke wird dadurch nicht abgelehnt, aber aus der Geschichtsbetrachtung ausgeklammert. Dieser Leitsatz wird vielfach eine hilfreiche Methode sein zur besseren Beobachtung der vergangenen Abläufe.[66] Sie bewahrt vor einem voreiligen und darum oft falschen Gebrauch des Wortes "Gott". Damit verhindert sie den Missbrauch seines Namens und schützt seine Heiligkeit.[67] Der Sachverhalt, dass die Einsicht in die theologische Bedeutung der Geschichte nicht machbar ist, sondern nur geschenkt wird, ist im Leitsatz "etsi deus non daretur" methodisch ausgewertet. Es wird methodisch verhindert, dass Gott zu einer weltlichen Notwendigkeit wird.[68]

Ihre Grenze ist, dass sie nur den Missbrauch verhindern, aber nicht zum rechten Gebrauch anleiten kann. Da aber die Geschichte Jesu immer wieder den Gottesgedanken nahelegt (z.B. nur schon durch die religiösen Gründe des behördlichen Vorgehens gegen Jesus) vermag eine Betrachtung dieser Geschichte unter Ausschluss des Gottesgedankens ihr nicht gerecht zu werden. Das wird z.B. deutlich, wenn man sich die Frage stellt, wer denn richtig von Gott spreche, Jesus oder die Synedristen. Der Historiker wird

---

65 Wenn Gott angesichts des Kreuzes gerade nicht als Faktor dieser Welt zur Sprache kommt, wird auch verhindert, dass die Gewalttaten der Synedristen und des Pilatus in seinem Namen gerechtfertigt werden. *Hedinger*, Hinrichtung 34 wirft der Kreuzestheologie vor, sie rechtfertige die Gewalttat und mache dadurch heute den Protest gegen Gewalt und Gewalttätige unmöglich (32), ja lasse darüber hinaus sogar noch die Kirche selbst gewalttätig werden (8f). Der Tod Jesu komme nur "geschichtlich beschränkt" anderen zugut, in dem Jesus sich verhaften liess, um seinen Anhängern das Leben zu retten (32). Die Vergebung der Sünden dürfe nicht grundsätzlich an den Kreuzestod Jesu gebunden werden (25, 32).
Abgesehen davon, dass das Zur-Sprache-Kommen Gottes die Untaten der Gegner Jesu weder billigt noch rechtfertigt, wird in dieser Sicht die Wohltat übersehen, dass gerade das Kreuz Jesu die Versuchung zur Gewaltanwendung unterläuft, indem Gott auf der Seite des Unrecht Leidenden zur Sprache kommt und es dadurch unnötig wird, vor Gott und vor anderen durch Stärke oder Gewalt etwas erreichen zu wollen. Hedinger vermag die Bedeutung des Kreuzes nicht zu würdigen, weil er das Reden von Gott angesichts des Kreuzes nur moralisierend als Rechtfertigung der Gewaltanwendung und nicht als Wohltat verstehen kann.
66 *Schlatter*, Methoden 5; vgl. *Ebeling*, Interpretation 125.
67 So wird z.B. ein Arzt oder Seelsorger oft aus diesem Grund darauf verzichten, der Krankheit eines Patienten einen theologischen Sinn zuzuschreiben. Doch sollte solches Schweigen-Müssen eher als Not denn als Tugend betrachtet werden.
68 Vgl. *Weder*, Hermeneutik 68-83.

auf beiden Seiten eine religiöse Motivation und Begründung des Verhaltens feststellen, aber sich zur Wahrheitsfrage nicht mehr äussern. Er kann das gar nicht, solange er am Grundsatz "etsi deus non daretur" festhalten will.

Im theologischen Geschichtsbezug werden diese Fragen, die der Historiker ausklammert, bewusst angegangen und beantwortet: Die Synedristen waren in ihrem Reden von Gott im Irrtum. Allerdings ist die Antwort auf diese Frage nicht deduzierbar, sie ist nur als Geschenk zu erhalten. Der theologische Geschichtsbezug bringt die "letzten" Fragen zur Sprache. Darin ist sein qualitativer Unterschied zu anderen Geschichtsbezügen zu sehen.[69]

Das bedeutet nun keineswegs, dass ein historischer Geschichtsbezug wertlos wird. Was unter Ausklammerung des Gottesgedankens sichtbar werden kann, ist nicht alles, aber doch schon einiges und fördert dadurch (auch das theologische) Verständnis.[70] Das "etsi deus non daretur" wird in der Regel der besseren und genaueren Wahrnehmung dienen. Die Theologie braucht historische Forschung nicht zu fürchten, sondern lässt sich von ihren Ergebnissen anregen und fördern.

Auch andere Geschichtsbezüge bleiben sinnvoll. Ein Jurist z.B. wird bei seinem Bezug auf den Prozess Jesu anderes zur Sprache bringen wollen und ein Mediziner wird im Blick auf die Todesursache Jesu wieder andere Schwerpunkte haben.

Der Geschichtsbezug des Glaubens unterscheidet sich darin grundsätzlich von den übrigen Geschichtsbezügen, dass seine Wahrheit nicht beweisbar ist. Sie kann nicht einfach aus der Geschichte Jesu abgeleitet werden. Das bedeutet keineswegs, dass der Glaube "unvernünftige" Aussagen zur Geschichte Jesu macht, in dem Sinne, dass sie einem vernünftigen Umgang mit

---

69 Vgl. *Weder*, Hermeneutik 367, 382.
   Es ist zu vermuten, dass sich die theologische Rede von der Geschichte Jesu, wie sie in der Passionsgeschichte vorliegt, schwerlich als *eine* Deutung neben anderen Deutungen desselben Geschehens verstehen lässt, sondern beansprucht, von anderer Qualität zu sein als andere Erklärungen. *Weder*, Hermeneutik 383 spricht von einem "gesteigerten Geschichtsbezug" des Evangeliums, 381 vom "Ende" der geschichtlichen Betrachtungsweise. Es wäre daher zu überlegen, ob und wie ein qualitativer Vorsprung der theologischen Geschichtsbetrachtung zu begründen wäre. Möglicherweise wären dabei die Wohltaten, die die theologische Erzählung der Geschichte Jesu dem Hörer/Leser zuspielt, von zentraler Bedeutung.
70 Es gibt beachtenswerte Übereinstimmungen zwischen historischem und theologischem Schriftbezug. Der Versuch, die Verhaftung Jesu mit dem Schwert zu verhindern, ist historisch und theologisch fehl am Platz. In historischer Hinsicht ist er deplaziert, weil die Häscher in der Überzahl sind und eine bewaffnete Auseinandersetzung deshalb sinnlos ist. Theologisch unangebracht ist dieser Versuch, weil er in der Verhaftung Jesu nicht Gottes Heilshandeln erkennen kann.

der Geschichte widersprechen.[71] Der Geschichtsbezug des Glaubens ist vielmehr durchaus vernünftig in dem Sinne, dass er nach-denkt, was ihm deutlich geworden ist. Aus solchem Nach-Denken heraus ist auch die Erzählung der Passionsgeschichte gestaltet. Damit ist die Gesprächsfähigkeit mit anderen Geschichtsbezügen gewahrt.

3.4 Falsches Sehen und Verblendung. Zum Geschichtsbezug des Unglaubens

Nachdem in den letzten beiden Abschnitten die Möglichkeit der geglückten theologischen Rede dargestellt war, soll nun noch vom umgekehrten Vorgang gesprochen werden, wie das falsche Reden von Gott entsteht. Davon ist in der Passionsgeschichte oft die Rede, mehr als von der zutreffenden Wahrnehmung. Die Synedristen und all die verschiedenen Spötter sprechen auch von Gott, aber in falscher Weise. Auch von den Jüngern kann man nicht sagen, dass sie verstanden hätten, was vor sich geht. Richtiges Begreifen schreibt die Passionsgeschichte wie bereits erwähnt eigentlich nur dem Hauptmann unter dem Kreuz und - allerdings sehr eingeschränkt - Pilatus[72] zu. Dieser Befund ist erstaunlich: so viel Missverständnis und nur wenig echtes Begreifen. Daran ändert sich auch nichts, wenn man das Ostergeschehen mit einbezieht. Denn nach Mk endet auch dieses mit völligem Unverständnis: Die Frauen fliehen weg vom Grab und sagen entgegen den Anweisungen des Jünglings im weissen Gewand niemandem etwas von dem, was sie im leeren Grab gesehen und gehört haben. Dieser Befund bestätigt die obige These, dass ein Mensch erst dann die Wirklichkeit Gottes wahrnehmen und zur Sprache bringen kann, wenn ihm dafür die Augen geöffnet werden. Und das ist nach dem Zeugnis der anderen Evangelien für die Jünger erst in der Begegnung mit dem Auferstandenen selbst geschehen.

Nach dem Mk-Evangelium verbaut sich der Mensch aber auch selbst den Weg zur geglückten Wahrnehmung durch ein falsches Denken. Das Wahrnehmungsvermögen der Synedristen ist blockiert durch ihren von vornherein feststehenden Entschluss, Jesus zu töten. So sind sie unfähig, wahrzunehmen, was es zu sehen gäbe, nämlich, dass sich Gott in Jesus seinem Volk zuwendet. Das Tempelwort erscheint ihnen nur noch als Belastung Jesu.

---

71 Vgl. oben S. 24.
72 Von ihm heisst es ausdrücklich, er habe die Unschuld Jesu erkannt (15,10.14). Vielleicht noch mehr richtige Erkenntnis kann man bei Joseph von Arimathäa vermuten, der nach 15,43 anscheinend das Kommen des Reiches Gottes in einen nicht genau bezeichneten Zusammenhang mit Jesus gebracht hat. Möglicherweise könnte man auch noch das Zuschauen der Frauen von ferne als Zeichen richtigen Verstehens werten. Die Passionsgeschichte sagt dazu allerdings nichts.

Sie gehen vielmehr davon aus, sie wüssten bereits, wo und wie von Gott gesprochen werden kann und wo und wann nicht. Sie meinen zu wissen, wie die Hoheitstitel zu verstehen sind. Darum hat für sie menschliche Niedrigkeit in der Rede von Gott keinen Sinn. Es erscheint ihnen vielmehr als Pflicht, eine solche Rede als Lästerung zu bestrafen. Der Selbstanspruch Jesu kann ihnen nur als Gotteslästerung erscheinen.

Es ist das Denken der Zeichenforderung, das sich hier manifestiert. Die Zeichenforderung ist der Versuch des Menschen, Gott selbständig in seine Gedanken einzuordnen und damit zum Richter über Gottes Handeln zu werden. Sie bestimmt im voraus, woran Gott in dieser Welt zu erkennen sei und erwartet von ihm, dass er sich in der vorgeschriebenen Weise legitimiere (15,32). Jesus hat die Zeichenforderung und den Ruf nach einer Legitimation als Versuchung abgelehnt. Beide lassen Gott nicht die Freiheit, die ihm zusteht, sich so zu erkennen zu geben, wie er will. Insbesondere ist der Mensch versucht, Grossartiges und Wunderbares als Beweis des Göttlichen zu werten. Dieses soll durch seine überwältigende Macht allen Zweifel überwinden.

Die Verurteilung Jesu wegen Gotteslästerung ist ganz in diesem Sinn als Versuch verstanden worden, Gott seinen Platz zuzuweisen. Die Synedristen haben a priori und unter Androhung der Todesstrafe festgelegt, wie von Gott gesprochen werden kann. Sie haben sich damit den Weg zu weiterführenden Wahrnehmungen endgültig verbaut.

Als verhängnisvoll muss bezeichnet werden, dass sich dieses System der Zeichenforderung selbst bestätigt. Die Verspottung Jesu bestätigt die Spötter in ihrem Urteil. Denn wäre Jesus der Messias, so liesse er sich nicht verspotten. Die Wahrnehmung, dass Jesus sich verspotten lässt, bestätigt das Urteil, dass er Spott verdient. So ist es dem im Denken der Zeichenforderung Gefangenen nicht möglich, die Falschheit dieses Denkens zu erkennen und daraus auszubrechen.[73] Die Spötter fühlen sich immer "im Recht".

Die Wahrnehmungen spielen auch hier eine Rolle. Wie der Glaube sich auf Wahrnehmungen beruft, so stützt sich auch der Unglaube auf das Sichtbare. Allerdings ist die Funktion der Wahrnehmung eine andere. 15,32 sagen die Spötter, Christus solle vom Kreuz hinuntersteigen, "damit wir *sehen* und glauben". Das Sehen wird hier zur Bedingung des Glaubens. Die Spötter wollen etwas sehen, nämlich ein Wunder, und dann glauben, dass Jesus von Gott gesandt ist. Die Wahrnehmung hat die Bedeutung einer Legitimation Jesu und eines Beweises ihres "Glaubens". Das Sehen würde im günstigen Fall beweisen, dass Jesus von Gott kommt. Dass kein Wunder

---

73 Auf diese Weise befriedigt das Denken der Zeichenforderung das Sicherungsbedürfnis des Menschen, das sich unter anderem auch im Dogmatismus zeigt (vgl. *Mostert*, Sinn 96, 120).

geschieht, dass (später) kein Elia kommt, beweist das Gegenteil. Hier wird die Wahrnehmung nicht zum Inhalt des Glaubens, sondern sie führt zur Entscheidung zwischen zwei bereits festgelegten Fällen.

Bereits zum voraus ist klar, was geglaubt bzw. nicht anerkannt werden soll. Das liegt a priori fest und baut nicht auf Wahrnehmungen auf. Was die Spötter sehen, stammt aus ihren bereits festgelegten Gedankensystemen. Sie sind nicht mehr bereit, das wahrzunehmen, was es zu sehen gibt, sondern legen selbst fest, was sie sehen wollen. Daran zeigt sich die Gott und Menschen einengende Art des Denkens der Zeichenforderung. Die Wahrnehmungsbereitschaft geht dadurch verloren. Man kann sich nichts mehr sagen lassen.

Ähnlich wird auch die Reaktion der Jünger auf diverse Ankündigungen Jesu (Verrat, Flucht, Verleugnung) beschrieben: Sie können nichts vernehmen. Die Worte Jesu lösen nur Protest aus. Von Einsicht fehlt jede Spur.

Die Verschlossenheit, die sich nichts sagen lässt, wird bei der Volksmenge vor Pilatus bewirkt durch das (falsche) Wort, mit dem die Hohenpriester das Volk aufwiegeln. Es wird irre geführt und zur Meinung verleitet, bereits alles zu wissen und auf nichts Weiteres mehr angewiesen zu sein.[74]

Die Gegner Jesu können seinen Tod nur noch als das Ende eines verirrten Schwärmers, der vergebens auf Elia wartet, verstehen. Denn seine Geschichte widerspricht ihren Gottesvorstellungen, die sich im Bild Elias als eines göttlichen Nothelfers klar konkretisieren, ganz. Deshalb können sie an dieser Geschichte nur irre werden. Die Passionserzählung selbst löste auch ähnliches Anstossen aus. Der Spott des Celsus und die Äusserungen 1.Kor 1,23 sind Belege dafür. Die Argumente der Spötter unter dem Kreuz begegneten auch der Botschaft des Gekreuzigten. Der Tatsachenbezug der Passionsgeschichte lässt damit die alten Überlegungen wieder aufleben, denn er übergeht das Anstössige nicht. Der Geschichtsbezug auf das anstössige Kreuz macht auch die Passionsgeschichte selbst anstössig. Der Bezug auf die Geschichte Jesu ist nur dem eine Wohltat, der vom Denken der Zeichenforderung frei geworden ist.

Das Gegenteil des Anstossens ist aber, dass sich ein Mensch durch die Passionsgeschichte in seinen Gottesbildern korrigieren lässt.[75] Die Leidens-

---

74 Die gegenteilige Haltung zeigt ein Teilnehmer am Abendmahl der Kirche: Die Teilnahme am Mahl stellt den Verzicht dar, den Inhalt des Glaubens aus sich selbst zu wissen. Der Teilnehmer lässt sich etwas sagen. Das gilt auch für das Hören der Predigt. Die Hermeneutik der "Offenheit" oder des "Einverständnisses" verlangt eine solche Haltung auch den biblischen Texten gegenüber (vgl. oben S. 18f).

75 Dies kann möglicherweise nur durch das Anstossen, in dem die eigenen Gottesbilder zu Ende kommen, hindurch geschehen. Vgl. das Nacheinander von 14,27 und 14,28.

geschichte widerlegt das Gottesbild, das hinter der Elia-Helfer-Frömmigkeit steht und macht vielmehr das Kreuz zum Kriterium der Angemessenheit von Gottesvorstellungen. Das Zeichen des Kreuzes unterläuft damit das Denken der Zeichenforderung. Die Demütigung und Erniedrigung Jesu geht so weit, dass die Unangemessenheit der menschlichen Vorstellungen deutlich wird und diese dadurch als Hindernisse auf dem Weg der Erkenntnis Jesu beiseite geräumt werden. In der Wehrlosigkeit Jesu wird sichtbar, dass sich sein Königtum (15,2) gerade nicht in der Machtdemonstration, sondern in der Schwachheit zeigt. Die Passionsgeschichte befreit damit vom Zwang, alles selbst wissen zu müssen.

Weil die Geschichte Jesu die gängigen Gottesbilder umstösst, kann man an ihr irre werden oder durch sie zur Erkenntnis Gottes kommen. Es bestehen beide Möglichkeiten.

Dem Spötter ist die Geschichte Jesu zu einer anderen Bedeutung gesetzt als dem Einsichtigen. Dieser lernt anhand der Geschichte Gott zur Sprache zu bringen, jenen wird dieselbe Geschichte in seiner Verstocktheit festhalten. Möglicherweise lässt sich dieser Sachverhalt so umschreiben, dass das erste die eigentliche Bedeutung der Geschichte Jesu ist, das zweite hingegen ihre uneigentliche Funktion.

Es ist aber darauf hinzuweisen, dass auch die Spötter und Gegner Jesu, die ihn missverstehen, trotzdem teilweise seine Besonderheit wahrnehmen. So anerkennen die Spötter, dass er anderen geholfen hat (15,31) und auch von Pilatus ist zweimal berichtet, dass er sich wundert (15,5.44). Auch die (relativ unbeteiligten) Soldaten nehmen den religiösen Anspruch Jesu wahr. Denn sie würzen ihren Spott mit religiösen Motiven.

Der Unterschied zwischen Glaube und Unglaube liegt nicht in der Beobachtung und im Beobachteten. Er besteht im Weg, wie es von der Beobachtung zum Urteil kommt. Während es dem Glauben geschenkt ist, anhand der Wahrnehmungen von Gott sprechen zu lernen, verharrt der Unglaube bei dem, was er bereits zu wissen meint, und misst daran, was er sieht. Es erweist sich für ihn als schwierig, auf diesem Weg ein einheitliches Bild der Geschichte Jesu zu finden. Er kann nur einen Bruch feststellen zwischen der einen Tatsache, dass Jesus anderen geholfen hat, und der anderen, dass er sich aber scheinbar vom Kreuz nicht mehr zu befreien vermag (15,31). Der Glaube sieht hier keinen Bruch. Er versteht dies als Teil des Auftrags Jesu, dass er zwar anderen hilft, selbst aber zu leiden bereit ist. So erkennt der Glaube, dass die entscheidende Hilfe gerade durch Jesu Leiden geschieht. Zeigt sich in diesem einheitlicheren Geschichtsbezug des Glaubens seine Überlegenheit gegenüber demjenigen des Unglaubens?

Möglicherweise kann der Unglaube deshalb weniger "gute Gründe" geltend machen als der Glaube. Er muss z.B. die Unschuld Jesu und seine Hilfe gegenüber anderen anerkennen. Der Unglaube muss (und kann auch) seine ablehnende Haltung Jesu gegenüber trotz dieser Zugeständnisse begründen. Der Glaube hingegen braucht keine Zugeständnisse zu machen, sondern kann sich auf alle Wahrnehmungen berufen.

Es ist noch beizufügen, dass sich die Beobachtung der Gegner Jesu verzerrt. Aufgrund ihrer Befürchtungen (z.B. 14,1f) kommen sie dazu, den harmlosen und gewaltfreien Prediger mit einer bewaffneten Häschertruppe zu verhaften, was im Auftreten Jesu nicht begründet werden kann, sondern Folge einer falschen Einschätzung der Lage ist. Dass solche verzerrten Wahrnehmungen die Verstocktheit eher fördern als überwinden, dürfte auf der Hand liegen.

Vielleicht kann der Befund, dass in der Passionsgeschichte bei Mk viel Missverständnis nur wenig Einsicht gegenübersteht, so verstanden werden, dass nach Mk der Mensch nicht nur unfähig ist, die Wirklichkeit Gottes wahrzunehmen, sondern darüber hinaus noch geneigt, dem Denken der Zeichenforderung zu verfallen und in seinen Gedanken über Gott verfügen zu wollen.[76]

Das abrupte Ende der Passionsgeschichte mit 16,8 trägt wesentlich zu diesem Urteil bei. Die Frauen, die zum Grab kommen, wollen Jesus mit ihren Salben ehren, und verstehen ihn als geliebten, verehrten Menschen, vielleicht etwa als Märtyrer und Propheten. Damit können sie ihn in ihr religiöses Weltbild einordnen. Und darin bleiben sie gefangen, trotz allem, was ihnen widerfährt und diese Meinung widerlegt. Allerdings ist ihre Form des Unglaubens nicht als Ablehnung Jesu beschrieben. Sie kommen ja zum Grab, um ihm einen Liebesdienst zu erweisen. Auch die Tat des Josef von Arimathäa ist ähnlich zu verstehen. Sie beruht möglicherweise sogar auf einer gewissen richtigen Erkenntnis, die jedoch sehr beschränkt bleibt und so weit hinter dem zurückbleibt, was der Hauptmann unter dem Kreuz spontan bekennt.

Der Mensch ist nach dem Mk-Evangelium geneigt, an seinen eigenen Gottesvorstellungen festzuhalten. Er kann sie nicht selbst überwinden; es muss ihm geschenkt werden, anhand der Geschichte Jesu neu von Gott denken zu lernen.

Diese Haltung ist als Schuld verstanden: Den Spöttern wird in 15,29 vorgeworfen, sie lästerten Jesus. Bei Judas, der möglicherweise auch aus falschem Verstehen heraus Jesus verrät, heisst es "Wehe jenem Menschen" (14,21). Den Synedristen wird angesagt, dass sie später einmal ihre Fehler ein-sehen müssen. Die menschliche Neigung, Gott falsch zu verstehen, gilt als Schuld.

Den Jüngern wird vorgeworfen, dass sie schlafen. Sie halten sich nicht an die Aufforderung Jesu, zu beten. Wegen ihres Schlafens kommen sie nicht zum Beten, dass sie nicht in Versuchung kommen. Ihre Flucht ist das Zei-

---

76 Mit *Gnilka* II 345.

chen, dass sie der Versuchung erlegen und an Jesus irregeworden sind. Weil sie nicht "wachen" können, verpassen sie die eschatologische Bedeutung "der Stunde", oder anders gesagt: die verborgenen Dimensionen des Leidens Jesu und werden daran irre. Ihr Unverständnis ist nicht als Folge eines unverständlichen Geschehens verstanden, sondern als Auswirkung ihres Schlafens und damit als Schuld.

Das Missverständnis ist aber ausgeschlossen, als sei dieses Irrewerden durch eigene Anstrengung zu vermeiden. Dazu ist das Fleisch viel zu "schwach". Die Ankündigung der Petrusverleugnung klärt vielmehr über die Gefährlichkeit des Vertrauens auf eine falsche Selbstsicherheit auf: "Wach" zu bleiben ist nicht aus eigener Kraft machbar, sondern nur geschenkweise wird es möglich, die verborgenen Dimensionen der Geschichte Jesu nicht zu verpassen.

Es ist nun nachträglich noch zu überlegen, ob der weiter oben beschriebene Sachverhalt, dass die Wirklichkeit Gottes als verborgen erscheint, ihren Grund in der Sünde des Menschen hat. Kann er deshalb nicht von Gott reden, weil er vor Gott schuldig ist?[77] Dabei ist von der Feststellung auszugehen, dass das Geschenk des Glaubens nicht bloss die Möglichkeit gibt, die Wirklichkeit Gottes wahrzunehmen, sondern gleichzeitig verschiedene Wohltaten zukommen lässt, so dass sich der Glaubende seiner Kenntnis Gottes freuen kann. Eine Wahrnehmung Gottes, die nur ein Erschrecken auslöst, ist nicht in Blick gekommen. Wenn Gott erkannt wird, dann als derjenige, der sich im Tode Jesu der gottvergessenen Welt "hingegeben" hat.

Wenn also im Glauben Gottes Überwindung der Gottesferne der Welt erfahren wird, dann ist der Unglaube das Verharren in der Gottesferne. Es ist deshalb nicht von der Hand zu weisen, dass die Verborgenheit Gottes ihren Grund in der Gottesferne der Menschen hat. Dann erscheint aber die Wirklichkeit Gottes deshalb als verborgen, weil der Mensch Sünder ist. Dies kann aber erst nachträglich gesagt werden.[78]

Mit diesem "Vorverständnis" ist belastet, wer Gott erkennen will. Es wird aufgebrochen, dort wo es glückt, Gottes Wirklichkeit wahrzunehmen und ihn zur Sprache zu bringen.[79]

---

77 Vgl. *Bultmann*, Sinn 30.
78 *Weder*, Hermeneutik 83-107 gebraucht den Begriff "Sünde" im Blick auf die konkreten Verstehensbedingungen der Neuzeit. Er will damit aber nicht die Annahme nahelegen, die Verstehensbedingungen etwa des Mittelalters seien nicht von der Sünde gezeichnet gewesen.
Vgl. *Iwand*, Glauben und Wissen 171: "Unser Erkennen Gottes ... geht darauf zurück, dass Gott das 'Wort der *Versöhnung*' ausrufen lässt ..." (Hervorhebung durch mich).
79 Vgl. *Iwand*, Glauben und Wissen 165f; *Weder*, Hermeneutik 83-107.

3.5 Zum Zeugnis von der Wahrheit

In Mk 14,9 sind Verkündigung des Evangeliums und Erzählung der Salbungsgeschichte in einen engen Zusammenhang gebracht.[80] Im Erzählen kommt Wesentliches über Jesus zur Sprache. Verkündigung geschieht deshalb durch Erzählen.

Erzählung ist die Sprachform der ganzen Passionsgeschichte. Die Erzählung macht den Hörer/Leser mit etwas bekannt. Sie stellt ihm etwas Fremdes vor Augen und fordert ihn damit zum eigenen Nachdenken auf. Die Passionsgeschichte doziert keine Lehre über das Sterben Jesu, sondern fordert zur Bildung eines eigenen Urteils auf. Der Hörer/Leser soll selbst aktiv werden. Die Leidensgeschichte gibt ihm aber durch ihr Erzählen auch den Gegenstand, über den er sich Gedanken machen soll.[81]

Dabei wird der Leser aber nirgends direkt angesprochen.[82] Er wird jedoch indirekt angesprochen, indem ihm z.B. Wohltaten zugesprochen werden. Es stellt sich ihm die Frage, ob er sich diese Wohltaten gefallen lassen will. Sie sind ihm im Rahmen der theologischen Rede zugespielt, also im Namen Gottes zugesagt. Die Frage, vor die sich der Leser gestellt sieht, lautet demnach auch, ob er sich diese Rede von Gott gefallen lassen kann, oder ob er von Gott nicht so sprechen will. Das Zeugnis ermöglicht und fordert eine Stellungnahme. Es ist nicht einfach sachliche Information. Es ist zu vermuten, dass man über Gott nicht "sachlich", "objektiv" sprechen kann. Denn damit würde man ihn zu einer "Sache" machen. Gott ist aber nie mein Objekt, sondern ich bin der von ihm Angesprochene. Deshalb führt das Reden von Gott zu einer persönlichen Betroffenheit und damit zur Suche nach einem eigenen Urteil.

Die Geschichte (des Leidens) Jesu ist nicht von der Art, dass sie nur als Information zur Kenntnis genommen werden könnte. Jesus kündet den Jüngern an, dass sein Weg ans Kreuz sie irre machen wird. Er wird ihnen zum Ärgernis, weil er Gott in Verbindung bringt mit dieser Geschichte von Erniedrigung und Schwachheit. Das widerspricht den menschlichen Gottesvorstellungen, dem bereits vorhandenen Vorverständnis und reizt zum Widerspruch.[83] Ähnliche Überlegungen sind zur Verurteilung Jesu ausgerechnet wegen Gotteslästerung und zu den Verspottungen angestellt worden. Wer mit der Geschichte Jesu konfrontiert wird, ist von ihr betroffen. Sie kann nicht in unbeteiligter Distanz, objektiv oder sachlich betrachtet

---

80 *Hengel*, Geschichtsschreibung 44f.
81 Vgl. oben S. 245–255.
82 Vgl. ausserhalb das Passionsgeschichte als Ausnahme Mk 13,14.
83 Zur Anstössigkeit der Rede vom Tod des Messias im historischen Kontext siehe *Hengel*, Atonement 31f, 40.

werden. Von der Geschichte Jesu geht eine Wirkung aus, die denjenigen betrifft, der diese Geschichte vernimmt.[84]

Auch in 16,7 ist deutlich geworden, dass Gottes Tat an Jesus nicht einfach zur Kenntnis genommen werden kann. Es geht davon eine Wirkung aus: Die Absicht der Frauen, Jesu Leichnam zu salben, ist unmöglich geworden. Er ist nicht mehr da. Dazu bekommen sie einen Auftrag: den Jüngern Jesu Vorangehen nach Galiläa auszurichten. Da ist von der Wirkung die Rede, die das Ostergeschehen bei den Jüngern haben soll: Sie sollen Jesus nachfolgen nach Galiläa. Die eigene Beteiligung wird am deutlichsten beim Teilnehmer am Abendmahl sichtbar. Durch Essen und Trinken beteiligt er sich an der Feier. Er fügt sich ein in den vorgegebenen Ablauf und nimmt die vorgegebenen Formen und Inhalte auf.

Aus allen diesen Überlegungen wird klar, dass der Passionsgeschichte nicht gerecht zu werden vermag, wer sie einfach als sachliche Information versteht. Es sind vielmehr Überlegungen über ihre Wirkungen,[85] über die Aktivität des Stoffs anzustellen. Die Passionsgeschichte fordert ihre Hörer/Leser zur Bildung eines eigenen Urteils heraus. Wer sie hört, ist gefragt, ob er von ihr lernen will, wer Gott sei,[86] oder ob er die Art und Weise, wie sie Gott neu erkennbar macht, ablehnt. Beides sind mögliche Wirkungen, der Glaube und der Unglaube, die Verstockung. Allerdings besteht eine Asymmetrie[87] zwischen den beiden Möglichkeiten. Die intendierte, ge-

---

84 Die in der Einleitung (siehe S. 10-13) gemachte Feststellung, dass die Geschichte stets in einem gewissen Sinn relativ bleibt, und nie zum reinen Objekt wird, ist hier im theologischen Geschichtsbezug dadurch gewürdigt, dass die Geschichte Jesu sich einer Betrachtung aus unbeteiligter Distanz entzieht. Die Bedeutung dieses Sachverhalts besteht in der Wirkung, die genau deshalb von der Geschichte Jesu ausgehen kann. Ihr ansprechender Charakter hängt wesentlich damit zusammen, dass sie nicht rein sachlich betrachtet werden kann.

Vielleicht könnte auch die allgemein geltende Relativität der Geschichte mit dem theologischen Bekenntnis, dass Gott der Herr der Geschichte ist, in Verbindung gebracht werden. Es wäre zu fragen, ob die Geschichte deshalb nicht einfach zu einer objektiven Sache werden kann, weil der Herr der Geschichte nicht "sachlich" verstanden werden kann.

85 Hinweise, wie das Mk-Evangelium beurteilt worden sein könnte, finden sich bei *Hengel*, Crucifixion 152-155, 164 und *Zuntz*, Heide 205-222.

86 *Hengel* hat historisch zu belegen versucht, dass das Mk-Evangelium für die Lesung im Gottesdienst geschaffen worden ist. Er vermutet, dass das Evangelium an Stelle der Thora gelesen wurde. Die alte Heilsverkündigung der Gesetzeslesung sei abgelöst worden durch die neue Heilsbotschaft des Evangeliums (*Hengel*, Evangelienüberschriften 37, 43f; *Hengel*, Probleme 264f). Diese historische Argumentation bestätigt die aus der Exegese gewonnenen Einsichten in Sinn und Zweck der Passionsgeschichte. Die oben gemachten Ausführungen sind damit nicht nur exegetisch, sondern auch historisch belegbar.

87 Vgl. dazu *Weder*, Hermeneutik 401.

wollte Wirkung der Passionsgeschichte ist der Glaube.[88] Sie macht Gott wahrnehmbar und lehrt dadurch, wer er ist. Damit wird dem Unglauben sozusagen der Boden entzogen. Er wird nicht unmöglich, aber doch grund-los.

Wer der Passionsgeschichte folgt, wird zu eigenem Wahrnehmen befähigt.[89] Er lernt die Geschichte Jesu mit den Augen des Glaubens zu sehen. Lässt er sich durch die Passionsgeschichte einladen zu einer Feier des Mahls des Herrn, so wird dort die Bedeutung Jesu für ihn erlebbar: in der Tischgemeinschaft der gegenwärtigen "Zöllner und Sünder", die so ihr Angenommensein bei Gott erfahren.

Beim Bedenken der Aktivität des Stoffs ist auch die Ansagefunktion der Passionsgeschichte zu beachten. So ist verschiedentlich deutlich geworden, dass sich das Reden von Gott fortan am Gekreuzigten zu orientieren hat. Die Passionsgeschichte ermöglicht in ihrem Erzählen ein neues Reden von Gott, das fortan am Platz ist. Damit spricht sie nicht nur vom neuen Bund, sondern sagt die Zeit des neuen Bundes auch an. Der titulus macht klar, dass eine weitere Erwartung des Messias ebenso unzeitgemäss ist wie die Vorstellung eines heldenhaften Messias. Er bezeugt die Messianität Jesu öffentlich.

Aus der Formulierung von 14,41 lässt sich schliessen, dass im Kreuz Jesu die Gottesfeindschaft der Menschen überwunden ist. Gott ist fortan so zu beschreiben, dass der Auflehnung gegen ihn der Boden entzogen ist.

In der Mahlfeier der Kirche wird dieses Neue erlebbar. Denn das Herrenmahl ist nicht einfach eine Wiederholung des letzten Mahles Jesu. Es vollzieht vielmehr das, was Jesus angesagt hat: "Die vielen", über die beim letzten Mahl gesprochen wird, sind beim Abendmahl die von ihm eingeladenen Teilnehmer. Jesus ist nicht mehr als sichtbarer Gastgeber da. Der Blick ist nicht nur nach hinten gerichtet (Erinnerung an das Abschiedsmahl Jesu mit seinen Jüngern), sondern ebenso nach vorn auf die verheissene neue Tischgemeinschaft in der Gottesherrschaft mit Jesus. Auch daran wird deutlich, dass die Passionsgeschichte nicht nur über Vergangenes informiert, sondern in eine neue Situation stellt, ja die radikale Erneuerung über alle "Situationen" hinaus im Auge hat.

Vielleicht erklärt sich daraus auch der Sachverhalt, dass vom letzten Mahl nur das berichtet ist, was für die Mahlfeier der Kirche von Bedeutung

---

88 Vgl. Joh 20,31.
89 Das erfordert vom Leser die Bereitschaft, Wahrnehmungen zu machen. Man könnte dafür den Ausdruck "Offenheit", evtl. auch "Einverständnis" gebrauchen. Er bedeutet, dass man den Text offen zu Wort kommen lässt, und ihn nicht von vornherein durch Vor-Urteile stumm macht. Daraus kommt es zum eigenen Urteil; im positiven Fall zum Einverständnis. Einverständnis in diesem Sinn ist daher Folge des Hörens und sollte nicht zu einer Bedingung des rechten Verstehens gemacht werden (vgl. oben S. 18f).

ist. Der Text ist am Vergangenen nur insofern interessiert, als es für das Heil in Gegenwart und Zukunft von Bedeutung ist.

Ähnliches ist bei der Kreuzigungsszene aufgefallen. Auch hier ist die Schilderung äusserst knapp.[90] Die Qualen des Sterbenden werden nicht ausgemalt. Die Erzählung hat nicht Vollständigkeit zum Ziel, sondern will das berichten, was für das Verständnis Jesu "theologisch" wesentlich ist. Es kommt das vor, was die Besonderheit des Kreuzes Jesu ausmacht und es abhebt von den zahllosen anderen Kreuzen in der Welt.[91] Darum konzentriert sich alles auf Jesu "Gottverlassenheit".

Der Erzähler redet aus persönlicher Betroffenheit heraus. Er hat sich durch die Geschichte des Leidens Jesu ansprechen und sich Wohltaten gefallen lassen und hat dem zugestimmt, was ihm gezeigt worden ist: An der (Leidens-)Geschichte Jesu wird Gott erkennbar. Weil seine Erzählung aus solcher Betroffenheit herauskommt, ist sie Zeugnis. Der Erzähler bezeugt damit seine Gotteserfahrung: Ein Mensch, dem die Augen aufgetan sind, die Wirklichkeit Gottes in der Geschichte Jesu zu sehen und darüber froh zu werden, berichtet, was er wahrnimmt. Mit seinem Zeugnis beschreibt er aber nicht seinen eigenen inneren Zustand, etwa seinen Glauben, sondern das, was ihm deutlich geworden ist. Das Zeugnis ist gegenständlich.[92]

Wenn die Erzählung aus persönlichem Angesprochensein heraus gestaltet ist, klärt sich die Frage, ob das Ostergeschehen für die Darstellung von Bedeutung sei. Dies ist in zweierlei Hinsicht der Fall: Die Erzählung geschieht im Rückblick auf die ganze Geschichte Jesu. Der Bericht enthält deshalb auch die Osterereignisse. Genau so wie die Kreuzigung Jesu die ganze Erzählung prägt, ist auch das Ostergeschehen nirgends bedeutungslos. Explizit erwähnt wird es in 14,28.

Dann liegt es der Passionsgeschichte aber noch in einem viel bedeutungsvolleren Sinn zugrunde: Das Ostergeschehen, oder genauer: die (im Mk-Evangelium nicht berichteten) Erscheinungen des Auferstandenen ermöglichten die Wahrnehmung der wahren Bedeutung Jesu und liessen so den Glauben entstehen. Dies liegt der ganzen Erzählung zugrunde, die vom Glauben des Erzählers geprägt ist und den Glauben der Leser zum Ziel hat. Dies ist explizit sichtbar z.B. im Gebrauch des Wortes "lästern" in 15,29.

Damit ist nun auch der Standpunkt beschrieben, von dem aus die Erzählung organisiert ist. Die Passionsgeschichte schildert das Leiden Jesu so, wie es sich nach Ostern der glaubenden Gemeinde dargestellt hat. Sie bezeugt das, was für den Glauben grundlegend ist. Dieser Standpunkt sollte

---

90 Anders z. B. 2.Makk 6f.
91 Vgl. *Lemcio*, Intention 195.
92 Vgl. *Iwand*, Glauben und Wissen 33, 37.
Zugleich bezeugt der Erzähler mit Autorität. Er ist nicht ein völlig unbekannter, sondern ein vertrauenswürdiger, autoritativer Zeuge. Darum greifen Mt und Lk auf ihn zurück. Darum wird sein Evangelium erhalten.

nicht als Argument dafür gewertet werden, dass sie die Geschichte Jesu weder "vernünftig" noch "objektiv" schildere.[93] "Historisches" Denken und Erzählen kann ihr deshalb nicht pauschal abgesprochen werden. Vielmehr wäre im Einzelfall zu zeigen, wie welche Regeln des Umgangs mit Vergangenem verletzt werden.

Es wird jedoch nicht möglich sein, zu beweisen, dass der Erzähler die Ereignisse des Leidens Jesu richtig verstanden hat. Denn die Darstellung versteht das Geschehene von Gott her, und enthält deshalb Urteile, die auf das zurückgehen, was von Gott her vernommen worden ist. Die Ereignisse sind nach der geschenkten Einsicht bewertet. Die Frage nach der historischen und theologischen Wahrheit des Zeugnisses kann daher nicht endgültig geklärt werden, sondern wird umstritten bleiben. Den (guten) Argumenten des Glaubens kann widersprochen werden

An ein solches Zeugnis können grundsätzlich zwei Fragen gerichtet werden: Es kann nach dem Erzählten und nach den besonderen Absichten des Erzählers gefragt werden.

In dieser Arbeit ist primär die Frage nach dem Inhalt des Zeugnisses oder dem Sinn des Erzählten[94] behandelt worden. Sie ist die allgemeinere Fragestellung, weil sie sich am Gegenstand selbst orientiert. Der Text selbst verweist auf seinen Gegenstand. Das geschieht einfach dadurch, dass er erzählt. Es ist beachtenswert, dass die Geschichte Jesu berichtet wird und nicht z.B. Meinungen über Jesus wiedergegeben werden, was etwa durch das Aufführen unterschiedlicher Bekenntnisse geschehen könnte.[95] Dadurch wird das Interesse des Auslegers zunächst einmal ebenfalls auf die Sache des Textes gelenkt. Es wurden keine Hinweise deutlich, die das Erzählte selbst als weniger bedeutsam denn die Absicht des Erzählers erscheinen liessen. Für dieses Vorgehen spricht auch das Verhältnis von Tradition und Redaktion, wie es sich aus den Analysen ergeben hat: Mk gibt in erster Linie das weiter, was er übernommen hat.[96]

Unterschiedliche Meinungen zur Person Jesu werden allerdings innerhalb der Erzählung geäussert. Neben der Meinung der Synedristen z.B. kommt diejenige der Falschzeugen, des Hauptmanns unter dem Kreuz oder der Spötter. Die Erzählung ist so gestaltet, dass die einzelnen Ansichten durchaus verständlich werden. Die Gedankengänge der Spötter werden sichtbar gemacht. Dennoch stehen diese unterschiedlichen Meinungen nicht gleichwertig nebeneinander, sondern erhalten durch die Erzählung ganz unterschiedliche Bewertungen.

---

93 Vgl. oben S. 11f, 23.

94 Vgl. *Weder*, Hermeneutik 114-120.

95 Es ist wohl nicht zufällig, dass die Evangelien die Namen ihrer Autoren nicht nennen (Joh 21,24 gehört zum Nachtrag des Joh-Evangeliums und gibt auch keinen Namen an).

96 Vgl. 1.Kor 11,23; 15,3.

Die andere Frage sucht nach der besonderen Absicht des Erzählers. Am einfachsten kann dies dort geschehen, wo sein Zeugnis mit anderen verglichen werden kann, z.B. in einem synoptischen Vergleich. Die Redaktionsgeschichte versucht, die individuelle Absicht der einzelnen Evangelisten möglichst präzise zu erfassen. In den Analysen der einzelnen Perikopen ist vermutet worden, dass Mk z.B. den offiziellen Charakter der Ablehnung Jesu durch die jüdischen Behörden mehr betont hat, als dies in der ihm vorliegenden Tradition der Fall war. Ähnliches gilt für die Hinweise, dass Judas zum Zwölferkreis gehört hat. Durch die Erwähnung der drei bevorzugten Jünger hat er auch Jesu Verzweiflung und Erfahrung der Gottverlassenheit in Gethsemane ein grosses Gewicht gegeben.

Es ist angenommen worden, dass die Tradition bereits schon vormarkinisch ergänzt worden ist. Diese Ergänzungen haben sich anscheinend aus dem Nach-Denken über das Berichtete ergeben. So wurde bei der Schilderung der Kleiderverteilung mit den Worten aus Ps 22 vermutet, dass das Erzählen mit Worten aus dem AT sich aus der Reflexion darüber ergeben hat, wie Gott angesichts dieses Ereignisses zur Sprache zu bringen sei. Die Beiträge der Erzähler konnten als Vertiefungen der Sache verstanden werden.[97]

Dass in dieser Arbeit der vorliegende Text ausgelegt worden ist - und nicht seine hypothetischen Vorstufen -, bedeutet, dass versucht worden ist, das gesamte Zeugnis der markinischen Passionsgeschichte zu verstehen. Die Sache der Leidensgeschichte kann nicht anders als in Form eines Zeugnisses erfahren werden. Im Mittelpunkt des Interesses stand das, wovon Mk berichtet: die Geschichte des einzigartigen Leidens des Messias Jesus. Ziel der Arbeit war nicht, ein Stück markinischer "Theologie" zu bieten, sondern in erster Linie die Leidensgeschichte Jesu zu begreifen, wie sie von Mk (und zugleich von der christlichen Kirche) bezeugt ist. Es ist anzunehmen, dass die Gültigkeit vieler Ergebnisse sich nicht auf das Mk-Evangelium beschränkt. Markus schreibt ja als Autorität christlicher Gemeinden.

Die Analyse der redaktionellen Tätigkeit des Mk hat nirgends ergeben, dass Mk sich innerhalb der Passionsgeschichte gegen das ihm vorliegende Traditionsgut abgrenzt und selbst eine ganz andere Meinung vertritt, als ihm dort vorgegeben ist. Er setzt Akzente und betont; die zu Grunde liegende Konzeption hat er aus der Tradition übernommen. In der Passionsgeschichte ist die Überlieferung nicht bloss Material, das Mk gebraucht, um seine eigenen Überlegungen darzustellen, sondern er übernimmt die Konzeption von Glauben und Geschichte, die er vorgefunden und selbst verkündigt hat. Damit ist es ihm gelungen, die Tradition zu würdigen, d.h. sie zur Sprache kommen zu lassen und von ihr zu lernen. Die vormarkinische Passi-

---

97 Ähnliche Überlegungen sind zu 15,28 (allerdings nach-markinisch!) gemacht worden.

onsgeschichte ist daher mit Abstand die wichtigste Quelle des markinischen Passionsberichts. Die markinische Passionsgeschichte ist ein einheitliches Ganzes, das nicht durch störende Einschübe im Gang der Erzählung gehindert ist.[98]

Am Zeugnischarakter wird auch die Vorläufigkeit der theologischen Rede deutlich. Das Zeugnis ist alles andere als eine abschliessende Beurteilung Gottes. Es ist gezeichnet von menschlicher Begrenztheit und Situationsgebundenheit.[99] Dem Zeugen kann noch weiteres deutlich werden, er kann zu vertiefter Einsicht gelangen. Dann wird sein Zeugnis anders lauten – die Sache des Geschehens an Jesus bleibt identisch. Dieser Sachverhalt macht das Zeugnis aber nicht vollständig relativ, sondern belässt ihm seine (relative) Objektivität. Seine Aussage ist "abschliessend", indem im Tod des Messias und Gottessohnes Jesus von Nazareth Gott ein für allemal gehandelt hat; sie ist offen indem diese einzigartige Geschichte immer wieder anders erzählt werden kann, wie z. B. die anderen Evangelien es tun.[100]

An den Zeugen ist der Anspruch der Wahrhaftigkeit gestellt: Er darf nicht Dinge erzählen, die nicht geschehen sind. In dieser Hinsicht ist sein Bericht unter Umständen überprüfbar. In der Verhörszene werden die Zeugnisse überprüft und als falsch verworfen. Hier hat sich innerhalb des Textes die Möglichkeit der Prüfung gezeigt. Die Kreuzigungsperikope nennt die Namen der Söhne des Simon von Kyrene, Alexander und Rufus. Diese Personen waren den ersten Hörern der Passionsgeschichte wohl bekannt.[101] Durch die Erwähnung ihrer Namen wird die Qualität der Überlieferung verbürgt. Rückfragen sind möglich; der Bericht war damals in aller menschlichen Relativität überprüfbar. Eine ähnliche Funktion haben auch die (unterschiedlichen) Namensangaben der Frauen beim Kreuz und am Grab. Durch

---

98 Vgl. oben S. 27, wo – als drittem Wahrheitskriterium – nach einem sinnvollen Zusammenhang der ganzen Erzählung gefragt wird.

99 Unter diesem Aspekt ist auch der Umstand zu würdigen, dass das Evangelium in eine konkrete Situation hinein entstanden ist. Vgl. dazu z.B. *Hengel*, Entstehungszeit 10-45 und *Hengel*, Probleme 257, wo es zusammenfassend heisst: "Sicherlich war – ca. 5 Jahre nach dem Tod des Petrus und in den Wirren des Bürgerkriegs nach Nero – eine richtungsweisende Evangelienschrift aus der Hand eines Petrusschülers das Gebot der Stunde."

100 Eine gute Geschichtserzählung soll nicht den Eindruck erwecken, dass sie das Vergangene vollständig ausleuchte. Auch soll sie erkennbar machen, dass es noch weitere Perspektiven gibt, die die vorliegende Erzählung ergänzen, siehe oben S. 11 und 228.

101 *Hengel*, Entstehungszeit 13 vermutet zu Recht, dass sie auch noch den ersten Lesern des Mk-Evangeliums bekannt waren, da Mk sonst keinen Grund gehabt hätte, ihre Namen zu übernehmen. Mt und Lk haben sie weggelassen, da sie ihnen offenbar nichts mehr bedeuteten.
Darüber hinaus waren den ersten Hörern vermutlich auch die Frauen und Josef von Arimathäa bekannt.

solche Namensangaben räumt die Passionsgeschichte Zweifel an ihrer Richtigkeit aus.[102] Historische Beurteilungen haben sich als möglich erwiesen. Bei der Auslegung der Passionsgeschichte kann gefragt werden, ob es andere Quellen gibt, die sich auf dasselbe Ereignis beziehen, und ob sie das vorliegende Zeugnis bestätigen oder in Frage stellen. Hier kommt dem Zeugnis eine relative Objektivität zu. Es kann mit historischen Argumenten verteidigt werden. Gegen den Satz, Jesus habe nicht gelebt und sei nicht gekreuzigt worden, gibt es zahlreiche und eindeutige historische Argumente. Auf der anderen Seite können wir manche Details nicht mit mit anderen Zeugnissen vergleichen und so beurteilen.

Auch die Art und Weise, wie von Gott gesprochen wird, ist in einem gewissen Sinn überprüfbar, allerdings viel weniger umfassend. Es kann gefragt werden, ob sie der Gesamtheit des frühchristlichen, ja biblischen Redens von Gott entspricht und wo sie davon abweicht. Ferner kann überlegt werden, ob in der theologischen Rede das Faktische gewürdigt oder aber übergangen worden ist. Auf diese Weise kann der theologische Anspruch eines Zeugnisses ein Stück weit geprüft werden.

Die markinische Sprachform des Zeugnisses ist die Erzählung. Der Erzähler berichtet dabei, was ihm überliefert wurde und was ihm wesentlich geworden ist. Er weist auf ein Geschehen, in dem die Wirklichkeit Gottes sichtbar geworden ist und gibt an, wie darin von Gott gesprochen werden kann. Die Erzählung macht die Wirklichkeit dieser Welt zum Wahrnehmungsraum, in dem die Wirklichkeit Gottes wahrgenommen und erkannt werden kann. Sie redet von Gott auf konkrete und nicht abstrakte Weise.

Die Rede von Gott wird dadurch mitteilbar und begründbar. Sie zwingt aber nicht zur Zustimmung, sondern fordert zu eigenem Denken auf. Christus wird im Erzählen bezeugt.[103]

Der Zeuge erhebt mit seiner Erzählung einen Anspruch, nämlich den, die verborgene Bedeutung der Geschichte Jesu zu kennen und auch zu wissen, wie darin von Gott die Rede sein kann. Dieser Anspruch wird dadurch begründet, dass das Geschehen in seinen Kontext, der es verständlich macht, gestellt ist, und dass diejenigen Worte und anderen Faktoren wiedergegeben sind, die erlauben, darin Gottes Wirklichkeit zu erkennen. Die Begründung dieses Anspruchs hat nicht den Charakter eines Beweises, der zur Zu-

---

102 Das ist eines der Kennzeichen einer guten Geschichte, vgl. oben S. 25f.
103 Taten der Nächstenliebe allein vermögen Jesus Christus nicht zu bezeugen. Es muss das verkündigende Wort dazukommen. Es ist anzunehmen, dass das christliche Zeugnis nicht auf das bezeugende *Wort* verzichten kann. Vgl. Röm 10,17. Umgekehrt muss zur Verkündigung auch das christliche Leben gehören, damit das Zeugnis glaubwürdig wird. 1.Petr 3,1 ist nur scheinbar ein Widerspruch: Den Männern ist das Wort schon bekannt.

stimmung zwingt, sondern sie wirbt um die Zustimmung in Form der "Erinnerung" an das erzählte Geschehen als Gottes Heilswerk. Dadurch fordert das Zeugnis heraus zum eigenen Urteil und fordert eine eigene Stellungnahme. Die Evangelien sind keine abstrakte Lehre über die Person Jesu Christi, sondern sie fordern ihre Leser auf, sich ein eigenes Urteil über Jesus zu bilden und ermöglichen dieses Urteil auch.

In diesem Sachverhalt liegt auch die Problematik des Zeugnisses. Das Zeugnis lässt einerseits Gott in der Wirklichkeit dieser Welt wahrnehmbar werden und kann anderseits die Richtigkeit dieses Redens von Gott wegen des Geschenkcharakters der Einsicht nicht "stringent beweisen". Wenn jemand sagt, man könne den Tod Jesu verschieden verstehen, kann der Zeuge nicht beweisen, dass sein Verständnis wahr sei. Es ist dem Leser oder Hörer des Zeugnisses anheimgestellt, ob er seine Richtigkeit anerkennen oder ablehnen will. Der Zeuge kann seine Aussage zwar begründen, aber nicht ihre Anerkennung erzwingen. Gegenüber der Behauptung, der Tod Jesu sei als Scheitern zu verstehen, kann er lediglich aufzeigen, aus welchen Denkvoraussetzungen ein solches Urteil entsteht und was von den Texten her dagegen spricht. Damit öffnet er die Möglichkeit zu einem anderen Verstehen. Die Wahrheit seiner eigenen Aussage kann er aber nicht beweisen, sondern nur seine Gründe für sein Urteil erzählen und so auf die Wahrnehmbarkeit der Wirklichkeit Gottes hinweisen. Da das glaubende Verstehen keine menschliche Möglichkeit sondern Geschenk Gottes ist, hat der Zeuge die Ablehnung seines Zeugnisses zu akzeptieren, indem er zugibt, dass er die Zustimmung nicht erzwingen kann. Die Problematik des Zeugen ist damit durch den Sachverhalt bestimmt, dass er einen grossen Anspruch erhebt, sich aber nur bedingt gegen seine Ablehnung verteidigen kann. Er muss den Widerspruch zu seinem Zeugnis ertragen und aushalten. Damit kann er Leiden und Verfolgung ausgesetzt sein.

Der Glaube bleibt dadurch anfechtbar. Das ist Folge davon, dass er auf Texte wie die Passionsgeschichte bezogen ist, die ihre theologischen Aussagen mit Hilfe von geschichtlichen Angaben machen. Weil sich die Gotteserkenntnis auf eine relative und subjektive Darstellung beruft, bleibt sie anfechtbar. Das entspricht dem, was sich bei Jesus feststellen liess. Seine Messianität und Gottessohnschaft war ebenfalls höchst anfechtbar. Es wäre höchst verwunderlich, wenn die Gotteserkenntnis, die sich auf seine Geschichte beruft, dann nicht ebenfalls bestreitbar und hinterfragbar wäre. Dass der Glaube nicht "Beweise" vorbringen kann, sondern eine Geschichte zu erzählen hat, entspricht darin seiner Berufung auf Jesus von Nazareth.

Aus diesen Überlegungen entstehen auch Bedenken gegenüber der These, die Passionsgeschichte sei in erster Linie ein "Verhaltensmodell", das die Christen anleitet, wie sie sich in Verfolgungssituationen zu verhalten hätten. Als Gründe für diese Sicht werden vor allem genannt:

- Die Passionsgeschichte sei eine überarbeitete Märtyrerakte. Die ursprüngliche Martyriumserzählung sei paränetisch redigiert worden. Denn das Martyrium gehörte als äusserste Folge einer konsequenten Nachfolge zum Leben der Gemeinde. Die Passionsgeschichte fordere die z.B. zur Beugung unter den Willen Gottes oder zum mutigen Bekenntnis vor Gerichtsbehörden auf.[104]
- So werde Jesus immer wieder als nachahmenswertes Vorbild für die Gemeinde hingestellt.[105]
- Auf diese Weise erhalte die Gemeinde konkrete Verhaltensanweisungen für die Zeit bis zur Vollendung des Reiches Gottes.[106]

Gegen diese Sicht spricht zunächst einmal, dass sie das Leiden Jesu nicht als einzelnes, einmaliges Geschehen zu würdigen vermag. Sie versteht es vielmehr als Musterbeispiel; als Beispiel für eine Ermahnung, die ohne weiteres auch durch das Vorbild eines anderen Märtyrers illustriert werden oder auch gänzlich auf ein konkretes Beispiel verzichten könnte. Jesu einmalige Geschichte wird dabei in eine höhere, allgemeinere moralische Wahrheit aufgelöst. In der exegetischen Arbeit ist jedoch gerade aus den Zeit-, Orts- und Namensangaben und den Bezügen zur Zeitgeschichte (z.B. durch die Erwähnung des Namens "Pilatus") deutlich geworden, dass die Passionsgeschichte ein einmalig-einzigartiges, konkretes Geschehen erzählt und ihm eine ein für allemal gültige Bedeutung zuschreibt. Es werden deshalb keine zeitlosen moralischen Wahrheiten vermittelt. Ferner fällt in der Passionsgeschichte der Abgrund des Versagens auf, der sich bei den Anhängern Jesu auftut. Das weist ebenfalls auf ein einmaliges Geschehen hin, das nicht zum Zweck der Nachahmung erzählt wird.[107]

Der Leser/Hörer wird ferner moralisierend als Täter angesprochen: Es wird ihm gesagt, was er *tun* soll. Auf diese Weise entgehen ihm all die Wohltaten, die der Text ihm dadurch zuspielt, dass er ihn gerade nicht als Täter, sondern als von Gottes Liebe gesuchten und befreiten Menschen anspricht.

Die Problematik dieser Theorie zeigt sich besonders deutlich bei 15,34. Der Ausdruck der Gottverlassenheit kann doch kaum bedeuten, dass die Christen aufgefordert werden, die Gottverlassenheit Jesu nachzuahmen.

---

104 *Dormeyer*, Passion 283f, 287. Dagegen spricht allerdings schon, dass es in den ersten Jahren der Kirche, ganz wenige Märtyrer gab. Erst 64 wurde das anders. Die vormarkinische Passionsgeschichte geht aber in die frühere Zeit zurück.
105 Im Pilatusverhör werde Jesus als "nachahmenswerter Bekenner" gezeichnet, in der Gethsemaneszene werde er als "Typos des vorbildlichen Beters" skizziert (*Dormeyer*, Passion 179 bzw. 136).
106 *Dormeyer*, Passion 283; vgl. auch *Schenke*, Markusevangelium 172.
107 *Hengel*, Atonement 42-44 weist darauf hin, dass die markinische Passionsgeschichte den Zweck habe, die Kreuzigung des Messias zu berichten. Dies ist ein einmaliges, unerhörtes Geschehen.

Demgegenüber ist darauf hinzuweisen, dass nach 15,23 das bewusste Leiden Jesu, das es keineswegs nachzuahmen gilt, anderen ermöglicht, ihr auferlegtes (nicht gesuchtes) Leiden zu ertragen.[108]

Dann vermag diese Interpetation nicht mehr, die Geschichte Jesu als den Ort zu würdigen, an dem gelernt werden kann, wer Gott ist.

Die Annahme, die Passionsgeschichte sei ursprünglich eine Liturgie gewesen für die urchristliche Karfreitagsfeier,[109] umgeht demgegenüber manche dieser Schwierigkeiten.

Aber auch sie legt das Hauptgewicht auf die Aussagefunktion der Sprache, die der Erinnerung an das vergangene Geschehen dient. Es ist deshalb zu fragen, ob diese Hypothese der Anredefunktion der Sprache und dem Zeugnischarakter der Passionsgeschichte wirklich gerecht zu werden vermag. Denn wenn die Geschichte des Leidens Jesu von grundlegender Bedeutung für das Reden von Gott ist und immer neu die eine grundlegende Wohltat Gottes "zuspielt", erinnert man sich daran nicht nur anlässlich eines Gedenktages: der Feier des Jahrestags des Geschehens.[110] Die gegenwärtige Bedeutung der vergangenen Leidensgeschichte vermag in dieser Theorie nicht recht deutlich zu werden. Sie scheint nicht wesentlich über die Möglichkeit der Erinnerung hinauszugehen.[111]

Die Passionsgeschichte und die Evangelien werden häufig als "Glaubenszeugnisse" bezeichnet. Dieser Ausdruck verwirrt oft mehr als er hilfreich ist, vor allem, wenn er im Gegensatz zu dem Geschehen der Passion verstanden und auf die Subjektivität des Glaubenden, seine eigene kreative Fiktion zurückgeführt wird. Als Abschluss dieser Arbeit soll versucht werden, zusammenzufassen, was dieses Prädikat bedeuten kann:

a) Die Passionsgeschichte will eine theologische Rede sein. Sie will Gott wahrnehmbar machen, damit dieser in der richtigen Weise erkannt werden kann. Als Glaubenszeugnis will sie von Gott sprechen.

b) Die Passionsgeschichte ist als theologische Rede streng bezogen auf die Geschichte des Leidens Jesu. Nur in Bezug auf diese Geschichte kann sie von Gott sprechen. Der Begriff "Glaubenszeugnis" schliesst diesen Geschichtsbezug ein. Er kann nur dann als Gegensatz zu "historisch" gebraucht werden, wenn man unter "historisch" die Betrachtung der Geschichte Jesu unter Ausschluss des Gottesgedankens versteht. Dann sind theologischer

---

108 Vgl. oben S. 189; vgl. zur Gethsemaneszene *Söding*, Getsemani 98, der zeigt, dass das Beten der Jünger "durch Jesus ermöglichte *Teilhabe* an *seinem* Beten ist".

109 *Trocmé*, Passion 77–82.

110 Diese grundlegende Geschichte wurde doch nicht nur einmal im Jahr gehört (siehe 1.Kor 11,23–26).

111 "The Sitz im Leben of the original Passion narrative thus was doubtless the liturgical *commemoration* of Christ's death by Christians during the Jewisch Passover celebration" (*Trocmé*, Passion 82, Hervorhebung durch mich).

und historischer Geschichtsbezug zu unterscheiden und auf ihre Möglichkeiten und Grenzen zu befragen.

c) Die Passionsgeschichte ist zeugnishafte Rede. Sie ist Bericht von Menschen, denen es geschenkt worden ist, etwas von Gottes Wirklichkeit wahrzunehmen. Der Begriff "Glaubenszeugnis" macht diese Betroffenheit des Erzählers deutlich. Das "Glaubenszeugnis" hat nicht zum Ziel, den Glauben des Erzählers darzustellen, sondern es bezeugt das Leiden des Messias Jesus für uns.

d) Der Zeugnischarakter ist die der Sache angemessene Form. In ihm wird deutlich, dass Menschen auf das reagieren, was ihnen gezeigt worden ist. Das Missverständnis ist abgewehrt, als wollten die Redenden Gott von sich aus erkennbar machen und so über ihn verfügen. Ihr Reden beruht vielmehr einzig auf der ihnen geschenkten Möglichkeit, Wahrnehmungen zu machen und diese zu verstehen. Im Glaubenszeugnis wird die Situation des Redenden vor Gott deutlich: Er berichtet, wo der Glaube seinen Inhalt findet. Diese Form der theologischen Rede ist darum ganz menschliche Rede, die von Gott sprechen kann, ohne dass sie über-menschlich wird.

Diese Subjektivität schliesst eine relative Objektivität nicht aus. Das Zeugnis der Passionsgeschichte ist in gewissem Rahmen historisch verstehbar, überprüfbar und diskutierbar. Es ist nicht einfach die individuelle, unverbindliche Meinung des Erzählers. Wer den Begriff "Glaubenszeugnis" als Alternative zu "objektivem Geschichtsbericht" benützt, hat unreflektierte Objektivitätsvorstellungen.

e) Das Lesen des Glaubenszeugnisses führt nicht automatisch zur Erkenntnis Gottes und zum Glauben. Dies ist das Werk des Heiligen Geistes, der durch diesen Bericht wirken soll. Das Entstehen des Glaubens ist nicht restlos durchschaubar und erklärbar. Als Glaubenszeugnis kann die Passionsgeschichte nicht nur zum Glauben führen, sondern auch zum Unglauben, dessen Entstehung – als das Ärgernis der Erzählung vom leidenden Messias und des σκάνδαλον τοῦ σταυροῦ sehr viel eher "erklärt" werden kann, aber letztlich auch verborgen bleibt. Dem Glaubenszeugnis gegenüber sind sowohl Zustimmung als auch Ablehnung offen. Die Möglichkeit der Ablehnung schränkt weder die Wahrheit noch die Verbindlichkeit des Zeugnisses ein.

Literaturverzeichnis

Die im Literaturverzeichnis verwendeten Abkürzungen richten sich nach: Theologisches Wörterbuch zum Neuen Testament, Band X/1, Stuttgart/ Berlin/Köln/Mainz 1978, 53-85. Anstelle von "ThW" steht das heute gebräuchlichere "ThWNT". Einige weitere in dieser Arbeit verwendete Abkürzungen verstehen sich von selbst.

1 Quellen

Aland, Kurt, Synopsis quattuor evangeliorum, Stuttgart [9]1976.

Elliger, Karl und *Wilhelm Rudolf*, Biblia Hebraica Stuttgartensia, Stuttgart 1977.

Flavii Josephi Opera, edidit et apparatu critico instruxit *Benedictus Niese*, 7 Bde, Berlin [2]1955.

Des *Flavius Josephus* Jüdische Altertümer. Übersetzt und mit einer Einleitung und Anmerkungen versehen von *Dr. Heinrich Clementz*, 2 Bde, Wiesbaden 1987.

Nestle, Erwin/Kurt Aland, Novum Testamentum Graece, Stuttgart [26]1979.

Origène, Contre Celse, 4 Bde, Paris 1967-69 (Sources Chrétiennes 132, 136, 147, 150).

Rahlfs, Alfred, Septuaginta, 2 Bde, Stuttgart 1935.

Hennecke, Edgar/ Wilhelm Schneemelcher, Neutestamentliche Apokryphen in deutscher Übersetzung, Bd 1. Evangelien, Tübingen [4]1968.

2 Hilfsmittel

Aland, Kurt, Vollständige Konkordanz zum griechischen Neuen Testament. Unter Zugrundelegung aller moderner kritischer Textausgaben und des Textus Receptus, 2 Bde, Berlin/New York 1978 (Bd II); 1983 (Bd I).

Bauer, Walter, Griechisch-deutsches Wörterbuch zu den Schriften des Neuen Testaments und der übrigen urchristlichen Literatur, durchgesehener Nachdruck der 5. Aufl., Berlin/New York 1971 (*Bauer*, Wb).

-, Griechisch-deutsches Wörterbuch zu den Schriften des Neuen Testaments und der frühchristlichen Literatur, 6., völlig neu bearbeitete Auflage, hgg. von *Kurt Aland* und *Barbara Aland*, Berlin/New York 1988 (*Bauer-Aland*).

Blass, Friedrich und *Albert Debrunner*, Grammatik des neutestamentlichen Griechisch, Göttingen [16]1984.

Moulton, William F. und *Alfred S. Geden,* A Concordance to the Greek Testament, Edinburgh [5]1978.

Strack, Hermann L. und *Paul Billerbeck,* Kommentar zum Neuen Testament aus Talmud und Midrasch, 4 Bde, München 1922-1928 (Str-B).

van Deursen, A., Biblisches Bildwörterbuch. Mit 59 Bildtafeln von *J. de Vries,* aus dem Holländischen übertragen von *Hans R. Wismer* in Zusammenarbeit mit *Walter Baumgartner,* neu bearbeitet von *Ernst Jenni,* Basel 1965.

3 Kommentare zum Markus-Evangelium

Die Kommentare werden mit Verfassername, (Bandnummer,) Seitenzahl zitiert.

Anderson, Hugh, The Gospel of Mark, London 1976 (New Century Bible).

Cranfield, C. E. B., The Gospel According to Saint Mark. An Introduction and Commentary, Cambridge [8]1983 (The Cambridge Greek Testament Commentary).

Ernst, Josef, Das Evangelium nach Markus, Regensburg 1981 (Regensburger Neues Testament).

Gnilka, Joachim, Das Evangelium nach Markus, 2 Bde, Zürich/Einsiedeln/ Köln und Neukrichen-Vluyn 1978-79 (Evangelisch-katholischer Kommentar zum Neuen Testament II/1-2).

Klostermann, Erich, Das Markusevangelium, Tübingen [3]1936 (HndbchNT 3).

Limbeck, Meinrad, Markus-Evangelium, Stuttgart 1984 (Stuttgarter kleiner Kommentar. Neues Testament 2).

Lohmeyer, Ernst, Das Evangelium nach Markus, Göttingen [14]1957 (Kritisch-exegetischer Kommentar über das Neue Testament I,2).

Nineham, D. E., The Gospel of St Mark, Harmondsworth 1967 (The Pelican Gospel Commentaries).

Pesch, Rudolf, Das Markusevangelium, 2 Bde, Freiburg/Basel/Wien 1976-77 (Herders Theologischer Kommentar zum Neuen Testament II,1-2).

Schmithals, Walter, Das Evangelium nach Markus, 2 Bde, Würzburg 1979 (Ökumenischer Taschenbuchkommentar zum Neuen Testament 2/1-2).

Schweizer, Eduard, Das Evangelium nach Markus, Göttingen [15]1978 (NTDeutsch 1).

Taylor, Vincent, The Gospel According to St. Mark, London 1953.

4 Artikel, Aufsätze und Monographien

Im folgenden wird, wie bereits bei den Kommentaren, nur diejenige Literatur aufgeführt, die in dieser Arbeit zitiert ist. Die in der Arbeit aufgeführten Kurztitel werden hier nicht wiederholt, da sie eindeutig sind.

Austin, J. L., How To Do Things with Words, hgg. von *J. O. Urmson* und *M. Sbisà,* Oxford/New York [2]1980.

Althaus, Paul, Das sogenannte Kerygma und der historische Jesus. Zur Kritik der heutigen Kerygmatheologie, Gütersloh [3]1963 (BFTh 48).

Bammel, Ernst, The titulus, in: Jesus and the Politics of His Day, hgg. von

Ernst Bammel und *Charles Francis Digby Moule,* Cambridge 1984, 353-364.

-, The trial before Pilate, in: Jesus and the Politics of His Day, hgg. von *Ernst Bammel* und *Charles Francis Digby Moule,* Cambridge 1984, 415-451.

Barth, Markus, Das Mahl des Herrn. Gemeinschaft mit Israel, mit Christus und unter den Gästen, Neukirchen-Vluyn 1987.

Baumgartner, Hans Michael, Narrative Struktur und Objektivität, in: Historische Objektivität, Aufsätze zur Geschichtstheorie, hgg. von *Jörn Rüsen,* Göttingen 1975 (Kleine Vandenhoeck-Reihe 1416)

Beck, Hartmut, Art. παραδίδωμι, in: Theologisches Begriffslexikon zum Neuen Testament I 513f.

Berger, Klaus, Die Amen-Worte. Eine Untersuchung zum Problem der Legitimation apokalyptischer Rede, Berlin 1970 (Beih ZNW 39).

Best, Ernest, Mark's Use of the Twelve, in: ZNW 69 (1978), 11-35.

Betz, Otto, Probleme des Prozesses Jesu, in: Aufstieg und Niedergang der römischen Welt II 25,1, Berlin/New York 1982, 565-647.

-, Wie verstehen wir das Neue Testament, Wuppertal 1981 (ABCteam C 263).

Beyer, Hermann Wolfgang, Art. βλασφημέω, βλασφημία, βλασφημός, in: ThWNT I 620,6-624,20.

Blinzler, Joseph, Der Prozess Jesu, Regensburg [4]1969.

Bockmühl, Klaus, Atheismus in der Christenheit. Anfechtung und Überwindung. Die Unwirklichkeit Gottes in Theologie und Kirche, Giessen/Basel [3]1985.

Böttger, Paul Christoph, Der König der Juden - das Heil für die Völker. Die Geschichte Jesu Christi im Zeugnis des Markusevangeliums, Neukirchen-Vluyn 1981 (Neukirchener Studienbücher 13).

Broer, Ingo, "Der Herr ist wahrhaft auferstanden" (Lk 24,34). Auferstehung Jesu und historisch-kritische Methode. Erwägungen zur Entstehung des Osterglaubens, in: *Lorenz Oberlinner* (Hg.) Auferstehung Jesu - Auferstehung der Christen. Deutungen des Osterglaubens, Freiburg/Basel/Wien 1986 (Quaestiones disputatae 105), 39-62.

Brower, Kurt, Elijah in the Markan Passion Narrative, in: Journal for the Study of the New Testament 18 (1983), 85-101.

Brown, Raymond E., The Burial of Jesus (Mark 15:42-47), in: The Catholic Biblical Quarterly 50 (1988), 233-245.

Bubner, Rüdiger, Geschichtsprozess und Handlungsnormen. Untersuchungen zur praktischen Philosophie, Frankfurt am Main 1984 (Suhrkamp-Taschenbuch Wissenschaft 463)

Büchsel, Herman Martin Friedrich, Art. παραδίδωμι, in: ThWNT II 171,33-174,12.

Bultmann, Rudolf, Das Problem der Hermeneutik, in: *ders.,* Glauben und Verstehen, Gesammelte Aufsätze II, Tübingen [5]1968, 211-235.

-, Geschichte und Eschatologie, Tübingen [2]1964 (deutsche Übersetzung von History and Eschatology, Edingburgh 1957).

-, Welchen Sinn hat es, von Gott zu reden? in: *ders.,* Glauben und Verstehen, Gesammelte Aufsätze (I), Tübingen 1933, 26-37.

Burchard, Christoph, Markus 15,34, in: ZNW 74 (1983), 1-11.

Cancik, Hubert, Die Gattung Evangelium. Markus im Rahmen der antiken Historiographie, in: *ders.* (Hg.), Markus-Philologie. Historische, literarkritische und stilistische Studien zum Markus-Evangelium, Tübingen 1984 (Wissenschaftliche Untersuchungen zum Neuen Testament 33), 85-113.

Casey, Maurice, The Original Aramaic Form of Jesus' Interpretation of the Cup, in: JThSt 41 (1990), 1-12.

Colpe, Carsten, Art. ὁ υἱὸς τοῦ ἀνθρώπου, in: ThWNT VIII 403,1-481,45.

-, Neue Untersuchungen zum Menschensohnproblem, in: Theologische Revue 77 (1981), 353-372.

Cohn-Sherbok, Rabbi Dan, A Jewish Note on ΤΟ ΠΟΤΗΡΙΟΝ ΤΗΣ ΕΥΛΟΓΙΑΣ, in: NTSt 27 (1981), 704-709.

Craig, W. L., The Historicity of the Empty Tomb of Jesus, in: NtSt 31 (1985), 39-67.

Cullmann, Oscar, Christologie du Nouveau Testament, Neuchâtel 1968.

-, La tradition, in: *ders.,* Etudes de théologie biblique, Neuchâtel 1968, 157-195.

Delling, Gerhard, Art. ὑπάγω, in: ThWNT VIII 507,1-509,37.

-, Art. ὥρα, in: ThWNT IX, 675,23-681,29.

Derrett, J. Duncan M., The Iscariot, Meˢira and the Redemption, in: Journal for the Study of the New Testament, Issue 8 (1980), 2-23.

Dewey, Kim E., Peter's Curse and Cursed Peter (Mark 14,53-54.66-72), in: The Passion in Mark. Studies on Mark 14-16, hgg. von *Werner H. Kelber,* Philadelphia 1976, 96-114.

Dibelius, Martin, Die Formgeschichte des Evangeliums, Tübingen [3]1959.

-, Judas und der Judaskuss, in: *ders.,* Botschaft und Geschichte, Gesammelte Aufsätze I, Tübingen 1953, 272-277.

Dodd, Charles H., The Historical Problem of the Death of Jesus, in: *ders.,* More New Testament Studies, Manchester 1968, 84-101.

Donahue, John R., Temple, Trial an Royal Christology (Mark 14:53-65), in: The Passion in Mark. Studies on Mark 14-16, hgg. von *Werner H. Kelber,* Philadelphia 1976, 61-79.

Dormeyer, Detlev, Der Sinn des Leidens Jesu. Historisch-Kritische und textpragmatische Analysen zur Markuspassion, Stuttgart 1979 (Stuttgarter Bibel-Studien 96).

-, Die Passion Jesu als Verhaltensmodell. Literarische und theologische Analyse der Traditions- und Redaktionsgeschichte der Markuspassion, Münster Westfalen 1974.

Droysen, Johann Gustav, Historik. Rekonstruktion der ersten vollständigen Fassung der Verlesungen (1857), Grundriss der Historik in der ersten handschriftlichen (1857/1858) und der letzten gedruckten Fassung (1882). Textausgabe von *Peter Leyh,* Stuttgart-Bad Cannstatt 1977.

Ebeling, Gerhard, Die "nicht-religiöse Interpretation biblischer Begriffe", in: *ders.,* Wort und Glaube (I), Tübingen [3]1967, 90-160.

-, Dogmatik des christlichen Glaubens, 3 Bde, Tübingen [2]1982.

-, Vom Gebet. Predigten über das Unser-Vater, Tübingen 1963.

Edwards, James R., Markan Sandwiches. The Significance of Interpolations in Markan Narratives, in: Novum Testamentum 31 (1989), 193-216.

Elliger, Karl, das Buch der zwölf Kleinen Propheten II: Die Propheten Nahum, Habakuk, Zephanja, Haggai, Sacharja, Maleachi, Göttingen [5]1964 (ATDeutsch 25).

Ernst, Josef, Die Passionserzählung des Markus und die Aporien der Forschung, in: Theologie und Glaube 70 (1980), 160-180.

Faber, Karl-Georg, Objektivität in der Geschichtswissenschaft?, in: Historische Objektivität, Aufsätze zur Geschichtstheorie, hgg. von *Jörn Rüsen,* Göttingen 1975 (Kleine Vandenhoeck-Reihe 1416).

Feldmeier, Reinhard, Die Krisis des Gottessohnes. Die Gethsemaneerzählung als Schlüssel der Markuspassion, Tübingen 1987 (Wissenschaftliche Untersuchungen zum Neuen Testament, 2.Reihe 21).

France, R. T., La chronologie de la semaine sainte, in: Hokhma Nr. 9 (1978), 8–16.

Gese, Hartmut, Psalm 22 und das Neue Testament. Der älteste Bericht vom Tode Jesu und die Entstehung des Herrenmahls, in: ZThK 65 (1968), 1–22.

Goppelt, Leonhard, Art. ποτήριον, in: ThWNT VI 148,13–158,12.

–, Theologie des Neuen Testaments, zwei Teile, hgg. von *Jürgen Roloff,* Göttingen ³1978.

Gottlieb, Hans, ΤΟ ΑΙΜΑ ΜΟΥ ΤΗΣ ΔΙΑΘΗΚΗΣ, in: Studia Theologica 14 (1960), 115–118.

Gourges, Michel, A propos du symbolisme christologique et baptismal de Marc 16.5, in: NTSt 27 (1981) 672–678.

Greeven, Heinrich, Art. προσκυνέω, προσκυνετής, in: ThWNT VI 759,14–767,16.

Hedinger, Ulrich, Die Hinrichtung Jesu von Nazareth. Kritik der Kreuzestheologie, Stuttgart 1982 (Dahlemer Hefte 8).

Hempelmann, Heinzpeter, Die Auferstehung Jesu Christi – eine historische Tatsache? Eine engagierte Analyse, Wuppertal 1982.

–, Heilsgeschichte am Ende? Von der Möglichkeit heilsgeschichtlicher Theologie im Rahmen der philosophisch-wissenschaftlichen Denkvoraussetzungen der Gegenwart, in: *Helge Stadelmann* (Hg.), Epochen der Heilsgeschichte. Beiträge zur Förderung heilsgeschichtlicher Theologie, Wuppertal 1984, 39–54.

Hengel, Martin, Die Evanglienüberschriften, Heidelberg 1984 (SAH 1984, 3).

–, Die Zeloten. Untersuchungen zur Jüdischen Freiheitsbewegung in der Zeit von Herodes I bis 70 n. Chr., Leiden/Köln ²1976 (Arbeiten zur Geschichte des antiken Judentums und des Urchristentums 1).

–, Entstehungszeit und Situation des Markusevangeliums, in: *Hubert Cancik* (Hg.), Markus-Philologie. Historische, literargeschichtliche und stilistische Studien zum Markus-Evangelium, Tübingen 1984 (Wissenschaftliche Untersuchungen zum Neuen Testament 33), 1–45.

–, La Crucifixion dans l'Antiquité et la Folie du Message de la Croix, Paris 1981 (Lectio Divina 105).

–, Probleme des Markusevangeliums, in: *Peter Stuhlmacher* (Hg.), Das Evangelium und die Evangelien. Vorträge vom Tübinger Symposium 1982, Tübingen 1983 (Wissenschaftliche Untersuchungen zum Neuen Testament 28), 221–265.

–, The Atonement. A Study of the Origins of the Doctrine in the New Testament, Londen 1981.

–, Zur urchristlichen Geschichtsschreibung, Stuttgart 1979.

Higgings, A. J. B., The Lord's Supper in the New Testament, London 1964 (Studies in Biblical Theology 6).

Hofius, Otfried, Herrenmahl und Herrenmahlsparadosis. Erwägungen zu 1.Kor 11,23b–25, in: ZThK 85 (1988), 371–408.

–, τὸ σῶμα τὸ ὑπὲρ ὑμῶν 1Kor 11,24, in: ZNW 80 (1989), 80–88.

Hooker, Morna D., Is the Son of Man problem really insoluble? in: Text and Interpretation. Studies in the New Testament presented to *Mathew Black,* hgg. von *Ernest Best* und *R. McL. Wilson,* Cambridge 1979, 155–168.

–, The Message of Mark, London 1983.

Iwand, Hans Joachim, Glauben und Wissen. Vorlesung, in: ders., Glauben und Wissen, hgg. von *Helmut Gollwitzer,* München 1962 (*H.J.I.,* Nachgelassene Werke I), 27–216.

–, Theologie als Beruf. Verlesung, in: ders., Glauben und Wissen, hgg. von *Helmut Gollwitzer,* München 1962 (*H.J.I.,* Nachgelassene Werke I), 228–274.

Jeremias, Joachim, Das Problem des historischen Jesus, Stuttgart 1960 (Calwer-Hefte 32).

–, Die Abendmahlsworte Jesu, Göttingen [4]1967.

–, Die Salbungsgeschichte Mk. 14,3–9, in: *ders.,* Abba. Studien zur neutestamentlichen Theologie und Zeitgeschichte, Göttingen 1966, 107–115.

–, Markus 14,9, in: *ders.,* Abba. Studien zur neutestamentlichen Theologie und Zeitgeschichte, Göttingen 1966, 115–120.

–, Neutestamentliche Theologie. Erster Teil: Die Verkündigung Jesu, Gütersloh [3]1979.

–, Zum nicht-responsorischen Amen, in: ZNW 64 (1973), 122f.

Jonson, Earl S., Is Mark 15.39 the Key to Mark's Christology?, in: Journal for the Study of the New Testament 31 (1987), 3–22.

Juel, Donald, Messiah and Temple. The Trial of Jesus in the Gospel on Mark, Missoula 1977 (Society of Biblical Literature, Dissertation Series 31).

Käsemann, Ernst, Das Problem des historischen Jesus, in: ders., Exegetische Versuche und Besinnungen I, Göttingen [6]1970, 187–214.

Klauck, Hans-Josef, Herrenmahl und Hellenistischer Kult, Münster 1982 (NTAbh NF 15).

–, Judas – ein Jünger des Herrn, Freiburg/Basel/Wien 1987 (Quaestiones disputatae 111).

Klein, Günther, Die Verleugnung des Petrus. Eine traditionsgeschichtliche Untersuchung, in: ZThK 58 (1961), 285–328.

Kümmel, Werner Georg, Dreissig Jahre Jesusforschung (1950–1980), hgg. von *Helmut Merklein,* Königstein/Ts/Bonn 1985 (Bonner Biblische Beiträge 60).

–, Jesusforschung seit 1981.
  - I. Forschungsgeschichten, Methodenfragen, in: ThR 53 (1988), 229–249;
  - II. Gesamtdarstellungen, in: ThR 54 (1989), 1–53;
  - III. Die Lehre Jesu, in: ThR 55 (1990), 21–45;
  - IV. Gleichnisse, in:ThR 56 (1991), 27–53;
  - V. Der persönliche Anspruch sowie Prozess und Kreuzestod Jesu, in: ThR 56 (1991), 391–420.

Lapide, Pinchas E., Auferstehung. Ein jüdisches Glaubenserlebnis, Stuttgart und München [3]1980.

–, Verräter oder verraten? Judas in evangelischer und jüdischer Sicht, in: Lutherische Monatshefte 16 (1977), 75–79.

–, Wer war schuld an Jesu Tod?, Gütersloh 1987 (Gütersloher Taschenbücher Siebenstern 1419).

Lemcio, E. E., The Intention of the Evangelist Mark, in: NTSt 32 (1986), 187–206.

Lémonon, Jean Pierre, Pilate et le gouvernement da la Judée. Textes et monuments, Paris 1981.

Lessing, Gotthold Ephraim, Über den Beweis des Geistes und der Kraft, in: Lessings Werke, 23. Teil. Theologische Schriften IV. Streitschriften und Entwürfe aus dem Fragmentenstreit 1777–1780, hgg. von *Leopold Zschar-*

nack, Berlin/Leipzig/Wien/Stuttgart (ohne Jahr).

Lindemann, Andreas, Die Osterbotschaft des Markus. Zur theologischen Interpretation von Mark 16.1–8, in: NTSt 26 (1980), 298–317.

–, Literaturbericht zu den Synoptischen Evangelien 1978–1983, in: ThR 49 (1984), 223–276, 311–371.

Lohse, Eduard, Art. ῥαββί, ῥαββουνί, in: ThWNT VI 962,2–966,18.

Lührmann, Dieter, Markus 14.55–64. Christologie und Zerstörung des Tempels im Markusevangelium, in: NTSt 27 (1981), 457–474.

Mann, Dietrich, Mein Gott, mein Gott, warum hast Du mich verlassen? Eine Auslegung der Passionsgeschichte nach Markus, Neukirchen–Vluyn 1980.

Marcus, Joel, Mark 14:61: "Are you the Messiah-Son-of-God?", in: Novum Testamentum 31 (1989), 125–141.

Marshall, I. Howard, Die Ursprünge der neutestamentlichen Christologie, Giessen/Basel 1985.

–, I Believe in the Historical Jesus, London/Sydney/Auckland/Toronto 1977.

–, Last Supper and Lord's Supper, Exeter 1980.

Marxsen, Willi, Der Evangelist Markus. Studien zur Redaktionsgeschichte des Evangeliums, Göttingen 1956.

Merklein, Helmut, Erwägungen zur Überlieferungsgeschichte der neutestamentlichen Abendmahlstraditionen, in: BZ 21 (1977), 88–101 und 235–244.

Michel, Karl-Heinz, Sehen und glauben. Schriftauslegung in der Auseinandersetzung mit Kerygmatheologie historisch-kritischer Forschung, Wuppertal 1982 (Theologie und Dienst 31).

Michel, Otto, Art. υἱὸς τοῦ θεοῦ, in: Theologisches Begriffslexikon zum Neuen Testament II, 1166–1175.

–, Der historische Jesus und das theologische Gewissheitsproblem, in: EvTheol 15 (1955), 349–363.

Mohn, Werner, Gethsemane (Mk 14,32–42), in: ZNW 64 (1973), 194–208.

Mohr, Till Arend, Markus- und Johannespassion. Redaktions- und traditionskritische Untersuchung der Markinischen und Johanneischen Passionstradition, Zürich 1982 (Abhandlungen zur Theologie des Alten und Neues Testaments 70).

Mostert, Walter, "Fides creatrix". Dogmatische Erwägungen über Kreativität und Konkretion des Glaubens, in: ZThK 75 (1978), 233–250.

–, Scriptura sacra sui ipsius interpres. Bemerkungen zum Verständnis der Heiligen Schrift durch Luther, in: Lutherjahrbuch 46 (1979), 60–96.

–, Sinn oder Gewissheit? Versuche einer theologischen Kritik des dogmatistischen Denkens, Tübingen 1976 (HUTh 16).

Oberlinner, Lorenz, Die Verkündigung der Auferweckung Jesu im geöffneten und leeren Grab. Zu einem vernachlässigten Aspekt in der Diskussion um das Grab Jesu, in: ZNW 73 (1982), 159–182.

Patsch, Hermann, Abendmahl und historischer Jesus, Stuttgart 1972.

Perrin, Norman, The Use of (παρα)διδόναι in Connection with the Passion of Jesus in the New Testament, in: Der Ruf Jesu und die Antwort der Gemeinde. Exegetische Untersuchungen *Joachim Jeremias* zum 70. Geburtstag gewidmet von seinen Schülern, hgg. von *Eduard Lohse* gemeinsam mit *Christoph Burchard* und *Berndt Schaller,* Göttingen 1970, 204–212.

Popkes, Wiard, Christus traditus. Eine Untersuchung zum Begriff der Dahingabe im Neuen Testament, Zürich 1967.

Rengstorf, Karl Heinrich, Art. διδάσκω, κτλ., in: ThWNT II 138,1–168,17.

–, Art. λῃστής, in: ThWNT IV 262,17–267,41.

Riesner, Rainer, Jesus als Lehrer. Eine Untersuchung zum Ursprung der Evangelien-Überlieferung, Tübingen [2]1984 (Wissenschaftliche Untersuchungen zum Neuen Testament 2/7).

Rodenberg, Otto, Vom Schmerz Gottes. Ein Beitrag zur biblischen Anthropomorphie Gottes, in: Theologische Beiträge 18 (1987), 174-193.

Roloff, Jürgen, Anfänge der soteriologischen Deutung des Todes Jesu (Mk X.45 und Lk XXII.27), in: NTSt 19 (1972-73), 38-64.

-, Apostolat - Verkündigung - Kirche. Ursprung Inhalt und Funktion des kirchlichen Apostelamtes nach Paulus, Lukas und den Pastoralbriefen, Gütersloh 1965.

-, Das Kerygma und der irdische Jesus. Historische Motive in den Jesus-Erzählungen der Evangelien, Göttingen 1970.

-, Neues Testament, Neukirchen-Vluyn [3]1982.

Ruckstuhl, Eugen, Neue und alte Überlegungen zu den Abendmahlsworten Jesu, in: Studien zum Neuen Testament und seiner Umwelt, Serie A, Bd 5 (1980), 79-106.

-, Zur Chronologie der Leidensgeschichte Jesu, in: Studien zum Neuen Testament und seiner Umwelt, Serie A, Bd 10 (1985), 27-61.

Rüsen, Jörn, Historische Vernunft. Grundzüge einer Historik I: Die Grundlagen der Geschichtswissenschaft, Göttingen 1983 (Kleine Vandenhoeck-Reihe 1489).

-, Werturteilsstreit und Erkenntnisfortschritt. Skizzen zur Typologie des Objektivitätsproblems in der Geschichtswissenschaft, in: Historische Objektivität, Aufsätze zur Geschichtstheorie, hgg. von *Jörn Rüsen,* Göttingen 1975 (Kleine Vandenhoeck-Reihe 1416).

Saunderson, Barbara, Gethsemane: The Missing Witness, in: Biblica 70 (1989), 224-233.

Schaberg, Jane, Daniel 7,12 and the New Testament Passion-Resurrection Predictions, in: NTSt 31 (1985), 208-222.

Schaff, Adam, Der Streit um die Objektivität der historischen Erkenntnis, in: Historische Objektivität, Aufsätze zur Geschichtstheorie, hgg. von *Jörn Rüsen,* Göttingen 1975 (Kleine Vandenhoeck-Reihe 1416).

Schenk, Wolfgang, Der Passionsbericht nach Markus. Untersuchungen zur Überlieferungsgeschichte der Passionstraditionen, Gütersloh 1974.

Schenke, Ludger, Der gekreuzigte Christus. Versuch einer literarkritischen und traditionsgeschichtlichen Bestimmung der vormarkinischen Passionsgeschichte, Stuttgart 1974 (Stuttgarter Bibel-Studien 69).

-, Das Markusevangelium, Stuttgart/Berlin/Köln/Mainz 1988.

-, Studien zur Passionsgeschichte des Markus. Tradition und Redaktion in Markus 14,1-42, Würzburg 1971 (Forschungen zur Bibel 4).

Schlatter, Adolf, Atheistische Methoden in der Theologie, mit einem Beitrag von *Paul Jäger,* hgg. von *Heinzpeter Hempelmann,* Wuppertal 1985.

Schneider, Carl, Art. καταπέτασμα, in: ThWNT III 630,15-633,14.

Schneider, Gerhard, Das Problem einer vormarkinischen Passionserzählung, in: BZ 16 (1972), 222-244.

-, Die Verhaftung Jesu. Traditionsgeschichte von Mk 14,43-52, in: ZNW 63 (1972), 188-209.

Schnellbächler, Ernst L., Das Rätsel des νεανίσκος bei Markus, in: ZNW 73 (1982), 127-135.

Schnider, F., Christusverkündigung und Jesuserzählungen. Exegetische Überlegungen zu Mk 14,3-9, in: Kairos 24 (1982), 171-180.

Schottroff, Louise, Maria Magdalena und die Frauen am Grabe Jesu, in: EvTh 42 (1982), 3-25.

Schreiber, Johannes, Der Kreuzigungsbericht des Markusevangeliums Mk 15,20b-41. Eine traditionsgeschichtliche und methodenkritische Untersuchung nach William Wrede (1859-1906), Berlin/New York 1986 (Beih ZNW 48).

-, Die Bestattung Jesu. Redaktionsgeschichtliche Beobachtungen zu Mk 15,42-47par, in: ZNW 72 (1981), 141-177.

Schürmann, Heinz, Gottes Reich - Jesu Geschick. Jesu ureigener Tod im Licht seiner Basileia-Verkündigung, Freiburg/Basel/Wien 1983.

-, Jesu ureigener Tod. Exegetische Besinnungen und Ausblick, Freiburg/Basel/Wien ²1975.

-, Jesu ureigenes Todesverständnis. Bemerkungen zur "impliziten Soteriologie" Jesu, in: *ders.*, Gottes Reich - Jesu Geschick. Jesu ureigener Tod im Licht seiner Basileia-Verkündigung, Freiburg/Basel/Wien 1983, 185-223.

-, Wie hat Jesus seinen Tod bestanden und verstanden? Eine methodenkritische Besinnung, in: *ders.*, Jesu ureigener Tod. Exegetische Besinnungen und Ausblick, Freiburg/Basel/Wien ²1975, 16-65.

Schulz, Siegfried, Die Stunde der Botschaft. Einführung in die Theologie der vier Evangelisten, Hamburg 1967.

Schwarz, Günther, Jesus und Judas. Aramaistische Untersuchungen zur Jesus-Judas-Überlieferung der Evangelien und der Apostelgeschichte, Stuttgart/Berlin/Köln/Mainz 1988 (Beiträge zur Wissenschaft vom Alten und Neuen Testament 123).

Schweizer, Eduard, Art. Jesus Christus, I. Neues Testament, in: TRE XVI 671-726.

-, Menschensohn und eschatologischer Mensch im Judentum, in: *ders.*, Neues Testament und Christologie im Werden. Aufsätze, Göttingen 1982, 104-120.

-, Zur Christologie des Markus, in: *ders.*, Neues Testament und Christologie im Werden. Aufsätze, Göttingen 1982, 86-103.

Senior, Donald, The Passion in the Gospel of Mark, Wilmington Delaware 1984.

Slenczka, Reinhard, Geschichtlichkeit und Personsein Jesu Christi. Studien zur christologischen Problematik der historischen Jesusfrage, Göttingen 1967 (Forschungen zur systematischen und ökumenischen Theologie 18).

Stählin, Gustav, Art. σκάνδαλον, σκανδαλίζω, in: ThWNT VII 338,34-358,31.

Staudinger, Hugo, Die historische Glaubwürdigkeit der Evangelien, Gladbeck/Westfalen und Würzburg ⁴1977.

Steichele, H.-J., Der leidende Sohn Gottes. Eine Untersuchung einiger alttestamentlicher Motive in der Christologie des Markusevangeliums. Zugleich ein Beitrag zur Erhellung des überlieferungsgeschichtlichen Zusammenhangs zwischen Altem und Neuem Testament, Regensburg 1980 (Biblische Untersuchungen 14).

Stein, Robert H., A Short Note on Mark XIV.28 and XVI.7, in: NTSt 20 (1974), 445-452.

Storch, Rainer, "Was soll diese Verschwendung?" Bemerkungen zur Auslegungsgeschichte von Mk 14,4f, in: Der Ruf Jesu und die Antwort der Gemeinde. Exegetische Untersuchungen *Joachim Jeremias* zum 70. Geburtstag gewidmet von seinen Schülern, hgg. von *Eduard Lohse* gemeinsam mit *Christoph Burchard* und *Berndt Schaller*, Göttingen 1970, 247-258.

Strobel, August, Die Stunde der Wahrheit. Untersuchungen zum Strafverfahren gegen Jesus, Tübingen 1980 (Wissenschaftliche Untersuchungen zum Neuen Testament 21).

–, Ursprung und Geschichte des frühchristlichen Osterkalenders, Berlin 1977 (Texte und Untersuchungen zur altchristlichen Literatur 121).

Stuhlmacher, Peter, Das Bekenntnis zur Auferweckung Jesu von den Toten und die Biblische Theologie, in: *ders.,* Schriftauslegung auf dem Wege zur biblischen Theologie, Göttingen 1975, 128–166.

–, Das neutestamentliche Zeugnis vom Herrenmahl, in: ZThK 84 (1987), 1–35.

–, Historische Kritik und theologische Schriftauslegung, in: *ders.,* Schriftauslegung auf dem Wege zur biblischen Theologie, Göttingen 1975, 59–127.

–, Neues Testament und Hermeneutik. Versuch einer Bestandesaufnahme, in: *ders.,* Schriftauslegung auf dem Wege zur biblischen Theologie, Göttingen 1975, 9–49.

–, Vom Verstehen des Neuen Testaments. Eine Hermeneutik, Göttingen 1979 (Grundrisse zum Neues Testament. NTDeutsch Ergänzungsreihe 6).

–, Warum musste Jesus sterben?, in: Theologische Beiträge 16 (1985), 273–285.

–, Zur hermeneutischen Bedeutung von 1.Kor 2,6–16, in: Theologische Beiträge 18 (1987), 133–158.

Thielicke, Helmut, Geschichte und Existenz. Grundlegung einer evangelischen Geschichtstheologie, Gütersloh [2]1964.

Trilling, Wolfgang, Fragen zur Geschichtlichkeit Jesu, Düsseldorf 1966.

Trocmé, Etienne, The Passion as Liturgy. A Study in the Origin of the Passion Narratives in the Four Gospels, London 1983.

Vielhauer, Philipp, Gottesreich und Menschensohn in der Verkündigung Jesu, in: *ders.,* Aufsätze zum Neuen Testament, München 1965 (Theologische Bücherei 31), 55–91.

Vierhaus, Rudolf, Über die Gegenwärtigkeit der Geschichte und die Geschichtlichkeit der Gegenwart, Göttingen 1978 (Vortragsreihe der Niedersächsischen Landesregierung zur Förderung der wissenschaftlichen Forschung in Niedersachsen 59).

Vischer, Georg, Die Eucharistie als Wahrnehmungsakt, in: ThZ 41 (1985), 317–329.

von Campenhausen, Hans Freiherr, Der Ablauf der Osterereignisse und das leere Grab, Heidelberg [2]1958 (SAH 2).

Weder, Hans, Das Kreuz Jesu bei Paulus. Ein Versuch, über den Geschichtsbezug des christlichen Glaubens nachzudenken, Göttingen 1981 (FRL 125).

–, Neutestamentliche Hermeneutik, Zürich 1986 (Zürcher Grundrisse zur Bibel).

Weiss, Hans-Friedrich, Kerygma und Geschichte. Erwägungen zur Frage nach Jesus im Rahmen der Theologie des Neuen Testaments, Berlin 1983.

Wenham, John W., How Many Cock-Crowings? The Problem of Harmonistic Text-Variants, in: NTSt 25 (1979), 523–525.

Winter, Paul, On the Trial of Jesus, zweite Auflage, durchgesehen und hgg. von *T. A. Burkill* und *Geza Vermes,* Berlin/New York 1974 (Studia Judaica 1).

Zuntz, Günther, Ein Heide las das Markusevangelium, in: *Hubert Cancik* (Hg.), Markus-Philologie. Historische, literargeschichtliche und stilistische Studien zum Markus-Evangelium, Tübingen 1984 (Wissenschaftliche Untersuchungen zum Neuen Testament 33), 205–222.

Stellenregister

"A" bedeutet, dass die betreffende Stelle in den Anmerkungen der jeweiligen Seite erwähnt ist.
Für Mk 14-16 wird nicht auf die ausführliche Exegese der betreffenden Verse im Hauptteil der Arbeit verwiesen. Diese ist im Inhaltsverzeichnis leicht zu finden.

Mk	11,12	30A	Mk	14,13–15	99
	11,15	135A		14,13	255
	11,16	135A		14,17–21	51A, 61, 99, 124,
	11,17	142, 143A			251A
	11,18	32A, 169		14,17–25	62
	11,19	30A		14,17–31	47A
	11,20	30A		14,17	30, 45, 119A,
	11,27–12,44	120			138A, 218
	11,27	134A, 135A, 142		14,18–21	93, 94
	11,28	141A		14,18	45A, 46, 85A,
	11,46–57	29			89A, 196
	12,14	54A		14,20	45A, 119A
	12,19	54A		14,21	46, 48, 67, 85A,
	12,32	54A			89A, 122, 124,
	12,33	142			167, 196, 240,
	12,35	135A, 142			252, 256, 263,
	12,40	209A			270
	13,1f	135A		14,22–26	126
	13,1	54A, 135A		14,22–25	93, 94
	13,3	102A, 135A		14,22	119A, 138A
	13,7	70A		14,24f	122
	13,10	44, 70A		14,24	90A, 173
	13,14	70A, 272		14,25	8, 124, 167, 196,
	13,24	202A, 205, 212		14,26–29	99
	13,26	67, 137A, 233A		14,26–31	61, 64, 69A, 93,
	13,34	104			100A, 112, 127,
	13,35	104			139, 151, 233,
	13,37	33A, 104			242, 247, 251A
	14,1f	94, 95, 122, 124,		14,27–31	94
		126, 142, 169,		14,27f	112A
		195, 251A, 263,		14,27	69, 89A, 121,
		270			122, 124, 127,
	14,1	47, 127, 140,			167, 255, 256,
		146			257, 268
	14,2	47, 168		14,28	107, 226, 232A,
	14,3–9	94, 229, 251A			233A, 242, 243,
	14,3	47, 119A, 138A,			268, 275
		229A		14,29	121, 127, 140,
	14,6–8	222			233
	14,7f	196		14,30	133, 139A
	14,7	27, 221		14,31	70A, 121, 127,
	14,8	57, 85A, 89A,			140, 245
		122, 124, 167,		14,32–52	61
		229A, 255		14,32–42	122
	14,9	229, 258, 272		14,32	55A, 139A
	14,10f	94, 122, 169		14,34	127A
	14,10	119A		14,35f	89A, 173
	14,11	247, 263		14,36	206A, 208, 252
	14,12–16	63, 92A		14,37f	263
	14,12–31	63, 93		14,40	263
	14,12	30		14,41f	121, 122, 196
	14,12–16	34, 93A, 94		14,41	46, 67, 122, 167,

Sachregister

Wissenschaftliche Untersuchungen zum Neuen Testament

Alphabetisches Verzeichnis
der ersten und zweiten Reihe

Hengel, Martin und *Anna Maria Schwemer* (Hrsg.): Königsherrschaft Gottes und himmlischer Kult. 1991. *Band 55.*
– Die Septuaginta. 1994. *Band 72.*
Herrenbrück, Fritz: Jesus und die Zöllner. 1990. *Band II/41.*
Hofius, Otfried: Katapausis. 1970. *Band 11.*
– Der Vorhang vor dem Thron Gottes. 1972. *Band 14.*
– Der Christushymnus Philipper 2,6–11. 1976, [2]1991. *Band 17.*
– Paulusstudien. 1989. *Band 51.*
Holtz, Traugott: Geschichte und Theologie des Urchristentums. Hrsg. von Eckart Reinmuth und Christian Wolff. 1991. *Band 57.*
Hommel, Hildebrecht: Sebasmata. Band 1. 1983. *Band 31.* – Band 2. 1984. *Band 32.*
Kamlah, Ehrhard: Die Form der katalogischen Paränese im Neuen Testament. 1964. *Band 7.*
Kim, Seyoon: The Origin of Paul's Gospel. 1981, [2]1984. *Band II/4.*
– »The ›Son of Man‹« as the Son of God. 1983. *Band 30.*
Kleinknecht, Karl Th.: Der leidende Gerechtfertigte. 1984, [2]1988. *Band II/13.*
Klinghardt, Matthias: Gesetz und Volk Gottes. 1988. *Band II/32.*
Köhler, Wolf-Dietrich: Rezeption des Matthäusevangeliums in der Zeit vor Irenäus. 1987. *Band II/24.*
Korn, Manfred: Die Geschichte Jesu in veränderter Zeit. 1993. *Band II/51.*
Kuhn, Karl G.: Achtzehngebet und Vaterunser und der Reim. 1950. *Band 1.*
Lampe, Peter: Die stadtrömischen Christen in den ersten beiden Jahrhunderten. 1987, [2]1989. *Band II/18.*
Lieu, Samuel N. C.: Manichaeism in the Later Roman Empire and Medieval China. 1992. *Band 63.*
Maier, Gerhard: Mensch und freier Wille. 1971. *Band 12.*
– Die Johannesoffenbarung und die Kirche. 1981. *Band 25.*
Markschies, Christoph: Valentinus Gnosticus? 1992. *Band 65.*
Marshall, Peter: Enmity in Corinth: Social Conventions in Paul's Relations with the Corinthians. 1987. *Band II/23.*
Meade, David G.: Pseudonymity and Canon. 1986. *Band 39.*
Mengel, Berthold: Studien zum Philipperbrief. 1982. *Band II/8.*
Merkel, Helmut: Die Widersprüche zwischen den Evangelien. 1971. *Band 13.*
Merklein, Helmut: Studien zu Jesus und Paulus. 1987. *Band 43.*
Metzler, Karin: Der griechische Begriff des Verzeihens. 1991. *Band II/44.*
Niebuhr, Karl-Wilhelm: Gesetz und Paränese. 1987. *Band II/28.*
– Heidenapostel aus Israel. 1992. *Band 63.*
Nissen, Andreas: Gott und der Nächste im antiken Judentum. 1974. *Band 15.*
Okure, Teresa: The Johannine Approach to Mission. 1988. *Band II/31.*
Philonenko, Marc (Hrsg.): Le Trône de Dieu. 1993. *Band 69.*
Pilhofer, Peter: Presbyteron Kreitton. 1990. *Band II/39.*
Pöhlmann, Wolfgang: Der Verlorene Sohn und das Haus. 1993. *Band 68.*
Probst, Hermann: Paulus und der Brief. 1991. *Band II/45.*
Räisänen, Heikki: Paul and the Law. 1983, [2]1987. *Band 29.*
Rehkopf, Friedrich: Die lukanische Sonderquelle. 1959. *Band 5.*
Reinmuth, Eckhardt: siehe *Holtz.*
Reiser, Marius: Syntax und Stil des Markusevangeliums. 1984. *Band II/11.*
Richards, E. Randolph: The Secretary in the Letters of Paul. 1991. *Band II/42.*
Riesner, Rainer: Jesus als Lehrer. 1981, [3]1988. *Band II/7.*
– Die Frühzeit des Apostels Paulus. 1993. *Band 71.*
Rissi, Mathias: Die Theologie des Hebräerbriefs. 1987. *Band 41.*
Röhser, Günter: Metaphorik und Personifikation der Sünde. 1987. *Band II/25.*
Rüger, Hans Peter: Die Weisheitsschrift aus der Kairoer Geniza. 1991. *Band 53.*
Sänger, Dieter: Antikes Judentum und die Mysterien. 1980. *Band II/5.*
Sandnes, Karl Olav: Paul – One of the Prophets? 1991. *Band II/43.*
Sato, Migaku: Q und Prophetie. 1988. *Band II/29.*
Schimanowski, Gottfried: Weisheit und Messias. 1985. *Band II/17.*
Schlichting, Günter: Ein jüdisches Leben Jesu. 1982. *Band 24.*
Schnabel, Eckhard J.: Law and Wisdom from Ben Sira to Paul. 1985. *Band II/16.*
Schutter, William L.: Hermeneutic and Composition in I Peter. 1989. *Band II/30.*

Schwartz, Daniel R.: Studies in the Jewish Background of Christianity. 1992. *Band 60.*
Schwemer, A. M.: siehe *Hengel.*
Scott, James M.: Adoption as Sons of God. 1992. *Band II/48.*
Siegert, Folker: Drei hellenistisch-jüdische Predigten. Teil 1 1980. *Band 20.* – Teil 2 1992. *Band 61.*
– Nag-Hammadi-Register. 1982. *Band 26.*
– Argumentation bei Paulus. 1985. *Band 34.*
– Philon von Alexandrien. 1988. *Band 46.*
Simon, Marcel: Le christianisme antique et son contexte religieux I/II. 1981. *Band 23.*
Snodgrass, Klyne: The Parable of the Wicked Tenants. 1983. *Band 27.*
Sommer, Urs: Die Passionsgeschichte des Markusevangeliums. 1993. *Band II/58.*
Spangenberg, Volker: Herrlichkeit des Neuen Bundes. 1993. *Band II/55.*
Speyer, Wolfgang: Frühes Christentum im antiken Strahlungsfeld. 1989. *Band 50.*
Stadelmann, Helge: Ben Sira als Schriftgelehrter. 1980. *Band II/6.*
Strobel, August: Die Studie der Wahrheit. 1980. *Band 21.*
Stuhlmacher, Peter (Hrsg.): Das Evangelium und die Evangelien. 1983. *Band 28.*
Sung, Chong-Hyon: Vergebung der Sünden. 1993. *Band II/57.*
Tajra, Harry W.: The Trial of St. Paul. 1989. *Band II/35.*
Theißen, Gerd: Studien zur Soziologie des Urchristentums. 1979, [3]1989. *Band 19.*
Thornton, Claus-Jürgen: Der Zeuge des Zeugen. 1991. *Band 56.*
Twelftree, Graham: Jesus the Exorcist. 1993. *Band II/54.*
Wedderburn, A. J. M.: Baptism and Resurrection. 1987. *Band 44.*
Wegner, Uwe: Der Hauptmann von Kafarnaum. 1985. *Band II/14.*
Wilson, Walter T.: Love without Pretense. 1991. *Band II/46.*
Wolff, Christian: siehe *Holtz.*
Zimmermann, Alfred E.: Die urchristlichen Lehrer. 1984, [2]1988. *Band II/12.*

Den Gesamtkatalog erhalten Sie gern vom Verlag
J. C. B. Mohr (Paul Siebeck), Postfach 2040, D-72010 Tübingen